大学语文

徐卫东 编著

新教程

ZHEJIANG UNIVERSITY PRESS
浙江大学出版社

图书在版编目(CIP)数据

大学语文新教程 / 徐卫东编著. —杭州:浙江大学
出版社,2015.6(2025.8 重印)
ISBN 978-7-308-14833-7

Ⅰ.①大… Ⅱ.①徐… Ⅲ.①大学语文课－高等学校
－教材 Ⅳ.①H19

中国版本图书馆 CIP 数据核字(2015)第 149349 号

大学语文新教程

徐卫东 编著

责任编辑	吴伟伟 weiweiwu@zju.edu.cn
封面设计	春天书装
出版发行	浙江大学出版社
	(杭州市天目山路 148 号 邮政编码 310007)
	(网址:http://www.zjupress.com)
排　　版	大千时代(杭州)文化传媒有限公司
印　　刷	嘉兴华源印刷厂
开　　本	787mm×1092mm　1/16
印　　张	17.25
字　　数	366 千
版 印 次	2015 年 6 月第 1 版　2025 年 8 月第 11 次印刷
书　　号	ISBN 978-7-308-14833-7
定　　价	52.00 元

前　言

　　大学是培养各级各类高素质人才的摇篮,大学语文作为一门高等院校必修的公共基础课,肩负着重要使命。2011年教育部新颁发的《语文课程标准》明确规定:"语文课程是一门学习语言文字运用的综合性、实践性课程。""工具性与人文性的统一,是语文课程的基本特点。"因此,大学语文教学的首要任务还是继续指导学生学习语文知识、方法、技能,进一步培养和提高学生的语文修养和语文能力,使其掌握这一最重要的交际工具;同时,在经典作品阅读、鉴赏、思辨、探究的过程中,让学生受到文化、艺术、思想、情感的熏陶,树立正确的价值观与人生观,从而提升学生的人文素养、学术修养和精神境界。因此,大学语文只有实施课程思政,即将知识技能教学与思想政治教育深度融合,将育才与育人有机统一,才能为学生的专业学习、继续深造和成为高素质人才打下坚实的基础,大学语文课堂也才能更加开放、多元、真实、有效。

　　基于这样的认识和各高校大学语文课时少的实际,本教材对内容和体例进行了一些改革。

　　首先在内容上,与以往众多的大学语文教材相比,具有以下特点:

　　1.注重大学语文的教育性和立体化。教材在"文学阅读"的每篇课文后,都有"拓展"学习——"阅读推荐""云端课堂"和"思考练习";每一章后面都有"语文综合实践活动"。这里除了语文知识技能训练,还有包含思政元素的思考与辩论;除了文学经典阅读,还有与课文相关联的民族音乐、舞蹈、戏剧等方面的欣赏和实践。通过全方位拓展学生的视野,走大语文教育之路,旨在增强学生综合应用语文能力的同时,引导学生亲近中华优秀传统经典,传承优秀传统文化,弘扬优秀民族精神和品德,增强民族文化自信。

　　2.选文全面而精短。教材以中国优秀传统文学经典为主,兼顾中国现当代作品和外国作品。选用了中国第一个获得诺贝尔文学奖的中国籍作家莫言的小说,弥补了很多大学语文教材没有莫言作品的缺憾。选用了《浙江省专升本〈大学语文〉考试大纲》中的部分重点篇目,为相关学生参加专升本《大学语文》考试打好基础。同时,选文力求精短。"文学阅读"单元,只精选了46篇诗文,而且为便于2课时内完成教学,一般都选用字数在5000字以内的作品;"实用写作"单元,只精选了7组常用且容易混淆的实用文种进行比较解析,以求达到事半功倍的教学效果;"读写导航"单元,只精选了作家、学者的 15 篇佳作,供学生课外自读,感悟其为人、读书、作文之道。

3.强化经典诵读指导。以往大学语文教材都没有专门指导诵读的选文和章节,本教材不仅在"读写导航"单元选入了指导古诗吟诵的文章,按文体编写了"诗歌朗诵""散文朗诵"和"小说朗诵",以帮助学生学习吟诵和朗诵的方法,还在"云端课堂"安排了诗词吟诵、名家朗诵、经典诵读等学习作业,提高学生提升古诗文吟诵和现代诗文朗诵的水平。这不仅是为了满足学前教育等有关专业学生的职业需求,更是为了培养大学生诵读美文的良好习惯,营造书香校园的氛围,引导大学生享受诗意的大学生活。

4.重在读书能力和习惯的培养。一是在每一章的作品阅读前都安排了用于自学的文体知识,让学生既能从宏观角度掌握各种文体的发展脉络,又可从微观方面了解各种文体的特性。二是变作品后详细的"阅读欣赏"为作品前简要的启发式"提示"。一般大学语文教材都会在课文后编写一篇"阅读欣赏",供学生阅读参考,结果造成学生的阅读依赖。本教材只在课文前做启发式"提示",以激发学生阅读的欲望,培养学生独立阅读、独立思考的能力。三是减少了阅读课文的注释,对自读课文更是不加注释,意在培养学生自己利用工具书、图书馆和互联网等搜查资料的习惯和能力。最后,专门选编了15 篇有关为人为学的文章,供学生课外自主阅读和感悟。

5.教材中的"云端课堂",学习资源丰富多彩,学生只要用手机扫描二维码就能轻松地学习观赏,非常便捷。

其次在体例上也做了新的尝试:

全书分上编、中编和下编。上编为"文学阅读",按诗歌、散文、小说、戏剧四大文体分章,每一章有文学史简介、文体特性简述、文体朗诵指导、名作赏读和单元综合实践活动。中编为"实用写作",既有关于实用文写作特性、要素、规范等内容的概述,又有 14 种常用而容易混淆出错的实用文种的比较解析,注重其知识性、导向性和实用性,弥补了普通大学语文课程难以兼顾应用文写作的不足。下编为"读写导航",精选作家、学者关于为人、艺术、读书、写作等方面的佳作,供学生课外自主阅读、感悟为人为学之道,提升人文素养和语文水平。

本教材之所以这样编排,一是能突显各种体裁的文体特点,又能较清晰地了解文学史概貌,有利于对中小学已学过的文体知识和文学知识进行梳理和激活,体现大学语文教学的高等性;二是不按时下流行的以主题思想为单元编排课文,意在避免将经典作品的解读一元化,避免将大学语文的课程思政等同于思政课程,把大学语文搞成高、大、空的"假语文";三是顾及大学语文教学课时少和学生非中文专业的实际,减少课内阅读数量,减低阅读难度,将宏观与微观相结合、课内与课外相结合、学术性与实用性相结合,增强大学语文教学的实效性和可操作性。

本教材在编著过程中得到了领导、同仁和浙江大学出版社的关心与支持,得到了学生的热心帮助,同时也借鉴和参考了许多专家学者的相关成果,在此一并表示衷心感谢。尽管有心编著一本适合高等院校尤其是高职高专学生的《大学语文》好教材,但限于水平,一定还存在许多不足,恳请各位教师、同学和其他读者提出宝贵意见和建议,以便不断修订改正。

宁波教育学院　徐卫东

（E-mail：xwdnb@163.com）

2022 年 9 月 1 日修订

目　录

上编　文学阅读

第一章　家国诗情——诗歌阅读与鉴赏 ……………………………………… (1)

第一节　中国诗歌的产生与发展 …………………………………………… (1)

第二节　诗歌的特性与分类 ………………………………………………… (5)

第三节　诗歌朗诵 …………………………………………………………… (9)

第四节　名诗赏读 ………………………………………………………… (14)

关　雎 …………………………………………… 《诗经·周南》(14)

山　鬼 …………………………………………………… 屈　原 (16)

陌上桑 ………………………………………………… 汉乐府民歌 (18)

饮酒(其五) …………………………………………… 陶渊明 (20)

山居秋暝 ………………………………………………… 王　维 (21)

将进酒 …………………………………………………… 李　白 (22)

登　高 …………………………………………………… 杜　甫 (24)

长恨歌 …………………………………………………… 白居易 (25)

乌夜啼 …………………………………………………… 李　煜 (30)

定风波 …………………………………………………… 苏　轼 (31)

醉花阴 …………………………………………………… 李清照 (32)

长相思 ………………………………………………… 纳兰性德 (34)

再别康桥 ………………………………………………… 徐志摩 (35)

雨　巷 …………………………………………………… 戴望舒 (37)

我爱这土地 ……………………………………………… 艾　青 (40)

致橡树 …………………………………………………… 舒　婷 (41)

我愿是一条激流 …………………………… [匈牙利]裴多菲 (43)

当你老了 ………………………………………… [爱尔兰]叶　芝 (45)

诗歌单元综合实践活动 ………………………………………………… (47)

第二章　思想光芒——散文阅读与鉴赏 ··（48）

　第一节　中国散文的产生与发展 ···（48）

　第二节　散文的特性与分类 ···（51）

　第三节　散文朗诵 ···（55）

　第四节　名篇赏读 ···（59）

　　先秦诸子语录 ···（59）

　　大学之道 ··· 《大学》（61）

　　秋水（节选） ··· 庄　子（63）

　　郑伯克段于鄢 ··· 《左传》（65）

　　冯谖客孟尝君 ··· 《战国策》（69）

　　垓下之围 ··· 司马迁（72）

　　种树郭橐驼传 ··· 柳宗元（75）

　　前赤壁赋 ··· 苏　轼（77）

　　中国人失掉自信力了吗 ··· 鲁　迅（80）

　　失败了以后 ··· 林语堂（82）

　　漫步遐想录（节选） ·· ［法国］卢　梭（84）

　　瓦尔登湖（节选） ·· ［美国］梭　罗（87）

　　散文单元综合实践活动 ···（91）

第三章　斑斓生活——小说阅读与鉴赏 ··（93）

　第一节　中国小说的产生与发展 ···（93）

　第二节　小说的特性与分类 ···（96）

　第三节　小说朗诵 ···（98）

　第四节　名作赏读 ··（104）

　　小　翠 ··· 蒲松龄（104）

　　空城计 ··· 罗贯中（109）

　　林冲棒打洪教头 ··· 施耐庵（111）

　　宝玉挨打 ··· 曹雪芹（114）

　　生 ··· 沈从文（121）

　　党费（节选） ··· 王愿坚（125）

　　走出沙漠 ··· 沈　宏（128）

　　月光斩 ··· 莫　言（130）

　　永远的蝴蝶 ··· 陈启佑（137）

　　绳子的故事 ·· ［法国］莫泊桑（139）

　　麦琪的礼物 ·· ［美国］欧·亨利（141）

　　小王子（节选） ···························· ［法国］安东尼·德·圣埃克苏佩里（146）

　　小说单元综合实践活动……………………………………………………（149）

第四章　人生如戏——戏剧文学阅读与鉴赏……………………………（150）

　　第一节　中国戏曲的产生与发展…………………………………………（150）

　　第二节　戏剧文学的特性与分类…………………………………………（153）

　　第三节　戏剧文学的欣赏方法……………………………………………（156）

　　第四节　名剧赏读…………………………………………………………（157）

　　　　窦娥冤（节选）………………………………………………关汉卿（157）

　　　　西厢记（节选）………………………………………………王实甫（160）

　　　　茶馆（节选）……………………………………………………老　舍（164）

　　　　哈姆莱特（节选）…………………………………〔英国〕莎士比亚（174）

　　戏剧单元综合实践活动……………………………………………………（178）

中编　实用写作

　　实用写作概述………………………………………………………………（179）

　　通知和函……………………………………………………………………（181）

　　请示和报告…………………………………………………………………（185）

　　计划和策划书………………………………………………………………（189）

　　总结和述职报告……………………………………………………………（194）

　　合同和协议书………………………………………………………………（203）

　　求职信和简历………………………………………………………………（209）

　　学术论文和申论……………………………………………………………（212）

下编　读写导航

　　为学与做人………………………………………………………梁启超（217）

　　人间词话（节选）………………………………………………王国维（220）

　　文学意境的特征…………………………………………………顾祖钊（221）

　　论艺术（节选）…………………………………………〔法国〕罗　丹（224）

　　我的读书经验……………………………………………………冯友兰（225）

　　谈独立思考………………………………………………………茅　盾（226）

　　重新创造的艺术天地……………………………………………谢　冕（227）

　　读书的习惯………………………………………………………钱歌川（231）

　　谈读书……………………………………………………〔英国〕培　根（232）

　　古诗吟诵：返璞归真的天籁……………………………………徐卫东（233）

◎
目
录

3

论写作……………………………………………………… 张爱玲(236)

写作让人活两辈子…………………………………… 鲍尔吉·原野(240)

《白蛇传》与《巴黎圣母院》………………………………… 王　蒙(241)

品《三国》(隆中对策)……………………………………… 易中天(243)

衣带渐宽终不悔　为伊消得人憔悴……………………… 安意如(248)

附录一　党政机关公文处理工作条例………………………… (252)

附录二　党政机关公文格式…………………………………… (258)

附录三　浙江省专升本《大学语文》考试大纲………………… (264)

主要参考书目……………………………………………………… (266)

后记………………………………………………………………… (267)

上编　文学阅读

第一章　家国诗情——诗歌阅读与鉴赏

第一节　中国诗歌的产生与发展

诗歌是文学的主要体裁之一,在文学发展史上,诗歌是较早出现的一种文学形式。它最先起源于原始人在劳动中发出的有节奏的呼声。后来,随着人类语言的产生,文字的出现,人们把歌唱的语言记录下来,便成了文字记录的诗歌。我国最早的诗歌据称是载于《吴越春秋》的一首黄帝时代的原始歌谣《弹歌》:"断竹,续竹,飞土,逐肉。"它仅用了四个二言体的短句,就极其简括地描述了原始时代人们的狩猎过程。也有相传,我国的诗歌之祖是帝尧时代的《击壤歌》:"日出而作,日入而息。凿井而饮,耕田而食。帝力于我何有哉?"这是一首淳朴的歌谣,据《帝王世纪》记载:天下太平、和谐,百姓安乐,有位八九十岁的老人击壤而歌。诗歌平白如话、朴实纯真,反映了农耕文化的显著特点。

中国诗歌的历史,严格地说应从《诗经》开始。《诗经》是我国最早的一部诗歌总集,收录了西周初年至春秋中期五百多年间的诗歌 305 篇。《诗经》在先秦称为《诗》或《诗三百》,汉武帝"罢黜百家,独尊儒术",把《诗》立为儒家经典,尊称为《诗经》。《诗经》305篇,都是合乐的歌辞,根据作品性质和乐调的不同,分为风、雅、颂三大类。作品广泛地反映了当时社会生活的各个方面,内容涉及政治、经济、伦理、天文、地理、外交、风俗、文艺各个方面,被誉为古代社会的人生百科全书。《诗经》以四言句式为主体,广泛运用赋、比、兴的表现手法,大量使用重章叠句等修辞手法,语言朴素优美,韵律和谐。《诗经》现实主义的创作精神和创作手法,对后世文学创作,尤其是诗歌创作奠定了深厚的人文基础和艺术底蕴。

战国后期形成于楚国的"楚辞"是继《诗经》之后出现的一种新的诗歌体裁,是一种与《诗经》所代表的现实主义诗歌相映照的浪漫主义风格的诗歌。它是以具有楚国地方特色的乐调、语言、名物而创作的诗赋,突破了《诗经》的四言形式,以六言、七言为主,句法参差错落,变化灵活,铺张排比,文辞绚烂,想象丰富,多用语气词"兮"字。伟大的浪漫主义诗人屈原是楚辞的奠基人和杰出代表,运用这种形式创作了《离骚》《九歌》《九章》《天问》等不朽的诗篇。代表作《离骚》是我国诗歌史上最瑰丽的长篇政治抒情诗。

《楚辞》的出现,标志着我国诗歌从民间集体创作发展到诗人独立创作的更高阶段。《诗经》和《楚辞》是我国诗歌现实主义和浪漫主义的两大源头,在文学史上被并称为"风骚",垂范于后世。

两汉时期又出现了第三种诗体——乐府诗,并成为古代诗歌新的范本。作为诗体名称的乐府,最初的意义是入乐的歌辞。我们一般所说的乐府是指民间歌谣以及一部分带有民间色彩的文人作品。乐府民歌直接继承《诗经》的现实主义精神,"感于哀乐,缘事而发"(《汉书·艺文志》),反映了汉代广阔的社会生活,具有较强的思想性。如《战城南》《十五从军记》《孔雀东南飞》《上邪》《有所思》《陌上桑》等都是其中名篇。乐府诗立题命意匠心独运,叙事技巧高超熟练,语言富于生活气息。句式由杂言渐趋向五言,为以后的五言诗奠定了基础。

受汉乐府民歌的影响,汉代文人开始创作五言诗。现在人们一般认为,班固的《咏史》诗是中国文人五言诗的最早作品,东汉末年产生的《古诗十九首》则代表了文人五言诗的最高成就。《古诗十九首》非一人一时之作,思想感情相当复杂,但内容大都叙离别、相思以及对人生短暂的感触。艺术上长于抒情,善用比兴,语言凝练、质朴,大大推动了中国文人五言诗的发展进程。

汉末建安时代,"三曹"(曹操、曹丕、曹植父子)、"七子"(孔融、王粲、刘桢、阮瑀、应玚、徐干、陈琳)并世而出,开创了五言诗歌的辉煌时代。内容上,建安诗歌继承了汉乐府民歌的现实主义传统,反映社会的动乱和人民的疾苦,抒发个人建功立业的豪情壮志和统一天下的理想抱负,也流露出人生短暂、壮志难酬的悲凉幽怨情绪。艺术上,建安诗歌意境宏大,笔调明朗,抒情浓烈,具有慷慨悲凉的阳刚气派。这种思想和艺术上的特点,后人称之为"建安风骨"。中国文学史上第一次掀起了文人诗歌的高潮,从此奠定了文人诗歌的主导地位,给后世留下极深远的影响。

魏晋之际,诗歌创作呈现出与建安文学不同的风貌,诗风出现辞藻对偶、轻绮繁缛的倾向,但文人抒情五言诗创作有进一步的发展,出现了阮籍、嵇康、左思、刘琨等著名诗人。两晋时期玄言诗统治诗坛,使诗歌偏离了艺术。陶渊明的出现,才给诗坛带来富有现实内容和独特风格的诗作,使诗歌艺术的脉络得以重新接上,并给诗坛吹进一股清新之风。陶诗多写农家生活、田园风光,语言自然,境界悠远,开创了田园诗这种新的题材,创造了情、景、理交相融合,平淡和醇美统一的艺术境界,为后世田园山水诗的繁荣集聚了能量。

南北朝时期是中国诗歌史上又一个重要的发展阶段。尽管这一时期的诗歌有忽视内容、过分重视形式的倾向,但对形式声律的追求,也为唐代近体诗的定型和成熟奠定了基础。南朝诗歌在谢灵运手上山水诗大放光芒,其后谢朓的山水诗写得清新圆熟,世称"大小谢"。诗人鲍照出身寒微,则擅长用七言古诗体来抒发愤世嫉俗的情怀,他隔句押韵的七言歌行为七言诗的发展做出了贡献。南北朝乐府民歌也是这一时期诗歌的一个重要组成部分,足以与汉乐府诗前后辉映。南朝民歌明丽柔婉,北朝民歌粗犷刚健,尽管风格各异,但都情意真切。南北朝乐府民歌对文人诗歌创作产生了极大影响。

唐代是我国诗歌史上的黄金时期。在唐代近三百年的时间里,留下了近五万首诗,今天可考的唐诗作者达三千七百多人,无论作品数量还是作家人数远远超过自西周至南北朝一千六七百年的总和。唐诗在形式上除了继续使用五言古体诗、七言古体诗以及由乐府诗发展变化出来的"杂言歌行体"外,绝大多数诗作是格律诗,也称为近体诗。这是诗歌发展史上出现的又一种占统治地位的古典诗体形式。"初唐四杰"王勃、杨炯、卢照邻、骆宾王和稍后的陈子昂,上承汉魏风骨,反对齐梁宫体颓靡诗风,积极开拓诗歌思想内容,诗歌题材从宫廷扩展到社会现实,风格变化渐多,促进了五言律诗的成熟和七言歌行的发展。盛唐是诗歌发展的鼎盛时期,诗歌空前繁荣并达到顶峰。这一时期出现了两大诗歌流派:一是以王维、孟浩然为代表的山水田园诗派,内容多写山水风景,风格澹远;二是以高适、岑参为代表的边塞诗派,注重战争或政治的题材,风格雄放。接着,出现了两位彪炳千秋的伟大诗人:李白和杜甫。"诗仙"李白以其进步的思想、宏伟的抱负、叛逆的精神、自由的人格、豪放的气魄,生动、鲜明地展示了诗人的主体精神和自我形象。他继承和发扬中国诗歌的浪漫主义传统,歌颂祖国大好河山,表现理想与现实的矛盾,感情奔放热烈、风格豪放飘逸,成为屈原以后浪漫主义诗歌新的高峰。"诗圣"杜甫继承和发扬了《诗经》、乐府民歌、汉魏风骨等传统的现实主义精神,以前所未有的广度、深度和力度,反映了"安史之乱"后唐王朝由盛转衰过程中的种种社会景象,成为一部惊心动魄的伟大"诗史",感情内在深沉,风格沉郁顿挫。在诗歌形式上,杜甫喜用律体,他把律诗发展到了完全成熟的阶段。《登高》《秋兴八首》更被奉为律诗的典范。中唐是唐诗新变层出再度繁荣时期。唐宪宗元和年间,以白居易、元稹为首的现实主义诗人倡导了一场新乐府运动,其主张为"文章合为时而著,歌诗合为事而作",强调诗歌的社会作用。白居易的《卖炭翁》《秦中吟》抨击时弊,有鲜明的形象性和强烈的战斗性,而其叙事长诗《长恨歌》《琵琶行》堪称我国古代叙事诗的杰作。此外,以韩愈、孟郊为首的险硬诗派,崇尚险怪,以才学为本,以议论见长,开宋诗多以议论入诗的风气。柳宗元、刘禹锡、贾岛等诗歌也各具风格。中晚唐之交的李贺,被称为"诗鬼",善用象征性的语言创造独特的意象,以其浪漫主义风格独树一帜。晚唐是唐代诗歌的夕阳返照时期。随着唐王朝的没落,诗歌大多染上浓厚的衰亡感伤色彩。此间最有成就的诗人是杜牧和李商隐。杜牧擅长写七绝,其咏史怀古诗风格俊爽高绝,最为出色;李商隐的七律沉博绝理,内容十分丰富,感怀诗深受杜甫影响,广泛深刻反映当时社会生活,而其爱情诗最为成功,尤其是"无题"诗,更是意味隽永,启迪人生。

宋诗的成就不如唐诗,但其思想内容和艺术表现也有自己的特点。总的来说,唐诗多以强烈的情感去感受社会生活,宋诗多以冷静的理智去体察客观事物;唐诗显得博大,宋诗显得精深。北宋诗坛上影响最大的两位诗人是苏轼和黄庭坚。黄庭坚首倡"点铁成金""脱胎换骨"之说,成为江西诗派的宗主。另外,南宋爱国诗人陆游,擅写田园风光的杨万里、范成大等都是影响较大的诗人。

词产生于隋唐初年,起源于民间,是随燕乐而兴起的新诗体。敦煌曲子词是现存最早的民间词。中晚唐,文人填词渐成风气。五代时,中国第一部文人词总集《花间词》问世。南唐后主李煜的词作抒写家国身世之恨,感慨遥深,语言朴素自然,流走如珠,《虞美人》《浪淘沙》《乌夜啼》等,均是词中的精品。

词发展到宋代，进入极盛，成为与唐诗、元曲并指的一代"独艺"。《全宋词》录得作品有两万余首，词人一千四百余位。北宋词坛，柳永是第一个精通词律的专业词人，大量创制并写作了篇幅较长、结构复杂、声调更为繁复美听的慢词，从内容到形式都富有平民色彩。《八声甘州》《雨霖铃》等将抒情、叙事、写景完美结合，是其词中精品。苏轼的"以诗为词"扩大了诗歌的题材，提高了诗歌的意境，丰富了诗歌的表现手法，其豪放清旷的词风，启迪了南宋豪放词派的产生。此外，贺铸、黄庭坚以及被称为"婉约之宗"的秦观等各具风格，形成北宋词坛繁荣的景象。北宋婉约词的集大成者是周邦彦，他的作品标志着宋词艺术的深化和成熟，其精巧工丽的典雅风格熏染了南宋的格律派、风雅派词人。生活在南北宋之交的李清照，是继秦观以后另一个"婉约派"的正宗词人，是我国古代最优秀的女词人，其词意境深厚，感情宛曲，造语清新，婉约中带有豪放的风格。南宋最伟大的爱国主义词人当推辛弃疾，他继承苏轼词的豪放风格，并加以发展。其词慷慨纵横，以强烈的爱国热情、豪爽的英雄气概、充沛的创作才力、多种的艺术风格，尤其是能将经史子集之语熔铸入词，开拓了词的境界，形成词史上著名的辛派词。

散曲是元代出现的一种配合当时流行曲调清唱的抒情诗体。一般所说的元曲是杂剧和散曲的合称。散曲的内容十分广泛，讥世、叹世、隐逸、闺怨等无不涉及，具有浓厚的市民通俗文学色彩。元散曲重要作家有关汉卿、马致远、张可久、乔吉、白朴、张养浩、睢景臣等，其中关汉卿的《南吕·一枝花·不伏老》、马致远的《天净沙·秋思》、张养浩的《山坡羊·潼关怀古》等都是散曲中的精彩之作。

明、清时期的诗歌创作相对衰落，总的成就未能超越前代，但也流派众多，名家迭出。明中叶以后的"前后七子"针对明初的"台阁体"萎靡文风，提出"文必汉秦，诗必盛唐"的主张，对诗坛有较大影响。清初的王士禛提倡"神韵"，成为当时诗坛的领袖。另外，郑燮反映民情之作、袁枚直抒性情之作、纳兰性德的小令都代表清代的诗歌成就。

龚自珍是近代文学史上具有启蒙思想的重要诗人，他的诗富于政治敏感，独辟蹊径，代表作《己亥杂诗》富有时代色彩和历史意义。改良主义运动代表梁启超提出"诗界革命""文界革命"，并推誉黄遵宪"我手写我口"的新派诗成为"诗界革命"的一面旗帜。辛亥革命时期，柳亚子、陈去病、苏曼殊、秋瑾等人的作品洋溢着爱国主义和民主主义的精神。

"新诗"发端于"五四"新文化运动和文学革命。胡适的《尝试集》是现代文学史上第一部白话诗集，用白话文代替文言文，并打破传统诗歌的格律束缚，是现代新诗的第一块基石。而郭沫若的《女神》则表现了五四时期狂飙突进的时代精神，诗风雄浑豪放，具有典型的浪漫主义风格，是现代文学史上第一部真正的新诗集，代表新诗创作期的最高成就。

20世纪20年代后期，以闻一多、徐志摩为代表的"新月诗派"试图使不加节制的自由体诗格律化，提出其著名的"三美原则"，即诗歌要求音律美、建筑美和绘画美。同期，还有以李金发为代表的象征派、以戴望舒为代表的现代派等。

20世纪30年代初"左联"成立后，新诗的现实主义精神得到发扬，出现了现代文学史上第一个革命诗歌社团——中国诗歌会。当时的著名诗人还有艾青、田间、臧克家等。艾青的《大堰河——我的保姆》、田间的《致战斗者》、臧克家的《罪恶的黑手》都是名篇。

20世纪40年代，抗日根据地和解放区在毛泽东《在延安文艺座谈会上的讲话》指引下，诗歌创作特别活跃，优秀的作品有李季的《王贵与李香香》、田间的《赶车传》（第一部）、张志民的《死不着》、阮章竞的《漳河水》。国统区也有"七月诗派"胡风等一批诗人用诗歌为战斗武器，揭露和抨击国民党统治下的种种腐朽没落社会现象，歌唱人民美好的明天。

1949年，中华人民共和国宣告成立，诗歌也由此进入新的发展阶段。新题材、新主题伴随着新生活应运而生。20世纪50年代末至60年代初，诗坛兴起了新民歌运动，发展了传统民歌，政治抒情诗以独立的艺术形式出现，郭小川、贺敬之是当时两位优秀的政治抒情诗人。同时，长篇叙事诗也获得丰收。20世纪70年代末、80年代初，沉寂十年的诗坛呈现出百花齐放的新景象。此时，舒婷、顾城、江河等一批青年诗人快速成长起来，以"朦胧诗"为发端的现实主义诗潮，冲击着文坛。北岛的《回答》《宣告》《鱼夜》，舒婷的《致橡树》，顾城的《一代人》等以全新的审美规范触动了民族文化积淀的惰性成分，造成了诗歌新旧观念的猛烈撞击。1984年以后，朦胧诗潮又逐渐受到"新生代"诗的冲击。当今诗坛，呈现出复杂纷繁的景象，大量网络诗坛和民刊的崛起，在活跃和茂盛的背后，也显得良莠不齐。

第二节　诗歌的特性与分类

一、诗歌的特性

诗歌是什么？当代美学家宗白华说：诗歌是"用一种美的文字——音律的绘画的文字——表写人的情绪中的意境"。这其实是告诉我们：诗歌最本质的特性是音律美和绘画美。中国古典诗歌较之现代诗歌更是如此。

1. 诗歌的音律美

诗又称为"诗歌"，因为从艺术的起源看，诗和音乐几乎同时诞生。我国的古典诗歌是有声韵、有节奏、能吟唱的，它与音乐关系的体现是直接的。我国古代的第一部诗歌总集《诗经》中的诗都可以入乐，它的编排是按照乐曲的不同分为风、雅、颂三类。《史记》中曾记载："'诗三百'孔子曾弦歌之。"《楚辞》中的《离骚》《九歌》《九章》，汉魏六朝的乐府诗，唐代的一些诗歌等都可以入乐。唐以后的宋词、元曲，是先有诗谱、曲谱再依谱填词歌唱。

诗歌之所以具有音律美，是因为语言和音乐都是声音的艺术，声音和谐了就美。整齐、抑扬、回环是声音和谐即音律美的三个要素，也是语言形式美的基本方面。古典诗歌，集中体现了语言的形式美，而最具音乐性的诗体就是格律诗词。

第一，诗歌语言的整齐。我们来读杜甫的《登高》：

风急天高猿啸哀，渚清沙白鸟飞回。

无边落木萧萧下，不尽长江滚滚来。

万里悲秋常作客，百年多病独登台。

艰难苦恨繁霜鬓，潦倒新停浊酒杯。

这首《登高》的整齐美表现在哪里呢？这是一首七言律诗，诗的每一句都是七个字，句式很整齐，从内容上看，前四句写景，后四句抒情，也很匀称。但是，还有更深层次的整齐美，那就是对偶。格律诗词，这种直观的句式整齐的基础是古汉语多单音词。单音词还极便于用对偶。诗句的对偶与音乐的乐段相似。在音乐上，两个乐句构成一个乐段，两个乐句的长度和旋律越是相近，乐段也就越是整齐匀称，这就形成了声音的整齐之美。古诗的对偶形式是语言形式整齐美的最集中体现。《登高》整首诗全用对偶句，且与情、景完美结合，真不愧为古今七律第一。

第二，诗歌语言的抑扬。在音乐中，节奏是强音和弱音的周期性交替，用节拍做衡量音乐节奏的手段。语言也有节奏，但衡量语言节奏的语音单位是语音的长度、强度和高度。中国文字音的长短不明显，不能像外国诗那样，可以靠发音的自然长短来造成节奏感。所以古人就用平仄，人为地制造音的长短和轻重，来增强节奏。

何谓平仄？按现代汉语声调分，第一声和第二声为平声，第三声和第四声为仄声。而古代汉语语音则分为"平、上、去、入"四声。对于这四声的区分，被后人引用得最多的有以下两种说法：一是唐代释处忠在其所撰的《元和韵谱》中说："平声者哀而安，上声者厉而举，去声者清而远，入声者直而促。"二是明代释真空的《玉钥匙》歌诀道："平声平道莫低昂，上声高呼猛烈强，去声分明哀远道，入声短促急收藏。"后说曾以《分四声法》之名载于《康熙字典》的前面，影响更为广泛。从这些描述中，我们可以大略地知道古代汉语四声的高低、升降、直曲。

著名语言学家王力先生对古汉语四声进行了这样的概括："平声是没有升降的，较长的，而其他三声是有升降的（入声也可能是微升或微降），较短的。"因此，古人又把四声分成"平、仄"两类："平声"是单独的一类，其余三声合并成"仄声"一类。"仄"同"侧"，其义为"倾斜、不平"，相对于"平声"而言，"上、去、入"三声的共同点就是"不平"。古典诗词的写作与吟诵，都是按古代汉语的四声论平仄的。

我们来读李白的《早发白帝城》：

朝辞白帝彩云间，千里江陵一日还。

两岸猿声啼不住，轻舟已过万重山。

它的平仄规律如下：

平平仄仄仄平平，仄仄平平仄仄平。

仄仄平平平仄仄，平平仄仄仄平平。

每一句平仄相间，第二句与第一句、第四句与第三句是平仄相对——中国诗歌的抑扬美就这样产生了。

第三，诗歌语言的回环。诗歌，欲求其动听，除了平仄声调上要力求合律外，还须押韵,这样才能增加其旋律之美。诗歌的用韵与音乐的再现近似,都体现出一种回环美。

什么是韵?刘勰在《文心雕龙》中说:"同声相应谓之韵。"简言之,"韵"就是"同一收音"。如"东、公、空、通、同、聪、烘、红、隆"等字,皆以 ong 为收音,"先、天、填、年、千、煎、绵、延、前"等字,皆以 ian 为收音,都同属一韵。

什么是押韵?将某些诗句之末尾,用上同韵之字,即称为押韵。

我们来读王维的《山居秋暝》:

> 空山新雨后,天气晚来秋。
>
> 明月松间照,清泉石上流。
>
> 竹喧归浣女,莲动下渔舟。
>
> 随意春芳歇,王孙自可留。

古诗多以平声押韵,首句可以入韵,也可以不入韵。押韵句的尾字用平声,不押韵的必须用仄声。当然,如果押韵句的尾字用仄声,不押韵的就用平声。一般都要一韵到底,不能中途换韵。《山居秋暝》押的都是 ou 这个音。

过去写诗,靠韵书来做统一的标准。所谓韵书,就是把同韵的字放在一起,分成若干部,作为作诗押韵的依据。我国最早的韵书是隋朝的《切韵》、唐朝的《唐韵》,现存完整的韵书是宋朝的《广韵》。《广韵》的韵部分得很细,有 206 韵部。到了金代,以《平水韵》为官方韵书,供科举考试之用。元、明、清各代,都以《平水韵》为作近体诗押韵的依据,一直沿用到现在。

除了押韵,运用重言、双声、叠韵、重章复唱等手法也能使韵律和谐。这在《诗经》等民歌中特别常见。

五四以后的新诗,用白话文代替了文言文,打破古诗声律的束缚,侧重于诗歌内在的旋律和节奏,随着诗人感情的起伏而变化,显示出一种自然的节奏感和旋律感。诗歌的音乐性得以向深层发展。

2. 诗歌的绘画美

诗歌的绘画美,是属于中国画的美,中国画和中国诗歌中有两个重要的概念:意象和意境。

所谓意象,简而言之,就是作者主观情意(意)和客观生活的物景(象)的结合,即融入了诗人主观情思的客观物象,是赋有某种特殊含义和文学意味的具体形象。一个个意象,组成了意象群,在读者超越时空的想象中,生出一片空间,这就是意境。所以,意境也是属于主观范畴的"意"与属于客观范畴的"境"二者结合的一种艺术境界。既不是客观物象的简单描摹,也不是主观情感的随意拼合,而是虚实相间,情景相融,形神兼备。尽管绘画和诗歌,两者属于不同的艺术门类,使用不同的创作手法,但是,它们有着相同的意境美。意境是中国画和中国诗歌追求的最高境界。

诗歌中许多句子的语法有高度的灵活性,让字与读者之间建立一种自由的关系,在字与字之间保持着一种"若即若离"的解读活动。这样就构成了美丽的写意的中国画。如马致远的《天净沙·秋思》:

> 枯藤老树昏鸦。
>
> 小桥流水人家。
>
> 古道西风瘦马。
>
> 夕阳西下，
>
> 断肠人在天涯。

中国水墨画中的各种景物之间往往没有许多过渡性的铺垫或衔接，会出现景象间的跳跃，其间会出现留空或留白。同样，这首被誉为"秋思之祖"的小令，前三句18个字9个名词，其间无一虚词，若用严格的语法来要求，它是不完整的。可是，作为诗句，这种空间的跳跃是允许的。作者以其娴熟的艺术技巧，让9种不同的意象沐于夕阳的清辉之下，像水墨画一样，在我们面前依次呈现，短短28字，便勾画出一幅悲绪四溢的"游子思归图"。马致远就是这样由精心选取的几组能代表萧秋的意象组成一幅暮色苍茫的秋野图景，抒写出游子内心深处无尽伤痛而独行寒秋的意境。类似于中国水墨画，并不丰富的意象却能构成一幅意境深远的画面。

再如臧克家在20世纪40年代曾写过一首题为《三代》的短诗：

> 孩子
>
> 在土里洗澡；
>
> 爸爸
>
> 在土里流汗；
>
> 爷爷
>
> 在土里埋葬。

这首短诗三个急剧跳跃的诗句，概括了三代人的处境，时间的跳跃相当大。

诗的跳跃从本质上讲是情感的跳跃、思维的跳跃。因此，欣赏诗歌应沿诗人的情感线索展开联想，深入领会诗歌所表现的丰富思想和情感。

二、诗词的分类

1. 诗的分类

从声律角度，诗可分为古体诗和近体诗。这种分法成熟于唐。唐以前写诗。通常不讲平仄、对仗，押韵也较为宽泛，每首诗的句式、句数也没有严格的规定，因此唐人将这类诗统称为古体诗，而把当时新出现的格律诗称为近体诗。后人沿袭唐人说法，把唐以前的乐府民歌、文人诗以及唐以后文人仿照它的体式而写的诗歌，统称为"古体诗"。近体诗包括绝句和律诗两大类。绝句每首四句，五言的简称五绝，七言的简称七绝。律诗每首八句，五言的简称五律，七言的简称七律，超过八句的称为排律或长律。

诗的种类还有很多。按照诗句的字数分，有四言（如《诗经》）、五言（如"汉乐府"诗）、七言（如曹丕《燕歌行》）、杂言（如李白《蜀道难》）等；按内容分，有抒情诗、叙事诗、送别诗、边塞诗、山水田园诗等；按结构形式分，有格律诗、自由诗、散文诗、快板诗；按时间分，有新诗和旧诗。从其他角度还可分为哲理诗、打油诗、讽刺诗、朗诵诗等。

2. 词的分类

词按乐调长短的不同可分为小令、中调和长调三类。一般认为,58个字以内为小令,59字至90字为中调,91字以上为长调。

词按分段的不同,分为单调、双调、三叠、四叠。段在音乐上叫"阕"或"片",双调分为上下两段,所以又叫前后阕、上下阕、上下片,它在词中最为常见。

词又可以按风格分为婉约派和豪放派,按用韵的情况分为平韵词、仄韵词、平仄互谐韵的词等。

第三节　诗歌朗诵

诗歌是朗诵中最为常见的文学样式,它高度集中概括和反映社会生活,饱含着作者丰富的思想感情和想象,语言精练而形象性强,并具有一定的节奏韵律。根据诗歌的特点,朗诵者必须做到:代诗人倾听心灵;把听众引入诗境;将诗中内涵展现;为诗句"谱曲配乐"。

一、代诗人倾听心灵

众所周知,"诗贵乎情"。高尔基在《给青年作者》一文中说:"真正的诗——往往是心底的诗,心底的歌。"它是诗人透过生活的表层、抓住事物本质,经过精心选择和提炼,以自己强烈的爱憎感情熔铸而成的艺术结晶,它比其他文体在情感表达方面更加集中、更加浓缩、更加鲜明。因此,朗诵者在朗诵时,就要更加注意对作品中的情感的充分表达,代诗人倾听心灵。

1. 出口前,充分酝酿情感。既然朗诵者要代表诗人倾吐心声,那么在即将朗诵时,无疑一定要集中思想,深切地去感受所要朗诵的这首诗中所蕴藏的巨大热能,设身处地地去体验诗人那似火一般燃烧的灵魂,唤起诗人写诗时那种不可抑制的激情,然后才能开口朗诵。有些人朗读时,尽管对诗句可以倒背如流,但因为忽视朗诵前的这一必须认真对待的准备工作,所以往往缺乏情感的爆发力,缺乏真情实感,最终陷于空喊干吼之中,感染不了听众。

2. 出口后,强化言语节奏。朗读诗歌时仅仅感受到了诗人那蕴藏在诗中的激情还远远不够,还要运用言语技巧将其鲜明地倾吐出来,动于衷而形于外。著名美学家朱光潜说:"节奏是传达情绪的最直接而且最有力的媒介。"因此,通过对诗句节奏的强化,去充分体现诗人如水一般或"安而相推"或"怒而相凌",或"舒而如云",或"蹙而如鳞",或"疾而如驰",或"徐而如徊"的各种情感起伏,让这种起伏在听众的心壁产生同步,引起共振,这样才能真正代诗人倾听心灵,才能朗读好诗歌。

我们曾经见到过一些被人称为"热水瓶式"的朗诵者。他们朗诵诗歌时有着强烈的情感,却缺乏强化节奏这种表达情感的表现手段;朗诵时,尽管浑身热血沸腾,甚至热泪盈眶,然而语言节奏单调、乏味,如同屋檐滴水一般。因此再激动人心的诗篇,也打动不了听众。

二、把听众引入诗境

古人说:"诗中有画,画中有诗","诗传言外意,贵有画中态"。诗人借助丰富的想象,把周围的客观事物和主体感受赋之于一幅幅鲜明而生动的图景,展现在朗诵者的前面。因此,朗诵者在朗读时也必须把这"诗中画",通过有声语言展现在听众面前,使他们如同进入诗境一般。

1. 树立内心视象,设身临诗境。当朗诵者用言语向听众描绘某一人和事物时,首先要在自己内心中树立这一事物的清晰图像,而且要"投入"这一图像中。只有自己"看到"了这一事物的清晰图像,又如临其境,才能使听众"看到"它,才能将听众引入其境。如果自己心中无物,或者置身于这一事物之外,那么听众脑海中也必然空空,更谈不上设身处地了。一位经常在电台朗诵的演员,曾谈起过他在朗诵诗歌创作时的一个习惯。他喜欢将录音室的光线搞得暗一点,仅亮着一盏小台灯,这样,原先室内的强光、墙壁的色彩及其他物体等就不会干扰他展开想象了,此时他脑中出现的只是诗中的画面,仿佛那醉人的诗句一下子就沐浴了他的全身,很快便彻底置身于诗境之中了。这位演员的习惯与经验,说明朗诵时尽一切方法使自己树立鲜明的内心视象,并沉浸在诗境之中,这对朗诵好诗歌是十分重要的。

比如朗诵贺敬之的诗《桂林山水歌》,就应该随着诗的内容,运用丰富的想象,"状难写之景如在目前",一下子看到"青山""绿水""白帆""红旗"这些画面的绚丽色彩,沉浸在"江作青罗带,山如碧玉簪"(韩愈诗句)的美妙画境之中。当朗诵到"大地的愁容春雨洗,请看穿山明镜里",就可借助徐悲鸿笔下的《漓江春水》图以丰富想象,使"漓江春雨"展现在眼前,置身于其中。朗诵诗中其他一些诗句时,也可借助桂林山水的照片或介绍桂林山水的文字展开想象,使眼前出现酷似一老人披着风帽、翘首南望、须眉毕现、神态如生的"老人山";出现玲珑通透、洞门面江、临江"悬空而下,状若浮柱"的奇特试剑石的"还珠洞";出现岩洞雄伟深邃、玉雪晶莹,洞内景物奇幻多姿、琳琅满目、十分壮丽的"七星岩";出现平地拔起、孤峰矗立、四壁如削、挺拔秀丽的"独秀峰"……仿佛亲临此地,正饱览着桂林山水的美景,完全投入"如情似梦"、"如画似歌"、"神姿仙态"、情味隽永的人间仙境之中。

2. 渲染朗诵语调,言语更形象。朗诵者树立了内心视像,使自己沉浸在诗境之中,朗诵时,就能言之有物了。然而如果我们不对朗诵的语调给予艺术的加工、渲染,就不足以将描绘的形象更鲜明地体现出来。因此,我们还要渲染语调,使声音化成色彩,变为形象,让听众的听觉负载着诗中的文字意义,产生移觉作用。这样,朗诵者就可以成为一名"言语画师",使听众能更清晰地看到诗中说描绘的情景、形象、状貌,如临其境,步入深邃的诗境之中了。

例如朗诵唐朝山水诗人王维的《使至塞上》,就可以通过恰当地渲染语调,使诗歌中所描绘的图景更加鲜明、形象:

单车欲问边,属国过居延。(首联)

征蓬出汉塞,归雁入胡天。(颔联)

大漠孤烟直，长河落日圆。（颈联）

萧关逢候骑，都护在燕然。（尾联）

王维的诗以色彩明丽、境界清幽而夺声，因此，更应注重通过语调的艺术处理来体现诗的意境，使听众能领略到这幅诗画。朗诵首联"单车欲问边，属国过居延"，宜采用稍平的语势、较轻的声音、缓慢的语速，来描绘一幅轻车简从的使臣由远而近、向边塞驶去的图景。仿佛周围的气氛宁静极了，似乎只能听到车轮缓缓向前时轻轻滚动的声音。朗读颔联"征蓬出汉塞，归雁入胡天"，出句，语势逐渐上扬，声音也随之加强，音色变得较明亮，以此展现蓬草伏地一片开阔的景象；对句，语势逐渐下抑，声音也随之由强而弱，音色也变得发暗，以此渲染大雁鸣号、掠过胡天这一异常肃杀悲凉的气氛。朗诵颈联"大漠孤烟直，长河落日圆"，可着意将"大""孤""直""长""落""圆"这几个字点送清楚，声音的高低强弱交替出现，以此突出有声语言的形象色彩，来描绘脚下那片开阔无垠的沙漠，头上青冥浩荡不见底，只有一缕直冲云天的孤烟的壮美景象；展现那与天相接的长河，以及那渐渐下落的夕阳的火红色彩，圆圆体态，仿佛它在荒凉中给人带来了一点生机和欢悦。朗诵尾联"萧关逢候骑，都护在燕然"，起音宜较低，并以稍平的语势、缓慢的语速、渐轻的声音来描绘一幅轻车简从的使臣越走越远、最后消逝在那边塞的深处、奔向那刀光剑影的前线这一图景。

朗诵诗歌时，对每一句语调的处理做仔细的揣摩推敲，甚至连一个字也不放过，那么朗诵的语言就能获得很强的形象感，将听众不知不觉地引入到诗境之中。

三、将诗中内涵展现

诗除了感情充沛和形象鲜明以外，还有一个不同于其他文体的显著特点：凝练。这不仅表现在语言上，而且表现在内容上。古人曰："诗，则酿而为酒。"很自然，诗歌朗诵势必要体现丰富的内涵，把一行行如同醇厚浓酒的诗句奉献给听众。

1. 深入挖掘。诗中许多没有写出来的文字，就是它的含义，这就有待朗诵者去挖掘，直到心里出现比诗歌多好几倍的词句，使句与句之间、段与段之间没有空白点方能朗诵。

比如朗诵被称为杜甫生平第一快诗的《闻官军收河南河北》：

剑外忽传收蓟北，初闻涕泪满衣裳。

却看妻子愁何在，漫卷诗书喜欲狂。

白日放歌须纵酒，青春作伴好还乡。

即从巴峡穿巫峡，便下襄阳向洛阳。

从字面上我们就可以看出，这首诗与诗人大多数低沉愁苦或含有讽喻的诗作不同，全诗充满着一种兴奋欣喜的心情，节奏流畅明快，几乎可以一气呵成。但我们要朗诵好这首诗，要体现诗中丰富的内涵，必须做好深入挖掘诗中含义的工作。

当我们朗诵首联和颔联时，一定要了解到诗人当时正是在冒着生命危险逃离长安、躲避叛军的纠缠、饱受安史之乱痛苦之时，在毫无思想准备的情况之下，听到这喜出望外的消息的情景。那么朗诵时就会在"忽"和"初"这两个时间副词上给予强调，就会在

"却看""漫卷"这些词上加快语言节奏,就会在"涕泪满衣裳""喜欲狂"这些表现诗人强烈感情急遽变化的词语上着意渲染。把以上复杂的时代背景、丰富的思想内容,全部浓缩在我们吐出的每一个字上,充分表达出诗人"落泪"和"狂喜"的丰富内涵。同样,当我们朗诵颈联和尾联时,如果能透过字面,熟悉诗人虽坎坷但始终是忧国忧民的一生,那么朗读时,就可以一声寓万意,将"从""穿""下""向"几个字念得特别轻快,仿佛乘坐一叶扁舟,正顺流而下,充分表现诗人当时一旦听说叛军平息,便归心似箭,急于要返回故里,想看望家人和乡亲的迫不及待的心情。总之,全诗只有五十六个字,但我们脑海里却要藏有一段安史之乱的历史,蓄着杜甫的生平档案。

朗诵杜甫的这首诗,如果不进行深入挖掘,光从字的表面来理解,当然也可以表现出诗人的兴奋心情。但这种兴奋的程度,显然要浅得多,更无法体现诗人深沉的一面,而朗诵的技巧也同样不会用到点子上,这样,朗诵的艺术效果就差得多了。

2. 找出潜语。为了将挖掘出的字里行间、词前句后的丰富内容体现出来,还必须找出某些诗句的准确潜语,使听众通过你的有声语言获得诗句后面更多更深的含义。

曹雷朗诵过一首美国黑人朗斯顿·休士的诗歌《光脚歌》。她为了要体现诗句的丰富内涵,不仅对这首诗歌做了大量的挖掘工作,还找出了朗诵这些诗句的各种潜语。这首诗以美国黑人小姑娘向自己的爸爸乞求买一双新鞋的故事,反映了美国黑人的悲惨生活。全诗分三个段落,每个段落都有两次呼叫"爸爸"。这六次呼叫爸爸,曹雷找了六种不同的潜语。第一声呼叫,曹雷设想小女孩当时是坐在一个小破木凳上,眼睛看着自己露出脚指头的破鞋,像是受了委屈,以"爸爸,我有不好意思开口的心里话要跟你说"的潜语,小声地对站在自己身边的爸爸叫着"爸爸"。可是爸爸好像根本没有听见,于是她声音放大些,提醒爸爸来看看这双破鞋,以"你怎么没有听见啊"的潜语,道出了第二声"爸爸"。爸爸看了她一眼,慢慢地走到窗口去了。小姑娘有些生气了,向爸爸撒娇,再以"你倒是听着呀"的潜语,道出了第三声"爸爸"。可是爸爸仍然没有理睬她。她急了,跑过去,以"你为什么不理睬我"的潜语,又气又急地道出第四声"爸爸"。爸爸在房间里来回地走着,最后,爸爸扶着小姑娘的双肩,含着眼泪,叹了一口气,仍然一句话也没有说又背过身去了。小姑娘明白了,她以"你是不是有极大困难和极大痛苦,无法告诉我"的潜语,用探寻的口气道出第五声"爸爸"。当她看到爸爸微动的双唇抖着,却说不出一句话时,小姑娘似乎突然变成了一个懂事的大姑娘,她以"你不要难过,我明白你的苦衷"的潜语,用安慰的语气道出了最后一声"爸爸"。这样,曹雷以不同的潜语产生的不同的语调,六次呼喊"爸爸",而每次呼喊,尽管只有两个字,可每次都诵出了小姑娘思想发展的细微变化,体现出了诗句深藏的含义。如果不挖掘出准确的潜语,就会把六次"爸爸"的呼叫声,朗诵得一个调门、一个语气,没有任何变化。大家便很难听懂小姑娘六次呼喊的原因,很难听出"爸爸"两个字后面的丰富内容。

四、为诗句"谱曲配乐"

诗歌之所以受到人们的喜爱,不仅是因为它感情强烈,意境深邃,内涵丰富,而且还因为它在形式上富有音乐美,能使人产生赏心悦目之感。作曲家何占豪就曾经对我们说:"在诗歌中,诗是音乐的内容,音乐是诗的形式。诗与歌是一对不可分割的孪生姐妹。"因此,要朗诵好这种文学样式的作品,就必须展现优美的韵律,显示出它的音乐性,把"诗的韵味恰如其分地表达出来,浸润听众的心灵深处,使他们可以优游涵泳,长久受用不尽"。

如何展示诗句的优美韵律呢?

1. 延长音节。古典诗词的写作都是按古代汉语的四声论平仄的,一般而言,吟咏古诗时平声较长而仄声较短,但每个平声字的长度又有所不同。

比如吟咏李白的《早发白帝城》:

朝—辞——白帝—彩云——间———
千里—江—陵——一日—还———
两岸—猿—声——啼—不住—
轻—舟——已过—万重——山———

此诗为平起,第一句中"辞""云"俱为平声,是节奏点,应该拉长;"间"是韵脚,宜悠远绵长。第二句"陵"为平声,是节奏点,应延长;"还"是韵脚,特意拉长。第三句"声"为平声,是节奏点,延长;末尾"住"字仄声,不是韵脚,不宜拉长。第四句"舟""重"二字都是平声,是节奏点,应该拉长;"山"是韵脚,宜特意拉长。

诗朗诵时要沿袭吟咏的传统,每一个字的音都要求比朗诵其他文学体裁作品时来得长些,平声字则更长,这样既可以充分显示汉语四声的特点,听来抑扬分明,又可通过吟咏,把诗歌中的"意味""气势""骨力""神韵"准确而形象地表达出来。

2. 亮示节拍。诗歌的每一句都有明显的节拍,形成大体整齐的若干音组。朗诵时就应该按其音组进行有规律的停顿(这种停顿有时会破坏词语的结构,这时应仔细斟酌,既不要影响语意的表达,又尽可能照顾到诗歌的整齐节拍)。显现诗歌所具有的优美韵律,听来顿挫有致。

朗诵近体诗一般以两个字为一组,节奏点就在第二个平声字和一句中的最后一个平声字上。新体诗比较自由,虽没有旧体诗那样的规范节拍,但大体还是整齐的。只是每首诗的节拍不是固定的,它应随着内容的变化而变化。朗诵者一定要根据内容来确定停顿的地方,找到它的节拍。而且节拍的划分,同一首诗也不能绝对化,可以有不同的处理,但应以不读成破句为前提。

3. 显现韵脚。诗歌大多是押韵的,朗诵时将其韵脚念得稍强调一些,让人听来和谐优美、委婉动听,这也是显现诗歌音律美的一个重要方面。押韵有如鼓点,它可以使诗的音调更加响亮,增加读者听觉的美感。我们朗诵诗时就更应该把诗所具有的"鼓点"敲响,使听者从中获得美的享受。

比如我们朗诵陆游的《梅花绝句》其十:

山月缟中庭,
　　　△
幽人酒初醒;
　　　△

不是怯清寒,
愁踏梅花影。

△

这里的"庭""醒""影"就是韵脚,要朗诵得明显一些,给听众以听觉和心理上的满足。

再比如朗诵沙河写的《电车上的小姑娘》

早晨,一个小姑娘,

△

默默地读着一本书,
在拥挤而喧嚣的电车上,

△

电车左右摇摆,
乘客上下匆忙,

△

她沉醉在书里,
像牧羊女沉醉在渺无人烟的草原里一样。

△

这里的"娘""上""忙""样"也是韵脚。虽然"娘""上"都是轻声字,在这里也应该稍稍强调些,敲响听众心中的"鼓点"。当然,如果用加重的方式来显现韵脚,则要求自然加重,不能为加重而加重,导致与前面的音节不和谐。

以上谈的"延长音节""亮示节拍""显现韵脚",都是为了在朗诵时,能将诗歌的音乐性得以充分的体现。但是如果只注意其音乐性,片面强调节拍鲜明、铿锵有力、音色洪亮、音韵和谐,而忽视了作品的思想内容,千篇一律,则会出现拿腔拿调的所谓"朗诵腔"了。诗的音乐性必须从属于诗的思想内容;思想感情与诗的音乐性是相辅相成、缺一不可的。朗读者一定要"因情赋声,以声传情",达到声情并茂的要求。

第四节　名诗赏读

关　雎

《诗经·周南》

【提示】

《诗经》是中国最早的诗歌总集,相传为孔子所编定,从汉朝起儒家将其奉为经典。它原本叫"诗",因共有诗歌 305 篇,故又称"诗三百""三百篇",汉朝毛亨、毛苌曾注释《诗经》,因此又称《毛诗》。按作品性质和乐调不同,分为"风""雅""颂"三大类,"风"又称"国风",包括十五个地方的民歌,有 160 篇,是《诗经》中的精华部分。"雅"是正声雅乐,分

"大雅""小雅",有诗 105 篇。"颂"是祭祀乐歌,有诗 40 篇。《诗经》善用赋、比、兴的表现手法,以四言为主,常用重章叠句,起着充分抒情达意的作用,有一种回旋跌宕的艺术效果,对后世文学的发展,特别是诗歌创作的发展,有极其深远的影响,奠定了中国诗学的基础。

《关雎》是"风"的第一首,也是《诗经》的开篇之作,可见古人对它评价很高。但在表现内容上,有人认为它是歌唱男女恋情,也有人认为是歌颂"后妃之德";在表现形式上,有人认为"关关雎鸠"两句和"参差荇菜,左右流之"等描写是比兴,另一种意见则认为此诗自始至终都是"赋"。孔子说:《关雎》乐而不淫,哀而不伤。"(《论语·八佾》)此后,人们评《关雎》,皆"折中于夫子"(《史记·孔子世家》)。那么,你认为《关雎》是一首什么性质的诗歌? 其艺术魅力究竟何在呢?

【原文】

关关雎鸠,在河之洲①。
窈窕淑女,君子好逑②。
参差荇菜,左右流之③。
窈窕淑女,寤寐求之④。
求之不得,寤寐思服⑤。
悠哉悠哉,辗转反侧⑥。
参差荇菜,左右采之。
窈窕淑女,琴瑟友之⑦。
参差荇菜,左右芼之⑧。
窈窕淑女,钟鼓乐之⑨。

【注释】

①关关:雎鸠和鸣声。雎(jū)鸠:水鸟名,即鱼鹰,一名王雎,相传这种鸟雌雄有固定配偶,古人称为贞鸟。洲:水中陆地。

②窈窕(yǎo tiǎo):娴静美丽的样子。淑:善,好。逑(qiú):配偶。

③荇(xìng)菜:多年生水草,叶圆,紫赤色,浮于水面,嫩叶可食。流:多解释为"求"。但似乎取其"顺着流水去择取荇菜"之意更为形象。

④寤寐:寤是睡醒,寐是入睡。

⑤思服:思念。

⑥悠哉:思念又深又长的样子。辗转反侧:翻来覆去地来回转动。

⑦琴瑟:琴和瑟都是古时的弦乐器,琴五或七弦,瑟二十五或五十弦。友:友爱,亲近。

⑧芼(mào):一般也多解释为"择取"。但朱熹据董逌《广川诗故》解"芼"为"熟而荐之",即犹如现在将生菜放到开水中"芼"一下,使之熟,随即捞出。

⑨钟鼓:金奏也,是盛礼用乐。

【拓展】

（一）阅读推荐

1.《诗经·鹿鸣》

2.《诗经·蒹葭》

3.《诗经·氓》

（二）云端课堂

1.诗词吟诵:《诗经·关雎》

2.百家讲坛:《诗经》中的不老爱情(婚姻的祝福)

（三）思考练习

1.吟诵《诗经·关雎》,感悟其特有的艺术魅力。

2.《诗经·关雎》对大学生的婚恋观有何启示?

山　鬼

屈　原

【提示】

屈原(约前340—前278),中国最伟大的浪漫主义诗人之一,也是我国已知最早的著名诗人,世界文化名人。屈原战国时楚国人,出身贵族,学识渊博,善于辞令,曾任三闾大夫、左徒等职,兼管内政外交大事。他主张对内举贤授能,修明法度,对外力主联齐抗秦。但他的政治改革主张遭到楚国保守势力的反对,并因此被楚怀王疏远,逐出朝廷,后遭楚顷襄王流放。最后,因政治理想无法实现,自沉汨罗江,以死明志,端午节据说就是他的忌日。

屈原的出现,不仅标志着中国诗歌进入了一个由集体歌唱到个人独创的新时代,而且他所开创的新诗体——楚辞,突破了《诗经》的表现形式,极大地丰富了诗歌的表现力,为中国古代诗歌创作开辟了新的天地。主要作品有《离骚》《九章》《九歌》等,在诗中抒发了炽热的爱国主义思想感情,体现了他对理想的不懈追求和为此九死不悔的精神。作品中运用了大量的神话传说和奇妙的比喻,想象丰富,文辞绚烂,情思浓郁,气势奔放,是古代积极浪漫主义诗歌的典范。后人也因此将《诗经》和《楚辞》并称为"风骚"。"风骚"是中国诗歌史上现实主义和浪漫主义两大优良传统的源头。

《山鬼》选自《九歌》。山鬼即一般所说的山神。本篇是祭祀山神的祭歌,叙述的是一位女山神,在山中约会她的恋人。诗人善于将赋、比、兴巧妙地糅合成一体,大量运用

"香草美人"的比兴手法,把抽象的品德、意识和复杂的现实关系生动形象地表现出来。《山鬼》赋予山神以人的灵性,采用其内心独白的方式,又将给我们塑造一位怎样的女神形象? 在"雷填填兮雨冥冥""风飒飒兮木萧萧"的风雨之夜,在"猿啾啾兮狖夜鸣"的悲鸣声中,你是否能感受到作品震撼人心的悲剧美?

【原文】

若有人兮山之阿,被薜荔兮带女萝①。既含睇兮又宜笑,子慕予兮善窈窕②。乘赤豹兮从文狸,辛夷车兮结桂旗③。被石兰兮带杜衡,折芳馨兮遗所思④。

余处幽篁兮终不见天,路险难兮独后来⑤。表独立兮山之上,云容容兮而在下⑥。杳冥冥兮羌昼晦,东风飘兮神灵雨⑦。留灵修兮憺忘归,岁既晏兮孰华予⑧?

采三秀兮于山间,石磊磊兮葛蔓蔓⑨。怨公子兮怅忘归,君思我兮不得闲。山中人兮芳杜若,饮石泉兮荫松柏⑩,君思我兮然疑作⑪。雷填填兮雨冥冥,猿啾啾兮狖夜鸣⑫。风飒飒兮木萧萧,思公子兮徒离忧⑬。

【注释】

①阿(ē):曲隅。山之阿,指山的弯曲处。被(pī):同"披"。薜荔、女萝:都是蔓生植物。带:系着。

②含睇(dì):含情而视。睇:微微斜视。宜笑:指笑时很美。

③从:跟从。文狸:毛色有花纹的狸猫。辛夷:香木。辛夷车:以辛夷木为车。结桂旗:用桂花树编织的旗。

④石兰、杜衡:皆香草名,作车饰。遗(wèi):赠。

⑤篁:竹林。终:终日。

⑥表:独立突出之貌。容容:通"溶溶",云气浮动的样子。

⑦杳:深远貌。冥冥:黑暗。羌:发语词。昼晦:白天变得昏暗。神灵:指雨师,雨神。雨:降雨。

⑧灵修:对爱人的尊称。憺(dàn):安乐。晏:晚。孰:谁,还有谁。华:花。华予:让我像花一样美丽。

⑨三秀:灵芝草的别名,一年开三次花,传说服食了能延年益寿。磊磊:石块重叠的样子。葛蔓蔓:葛草蔓延的状态。

⑩山中人:山鬼自称。杜若:香草。

⑪然:肯定。疑:怀疑。然疑作:信疑交加。

⑫填填:雷声,如同"隆隆"。啾(jiū)啾:猿哀叫声。狖(yòu):古书上说的一种猴,黄黑色,尾巴很长。

⑬徒:白白地。离:通"罹",遭,受。

【拓展】

(一)阅读推荐

1.屈原《离骚》

2.屈原《橘颂》

3.司马迁《史记·屈原贾生列传》

(二)云端课堂

1. 古诗吟诵:屈原《山鬼》

2. 百家讲坛:世界文化名人屈原

3. 舞蹈欣赏:中国古典舞《山鬼》

(三)思考练习

1.吟诵《山鬼》,体悟"骚体"与《诗经》不同的语言特点。

2.屈原的《山鬼》寄寓了诗人怎样的家国情怀?

陌上桑①

汉乐府民歌

【提示】

乐府是自秦代以来设立的配置乐曲、训练乐工和采集民歌的专门官署。汉乐府指由汉时乐府机关所采制的诗歌。这些诗,原本在民间流传,经由乐府保存下来,汉人叫作"歌诗",魏晋时始称"乐府"或"汉乐府"。

汉乐府民歌继承《诗经》民歌的传统,开创了诗歌现实主义的新风。汉乐府民歌题材广泛,多方面地反映了汉代社会的现实生活,尤其是女性题材作品占了重要位置,它用通俗的语言构造贴近生活的作品,由杂言渐趋向五言,采用叙事写法,刻画人物细致入微,创造人物性格鲜明,故事情节较为完整,而且能突出思想内涵,着重描绘典型细节,促进叙事诗发展成熟,是中国诗史五言诗体发展的一个重要阶段。汉乐府在文学史上有极高的地位,其与诗经、楚辞可鼎足而立。

《陌上桑》是一首立意严肃、笔调诙谐的乐府叙事诗,属《相和歌辞》,又名《艳歌罗敷行》《日出东南隅行》。这首诗以幽默诙谐的风格和喜剧性艺术手法,刻画了一个美丽、坚贞又聪明的采桑女子形象,洋溢着"爱美之心人皆有之"的民间风情,同时也反映出汉代贵族官僚仗势调戏民女的社会现实。全诗情节逼真、语言华丽、形象生动,虽经文人修饰加工,仍体现出浓烈的民间歌谣风味。

【原文】

日出东南隅②,照我秦氏楼。秦氏有好女③,自名为罗敷④。罗敷善蚕桑⑤,采桑城南隅。青丝为笼系⑥,桂枝为笼钩⑦。头上倭堕髻⑧,耳中明月珠。缃绮为下裙⑧,紫绮为上襦。行者见罗敷,下担捋髭须⑩。少年见罗敷,脱帽著帩头⑪。耕者忘其犁,锄者忘其锄。来归相怨怒,但坐观罗敷⑫。

使君从南来⑬,五马立踟蹰。使君遣吏往,问是谁家姝⑭?"秦氏有好女,自名为罗敷。""罗敷年几何?""二十尚不足,十五颇有余。"使君谢罗敷⑮:"宁可共载不⑯?"罗敷前致辞:"使君一何愚!使君自有妇,罗敷自有夫!"

"东方千余骑,夫婿居上头。何用识夫婿?白马从骊驹,青丝系马尾,黄金络马头;腰中鹿卢剑⑰,可值千万余。十五府小吏,二十朝大夫,三十侍中郎⑱,四十专城居。为人洁白晰⑲,鬑鬑颇有须。盈盈公府步⑳,冉冉府中趋㉑。坐中数千人,皆言夫婿殊㉒。"

【注释】

①陌:田间的路。桑:桑林。

②东南隅(yú):指东方偏南。隅,方位、角落。中国在北半球,夏至以后日渐偏南,所以说日出东南隅。

③好女:美女。

④罗敷:古代美女名,汉代女子常取之为名。

⑤善:一作"喜"。

⑥笼:篮子。系:络绳,缠绕篮子的绳子。

⑦笼钩:一种工具。采桑用来钩桑枝,行时用来挑竹筐。

⑧倭(wō)堕髻(jì):即堕马髻,发髻偏在一边,呈坠落状,是当时时髦的发型。

⑨缃绮:有花纹的浅黄色的丝织品。

⑩捋(lǚ):抚摩。髭(zī):嘴上边的胡子。

⑪著(zhuó):露出。帩(qiào)头:古代男子束发的头巾。

⑫但:只是。坐:因为,由于。

⑬使君:汉代对太守、刺史的通称。

⑭姝(shū):美女。

⑮谢:这里是"请问"的意思。

⑯不(fǒu):通"否"。

⑰鹿卢剑:宝剑,荆轲刺秦王时带的就是鹿卢剑。

⑱侍中郎:出入宫禁的侍卫官。

⑲晰:同"皙"。

⑳盈盈:仪态端庄美好的样子。

㉑冉冉:从容的样子。趋:走。

㉒殊:优秀出众。

【拓展】

(一)阅读推荐

1. 乐府民歌《上邪》

2.乐府民歌《孔雀东南飞》

（二）云端课堂

1.古诗吟诵:乐府民歌《陌上桑》

2.歌曲演唱:乐府民歌《上邪》

（三）思考练习

1.诵读吟咏课文,欣赏罗敷的美丽、坚贞和机智。

2.讨论:《陌上桑》是怎样表现罗敷的外貌美和心灵美的? 这对我们有何启示?

饮酒(其五)

陶渊明

【提示】

陶渊明(约 365—427),一名潜,字元亮。自号五柳先生,浔阳柴桑(今江西九江)人,晋代著名文学家。出生于一个衰落的世家,生活在晋宋易代之际。29 岁入仕,曾做过几任小官,41 岁时,因不满官场黑暗,辞官归隐。从此躬耕自资,直至贫病而卒。陶渊明的诗和辞赋散文在艺术上具有独特的风格和极高的造诣,开田园诗一体,为古典诗歌开辟了新的境界。作品平淡自然,出于真情实感,影响唐代诗歌的创作。有《陶渊明集》。陶渊明还被称为"千古隐逸之宗",甚至成为后世士大夫的精神归宿。

《饮酒》诗共二十首,不作于一时,这里选的是原序第五首,也是陶诗中颇有代表性的名篇之一。它最大的好就是感情非常真率,景象极其自然,诗人不仅从田园生活中感受到了乐趣,还从大自然中感悟到了人生的某一种境地。但是这样一种非常微妙的境地,是难以用语言来表达的,是只可意会不可言传的。此中的真意,你能从吟诵中体会到吗?

【原文】

结庐在人境①,而无车马喧。
问君何能尔②? 心远地自偏。
采菊东篱下,悠然见南山。
山气日夕佳,飞鸟相与还。
此中有真意,欲辩已忘言③。

【注释】

①结庐:构筑房舍。人境:尘世,人所居止的地方。

②尔:这样,如此。

③"此中"两句的大意是说:从大自然的景观中得到启发而领悟到人生的真谛,但这真谛是无法用言语表达的,也无需用言语来表达。

【拓展】

(一)阅读推荐

1.陶渊明《归园田居》

2.陶渊明《五柳先生传》

(二)云端课堂

1.诗词吟诵:陶渊明《饮酒》(其五)

2.趣听故事:陶渊明不折腰

(三)思考练习

1.吟诵陶渊明《饮酒》(其五),感悟诗人的人生境界。

2.以"心远地自偏"为题,写一段诵读《饮酒》的启示录。

山居秋暝①

王 维

【提示】

王维(701—761),字摩诘,祖籍山西省祁县,随其父迁居蒲州(今山西省永济)。官至尚书右丞,世称王右丞。盛唐杰出诗人,崇信佛教,外号"诗佛"。

王维工诗善画,以"诗中有画,画中有诗"著称。与孟浩然同为盛唐山水田园诗派的代表人物,并称"王孟"。他的诗风格清新淡雅,意境幽远,耐人回味。著有《王右丞集》,存诗400余首。

《山居秋暝》描绘了秋雨初晴后傍晚时分山村的旖旎风光和山居村民的淳朴风尚,表现了诗人寄情山水田园并对隐居生活怡然自得的满足心情,以自然美来表现人格美和社会美。全诗将空山雨后的秋凉,松间明月的光照,石上清泉的声音以及浣女归来竹林中的喧笑声,渔船穿过荷花的动态,和谐完美地融合在一起,给人一种丰富新鲜的感受。它像一幅清新秀丽的山水画,又像一支恬静优美的抒情乐曲,体现了王维诗中有画的创作特点。

【原文】

空山新雨后,天气晚来秋。

明月松间照,清泉石上流。

竹喧归浣女②,莲动下渔舟。

随意春芳歇③,王孙自可留④。

【注释】

①暝(míng):日落,天色将晚。

②浣(huàn)女:洗衣服的姑娘。

③随意:任凭。春芳:春天的花草。歇:消散,消失。

④王孙:原指贵族子弟,后来也泛指隐居的人。此处实亦自指。留:居。此句反用淮南小山《招隐士》:"王孙兮归来,山中兮不可久留"之意,反映出无可无不可的襟怀。

【拓展】

(一)阅读推荐

1.王维《送元二使安西》

2.王维《九月九日忆山东兄弟》

(二)云端课堂

1.古诗吟诵:王维《山居秋暝》

2.古曲欣赏:雷佳演唱《阳关三叠》

(三)思考练习

1.吟诵《山居秋暝》,体会王维诗中有画的创作特点和寄托其中的高洁情怀。

2.讨论:山水诗和田园诗有何异同?

将进酒①

李 白

【提示】

李白(701—762),字太白,号青莲居士,祖籍陇西成纪(今甘肃天水),生于碎叶(唐时属安西都护府,今属吉尔吉斯斯坦),五岁时随父迁居绵州(今四川江油)。25岁离川远游,天宝元年(742)应召入京,供奉翰林,后因不能见容于权贵,仅一年余就离开了长安,过着飘荡四方的漫游生活。安史之乱中,曾入永王李璘幕府,因璘败而以"忤逆"罪流放,中途遇赦得还。后寓居当涂(今安徽),穷困而终。

李白的诗歌具有强烈的浪漫主义色彩,感情奔放豪迈,想象丰富奇特,词采瑰伟绚丽,风格飘逸自然,充分体现了他豪放的激情、洒脱不羁的豪侠气概和追求理想、积极向上的进取精神。李白是我国文学史上继屈原之后的又一位伟大的浪漫主义诗人,被后人誉为"诗仙"。诗作体裁以古体、绝句见长。有《李太白集》，存世诗文千余篇。

《将进酒》约作于天宝十一年(752)，即安史之乱前四五年光景。此时距李白被唐玄宗"赐金放还"已有八年之久。当时唐玄宗耽于女色，先后将政事交给奸相李林甫和杨国忠，官场一片黑暗，豪门贵族只顾寻欢作乐，不以国事为念，社会腐败到了无以复加的地步。李白与友人岑勋在元丹丘的颍阳山居做客，三人登高宴饮，感慨时局人生，似醉犹醒中诗兴大发，写下此诗。《将进酒》本是乐府旧题，相当于"劝酒歌"，内容多写饮酒放歌时的情感。李白沿用乐府古体，看似也写痛饮高歌，其实这里酒是引子，愁是血液，狂是脊梁；豪放是它的外壳，愤激才是它的内核。你能品读诗人这深层的思想情感吗？

【原文】

君不见黄河之水天上来，奔流到海不复回！

君不见高堂明镜悲白发，朝如青丝暮成雪！

人生得意须②尽欢，莫使金樽空对月。

天生我材必有用，千金散尽还复来。

烹羊宰牛且为乐，会须一饮三百杯。

岑夫子，丹丘生③，将进酒，杯莫停。

与君歌一曲，请君为我倾耳听。

钟鼓馔玉④不足贵，但愿长醉不复醒。

古来圣贤皆寂寞，惟有饮者留其名。

陈王昔时宴平乐⑤，斗酒十千恣欢谑⑥。

主人何为言少钱，径须沽取⑦对君酌。

五花马，千金裘⑧，

呼儿将出换美酒，与尔同销⑨万古愁。

【注释】

①《将进酒》：乐府《鼓吹曲词·汉铙歌》曲名。将(qiāng)：请。

②须：应当。

③岑夫子：指岑(cén)勋，李白之友，"夫子"是尊称。丹丘生：元丹丘，李白好友，也是当时的隐士。生：对平辈朋友的称呼。

④钟鼓馔玉：指富贵生活。钟鼓：古时富贵人家宴会时须鸣钟击鼓。馔(zhuàn)玉：形容饮食精美，享受豪华。

⑤陈王：指曹植，曾封为陈思王。平乐：平乐观，宫殿名，位于洛阳西门外，为汉代富豪显贵的娱乐场所。

⑥恣(zì)：放纵，无拘无束。谑(xuè)：欢笑戏谑。

⑦径须：直须，只管。沽(gū)取：买来。

⑧五花马：指名贵的马。一说毛色作五花纹，一说颈上长毛修剪成五瓣。千金裘：价值千金的皮衣。将出：拿出。

⑨销：同"消"。

【拓展】

（一）阅读推荐

1. 李白《蜀道难》

2. 李白《行路难》

（二）云端课堂

1. 诗词吟诵：李白《将进酒》

2. 在线讲坛：伟大诗人李白生平详解

（三）思考练习

1. 吟诵或朗诵《将进酒》，体悟诗人豪放飘逸的诗风和奔涌跌宕的感情激流。

2. 微论坛："天生我材必有用"之我见。

登 高

杜 甫

【提示】

　　杜甫（712—770），字子美，生于河南巩县（今河南巩义）。青年时代曾漫游各地，饱览祖国的美丽河山，有机会体察社会民情，并在洛阳与被唐玄宗赐金放还的李白相识，结下了"醉眠秋共被，携手日同行"的深厚友谊。天宝五年（746）来到长安，过了十年寄人篱下的屈辱困守的生活。安史之乱开始，他颠沛流亡，曾被叛军所俘，脱险后，授官左拾遗。乾元二年（759），他弃官西行，最后到四川，定居成都。一度曾任剑南节度使参谋、检校工部员外郎，故后人称之为"杜工部"。大历五年（770）病死湘水舟中。

　　杜甫的诗表现了唐代由盛转衰的历史过程，上悯国难，下痛民艰，题材广泛，极为深刻，被称为"诗史"。他在文学史上是一位承前启后的伟大现实主义诗人，被后人誉为"诗圣"。杜诗以古体诗、律诗见长，风格多样，而以沉郁顿挫为主。有《杜工部集》传世，现存诗 1400 余首。

　　《登高》作于唐代宗大历二年（767）秋。尽管当时安史之乱已经结束四年了，但地方军阀又趁时而起，相互争夺地盘。杜甫本入严武幕府，依托严武，可惜严武不久病逝，使他失去了依靠，只好离开经营了五六年的成都草堂，买舟南下，本想直达夔（kuí）门，却因病魔缠身，在云安待了几个月后才到夔州。如不是当地都督的照顾，他也不可能在此一住就是三个年头。而就在这三年里，他的生活依然很困苦，身体也非常不好。这首诗就是五十六岁的老诗人在这极端困窘的情况下写成的。那一天，他独自登上夔州白帝城外的高台,眺望萧瑟的秋江景色,引发了他身世飘零的感慨,渗入了他老病孤愁的悲哀。全诗慷慨激越,动人心弦,八句全对,一气流转,给人均齐对称的美感而不见斧凿之痕,体现了杜甫沉郁顿挫的诗风和严谨的格律。于是,就有了这首被誉为"古今七言律第一"的旷世之作。

【原文】

风急天高猿啸哀,渚清沙白鸟飞回①。

无边落木萧萧下②,不尽长江滚滚来。

万里悲秋常作客,百年多病独登台③。

艰难苦恨繁霜鬓,潦倒新停浊酒杯④。

【注释】

①渚:水中的小洲。回:回旋。

②落木:落叶。

③百年:多年,此指一生。

④潦倒:困顿,衰颓。新:新近。

【拓展】

(一)阅读推荐

1.杜甫《茅屋为秋风所破歌》

2.杜甫《蜀相》

(二)云端课堂

1.诗词吟诵:杜甫《登高》

2.在线讲坛:李白和杜甫

(三)思考练习

1.吟诵《登高》,体悟诗人沉郁顿挫的诗风和忧国忧民的情怀。

2.小论文:简论杜甫与李白诗歌创作上的不同风格。

长恨歌

白居易

【提示】

白居易(772—846),字乐天,号香山居士。祖籍山西太原,后迁至下邽(guī)(今陕西渭南),生于新郑(今河南新郑)。唐德宗贞元十六年(800)中进士,宪宗元和初入翰林为学士,迁左拾遗。因上书言事,得罪权贵,被贬为江州司马。后任忠州、杭州、苏州等地刺史,官终刑部尚书。

白居易是唐朝又一杰出的现实主义诗人,是唐代诗人中作品最多的一个。他强调文学的社会作用,主张"文章合为时而著,歌诗合为事而作",是"新乐府运动"的倡导者和杰出代表。白居易的诗歌题材广泛,声调优美,形式多样,并以通俗易懂、雅俗共赏著称于世。有《白氏长庆集》,现存诗2800余首。

《长恨歌》是一首长篇叙事诗,是白居易的名篇,作于元和元年(806)。诗人借历史人物和传说,以马嵬(wéi)坡事变为转折明显地分为两部分,构思精巧,描写细腻,感染了千百年来的读者。有关这首诗的主题,历来争论颇多,有的认为是讽刺唐玄宗沉湎女色;有的认为是歌颂李隆基、杨贵妃之间的深挚爱情;有的认为是讽喻与爱情双重主题都有。而你又会读出怎样的"长恨"来呢?

【原文】

汉皇重色思倾国,御宇多年求不得①。
杨家有女初长成②,养在深闺人未识。
天生丽质难自弃,一朝选在君王侧。
回眸一笑百媚生,六宫粉黛无颜色。
春寒赐浴华清池,温泉水滑洗凝脂③。
侍儿扶起娇无力,始是新承恩泽时④。
云鬓花颜金步摇⑤,芙蓉帐暖度春宵。
春宵苦短日高起,从此君王不早朝。
承欢侍宴无闲暇,春从春游夜专夜。
后宫佳丽三千人,三千宠爱在一身。
金屋妆成娇侍夜,玉楼宴罢醉和春。
姊妹弟兄皆列土,可怜光彩生门户⑥。
遂令天下父母心,不重生男重生女。
骊宫高处入青云⑦,仙乐风飘处处闻。
缓歌慢舞凝丝竹,尽日君王看不足。
渔阳鼙鼓动地来,惊破《霓裳羽衣曲》⑧。
九重城阙烟尘生,千乘万骑西南行⑨。
翠华摇摇行复止⑩,西出都门百余里。
六军不发无奈何,宛转蛾眉马前死⑪。
花钿委地无人收,翠翘金雀玉搔头⑫。
君王掩面救不得,回看血泪相和流。
黄埃散漫风萧索,云栈萦纡登剑阁⑬。
峨眉山下少人行⑭,旌旗无光日色薄。

蜀江水碧蜀山青,圣主朝朝暮暮情。
行宫见月伤心色,夜雨闻铃肠断声。
天旋地转回龙驭,到此踌躇不能去^⑮。
马嵬坡下泥土中,不见玉颜空死处。
君臣相顾尽沾衣,东望都门信马归。
归来池苑皆依旧,太液芙蓉未央柳^⑯。
芙蓉如面柳如眉,对此如何不泪垂。
春风桃李花开日,秋雨梧桐叶落时。
西宫南内多秋草^⑰,落叶满阶红不扫。
梨园弟子白发新,椒房阿监青娥老^⑱。
夕殿萤飞思悄然,孤灯挑尽未成眠^⑲。
迟迟钟鼓初长夜,耿耿星河欲曙天^⑳。
鸳鸯瓦冷霜华重,翡翠衾寒谁与共^㉑。
悠悠生死别经年,魂魄不曾来入梦。
临邛道士鸿都客^㉒,能以精诚致魂魄。
为感君王展转思,遂教方士殷勤觅。
排云驭气奔如电,升天入地求之遍。
上穷碧落下黄泉^㉓,两处茫茫皆不见。
忽闻海上有仙山,山在虚无缥缈间。
楼阁玲珑五云起,其中绰约多仙子^㉔。
中有一人字太真,雪肤花貌参差是^㉕。
金阙西厢叩玉扃,转教小玉报双成^㉖。
闻道汉家天子使,九华帐里梦魂惊^㉗。
揽衣推枕起徘徊,珠箔银屏迤逦开^㉘。
云鬓半偏新睡觉^㉙,花冠不整下堂来。
风吹仙袂飘飘举^㉚,犹似霓裳羽衣舞。
玉容寂寞泪阑干^㉛,梨花一枝春带雨。
含情凝睇谢君王^㉜,一别音容两渺茫。
昭阳殿里恩爱绝,蓬莱宫中日月长^㉝。
回头下望人寰处^㉞,不见长安见尘雾。
惟将旧物表深情,钿合金钗寄将去^㉟。
钗留一股合一扇,钗擘黄金合分钿^㊱。
但教心似金钿坚,天上人间会相见。
临别殷勤重寄词,词中有誓两心知。
七月七日长生殿^㊲,夜半无人私语时。
在天愿作比翼鸟,在地愿为连理枝。
天长地久有时尽,此恨绵绵无绝期!

【注释】

①汉皇：本指汉武帝刘彻，这里借指唐玄宗李隆基。唐代人写本朝皇帝事，不便直说，往往借汉代唐。御宇：统治天下。

②杨家有女：杨贵妃，小名玉环，蜀州司户杨玄琰（yǎn）的女儿，幼年丧父，寄养在叔父杨玄珪（guī）家。开元二十三年（735），被册封为寿王（玄宗第十八子李瑁）妃。开元二十八年（740），玄宗将她召进宫中，先度为女道士，住在太真宫，号太真。天宝四年，册封为贵妃。

③华清池：开元十一年（723）建温泉宫于骊山，天宝六年（747）改名华清宫。温泉池也改名"华清池"。凝脂：形容皮肤白嫩而柔滑。

④承恩泽：指得到皇帝的宠遇。

⑤金步摇：妇女插在发髻上的一种首饰，用金丝串珍珠而成。因它随步摇晃生姿，故称。

⑥列土："裂土封侯"的意思，这里指得到封爵。可怜：可爱。这里有"可羡"的意思。

⑦骊宫：骊山上的宫殿。

⑧渔阳鼙鼓：指安史之乱。渔阳，郡名，今河北蓟县。当时属平卢、范阳、河东三镇节度使安禄山管辖。鼙（pí），军用战鼓。《霓裳羽衣曲》：相传此曲来自西域，曾经李隆基亲自改编润色，杨贵妃以此曲跳霓裳羽衣舞。这里是杨、李宫廷生活的代称。

⑨九重：皇帝住的地方有九道门，故称九重。烟尘生：指发生战祸。西南行：天宝十五年（756）六月，安禄山破潼关，杨国忠主张逃向蜀中，唐玄宗命将军陈玄礼率领"六军"出发，他自己和杨贵妃等跟着出延秋门，向西南而去。

⑩翠华：指皇帝仪仗中用翠鸟羽毛装饰的旗子。

⑪蛾眉：美女代称，此处指杨贵妃。

⑫花钿（diàn）：首饰。翠翘、金雀、玉搔头：都是首饰名。

⑬云栈（zhàn）：高入云端的栈道。萦纡：回环曲折。剑阁：即剑门关，在今四川省剑阁县北。

⑭峨眉山：在今四川省峨眉县境内。这里泛指蜀道。

⑮天旋地转：指安禄山叛乱被挫败，政局转变。回龙驭：指玄宗由蜀中回到长安。此：指马嵬坡，在今陕西兴平县，杨贵妃死处。

⑯太液：汉时宫中池名。未央：汉时宫名。二者都是借汉说唐。

⑰西宫南内：西宫为太极宫，南内为兴庆宫。此二处是唐玄宗返回长安后住过的地方。

⑱梨园弟子：指玄宗过去教演的一批艺人。椒房：后妃住的宫殿，用花椒调泥涂壁，取其温暖而芳香。阿监：宫中的女官。青娥：年轻貌美的宫女。

⑲悄然：愁闷不语的样子。灯挑尽：指夜已很深。

⑳钟鼓：报更点的钟鼓声。初长夜：指入秋后的夜逐渐变长。耿耿：明亮。星河：银河。欲曙天：天快要亮了。

㉑鸳鸯瓦：屋瓦一俯一仰扣合在一起叫"鸳鸯瓦"。霜华：即霜花。重：指霜厚。翡

翠衾:绣着翡翠图案的被子。

㉒临邛(qióng):今四川省邛崃县。鸿都:东汉时洛阳北宫门名,这里指长安。

㉓穷:找遍的意思。碧落:指天上。黄泉:指地下。

㉔五云:五彩的祥云。绰(chuò)约:形容女子姿态柔美。

㉕参差:仿佛。

㉖金阙:黄金建造的宫城楼。扃(jiōng):本指门闩(shuān)或门环,这里指门。小玉:传说中吴王夫差的女儿。双成:董双成,传说中西王母的侍女。此处借指仙境中杨贵妃的婢女。

㉗九华帐:华美的帷帐。

㉘珠箔:珠帘。屏:屏风。迤逦(yǐ lǐ):连接不断的样子。

㉙觉:睡醒。

㉚袂(mèi):衣袖。

㉛泪阑干:泪水纵横的样子。

㉜凝睇:凝视。

㉝昭阳殿:汉宫名,是当年汉成帝皇后赵飞燕居住过的地方,这是代指杨贵妃旧居处。蓬莱宫:传说中的海上仙山,这里代指仙境。

㉞人寰(huán):人间。

㉟钿合:镶金的首饰盒。

㊱钗擘(bò)黄金:把金钗分成两股。合分钿:把钿盒分成两半。

㊲长生殿:华清宫中的宫殿名。

【拓展】

(一)阅读推荐

1.白居易《琵琶行》

2.纳兰性德《木兰花令·拟古决绝词》(人生若只如初见)

(二)云端课堂

1.名家朗诵:白居易《长恨歌》

2.百家讲坛:唐玄宗与杨贵妃之江山与美人的抉择

(三)思考练习

1.朗诵《长恨歌》,感悟其精巧的构思、绚丽的词采和优美的韵律。

2.结合本诗谈谈你对"红颜祸水"的看法。

乌夜啼①

李 煜

【提示】

李煜(937—978),字重光,彭城(今江苏徐州)人,是五代时期南唐最后一个皇帝,世称李后主。在位15年,偏安江南,纵情享乐,不理国政。开宝八年(975),南唐为北宋所灭,李煜亡家败国,肉袒出降,被囚禁待罪于汴(biàn)京。宋太祖赵匡胤因李煜曾守城相拒,封其为"违命侯"。李煜在宋都过了两年多的软禁屈辱生活,终被宋太宗赵炅(guì)派人毒死。

李煜虽不通政治,但通晓音律,善书画,工诗文,尤以词最为擅长。他的词作可以国破被俘为分界线,前期词作大多描写宫廷生活,风格柔靡;后期词作主要写国破家亡的哀痛,表现出浓厚的忧伤情绪。他的词不事雕琢,直抒胸臆,语言朴素精练,形象鲜明,凄婉动人,内容也有所开拓,为中国诗歌的一种重要体裁——词,树立了一个重要的里程碑,对后世影响甚大,因此,李煜被誉为"千古词帝"。有《南唐二主词》,是李煜和其父亲李璟词的合集。

《乌夜啼》(无言独上高楼)创作年代难以考究,但普遍认为这是李煜亡国之后所作。古人云"亡国之音哀以思",诗人身为亡国之君,这哀之痛与思之切都深沉而含蓄地体现在这首词中。这首词情景交融,感情沉郁。上片选取典型的景物为感情的抒发渲染铺垫,下片借用形象的比喻委婉含蓄地抒发真挚的感情。此外,运用声韵变化,做到声情合一。黄昇《唐宋诸贤绝妙词选》卷一题注称"此词最凄婉",唐圭璋在《唐宋词简释》中也说:"此词写别愁,凄婉已极。"我们是否也能读出词中那"别是一般"的"滋味",体味那别是一般的"凄婉"呢?

【原文】

无言独上西楼,月如钩,寂寞梧桐深院,锁清秋②。　　剪不断,理还乱,是离愁;别是一般③滋味,在心头。

【注释】

①《乌夜啼》:本为六朝乐府旧题,传为宋临川王刘义庆所作,后为词调,一名《相见欢》。

②锁清秋:深深被秋色所笼罩。

③别是一般:也作"别是一番",另有一种意味。

【拓展】

(一)阅读推荐

1.李煜《虞美人》(春花秋月何时了)

2.李煜《相见欢》(林花谢了春红)

（二）云端课堂

1.诗词吟诵:李煜《乌夜啼》(无言独上西楼)

2.在线讲坛:李煜

（三）思考练习

1.吟诵李煜的《乌夜啼》(无言独上高楼)和《虞美人》(春花秋月何时了),体会其非同寻常的"滋味"。

2.李煜的悲愁与李白、杜甫的悲愁有何不同?

定风波

苏　轼

【提示】

苏轼(1037—1101),字子瞻,号东坡居士,眉州眉山(今四川眉山)人。嘉祐二年(1057)进士,曾出任密州、徐州、湖州、杭州、颍州等地方官,并做过翰林学士、礼部尚书等。由于他对新党和旧党都不阿附,所以身受双方打击,屡遭贬谪,甚至被捕入狱,直至63岁高龄还远徙琼州(今海南岛),一生坎坷,但他性情旷达,开朗乐观。卒后追谥"文忠"。

苏轼是宋代最著名的文学大家,诗、词、赋、散文、书法、绘画均有很高造诣。散文汪洋恣肆,明白畅达;诗歌奔放灵动,独具风格;词开豪放一派,或雄健飘逸,或清新婉丽,影响深远。著有诗文集《苏东坡集》、词集《东坡乐府》。

《定风波》(莫听穿林打叶声)作于宋神宗元丰五年(1082),此时苏轼因乌台诗案被贬黄州(今湖北黄冈)。作者紧扣道中遇雨这样一件生活小事,来抒写自己当时的内心感受,表达自己的人生观。因此有人评价此词是"于简朴中见深意",对此,你会有同感吗?另外,在格式上,作品有八个七言句,三个两字句。有人说,如果去掉"谁怕""微冷""归去",就是一首很好的七言诗,不影响诗意的表达。对此,你同意吗?

【原文】

三月七日①,沙湖②道中遇雨,雨具先去,同行皆狼狈,余独不觉。已而遂晴。故作此。

莫听穿林打叶声,何妨吟啸且徐行③。竹杖芒鞋轻胜马④,谁怕?一蓑烟雨任平生⑤。　　料峭春风吹酒醒⑥,微冷,山头斜照却相迎。回首向来萧瑟处⑦,归去,也无风雨也无晴。

【注释】

①三月七日:指元丰五年(1082)三月七日。

②沙湖:在今湖北黄冈东南十五公里处。

③吟啸:吟咏、长啸,表示意态闲适。

④芒鞋:草鞋。

⑤一蓑烟雨任平生:披着蓑衣在风雨中过一辈子,也处之泰然。

⑥料峭:形容春天的微寒。

⑦萧瑟:风雨穿林打叶声。

【拓展】

(一)阅读推荐

1.苏轼《水调歌头》(明月几时有)

2.苏轼《江城子》(十年生死两茫茫)

(二)云端课堂

1.诗词吟诵:苏轼《定风波》(莫听穿林打叶声)

2.百家讲坛:苏轼之潇洒东坡

(三)思考练习

1.吟诵苏轼《定风波》和《水调歌头》,感受诗人气度超拔、不受羁束的豪放风格。

2.《定风波》中的词人是一个怎样的形象?请结合词句描述。

醉花阴①

李清照

【提示】

李清照(1084—1155?),号易安居士,济南(今山东济南)人。父亲李格非为当时著名学者,藏书甚富,她早年受到良好的文化教养,少年时便有诗名。出嫁后,与丈夫赵明诚志趣相投,共同致力于金石书画的搜集整理,共同从事学术研究,生活较为悠闲。靖康二年(1127)北宋亡,夫妻相继流落南方,不久丈夫病死,典籍散失,从此她在辗转漂泊、孤苦寂寞中度过晚年。

李清照学识渊博,才华出众,工诗善文,尤长于词,是中国文学史上杰出的女作家,也是宋代最负盛名的女词人,有"千古第一才女"之美誉。她的词,前期多写其悠闲生活,词风清新活泼、婉约秀丽,颇多欢愉,清丽婉转;后期多写国破家亡的凄惨心境和痛苦感情,词风沉哀凄苦。李清照词,擅长白描,善用口语,能炼字、炼句、炼意、炼格,在词坛中独树一帜,形成"易安体"。她将"语尽而意不尽,意尽而情不尽"的婉约风格发展到了顶峰,后人认为她的词"不徒俯视巾帼,直欲压倒须眉",从而赢得了婉约派词人"宗主"的地位。有《易安居士文集》《易安词》,已散佚。后人有《漱玉词》辑本。

《醉花阴》是李清照在重阳佳节为思念丈夫所作。语言新颖凝练,别具一格,"莫道不消魂,帘卷西风,人比黄花瘦"更是千古佳句。传说清照将此词寄给丈夫赵明诚后,惹得明诚比试之心大起,遂三夜未眠,作词数阕,然终未胜过清照的这首《醉花阴》。

【原文】

薄雾浓云愁永昼②,瑞脑消金兽③。佳节又重阳,玉枕纱厨④,半夜凉初透。　　东篱把酒黄昏后⑤,有暗香盈袖。莫道不消魂⑥,帘卷西风,人比黄花瘦。

【注释】

①醉花阴:词牌名,曾用名《漱玉词》,现两者通用。传说漱玉词由济南李清照故居前的漱玉泉得名,是为济南七十二名泉之一,泉水清澈见底,泉水自池底涌出,溢出池外,跌落石上,水石相激,淙淙有声,犹如漱玉。相传李清照早年曾在泉边洗漱。该泉至今仍在流淌,现在济南趵突泉公园内的李清照纪念堂门口。

②永昼:漫长的白天。

③瑞脑:一种香料,俗称冰片。金兽:兽形的铜香炉。

④纱厨:纱帐。

⑤东篱:泛指采菊之地,取自陶渊明《饮酒》诗:"采菊东篱下"。

⑥消魂:形容极度忧愁,悲伤。

【拓展】

(一)阅读推荐

1.李清照《声声慢》(寻寻觅觅)

2.李清照《永遇乐》(落日熔金)

(二)云端课堂

1.诗词吟诵:李清照《醉花阴》(薄雾浓云愁永昼)

2.百家讲坛:李清照之书香才女

(三)思考练习

1.吟诵李清照的《醉花阴》《声声慢》,感悟诗人清新自然、细腻柔和的委婉风格。

2.简论婉约词与豪放词的不同风格(不少于800字)。

长相思^①

纳兰性德

【提示】

纳兰性德(1655—1685),叶赫那拉氏,满洲正黄旗人。原名成德,字容若,号饮水、楞伽山人,清代著名词人。纳兰出身显赫,父亲是康熙时期武英殿大学士纳兰明珠。纳兰性德自幼修文习武,康熙十五年(1676 年)举进士,初授三等侍卫,后晋为一等,深得康熙信任。他是人们羡慕的文武兼备的年少英才,帝王器重的随身近臣,前途无量的达官显贵。但作为诗文艺术的奇才,他淡泊名利,在内心深处厌恶官场的庸俗虚伪,虽"身在高门广厦,常有山泽鱼鸟之思"。

纳兰性德诗、词俱佳,尤工于词。24 岁时将词作编选成集,名为《侧帽集》,又著《饮水词》。后人将两部词集增遗补缺,共 349 首,合为《纳兰词》。他的词,以"真"取胜,清新隽秀,哀感顽艳,风格颇近南唐后主,为文人学士高度评价。时人云,"家家争唱《饮水词》,纳兰心事几人知?"可见其词的影响力之大。晚清词人况周颐在《蕙风词话》中誉其为"国初第一词手"。

《长相思》是一首写景抒情的小令,可能是康熙二十一年(1682)随康熙至关外时所作。诗人以具体的时空推移过程及视听感受,既表现景象的宏阔观感,更抒露着情思深苦的绵长心境,是即小见大的佳作。近代学者王国维评曰:"纳兰容若以自然之眼观物,以自然之舌言情。此由初入中原,未染汉人风气,故能真切如此。北宋以来,一人而已。"(《人间词话》)

【原文】

山一程,水一程,身向榆关那畔行^②,夜深千帐灯^③。风一更^④,雪一更,聒^⑤碎乡心梦不成,故园无此声。

【注释】

①长相思:唐教坊曲,双翅小令,又名《双红豆》。

②榆关:即山海关,在今河北秦皇岛东北。那畔:即山海关的另一边,指身处关外。

③千帐灯:皇帝出巡临时住宿的行帐的灯火。千帐,言军营之多。

④更:旧时一夜分五更,每更大约两小时。

⑤聒(guō):声音嘈杂,这里指风雪声。

【拓展】

(一)阅读推荐

1.纳兰性德《如梦令》(万帐穹庐人醉)

2.安意如《人生若只如初见》(自由选读)

(二)云端课堂

1.诗词吟诵:纳兰性德《长相思》(山一程)

2.在线讲坛:纳兰心事有谁知

(三)思考练习

1.吟诵纳兰性德《长相思》(山一程),感受其真切、自然的艺术风格。

2.自选一首纳兰性德的词进行赏析,并将赏析内容制作成PPT,上传网络平台交流。

再别康桥①

徐志摩

【提示】

徐志摩(1897—1931),浙江海宁人,笔名南湖、云中鹤等。1918年和1921年分别赴美国和英国留学,受欧美浪漫主义和唯美诗派诗人的影响,开始从事诗歌创作。1923年,参与发起成立"新月社"。1924年,与胡适、陈西滢等创办《现代评论》周刊,并任北京大学教授。1926年以后,先后任北京《晨报》副刊《诗镌》主编,光华大学、大夏大学、中央大学(1949年更名为南京大学)教授,《新月》月刊主编,北京大学和北京女子大学教授等职。1931年11月19日因飞机失事罹难。

徐志摩是中国著名新月派现代诗人、散文家。他倡导新诗格律,对中国新诗的发展做出了重要的贡献。主要著作有:诗集《志摩的诗》《翡冷翠的一夜》《猛虎集》《云游》,散文集《落叶》《巴黎的鳞爪》《自剖》《秋》,小说散文集《轮盘》,戏剧《卞昆冈》(与陆小曼合写),日记《爱眉小札》《志摩日记》,译著《曼殊斐尔小说集》等。

《再别康桥》是徐志摩抒情诗代表作。康桥,即英国著名的剑桥大学所在地,1920年10月—1922年8月,诗人曾游学于此,康桥时期是徐志摩一生的转折点,康桥也是徐志摩心中抹不去的一道风景。1928年秋,徐志摩再次到英国访问,旧地重游,在康河的柔美中勃发诗兴,在归国途中便写下了这首绝版之作。全诗通过对康桥景物的抒写,表达了诗人对旧情的眷念和珍视,也表达了寻梦时惆怅、落寞的情怀,在飘逸、洒脱的姿态下,蕴藏着深沉的忧郁和难言的苦闷。闻一多20世纪20年代曾提倡现代诗歌"音乐的美""绘画的美""建筑的美",为新诗格律化奠定了理论基石,而徐志摩则为"三美理论"提供了艺术范本。《再别康桥》就是"三美"兼备的经典之作。

【原文】

轻轻的我走了,

正如我轻轻的来；
　　我轻轻的招手，
　　　　作别西天的云彩。

那河畔的金柳，
　　　是夕阳中的新娘；
　　波光里的艳影，
　　　　在我的心头荡漾。

软泥上的青荇②，
　　　油油的在水底招摇；
　　在康河的柔波里，
　　　　我甘心做一条水草！

那榆荫下的一潭，
　　　不是清泉，是天上虹；
　　揉碎在浮藻间，
　　　　沉淀着彩虹似的梦。

寻梦？撑一支长篙，
　　　向青草更青处漫溯，
　　满载一船星辉，
　　　　在星辉斑斓里放歌。

但我不能放歌，
　　　悄悄是别离的笙箫；
　　夏虫也为我沉默，
　　　　沉默是今晚的康桥！

悄悄的我走了，
　　　正如我悄悄的来；
　　我挥一挥衣袖，
　　　　不带走一片云彩。

十一月六日　中国海上

【注释】

①康桥：今通译剑桥，是英国学术、文化、风景胜地，是诗人曾学习、生活的地方。关于康桥，诗人曾写过《再会吧，康桥》《康桥西野暮色》《康河晚照即景》等诗。这首诗是

1928 年秋诗人故地重游,于回国途中在轮船上写成。最初发表于 1928 年 12 月 10 日《新月》月刊第 1 卷第 10 号上,后收入诗集《猛虎集》。

②荇(xìng):荇菜,多年生草本植物,叶略呈圆形,浮在水面,根生水底,夏天开黄花;结椭圆形蒴(shuò)果。

【拓展】

(一)阅读推荐

1.徐志摩《再会吧,康桥》

2.徐志摩《我所知道的康桥》

3.林徽因《你是人间的四月天——一句爱的赞颂》

(二)云端课堂

1.名家朗诵:徐志摩《再别康桥》

2.文化纪录片:康桥别恋

(三)思考练习

朗诵徐志摩《再别康桥》,体味其柔美、流丽、清亮、缥缈的风格。

雨 巷

戴望舒

【提示】

戴望舒(1905—1950),浙江杭州人。中国现代著名的诗人,为中国现代象征派诗歌的代表。早年就读于上海大学、复旦大学,曾因宣传革命被捕。1932 年参加施蛰存主编的《现代》杂志的编辑工作,11 月初赴法国留学。1935 年春天,由于参加反法西斯游行被学校开除,于是便启程回国。1936 年 10 月,创办《新诗》杂志,这是中国近代诗坛上最重要的文学期刊之一。抗日战争爆发后,在香港主编《大公报》文艺副刊、《星岛日报·星岛》副刊。1941 年底香港沦陷,被日军以抗日罪名被捕入狱。新中国成立后在新闻出版总署从事编译工作。不久在北京病逝。

戴望舒有诗集《我的记忆》《望舒草》《望舒诗稿》《灾难的岁月》《戴望舒诗选》《戴望舒诗集》等。诗歌作品虽然不多,而且大多是短诗,但在诗歌艺术上,却呈现出了独特的成就与魅力。诗人从汲取中国古典诗词的营养到采撷西方现代派手法,最终走向咏唱现实之路,几经寻觅和创新,形成了自己诗歌的特殊风格和色调,尤以诗境的朦胧美、语言的音律美和诗体的散文美为主要特色。

　　《雨巷》写于 1927 年夏天。叶圣陶盛赞他"替新诗开创了一个新纪元",成为传诵一时的名作,因此他被誉为雨巷诗人。《雨巷》中狭窄阴沉的雨巷、在雨巷中徘徊的独行者,以及那个像丁香一样结着愁怨的姑娘,都是象征性的意象。它们分别比喻了什么?这些意象又共同构成了一种怎样的意境?让我们一起去感受这一种朦胧而又幽深的美感。

【原文】

撑着油纸伞,独自
彷徨在悠长,悠长
又寂寥的雨巷,
我希望逢着
一个丁香一样地[①]
结着愁怨的姑娘。

她是有
丁香一样的颜色,
丁香一样的芬芳,
丁香一样的忧愁,
在雨中哀怨,
哀怨又彷徨;

她彷徨在这寂寥的雨巷,
撑着油纸伞
像我一样,
像我一样地
默默彳亍着[②],
冷漠,凄清,又惆怅。

她静默地走近
走近,又投出
太息一般的眼光[③],
她飘过
像梦一般地,
像梦一般地凄婉迷茫。

像梦中飘过
一枝丁香地,
我身旁飘过这女郎;

她静默地远了,远了,
到了颓圮的篱墙④,
走尽这雨巷。

在雨的哀曲里,
消了她的颜色,
散了她的芬芳,
消散了,甚至她的
太息般的眼光,
丁香般的惆怅。

撑着油纸伞,独自
彷徨在悠长,悠长
又寂寥的雨巷,
我希望飘过
一个丁香一样地
结着愁怨的姑娘。

【注释】

①丁香:丁香花像一个结,故又称之为"丁结""百结花"。所以古诗中常有如"丁香空结雨中愁"(李璟)、"芭蕉不展丁香结,同向春风各自愁"(李商隐)等诗句。

②彳亍(chì chù):小步慢慢走、时走时停。

③太息:叹息。

④颓圮(tuí pǐ):倒塌,败坏。

【拓展】

(一)阅读推荐

1. 戴望舒《我用残损的手掌》

2. 戴望舒《烦忧》

(二)云端课堂

1.名家朗诵:戴望舒《雨巷》

2.品读经典:戴望舒《我用残损的手掌》

(三)思考练习

朗诵、歌唱戴望舒《雨巷》,体味其"凄婉而不凄惨、哀伤而不颓废"的格调。

我爱这土地①

艾　青

【提示】

艾青(1910—1996),本名蒋海澄,浙江金华人。1928年中学毕业后考入国立杭州西湖艺术院。1932年在上海加入中国左翼美术家联盟,从事革命文艺活动。1935年,出版了第一本诗集《大堰河》。抗日战争爆发后,任《文艺阵地》编委,1941年赴延安,任《诗刊》主编。新中国成立后,曾担任《人民文学》副主编、中国作家协会副主席、国际笔会中心副会长等职。1996年5月5日凌晨因病逝世。

艾青是现代著名诗人。1934年5月发表长诗《大堰河——我的保姆》,以后陆续出版诗集《大堰河》《北方》《火把》《黎明的通知》《欢呼集》《光的赞歌》等。其早期诗风格浑厚质朴,调子深沉忧郁;抗战时期的诗作,格调昂扬;建国后,作品思想更趋成熟,感情深沉,富于哲理。在中国新诗发展史上,艾青是继郭沫若、闻一多等人之后又一位推动一代诗风,并产生过重大影响的诗人。1985年,获法国文学艺术最高勋章。

《我爱这土地》写于1938年11月17日,发表于同年12月桂林出版的《十日文萃》。1938年10月,武汉失守,日本侵略者的铁蹄猖狂地践踏中国大地,中国人民奋起反抗,进行了不屈不挠的斗争。作者和当时文艺界许多人士一同撤出武汉,汇集于桂林。作者满怀对祖国的挚爱和对侵略者的仇恨,选择土地这个博大的意象来作为寄情和倾诉的对象,其境界极其广阔,然而作者又将这些感情浓缩在10行的诗句里,借"鸟儿"这个虚拟的形象,象征性地表现了自己决心生于土地、歌于土地、葬于土地,与土地生死相依、忠贞不渝的强烈情感,取得了极佳的艺术效果。

【原文】

假如我是一只鸟,

我也应该用嘶哑的喉咙歌唱:

这被暴风雨所打击着的土地,

这永远汹涌着我们的悲愤的河流,

这无止息地吹刮着的激怒的风,

和那来自林间的无比温柔的黎明……

——然后我死了,

连羽毛也腐烂在土地里面。

为什么我的眼里常含泪水?

因为我对这土地爱得深沉……

【拓展】

（一）阅读推荐

1.艾青《大堰河—我的保姆》

2.艾青《复活的土地》

（二）云端课堂

1.经典诵读:艾青《我爱这土地》

2.经典品读:艾青诗歌的艺术特色

（三）思考练习

1.朗诵课文,认真体味诗人与土地生死相依、忠贞不渝的爱国情感。

2.假如你是一只鸟,联系今天追逐中国梦的新时代,你又会唱些什么呢?请仿照课文试写一首现代诗,与大家交流。

致橡树①

舒　婷

【提示】

舒婷(1952—),原名龚佩瑜,祖籍福建泉州。插过队,做过统计员、染纱工、焊锡工等。1979 年开始发表诗歌作品,1980 年到福建省文联工作,从事专业写作。

舒婷是当代著名女诗人,朦胧诗派的代表作家之一,与顾城、北岛齐名。舒婷诗歌具有女性特有的细腻和敏感,如她对爱的细腻感受,以及对人生苦难的体悟,充盈着浪漫主义和理想色彩,对祖国、对人生、对爱情、对土地的爱,既温馨平和又潜动着激情。她的诗擅长运用比喻、象征、联想等艺术手法表达内心感受,在朦胧的氛围中流露出理性的思考,朦胧而不晦涩,是浪漫主义和现代主义风格相结合的产物。舒婷的诗,有明丽隽美的意象、缜密流畅的思维逻辑,从这方面说,她的诗并不"朦胧",只是多数诗的手法采用隐喻、局部或整体象征,很少用直抒告白的方式,表达的意象有一定的多义性。其成名作《祖国啊,我亲爱的祖国》获 1979—1980 年全国中青年诗人优秀诗歌奖,《双桅船》获全国首届新诗优秀诗集奖等。有诗集《双桅船》《会唱歌的鸢(yuān)尾花》等。

《致橡树》是朦胧诗代表作之一。这是一首爱情的赞美诗,更是新时期女子为寻求真爱的觉醒书。"木棉"与"橡树"两个中心意象表达了作者对于真正爱情的理解。有人还把这首诗称为女性解放的宣言,激励着许多妇女去追求自我的人格和价值,赢得更深层次的解放。你是否也能从中读出爱情的真谛,得到更多的人生启示?

【原文】

我如果爱你——

绝不像攀援的凌霄花，

借你的高枝炫耀自己；

我如果爱你——

绝不学痴情的鸟儿，

为绿荫重复单纯的歌曲；

也不止像泉源，

常年送来清凉的慰藉；

也不止像险峰，

增加你的高度，衬托你的威仪。

甚至日光。

甚至春雨。

不，这些都还不够！

我必须是你近旁的一株木棉②，

作为树的形象和你站在一起。

根，紧握在地下；

叶，相触在云里。

每一阵风过，

我们都互相致意，

但没有人

听懂我们的言语。

你有你的铜枝铁干，

像刀，像剑，

也像戟；

我有我红硕的花朵，

像沉重的叹息，

又像英勇的火炬。

我们分担寒潮、风雷、霹雳；

我们共享雾霭、流岚③、虹霓。

仿佛永远分离，

却又终身相依。

这才是伟大的爱情，

坚贞就在这里：

爱——

不仅爱你伟岸的身躯，

也爱你坚持的位置,足下的土地。

1977 年 3 月 27 日

【注释】

①橡树:栎属。是世上最大的开花植物,橡树形优美,树冠塔形,高可达 30 米,生命期比较长,它有高寿达 400 岁的。

②木棉:木棉属。又名攀枝花、红棉树、英雄树等,高 10～25 米,雄壮魁梧,枝干舒展,花红如血,硕大如杯,历来被人们视为英雄的象征。

③雾霭、流岚:都是指"云雾"。霭,云气。流岚,山间流动的雾气。在中国文化艺术中,这都是一种很美的灵动和意境。

【拓展】

(一)阅读推荐

1. 顾城《我是一个任性的孩子》

2. 北岛《走向冬天》

3. 原野牧夫《爱情和麦子一起成熟》

(二)云端课堂

1. 名家朗诵:舒婷《致橡树》

2. 品读经典:舒婷《致橡树》

(三)思考练习

1. 朗诵舒婷《致橡树》,体味爱情的真谛。

2. 给舒婷《致橡树》写一段导读文字,不少于 200 字。

我愿是一条激流

［匈牙利］裴多菲

【提示】

裴多菲(1823—1849),匈牙利伟大的爱国诗人,也是匈牙利民族文学的奠基人。1823 年 1 月 1 日生于奥地利帝国统治下的一个匈牙利小城,父亲是贫苦的斯拉夫族屠户,母亲是马扎尔族的农奴,处在社会最底层。少年时期过过流浪生活,做过演员,当过兵。1842 年发表诗歌《酒徒》,开始写作生涯。因发表讽刺诗《农村的大锤》和革命诗歌《爱国者之歌》《反对国王》等蜚声诗坛。后在佩斯参加和领导激进青年组织"青年匈牙利",从事革命活动,用革命诗篇号召匈牙利人民反对奥地利的民族压迫。1849 年 7 月

31 日,年仅 26 岁的裴多菲在瑟克什堡大血战中,同沙俄军队作战时英勇牺牲。

裴多菲的诗在语言、形式和题材等方面都吸收了民间创作的营养,认为"只有人民的诗,才是真正的诗"。早期作品中《谷子成熟了》《我走进厨房》等 50 多首诗被李斯特等作曲家谱曲传唱,成为匈牙利民歌。19 世纪 40 年代后期,围绕着反对奥地利、沙皇俄国的民族解放斗争,裴多菲写了许多政治诗,诗中洋溢着爱国主义热情。裴多菲尤以抒情诗见长,一生中写了约 1000 首抒情诗,它们清新、朴素、优美、健康,对匈牙利文学的发展具有重大影响。欧洲一些文艺评论家称赞裴多菲是"马扎尔的抒情诗王"。代表作有《自由与爱情》《民族之歌》等。

《我愿是一条激流》是一首爱情诗,写于 1847 年诗人与尤丽娅热恋时期。1846 年 9月,23 岁的裴多菲结识了伊尔诺茨伯爵的女儿森德莱·尤丽娅。这位身材修长、有浅蓝色眼睛的美丽姑娘的清纯和率真,使年轻诗人一见倾心,而拥有大量土地庄园的伯爵却不肯把女儿嫁给裴多菲这样的穷诗人。面对阻力,裴多菲对尤丽娅的情感仍不可抑制,在半年时间里发出了一首首情诗,其中《我愿是一条激流》堪称典范。全诗清新、自然,通篇用"我愿是……/只要我的爱人……"式结构回环连接,其间一个个叠加的意象表达着浓烈的爱,又处处透着苍凉和悲壮。这苍凉和悲壮的背后是一种崇高和执着——心灵的崇高、爱情的执着。美丽的尤丽娅终于被裴多菲的爱所鼓动,冲破父亲和家庭的桎梏,在一年后同裴多菲走进了婚礼的殿堂。这样忠贞执着的爱,你感动吗?

【原文】

我愿是一条激流,是山间的小河,
穿过崎岖的道路,从山岩中间流过。
只要我的爱人,是一条小鱼,
在我的浪花里,愉快地游来游去;

我愿是一片荒林,坐落在河流两岸,
我高声呼叫着,同暴风雨作战。
只要我的爱人,是一只小鸟,
停在枝头上鸣叫,在我的怀里作巢;

我愿是城堡的废墟,耸立在高山之巅,
即使被轻易毁灭,我也毫不懊丧。
只要我的爱人,是一根常春藤,
绿色枝条恰似臂膀,沿着我的前额,攀援而上;

我愿是一所小草棚,在幽谷中隐藏,
饱经风雨的打击,屋顶留下了创伤。
只要我的爱人,是熊熊的烈火,
在我的炉膛里,缓慢而欢快地闪烁;

我愿是一块云朵,是一面破碎的大旗,
在旷野的上空,疲倦地傲然挺立。
只要我的爱人,是黄昏的太阳,
照耀着我苍白的脸,映出红色的光艳。

【拓展】

（一）阅读推荐

1. 裴多菲《自由与爱情》

2. 裴多菲《啊,人应当像人》

（二）云端课堂

1. 名家朗诵：裴多菲《我愿意是激流》

2. 在线讲坛：自由之子裴多菲

（三）思考练习

1. 朗诵《我愿意是激流》,体味其执着无悔的情感。

2. 讨论：你认为此诗中的"常春藤"和舒婷《致橡树》中的"木棉"有区别吗？同样是爱情诗,由于身份和思想的角度不同,诗人的爱情观不尽相同,你更喜欢哪一种爱情呢？

当你老了

[爱尔兰]叶　芝

【提示】

叶芝(1865—1939),出生于距离爱尔兰首都都柏林不远的山迪蒙。1883年中学毕业后开始创作诗歌。1885年,在《都柏林大学评论》上发表了他的第一篇诗作《雕塑的岛屿》。从1884年到1886年,就读于大都会艺术学校(今爱尔兰国家美术与设计学院)学习绘画。1887年起专门从事诗歌创作。1939年1月28日,在法国南部罗克布鲁纳逝世。

叶芝是爱尔兰诗人、剧作家,"爱尔兰文艺复兴运动"的领袖。早年的创作具有浪漫主义的华丽风格,善于营造梦幻般的氛围,进入不惑之年后,在现代主义诗人伊兹拉·庞德等人的影响下,尤其是在其本人参与爱尔兰民族主义政治运动的切身经验的影响下,创作风格更加趋近现代主义。1923年,叶芝因"以其高度艺术化且洋溢着灵感的诗作表达了整个民族的灵魂"而登上了诺贝尔文学奖的领奖台,成为获此殊荣的第一位诗人。诗人艾略特称赞他为"这个时代最伟大的诗人"。

　　《当你老了》写于1892年,是叶芝早期的代表作之一。1889年1月30日,初涉文坛的叶芝结识了美丽的戏剧演员、爱尔兰独立运动领导人毛特·岗。叶芝对毛特·岗一见钟情,并给她写下了大量的情诗,在叶芝眼里,她是爱尔兰的圣女贞德,并且"有着朝圣者的灵魂"。但遗憾的是,叶芝穷其一生的情感追求并没有得到毛特·岗的回报。这首诗以别出心裁的取材和对比、想象等手法,表达着诗人忠贞不渝的爱,而如此深沉、如此热烈的爱,最后甘于寂寞地隐藏在一群星星之中。这首诗以其特有的艺术魅力打动了全世界的人们,为后人一再模仿。

【原文】

当你老了,头发白了,睡意昏沉,
炉火旁打盹,请取下这部诗歌,
慢慢读,回想你过去眼神的柔和,
回想它们昔日浓重的阴影;

多少人爱你青春欢畅的时辰,
爱慕你的美丽,假意或真心,
只有一个人爱你那朝圣者①的灵魂,
爱你衰老了的脸上痛苦的皱纹;

垂下头来,在红光闪耀的炉子旁,
凄然地轻轻诉说那爱情的消逝,
在头顶的山上它缓缓踱着步子,
在一群星星中间隐藏着脸庞。

【注释】

　　①朝圣者:参加朝圣的人们,这里喻指心灵的纯洁。朝圣,狭义上是指天主教徒朝拜圣地的宗教活动。

【拓展】

(一)阅读推荐

1.[英国]拜伦《当初我们俩分别》

2.[俄国]普希金《小花》

(二)云端课堂

1.名家朗诵:叶芝《当你老了》

2.歌曲欣赏:《当你老了》

(三)思考练习

1.朗诵《当你老了》,体味其坚定而又寂寞的爱情。

2.学写一首抒情短诗,发在自己的QQ空间,与同学、朋友分享。

诗歌单元综合实践活动

一、讨论(争鸣)

1.《诗经》和《楚辞》是中国古代诗歌创作的源头,它们在写作手法上有何异同?

2.以李清照和苏轼的词为例,分析婉约派与豪放派的对立与统一。

二、活动

1.以寝室为单位,进行诗歌吟诵竞赛。

2. 根据古诗的意境,为诗配画,举办一次诗画展。

三、写作

以"古诗中的家国情怀"为题,写一篇千字文。

第二章 思想光芒——散文阅读与鉴赏

第一节 中国散文的产生与发展

散文是中国最古老的文体。就广义的散文而言,其发端当始于由甲骨文字构成的甲骨卜辞。记载虞、夏、商、周四代政府文告、誓词的《尚书》是我国第一部散文总集。此后孔子编《春秋》,但微言大义,不能适应反映春秋、战国时期急剧变革的社会形势发展的需要。于是,以记载各国卿大夫和新兴的士阶层言论以及诸侯国政治、外交、军事活动为主的历史散文应运而生,代表作有《左传》《国语》《战国策》。

《左传》以记事为主,是我国第一部具有文学价值的编年史。《左传》叙事具体生动,裁剪得当,尤其长于描绘春秋时期各方面的矛盾、斗争,能够把头绪纷繁的事件和错综复杂的战争故事写得主次分明、繁而不乱。全书大小四百多次战事,均曲折细致、引人入胜。《左传》还善于把战争的性质、民心的向背、将帅的品格以及战争胜败的规律揭示出来。《左传》刻画了一系列性格鲜明的人物形象,对后世文学产生了积极的影响。《左传》的语言简练生动,像知难而退、退避三舍、厉兵秣马、数典忘祖、外强中干、众怒难犯、华而不实、狼子野心等汉语词库中的瑰宝,均出自《左传》。

《国语》因记载邦国成败的"嘉言善语"而得名,是我国最早的国别史。全书记载了西周末年至春秋末年五百余年周、鲁、齐、晋、郑、楚、吴、越八国的历史片段,所记史事与《左传》有同有异,互有详略,且以记言为主,不少内容反映了社会矛盾,具有进步意义。

《战国策》则汇集了策士们的奇计异策,其人物描写富有个性,言辞格外铺张,是先秦文学价值最高的历史散文。全书写了 600 多个人物,鲁中连、唐雎、冯谖、邹忌、荆轲、苏秦等性格鲜明的历史人物,都是富有生命力的艺术典型。

春秋战国时期,列国纷争,游士蜂起,在百家争鸣的政治文化环境中,产生了诸子散文。诸子散文绝大部分为哲理散文。

《论语》是记述孔子及其门人言谈的语录体散文集,其中时有生动形象、富有文学情趣的内容。《论语》中有许多格言,已积淀成中华民族优良文化的重要组成部分。《论语》的语言极其简练,对后世文学的发展有巨大的影响。

《孟子》是记述孟子及其弟子言行的对话式语录体散文集。虽未脱离语录体,但较之《论语》已大有发展。孟子是孔子之后最重要的儒家代表人物,其散文文笔犀利、锐气逼人、感情充沛、大气磅礴,有鼓动、纵横、雄辩家之风,强如百万之师,锐不可当。孟子"好辩",善用比喻,全书 261 章中,约有 93 章共用了 159 个比喻。

《庄子》是庄子和他的门人、后学的论著集,是道家经典之一,在先秦诸子散文中艺术成就最高。书中构思奇特,想象丰富,充满浪漫主义色彩。尤其善于用生动形象的比喻和情节曲折的寓言故事,来表达抽象的哲理。鲁迅先生在《汉文学史纲要》中称"其文则汪洋辟阖,仪态万方,晚周诸子之作,莫能先也"。

　　代表两汉时期散文最高成就的,是司马迁的《史记》。此书以人为经,以事为纬,记载了上自轩辕黄帝,下至汉武帝太初年间,长达三千年的历史。全书共 130 篇,包括 10 表、8 书、12 本纪、30 世家和 70 列传。其内容之丰富,结构之完整,体例之严密,前所未有。《史记》以人物纪传来反映历史内容的写法,被称为"纪传体",司马迁也因此而开创我国的史传文学,《史记》以后的正史大多承袭了这种体裁,《史记》也因此具有了划时代的地位。《史记》歌颂了圣明的君主,赞赏为国为民、深明大义的贤臣良将,同时,本着"不虚美、不隐恶"的实录精神,记录了统治阶级内部争名夺利、相互倾轧的斗争以及官宦们骄奢淫逸的生活。在《酷吏列传》中,对那些以杀人为乐的官宦痛加讨伐,《高祖本纪》中的刘邦、《项羽本纪》中的项羽乃至"今上"汉武帝,均成了《史记》暴露和批评的对象。其实录和批判精神一直为后人所称道。《史记》还塑造了一大批出身不同、性格各异的人物形象,其中包括一些处于社会中下层的小人物的形象,在《刺客列传》《滑稽列传》《游侠列传》中,为其树碑立传。《史记》布局谋篇严谨、巧妙,语言生动、形象、简洁,对后世的叙事文学起到了示范作用。

　　《汉书》沿用《史记》的体例,仅改"书"为"志",去掉"世家"并入"传",构成纪、表、志、传四大部分。全书 100 篇,包括 12 纪、8 表、10 志和 70 篇传,主要记载高祖元年到王莽地皇四年的历史,是我国第一部纪传体的断代史。《苏武传》是《汉书》中最为成功的篇章之一,苏武的民族气节和爱国精神,已经成为中华民族不屈意志的象征。

　　汉初的政论散文影响较大的是贾谊的《过秦论》《论积贮疏》《陈政事疏》,晁错的《论贵粟疏》等。文章表现出有识之士对建立统一而强盛帝国的期盼。

　　汉代还有一些记事散文,如刘向的《列女传》《说苑》《新序》,对后世笔记小说的发展也具有一定的影响。

　　汉代的一些应用文,同时也是抒情议论的散文。如邹阳的《狱中上梁王书》、司马迁的《报任安书》等,都是优秀的名篇。

　　汉末建安之前,行文基本上不用骈偶。魏晋以后,散文中排偶成分增多。南朝时期,各种书书札、游记,甚至学术著作,皆通用骈体,形成骈文统治的局面。骈文特别追求形式的美,通常以四、六字句为主,注重对偶、声律、用典和藻饰。此虽不足称道,但骈文中有一些作品仍然具有一定的历史价值和审美价值。

　　唐初骈文依然盛行,陈子昂、萧颖士、李华、元结等先后提倡鲜明畅达的散文,以取代骈文。他们的一系列散文创作主张,为韩愈、柳宗元倡导的古文运动奠定了基础。到中唐贞元、元和年间,为适应政治复兴的需要,韩愈、柳宗元以复古相号召,发起了一场古文运动。古文运动既是推崇儒学、排斥佛老的儒学复兴运动,也是倡导古文、反对骈文的文学革新运动。韩、柳以继承和发扬先秦、两汉散文的优良传统相号召,主张"文以明道""不平则鸣""惟陈言之务去"。韩愈的论说文,多用来阐发儒道,反对佛老,嘲讽社会现状,呼吁重视人才,《师说》《原毁》《讳辩》等,集中体现了他的"不平则鸣"的主张。韩愈的记叙文塑造了不少生动感人的人物形象。《张中丞传后叙》《柳子厚墓志铭》等,刻画了鲜明的人物性格。韩愈祭文中的《祭十二郎文》、赠序文中的《送李愿归盘谷序》《送董邵南序》等,情节感人,文理深长。柳宗元的说理文逻辑严密,思想深刻。其记人叙事之作,多取材于现实生活,描写社会下层的小人物,如《捕蛇者说》《种树郭橐驼传》《童区寄传》《段太尉逸事状》等。此类散文还善于运用合理想象与夸张的手法,寄寓作者自己的社会理想和政治主张,表现出很高的写作技巧。柳宗元的山水游记以《永州八记》为代表,作者或借峻山表达自己孤傲不群的个性,或借深潭抒发自己被贬远荒的凄怆,或借小丘孤寂控诉怀才不遇的愤懑,但笔下的景致又都如诗如画,读来让人如痴如醉。

韩、柳之后,古文运动趋于衰落。韩门弟子李翱、皇甫湜、孙樵等继续提倡古文,但多片面强调创新求奇,实际成就不高。晚唐骈文再度风靡。晚唐的小品文大都短小精悍,内容多针砭时弊、颂古非今。皮日休、陆龟蒙、罗隐等为小品文代表作家。晚唐时期还出现了散文化的赋,《阿房宫赋》是其中的代表。

宋初的文坛依然重形式轻内容。柳开、王禹偁、范仲淹、穆修等人奋起抵制流俗,反对浮华,倡导质朴文风。及欧阳修登上舞台,诗文革新才波澜壮阔,汹涌向前。欧阳修坚持"事信言文"的创作主张,极力推行平实朴素的文风。他的散文内容丰富,体裁不拘一格。《朋党论》《五代史·伶官传序》等政论文立意深刻,说理透辟。《醉翁亭记》《秋声赋》等写景、叙事文流畅自然,富含理趣。欧阳修对宋坛的另一大贡献是所提携的王安石、苏轼、曾巩等,均成了宋代文学的中坚。

王安石认为文章应当"有补于世","以适用为本"(《上人书》)。他的散文诸体皆备,以议论文成就最高,具有立意高远、思想深刻、简劲犀利、雄辩有力的鲜明特点,《答司马谏议书》是议论文中突出的代表。

苏轼是宋代文坛名副其实的才子,各体散文都有精品传世,其《前赤壁赋》尤为千古传唱。苏轼的议论文见解独到、析理透辟,记叙文挥洒自如、姿态横生,碑传、游记将景、事、情、理融于一体,序跋、杂记信手拈来,自然纯熟。

南宋的优秀散文大都植根于时代的土壤,为抗金救亡而呐喊。

明代是散文创作的沉寂期。明初的刘基、宋濂亲身经历了社会动乱,写出了一些富于现实意义的作品。刘基的《郁离子》是寓言小品集,对当时的社会富于批判精神。《卖柑者言》则是刘基的一篇优秀的讽刺散文,广为人知。宋濂长于写传体和记叙文,《秦士录》《送东阳马生序》是其散文作品的优秀代表。

明中叶以后,散文领域拟古与反拟古争斗不止,先后出现了多个在当时的文坛引领风骚的文学流派。以李梦阳、何景明为首的"前七子",以及以李攀龙、王世贞为首的"后七子",均以复古相号召,提出"文必秦汉,诗必盛唐"的主张,不幸的是最终都深陷模拟的泥潭之中。以王慎中、唐顺之、茅坤、归有光等为首的"唐宋派"作家有一些散文精品传世。归有光的散文多以日常生活琐事为题,即事而作,情味浓郁,《项脊轩志》是其中的代表。以公安"三袁"为代表的"公安派",提出"独抒性灵"的文学主张,但创作成就不高。其后"竟陵派"崇尚"幽深孤峭"成就不大。晚明小品文兴盛，张岱的《陶庵梦忆》《西湖梦寻》《西湖七月半》《湖心亭看雪》《柳敬亭说书》等，都是传世的名作，尤受读者喜爱。

活跃于清初文坛的魏禧、侯方域、汪琬，被称为古文三大家。清中叶出现了全清时期散文领域历时长久、影响最大的流派"桐城派"散文。姚鼐弟子梅曾亮的散文，文字"清淡简朴"，多有好评。使"桐城派"呈现"中兴"局面的是曾国藩，他认为"为文章者，有所法而后能，有所能而后大"。

甲午战争之后，散文发展成为自由活跃、富于鼓动性的"时务文体"，或称"报章文体"。新文体的代表作家有康有为、谭嗣同、梁启超以及秋瑾、邹容等人。

现代散文创作，一方面吸收外来文化思潮，一方面继承了中国古代优秀散文传统。五四思想启蒙运动促进了议论散文的繁荣，李大钊、陈独秀、胡适在《新青年》杂志上发表了一批此类作品。现代散文以鲁迅的杂文最富批判力量和艺术光华。从在《新青年》上发表《随感录》开始，鲁迅总共写了17部杂文集。他的回忆散文集《朝花夕拾》，散文诗集《野草》，都是公认的散文精品。优秀的散文家还有冰心、郁达夫、朱自清等。瞿秋白、邹韬奋、夏衍等人则在报告文学领域拓宽了散文的空间。此外，郭沫若、茅盾、巴金、老舍、叶圣陶、徐志摩、沈从文等，也都有精彩的散文篇传世。新中国成立以后的散文创作，主要是歌颂社会主义建设，反映抗美援朝，描写英雄人物等，一大批散文作家涌现出来。20世纪70年代末起，新时期散文像浴火的凤凰得到重生，在中国当代散文史上开创了崭新的时代。散文的创作也得到了更自由和宽泛的环境，散文的写作迎来了发展的春天。

第二节　散文的特性与分类

一、散文的概念

"散文"是和"韵文"相对的一个概念。历史上曾把文章分为散文和韵文两大类，押韵的就是韵文，不押韵的就是散文。按照广义的理解，诗词歌赋之外的一切不受韵律约束的作品就都成了散文家族的成员，小说、戏剧也纷纷来到了散文的旗帜下。不过，因"广"而"泛"，上述广义的散文概念的确失之笼统。

现代散文是在20世纪初期的辛亥革命和五四运动的烽火中横空出世的。新文化运动和文学革命为西方文学的大量涌入敞开了大门。随着西方小说、戏剧的涌入和白话文的兴盛，长期被定格在"下九流"群体中的中国传统小说、戏剧跃身而起，开始与诗文平起平坐，遂形成散文、诗歌、小说、戏剧并驾齐驱的局面，文学作品的四大文体之说由此确立。

不过，作为四大文体之一的散文，较之其他文体，还是有点让人"找不着北"，因为散文可以叙事，可以抒情，可以议论，可以说明，可大可小，可长可短，可想写什么就写什么。于是对其作了限制，从与诗歌、小说、戏剧并列的"散文"中分出了广义和狭义两个概念。广义的散文包括杂文、随笔、通讯、报告文学、游记、回忆录等；狭义的散文是以描写真实事物为基础，用于抒发作者真实感情的篇幅短小、取材广阔、形式自由、文情并茂的一种文学样式。

从内容上看,狭义的散文又可分为记人叙事为主的和以咏物抒情为主的两类。以记人叙事为主的散文,要求在记人时着意刻画人物性格中自己感触最深的某一特征,而不是全面展现人物的精神世界。叙事时则应选择自己感受最深的生活片段,简化出一幅富有时代气息的生活画图,而不要求具体描绘出复杂曲折的情节。以咏物抒情为主的散文,要求通过对现实生活或自然景物的刻画描写,以诗的情调,着重表达作者对生活的深刻感受和真挚感情。此时的"情"不是无端的、空虚的,而总有一定的人物、事件或景物作为文章抒写的对象。通过对它们的抒写,比物连类,感物兴怀,达到托物言志、咏物寄情,或寓事明理的目的。

散文是一切文学样式中最自由活泼、最没有约束的。"它可以欢呼、歌颂、呐喊、抨击,可以漫谈、絮语、浅唱、低吟,也可以嬉戏怒骂、妙语解颐。"(柯灵:《散文——文学的轻骑队》)在一篇散文里,上下几千年,纵横八万里,大到宇宙,小到细菌,都可以随作者心之所愿,成为其笔下的一朵浪花。散文深深地扎根于民族文化的土壤,全面地融入了我们的生活。

二、散文的特点

散文作为一种重要的文学体裁,必然具有用形象反映社会生活的基本特征,构思成文必须倾注作者的感情,讲究语言的精练。即便偏重于说理的杂文,也丝毫不能忽视这些特征。此外,散文还有自己更突出的个性。

1.散文是科学知识的载体。诗人余光中描绘诗歌与散文的不同特征说:"散文乃走路,诗乃跳舞;散文乃喝水,诗乃喝酒;散文乃说话,诗乃唱歌;散文乃门,诗乃窗。"无论诗人的本意如何,在我们看来,散文真的要比其他文学体裁,至少是要比诗歌重要。因为谁都不能不走路,不能不喝水,不能不说话,不能不出入厅堂之门。散文所抒发的就是走路的情怀,喝水的感受,说话的技巧,入门的奥妙。这些情怀、感受、技巧、奥妙正是生活知识和经验的结晶。

散文的星空就是知识的星空。你想愉快地消磨掉多余的时间,最好去读小说;你想为满腔豪迈的情怀寻找宣泄的场所,或者希望感受由节奏和意境带来的风情雅趣,那就去读诗歌;你若想积累具体的科学知识和生活经验,那就去读散文。读《三国演义》不是也能从中了解汉代末年那段惊心动魄的历史画卷吗?是的。但在《三国演义》中所了解的只是整体的历史知识,是时代的精神轮廓,是多少已经变了形的人物世界。你可千万不要以为周瑜的气量真的那么小,诸葛亮的神通真的那么大。要认识历史上真实的周瑜、诸葛亮,就要放下手中的《三国演义》,改读《三国志》。两本书的区别在于:前者是小说,后者是散文;前者是精心塑造的艺术形象,后者记录的是生活中最真实、具体的人物故事。在四大文学门类中,唯有散文才是最真实、最具体、最清晰、最实用的教科书。从散文中总能获得自己需要的知识,这就是散文能超越其他文体而魅力无穷的秘密所在。

2.散文形散神不散。散文贵"散",不"散"算不上散文。"散"的内涵之一是题材广阔,无所不容。小到细菌,大至宇宙,天南地北,古往今来,全都可以任凭散文驰骋。生活需要叱咤风云的、剖析事理的、讴歌赞美的、谈笑风生的、给人以思想启发和美感陶冶的散文,散文因而可以无所不至,空间无限。"散"的内涵之二是笔法自由。散文的表现手法不循一路——可叙述,可抒情,可议论,可象征、比喻、比拟、联想,可粗笔,可细描……"散"的内涵之三是篇幅可长可短,长篇巨幅的如《史记》,简短的散文名篇如韩愈的《讳辩》、王安石的《读孟尝君传》。散文又忌"散"。杂乱无章的不是散文,拖沓冗繁的也不是散文。一篇散文总是要有个中心,追求"意在笔先",总要对笔下所描写的人物或事件有所倾向。只有这样,一篇散文才能"散"而不乱,才能把一切零散的材料统一起来。用一根思想的线串起生活的珍珠,珍珠才不会遍地乱滚,这才成其为整齐的珠串。

所以,好的散文似散而非散,形散而神不散。"神"是散文的主题(或曰散文的"志"、散文的"意")。韩愈、柳宗元的散文能够经久传诵,主要贵在有"神",汉赋不能流传则主要失在有文无实,繁彩寡情。"神聚"即要求一篇散文始终贯穿一根思想的红线,行文时既泼墨如云,又惜字如金,能挥洒,能收合,不杂乱,不拖沓,天上人间,词不离宗。

3. 散文的语言凝练疏淡。《艺概》曰:"文之神妙,莫过于能飞。""无端而来,无端而去。"优秀的散文,语言无不凝练疏淡,乃至达到能飞的境地。譬如《兰亭集序》中:"是日也,天朗气清,惠风和畅。仰观宇宙之大,俯察品类之盛,所以游目骋怀,足以极视听之娱,信可乐也。"此类语言,即如扑面飞来的惠风,姗然而过,不留痕迹,却又令人读来精神一振,清新爽口。

散文的语言如叮咚流水,活泼疏淡,随物赋形,极尽姿态。散文比诗歌更明快、更清晰,比小说更简洁、更轻柔,比戏剧更儒雅、更疏淡,读来不仅爽,而且畅,而且美。

好的散文最起码的特征是文从字顺,绝不让人读起来疙疙瘩瘩。散文是要供人"读"的,倘若"口感"不顺,令人食之无味,那就没有散文的意境了。

"口感"顺的另一个表现是文气通达。即不仅单个句子通顺,句间的衔接也要不受阻隔,能让人读来一气呵成。

"畅"含有痛快、尽情之意。仅靠文从字顺或文气通达,还不能令人获得畅快的感觉。与"顺"的感觉不同,没有阻塞,能够向着同一个方向自然移动,就算是顺了。而"畅"有节奏的要求,有速度的变化,如同水流之畅需要落差,语感的畅快需要集起厚势,然后倾泻而下。如"下午,我们从莞城出发,经附城,到桥头,过樟木,下长安,直抵虎门。一路上八面来风,满眼秀色"这样的句子,读来痛快淋漓,铿锵有声。

由词汇构筑的美,是表象的美;由语感构筑的美,是神韵的美。散文追求的是神韵美的语言。如"南国没有冬天。南国的校园始终一片葱绿。校园文化就在这葱绿之间千舟争渡,万花竞开"。这就是散文的语言,语感很美。如果改成"岭南的冬天一点也不寒冷,广州各大学的校园里一年四季都是一片葱绿的颜色。各种各样的校园文化活动蓬蓬勃勃,长年不断",只能称作一般的陈述性语言了。

三、散文的分类

因视角、出发点不同,人们对散文的分类也不同。从广义和狭义的角度,可分为非文学性散文和文学性散文;从内容题材的角度,又可分为历史散文、哲理散文、政论散文等。散文具有记叙、议论、抒情三种功能,因此,一般认为散文可分为记叙性散文、抒情性散文和议论性散文三种。

1. 记叙性散文

以记叙人物、事件、景物为主的散文,称为记叙性散文。

记叙性散文叙事较完整,人物形象鲜明,描写景物倾注作者的情感。这类散文与短篇小说相似,但又有明显的区别。就叙事而言,散文所述的事件不要求情节完整,更不追求曲折变化,而小说对叙事的要求要较散文高得多;另外,散文在叙事的时候需要饱蘸情感,小说的情感则主要由人物体现出来,不需作者明确抒发。就写人而言,散文中的人物是在真人真事的基础上,进行某些剪裁加工,注重对人物进行写意式的描绘;而小说要求努力塑造典型人物形象,典型人物则是作者虚构出来的。

根据该类散文内容的侧重点不同,又可将它区分为记事散文和写人散文。

偏重于记事的散文以事件发展为线索,注重对事件的叙述。它可以是一个有头有尾的故事,如许地山的《落花生》,也可以是几个片段的剪辑,如鲁迅的《从百草园到三味书屋》。在叙事中倾注作者真挚的感情,这是与小说叙事最显著的区别。

偏重于记人的散文,全篇以人物为中心。它往往抓住人物的性格特征作粗线条勾勒,偏重表现人物的基本气质、性格和精神面貌,如鲁迅的《藤野先生》。人物形象是否真实是它与小说的区别。

另外,这类散文中还有一种偏重于描写景物的,这种散文描写一地的景物,除一些风土志以外,主要是游记性散文。它的内容十分广泛,山川景色、风俗民情、名胜古迹都属记游范围。游记散文最主要的特点是:作品所描写的景物必须完全真实,不允许夸饰和虚构;但又不是照相似的实录,而是作者融情于物,达到情景交融。

2. 抒情性散文

主要用以抒发作者主观情感的散文叫抒情性散文。

富有情感是所有散文的共同特征,但与其他散文相比,抒情性散文情感更强烈,想象更丰富,语言更具有诗意。

抒情性散文主要用象征、比兴、拟人等方法,通过对外在形象的描绘来传达作者的情思,因此借景抒情和托物言志是这类散文最常用的手法。而直抒胸臆的方法,在文章中可以出现,但通篇用此一法者并不多见。

托物言志式散文,即象征性散文,作者将情感融于某个具有象征意义的具体事物,借助象形联想或意蕴联想把主观情感表现出来。如杨朔的多数散文,茅盾的《白杨礼赞》等。

借景抒情的散文,将感情寓于景物之中,赋景物以生命,明写景,暗写情,做到情景交融,情景相生。如朱自清的《荷塘月色》、刘白羽的《日出》等。

3. 议论性散文

以发表议论为主的散文称为议论性散文。

它与抒情性散文一样注重情感的抒发,不同的是议论性散文重于理智,抒情性散文重于感情。

它又不同于一般的议论文用事实和逻辑来说理,而主要用文学形象来说话,是一种文艺性的议论文。它既有生动的形象,又有严密的逻辑;既要以情动人,又要以理服人;

融形、情、理于一身,合政论与文艺于一体。鲁迅先生的杂文、陶铸的《松树的风格》等都是典型的议论性散文。

第三节　散文朗诵

根据散文的特点,要朗诵好散文,应该做到:在"散珠"中穿缀;在口语中润饰;在写意中刻画;在漫话中阐发。

一、在"散珠"中穿缀

散文取材范围很广,往往熔古今中外、天南地北于一炉。作者在平素的生活和日常见闻中有所触动,就随手拈来,生发开去。时而勾勒描绘,时而倒叙联想,时而感情激发,时而侃侃议论,如汩汩流水,百转千回,蜿蜒盘旋。然而"形散神聚",散文中的"神"是作者聚合文章材料的黏合剂。因此,要朗诵好散文,就必须根据散文的这一特点,做到"在'散珠'中穿缀",即定准作品总基调,通过有声语言将这些形似散落的材料缀联起来而达到"神聚"。

总基调是指朗诵者在朗诵艺术创作中赋予作品的感情色彩,以及由此而产生的一种相和谐的语调。一部歌剧,无论好人登台,还是坏蛋上场,张三李四各有其调。但他们都围绕着同一个主旋律。因此,即使不了解情节,但只要一听曲子,就知道它们出于同一部歌剧。朗诵散文时的总基调就好比是这歌剧的主旋律。定准了这个总基调,那么朗诵那些形似散落的内容时,就可以使他们既有相对的独立性,又统一在一个整体之中,达到"嘈嘈切切错杂弹,大珠小珠落玉盘"的艺术效果。

比如朗诵秦牧的散文《土地》,朗诵者要从几十万年前说到现在;要从外国殖民主义强盗侵略说到海外华侨当年背井离乡;要从古代抗敌的爱国志士说到当年拦河筑坝的农民;要从《左传》说到《红旗歌谣》……正如作者所写的那样:"骑着思想的野马奔驰到很远很远的地方,然后,才又收住缰绳,缓步回到眼前灿烂的现实中来。"如果,未能定准一个统一的基调,朗诵者是很难通过有声语言将这些貌似离散的人和事贯穿起来的。

因此,我们在朗诵时,必须根据作者对土地母亲的真挚情感,确定将"深沉而纯朴"作为总基调,然后我们再根据文章中每一段不同的内容,确定不同的小基调。比如,朗诵到"过去,多少劳动者为了土地进行连绵不断的悲剧斗争"内容时,可采用激昂的小基调。然而这些小基调都由以上总基调所统摄。这样,就将文章中一件件事、一个个人、一段段时间、一处处地方穿缀在一起。无论朗诵文章哪一段内容,听众都会被作者对土地母亲的赤诚情感所震撼。反之,如果没有确定以上的总基调,那么朗诵以上欢悦的内容就会过于兴奋而一发难收,甚至于就事论事地分而诵之,各成其调,互不关联,互不统一。内容被搞得支离破碎,成了一张张"分解地图",一部部"断代历史",使听众不知其所以然了。

再比如朗诵鲁迅先生的《藤野先生》,同样也要通过定基调来做"穿缀"散珠的工作。该文是为了怀念一位没有民族偏见、曾经给予作者极大帮助的日本医学教师藤野先生而写的,全文表现了他对师长的无限爱戴之情。因此,朗诵时必须据此确定其为"真挚而坦诚"的总基调。有了这个总基调,我们再根据文章中其他各段不同的内容定准不同的小基调。比如文章开头第一段写的是作者目睹东京清代留学生乌烟瘴气的情景;第二段写的是作者初到仙台,日本人对他好奇式的关心。因此,第一段可采用轻蔑厌恶的小基调来朗诵,第二段可采用愤懑沉重的小基调来朗诵。然而这些小基调都受以上总基调的制约,朗诵时既有自己的调,却又显得不"跳",绝不会游离于总基调之外。这样,不仅可以把文章后面作者回忆藤野先生对他谆谆教诲、热情关心的生活片段连接在一起,而且很自然地显示出了开头两段在全文中所起到的铺垫和对照作用。让人通过你的朗诵,清楚地了解到作者跟这些"头顶着富士山隆起的大辫子""白天成群结队逛公园""晚上满房烟斗乱跳舞"的人一样,同是处在危难之中的贫弱的"清国留学生"。让人更清楚地领悟到藤野先生丝毫没有民族偏见、关心弱国的医学和学生的这种精神,在日本人当中是多么难能可贵。如果没有定准这个总基调,文章开头一段很可能会朗诵得像讽刺小品文一样,第二段很可能会朗诵得像发泄满腹牢骚似的,让听众感到这两段与全文毫无关系,成了后面文章的多余部分。

二、在口语中润饰

散文中有一类抒情性很强的作品,虽然它们不讲究齐整的韵律,也不分行排列,语言显得比较生活,但同样创造出诗情画意水乳交融的优美意境,同样让人领略到它们语言的美妙音乐性。因此,要朗诵好这一类散文,就必须做到"在口语中润饰",即在保持散文语言特色的前提下,对它进行艺术加工。

我们在朗诵一篇优美的抒情性散文时,很容易产生两种极端:一种是为了表现这篇作品的"优美性",而不顾散文本身的语言特点,用朗诵诗歌那样的语调朗诵;另一种则是拘泥于散文语言的形式,表现不出作品的"优美性"。因此,既要保持散文语言的特色,做到"口语化",又要对它进行润饰,这就必须避免上述两种极端,显示出与朗诵诗歌的异同。一般来说,语言形式的差异容易把握,关键是要善于从情感、画面、音乐性三方面着手,达到极度绚丽而终于返璞归真的平淡这样的艺术境界。

比如朗诵袁鹰的《岗山花雪》这篇散文下面一段内容,就要显示出与诗歌的异同:

> 花雪、花雪……生前,满树生辉,红的如朝霞,粉的如胭脂,白的如碎玉,使人陶醉,使人振作,使人精神焕发,使人心旷神怡。待到随风而去,落英缤纷,留给人间的依然是美的升华,生之赞歌……

以上的语言,从形式上看比诗歌接近口语。它既没有分行排列,也没有严格的平仄和押韵。因而,朗诵起来要比诗歌朗诵时的言语生活化些。然而这一段语言的优美程度,又完全可以与诗歌媲美,尤其是其中的象征手法和借景抒情的写作特点,又迫使朗诵者必须像朗诵诗歌那样,才能体现文章的诗情画意。

"生前,满树生辉,红的如朝霞,粉的如胭脂,白的如碎玉,使人陶醉,使人振作,使人精神焕发,使人心旷神怡。"一连串的排比句式,多么精湛的语言;"红""粉""白",多么绚丽的色彩;"朝霞""胭脂""碎玉",多么动人的形态;"陶醉""振作""精神焕发""心旷神怡",多么丰富的情感。朗诵时,除了要饱含着作者这些丰富的情感以外,还要让想象插上翅膀、心灵张开眼睛、脑海扬起风帆,然后通过清晰的点送和抒情的语调,把听众引入这诗一般的高洁境界之中,让朗诵者与听众都能得到净化。同时,一定要把以上的排比句朗诵得如同一首乐曲一般,用推进的节奏,表达出作者层递式的感情。

三、在写意中刻画

散文跟小说一样,少不了写人叙事,然而它并不像小说那样完整,更不必去组织什么情节上的高潮。如果说小说是以"人"或"事"为中心的话,那么散文就可以说是以"意"为主的了。因此,要朗诵好散文,就必须根据散文的这一特点,做到"在写意中刻画",即通过有声语言,对作品中的人或事进行刻画时,务必要统一全篇的风格,以突出其中的"意"。

散文虽以"意"为主,然而有些作品在写人叙事上费了不少笔墨。这就易诱人在这些内容上像朗诵小说那样,或是绘声绘色地描摹人物的音容笑貌、性格特点,或是沉浸在情节的来龙去脉中。其结果就破坏了本身的"写意"风格。因此要做到在"写意中刻画",不必过实。无论是朗诵作品的哪一部分,都要求统一在一种风格之中——写意。

比如朗诵冰心的《樱花赞》,其中有一句作者问日本同行的话:"樱花不消说是美丽的,但是从日本人看来,到底美在哪里?"这句话在文中无非就是要引出日本朋友的一番谈话,讲出日本人民喜爱樱花的原因,为作者最后的点题起一个铺垫的作用。因此当朗诵这句话的时候,只要在我们内心视象里能显示出作品中"我"的年龄、身份、容貌和风度,而无须在音色和语调上进行化装,像朗诵小说那样,去模仿作品中的"我"。否则就会与朗诵文章其他部分的风格不能统一,破坏了作品中的意——对日本人民友好感情的回忆。

当然,有些散文中的人物对话,与刻画人物是密切相关的,但朗诵时仍要与全文的风格统一。

比如朗诵唐弢回忆鲁迅的散文《琐忆》,其中一段作者与鲁迅第一次见面时的对话:

"你真个姓唐吗?"

"真个姓唐",我说。

"哦,哦。"他看定我,似乎十分高兴,"我也姓过一回唐的。"

这一对话,表现了鲁迅先生平易近人的态度,但我们朗诵时也只要在语调和音色上稍有区别即可。如果既想明显区别这一老一少两代人的音色,又想充分表现作者的紧张神情和鲁迅先生亲切而热情的话语,那么反而会使听众产生与该文其他内容的朗诵不协调的感觉,甚至破坏了作者对鲁迅先生深切真挚怀念之情的表达。如果说朗诵小说刻画人物是工笔画,那么朗诵散文刻画人物就有如写意画了。

四、在漫话中阐发

朗诵散文经常会遇到一些议论性很强的文字,然而这些内容毕竟不像一般的议论文。它无须论证的过程,而且更多的道理是通过一些修辞手法,形象而又深入浅出地道出来的。即使是一些直接讲明道理的句子,也无不染上个人的感情色彩。因此,要朗诵好这类散文,就必须根据以上的特点,采用亲切的语气,做到"在漫话中阐发"。

优秀的老师即使是批评教育学生，言语也总是那么亲切、委婉、中肯。要朗诵议论性很强的这一类散文，亦不能耳提面命，重炮猛轰；而应以效仿老师那样的口吻，像与听众交换看法一般，让听众在浪花中见激流。如果想把作品中的道理讲清，又让人觉得你在与他促膝谈心，那么亲切的语气将会使你成功。

比如朗诵柯蓝的《困难》这篇散文其中的一段，务必采用亲切的语气，才能做到在漫话中将道理阐明：

> 也许，你在工作里、生活里都遇到过困难。在我的心里，困难就和胜利站在一起，困难是一条河，胜利就是河那边的山，过了河，就上了山。不要只看见河就看不见山，也不要只看见山却看不见困难……向困难伸过手去吧，在生活里，这是你最好的朋友。

文章阐明的如何正确对待困难的道理可谓深刻，我们似乎在一般议论文或演讲词中可以看到，然而以上深刻的道理是通过一个个形象的比喻、深入浅出地讲出来的，因此朗诵时要明显区别于朗诵一般的议论文和演讲。即使诵到其中"不要只看见河就看不见山，也不要只看到山却看不见困难"这两句，也不必以命令的口吻朗诵。至于其末尾的祈使句，也不必朗诵得过于激昂。一切都应该以亲切的语气朗诵，就仿佛是一个循循善诱的长者在与人推心置腹、竭诚相告一般。

如果碰到有些几乎如警句一般的文字，朗诵时也万万不可过火。比如朗诵柯蓝的《早霞短笛》中的这几句话：

> 船在水上，会不停地遇到风浪；人在世上，会不断地遇到困难。会驾驶风浪的是老舵公；能克服困难的才叫战士。

一席鼓舞人心的话，很容易使人拔高嗓音，狠打猛轰、义正词严地朗诵。而我们如果考虑到这一段文字的特点，通过柔和的语调将以上比喻和对比的句子，娓娓诵来，就可以产生深刻的思想教育意义和隽永的艺术感染力，让听众在细心"品尝"中，汲取文章中的营养，感受到内心所蕴含的力量。

这里特别要指出的是，朗诵散文中的一些直接讲明道理的内容，既不能为了求得亲切，什么地方都显得毫不介意的样子；也不必大嗓粗气，给人以山洪陡发、突如其来的感觉。有人把朗诵这些文字比作给听众开窗子，但这个窗子不能开得太大，否则将适得其反。

比如朗诵唐弢回忆鲁迅先生的散文《琐忆》，文章开头就碰到一段议论的内容：

> 鲁迅先生有两句诗："横眉冷对千夫指，俯首甘为孺子牛。"这是他自己的写照，也是作为一个伟大作家的全部人格的体现。

这两句话，在全文中起着提纲挈领的作用，文章下面的内容都是围绕这个"纲"来写的。但是这里充满了作者对鲁迅先生的无限敬仰，它不同于一般议论文的树立论点部分。因此我们朗诵时，需要用一种强调但又很自然的语气，放慢节奏，让听众听清楚就行了，无须过于激动，更不必像朗诵诗歌那样去朗诵这两句总提式的话语。

文章围绕着鲁迅先生"俯首甘为孺子牛"的崇高品质,回忆了几件与鲁迅先生接触的往事后,中间也有一段富有感情的议论:

> ……据我看来,"横眉冷对"是鲁迅先生一生不懈的斗争的精神实质,是他的思想立场的概括。……讽刺显示他进攻的威力,而幽默又闪烁着反击的智慧。对社会观察的深刻,往往使他的批判独抒新见,入木三分……

这一段议论是文章后部内容的一个纲。朗诵这一段时,同样只要在委婉细腻之中,将"讽刺"和"威力"、"幽默"和"智慧",以及"观察的深刻……批判独抒新见,入木三分",这些关键词语点染得体,就足以阐明鲁迅先生"横眉冷对千夫指"的战斗精神了。千万不要另外起音,来高八度的朗诵,以强调其中的道理。

这种直接揭示立意的语句在散文的结束部分就更多了,朗诵时,尽管需要语调上给予必要的加强,但还是要给听众以水到渠成之感。

第四节　名篇赏读

先秦诸子语录

【提示】

先秦诸子,是指春秋战国时期诸家学派的代表人物。先秦时期,诸侯各国纷争,社会急剧动荡,与此相应在思想文化领域也产生了各种各样的学说,诸子蜂起,出现了儒家、道家、墨家、名家、法家、阴阳家、纵横家、农家、杂家等"百家争鸣"的活跃局面。先秦诸子各家的代表人物纷纷倡言立说,在政治、经济、军事、思想、文化、道德等方面各抒己见,提出了丰富多彩、充满智慧和创见的思想主张。这些思想家的思想,对中华民族的性格和中华文化产生了巨大影响。

《先秦诸子语录》选辑了《论语》《孟子》《老子》中有关为学、为人、处世的语录,其精辟的论述蕴含着丰厚的人生经验和深刻的思想哲理,富有启示和教益,至今仍值得借鉴汲取,是一笔弥足珍贵的文化遗产。

【原文】

子曰:"学而时习之①,不亦说乎②。有朋自远方来,不亦乐乎。人不知而不愠③,不亦君子乎。"(《论语·学而》)

子游问孝④。子曰:"今之孝者,是谓能养⑤。至于犬马,皆能有养;不敬,何以别乎?"(《论语·为政》)

子曰:"德之不修,学之不讲,闻义不能徙⑥,不善不能改,是吾忧也。"(《论语·述而》)

子曰:"群居终日,言不及义,好行小慧,难矣哉!"(《论语·卫灵公》)

孔子曰："益者三友,损者三友。友直,友谅⑦,友多闻,益矣。友便辟⑧,友善柔⑨,友便佞⑩,损矣。"(《论语·季氏》)

子张问仁于孔子⑪。孔子曰:"能行五者于天下,为仁矣。"请问之。曰:"恭、宽、信、敏、惠⑫。恭则不侮,宽则得众,信则人任焉⑬,敏则有功,惠则足以使人。"(《论语·阳货》)

由是观之,无恻隐之心,非人也;无羞恶之心,非人也;无辞让之心,非人也;无是非之心,非人也。恻隐之心,仁之端也⑭;羞恶之心,义之端也;辞让之心,礼之端也;是非之心,智之端也。人之有是四端也,犹其有四体也。(《孟子·公孙丑上》)

孟子曰:"爱人不亲,反其仁;治人不治,反其智;礼人不答,反其敬——行有不得者皆反求诸己,其身正而天下归之。"(《孟子·离娄上》)

老吾老以及人之老,幼吾幼以及人之幼,天下可运于掌。(《孟子·梁惠王上》)

天下皆知美之为美,斯恶已⑮;皆知善之为善,斯不善已。(《老子·二章》)

为无为,事无事,味无味。(《老子·六十三章》)

上善若水⑯。水善利万物而不争,处众人之所恶⑰,故几于道⑱:居善地⑲,心善渊⑳,与善仁㉑,言善信,政善治,事善能,动善时。夫惟不争,故无尤矣㉒。(《老子·八章》)

不自见㉓,故明;不自是㉔,故彰;不自伐㉕,故有功;不自矜,故能长。夫唯不争,故天下莫能与之争。(《老子·二十二章》)

大成若缺㉖,其用不弊。大盈若冲㉗,其用不穷。大直若屈㉘,大巧若拙,大辩若讷㉙。(《老子·四十五章》)

【注释】

①时习:适时实习。

②说:通"悦"。

③愠:生气。

④子游:孔子弟子,姓言,名偃,字子游,少孔子四十五岁。

⑤养——供养,养活。

⑥徙(xǐ):迁移。这里指按照义的准则改变自己的行为。

⑦谅:信实。

⑧便辟:阿谀奉承。

⑨善柔:当面恭维,背后诽谤。

⑩便佞:花言巧语。

⑪子张:即颛孙师,孔子弟子。

⑫敏:勤勉。惠:慈惠。

⑬人任:受到人们信任。

⑭端:开端,起源,源头。

⑮斯:这。恶:丑。已:通"矣"。

⑯上:最。

⑰处众人之所恶:即居处于众人所不愿去的卑湿之地。

⑱几:接近。

⑲善地:即众人所恶之卑湿之地。

⑳渊:沉静、深沉。

㉑与:指与别人相交相接。

㉒尤:怨咎。

㉓不自见:不局限于自己所见。

㉔不自是:不以自己为对。

㉕伐:夸耀。

㉖大成:最为完满的东西。

㉗冲:虚,空虚。

㉘屈:曲。

㉙讷:拙嘴笨舌。

【拓展】

(一)阅读推荐

傅佩荣《国学的天空》

(二)云端课堂

1.经典吟诵:《论语》学而篇第一

2.百家讲坛:我读先秦诸子(易中天)

(三)思考练习

诵读、选背《先秦诸子语录》,感悟为人、为学、处世之道。

大学之道

《大学》

【提示】

《大学》是儒家经典《四书》之首。《大学》原是《礼记》第四十二篇,内文的撰成约在战国末期至西汉之间,作者一说是曾子,也有说是孔门七十子后学者。宋代程颢、程颐特别重视《大学》,曾分别将它从《礼记》中抽出来加以改编,使之独立成篇。朱熹在二程改编的基础上继续加工、编排,分为"经""传",作成章句,通过注释阐发己意,并将它与《论语》《孟子》《中庸》合编为《四书》,在封建社会后期(元、明、清)影响极大。

《大学》着重阐述了个人道德修养与社会治乱的关系,以"明明德""亲民""止于至善"为修养的目标。又提出实现天下大治的八个步骤,即"格物""致知""诚意""正心""修身""齐家""治国""平天下"。其中每一个都以前一个为先决条件,而"修身"是其中最根本的、具有决定意义的一步,前四个是"修身"的方法途径,后三个是"修身"的必然效果。从天子到庶人"皆以修身为本",每个社会成员特别是统治者道德修养的好坏决定着社会的治乱。它明确肯定道德在社会生活中的作用。这些论点在今天还具有现实意义吗?

【原文】

大学之道①,在明明德②,在亲民③,在止于至善。知止而后有定④,定而后能静,静而后能安,安而后能虑,虑而后能得⑤。物有本末,事有终始。知所先后,则近道矣。古之欲明明德于天下者,先治其国;欲治其国者,先齐其家⑥;欲齐其家者,先修其身⑦;欲修其身者,先正其心;欲正其心者,先诚其意;欲诚其意者,先致其知⑧;致知在格物⑨。物格而后知至;知至而后意诚;意诚而后心正;心正而后身修;身修而后家齐;家齐而后国治;国治而后天下平。自天子以至于庶人⑩,壹是皆以修身为本⑪。其本乱而末治者⑫,否矣。其所厚者薄,而其所薄者厚⑬,未之有也⑭!

【注释】

①大学之道:大学的宗旨。"大学"一词在古代有两种含义:一是"博学"的意思;二是相对于小学而言的"大人之学"。古人八岁入小学,学习"洒扫应对进退、礼乐射御书数"等文化基础知识和礼节;十五岁入大学,学习伦理、政治、哲学等"穷理正心,修己治人"的学问。所以,后一种含义其实也和前一种含义有相通的地方,同样有"博学"的意思。"道"的本义是道路,引申为规律、原则等,在中国古代哲学、政治学里,也指宇宙万物的本源、个体、一定的政治观或思想体系等,在不同的上下文环境里有不同的意思。

②明明德:前一个"明"作动词,有使动的意味,即"使彰明",也就是发扬、弘扬的意思。后一个"明"作形容词,明德也就是光明正大的品德。

③亲民:根据后面的"传"文,"亲"应为"新",即革新、弃旧图新。亲民,也就是新民,使人弃旧图新、去恶从善。

④知止:知道目标所在。

⑤得:收获。

⑥齐其家:管理好自己的家庭或家族,使家庭或家族和和美美,蒸蒸日上,兴旺发达。

⑦修其身:修养自身的品性。

⑧致其知:使自己获得知识。

⑨格物:认识、研究万事万物。

⑩庶人:指平民百姓。

⑪壹是:都是。本:根本。

⑫末:相对于本而言,指枝末、枝节。

⑬厚者薄:该重视的不重视。薄者厚:不该重视的却加以重视。

⑭未之有也:即未有之也,没有这样的道理(事情、做法等)。

【拓展】

(一)阅读推荐

1.朱熹《大学章句》

2.孔子《孔子家语》

(二)云端课堂

1.经典吟唱:《大学之道》

2.在线观摩:孔府珍藏文献展 品读儒家文化魅力

(三)思考练习

1.吟唱、背诵《大学之道》。

2.联系自身实际,写《大学之道》读后感言。

秋水(节选)

庄 子

【提示】

庄子(约前369—前286),名周,战国时宋国蒙(今安徽蒙城,另说今河南商丘东北)人,曾任漆园吏。著名思想家、哲学家、文学家,道家学派的代表人物,老子思想的继承者和发展者。后世将他与老子并称为"老庄",他们的哲学称为"老庄哲学"。

《汉书艺文志》著录《庄子》五十二篇,但留下来的只有三十三篇,其中《内篇》七,《外篇》十五,《杂篇》十一。一般认为《内篇》为庄子自著,《外篇》《杂篇》为其后学所作。庄子的文章,恣肆汪洋,想象丰富,文辞瑰丽诡异,具有浓厚的浪漫主义色彩,常采用寓言故事形式,富有幽默讽刺的意味。无论思想内容还是艺术风格,《庄子》一书都对后世文学产生了广泛的影响。

《秋水》所阐述的主旨是庄子的认识论。这里节选其第一部分。文章由浩浩黄河,写到茫茫大海,再到无穷无尽的天地宇宙,采用拟人、比喻、想象等手法,层层扩展,论辩精辟,形象传神,合乎情理而又出人意料。请你熟读记诵,细细品味庄子手笔的奇妙和思想的广阔。

【原文】

秋水时至①,百川灌河②,泾流之大③,两涘渚崖之间④,不辩牛马⑤。于是焉河伯欣然自喜⑥,以天下之美为尽在己。顺流而东行,至于北海,东面而视,不见水端。于是焉河伯始旋其面目⑦,望洋向若而叹曰⑧:"野语有之曰⑨:'闻道百以为莫己若者。'⑩我之谓也。且夫我尝闻少仲尼之闻而轻伯夷之义者⑪,始吾弗信;今我睹子之难穷也,吾非至于子之门则殆矣,吾长见笑于大方之家⑫。"

北海若曰:"井蛙不可以语于海者,拘于虚也⑬;夏虫不可以语于冰者,笃于时也⑭;曲士不可以语于道者⑮,束于教也。今尔出于崖涘,观于大海,乃知尔丑⑯,尔将可与语大理矣⑰。天下之水,莫大于海,万川归之,不知何时止而不盈;尾闾泄之⑱,不知何时已而不虚⑲;春秋不变,水旱不知。此其过江河之流⑳,不可为量数。而吾未尝以此自多者㉑,自以比形于天地而受气于阴阳。吾在于天地之间,犹小石小木之在大山也㉒,方存乎见少㉔,又奚以自多㉕!计四海之在天地之间也,不似礨空之在大泽乎㉖?计中国之在海内㉗,不似稊米之在太仓乎㉘?号物之数谓之万㉙,人处一焉;人卒九州,谷食之所生,舟车之所通,人处一焉㉚。此其比万物也,不似豪末之在于马体乎㉛?五帝之所连㉜,三王之所争㉝,仁人之所忧,任士之所劳㉞,尽此矣!伯夷辞之以为名,仲尼语之以为博㉟,此其自多也,不似尔向之自多于水乎㊱?"

【注释】

①时:按时令。

②灌:奔注。河:黄河。

③泾:直流的水波,此指水流。

④两涘(sì):河水两边。渚(zhǔ)崖:水洲岸边。

⑤辩:通"辨"。

⑥河伯:黄河之神。

⑦旋:转,改变。

⑧望洋:仰视的样子。若:海神名。

⑨野语:俗语。

⑩莫己若:即"莫若己"。

⑪伯夷:商孤竹君之子,与弟叔齐争让王位,被认为是节义高尚之士。

⑫长:永远。大方之家:通达于大道的人。方:道。

⑬拘:局限。虚:同"墟",居住的地方。

⑭笃(dǔ),固,引申为束缚、限制。

⑮曲士:指穷乡僻壤、孤陋寡闻的读书人。

⑯丑:浅陋,缺乏知识。

⑰大理:大道。

⑱尾闾(lú):海的底部,排泄海水的地方。

⑲虚:流空。

⑳过:超过。

㉑自多:自满,自夸。多:赞许。

㉒比形:具形。

㉓大:同"太"。

㉔方:正。存:察,看到。见(xiàn):显得。

㉕奚:何,怎么。

㉖礨(lěi)空:石块上的小空洞。礨,石块。大泽:大湖泊。

㉗中国:指中原地区。

㉘稊(tí)米:泛指细小的米粒。

㉙号:称。

㉚处一:占其中之一。

㉛豪末:毫毛的末梢。豪,通"毫"。

㉜五帝:指传说中的黄帝、颛顼(zhuān xū)、帝喾(kù)、尧、舜。一说指伏羲、神农、黄帝、尧、舜。连:续,继承。

㉝三王:夏启、商汤、周武王。

㉞任士:以天下为己任的贤能之士。劳:劳心劳力。

㉟以为博:以此显示学问的渊博。"辞之""语之"的"之",均指天下。

㊱向:刚才。

【拓展】

(一)阅读推荐

1.庄子《逍遥游》

2.庄子《齐物论》

(二)云端课堂

1.经典诵读:庄子《秋水》(节选)

2.百家讲坛:康震《庄子的人生境界》

(三)思考练习

诵读课文,背诵"井蛙不可以语于海者,拘于虚也;夏虫不可以语于冰者,笃于时也;曲士不可以语于道者,束于教也",深刻领会其中的含意。

郑伯克段于鄢①

《左传》

【提示】

《左传》,原名《左氏春秋》,又称《春秋古文》《左氏》《左氏传》,是我国第一部叙事详备的编年史著作。东汉以后有人称之为《春秋左氏传》，简称《左传》，并认定它是解《春秋》的"传"，与《公羊传》《谷梁传》合称"《春秋》三传"。而事实上，《左传》是一部独立的著作，大约成书于战国初年。它记录了从鲁隐公元年(前722)到鲁哀公二十七年(前468)共255年间周王朝及诸侯各国的一些重大历史事件，具有很高的史学价值。它的作者，司马迁、班固说是春秋末期鲁国史官左丘明，但唐以后的学者多有异议。

《左传》又是一部文学价值很高的散文名著。它长于叙事，精于剪裁，叙述战争和复杂的历史事件，委婉周详，有条不紊，重点突出，富有故事性和戏剧性。它还善于选取富有个性化的语言、行动和细节来刻画人物，显现历史人物的生动形象。它的文辞，丰润而优美，含蓄而醒豁，简练而达情，其外交辞令尤为精彩。《左传》的产生，标志着我国历史散文自《尚书》《春秋》以后有了飞跃发展，它对后世的史传文学、小说、散文的发展影响深远。历来研究者常把它和《史记》并称，尊为历史散文之祖。

《郑伯克段于鄢》主要讲述鲁隐公元年(公元前722年)郑庄公同其胞弟共叔段之间为了夺国君权位而进行的一场你死我活的斗争。全文语言生动简洁，人物形象饱满，情节丰富曲折，是一篇极富文学色彩的历史散文。

【原文】

初，郑武公娶于申②，曰武姜，生庄公及共叔段。庄公寤生③，惊姜氏，故名曰寤生，遂恶之。爱共叔段，欲立之。亟请于武公④，公弗许。

及庄公即位，为之请制⑤。公曰："制，岩邑也⑥，虢叔死焉⑦，佗邑唯命⑧。"请京⑨，使居之，谓之京城大叔⑩。祭仲曰⑪："都城过百雉⑫，国之害也。先王之制：大都不过参国之一⑬，中五之一，小九之一。今京不度⑭，非制也，君将不堪。"公曰："姜氏欲之，焉辟害⑮？"对曰："姜氏何厌之有！不如早为之所，无使滋蔓，蔓难图也⑯。蔓草犹不可除，况君之宠弟乎！"公曰："多行不义，必自毙，子姑待之。"

既而大叔命西鄙北鄙贰于己⑰。公子吕曰⑱："国不堪贰，君将若之何？欲与大叔，臣请事之⑲；若弗与，则请除之。无生民心。"公曰："无庸⑳，将自及。"大叔又收贰以为己邑，至于廪延㉑。子封曰："可矣，厚将得众。"公曰："不义，不暱，厚将崩。"

大叔完聚㉒，缮甲兵㉓，具卒乘㉔，将袭郑。夫人将启之㉕。公闻其期，曰："可矣！"命子封帅车二百乘以伐京㉖。京叛大叔段，段入于鄢，公伐诸鄢。五月辛丑㉗，大叔出奔共。

书曰㉘："郑伯克段于鄢。"段不弟，故不言弟；如二君，故曰克；称郑伯，讥失教也；谓之郑志㉙。不言出奔，难之也㉚。

遂寘姜氏于城颍㉛，而誓之曰："不及黄泉㉜，无相见也。"既而悔之。颍考叔为颍谷封人㉝，闻之，有献于公，公赐之食，食舍肉。公问之，对曰："小人有母，皆尝小人之食矣，未尝君之羹，请以遗之㉞。"公曰："尔有母遗，繄我独无㉟！"颍考叔曰："敢问何谓也？"公语之故，且告之悔。对曰："君何患焉？若阙地及泉㊱，隧而相见㊲，其谁曰不然？"公从之。公入而赋㊳："大隧之中，其乐也融融！"姜出而赋："大隧之外，其乐也洩洩㊴。"遂为母子如初。

君子曰⑩:"颍考叔,纯孝也,爱其母,施及庄公⑪。《诗》曰:'孝子不匮,永锡尔类⑫。'其是之谓乎!"

【注释】

①本文标题原是《春秋》(鲁)隐公元年(前722)中的一句经文,意思是郑庄公在鄢地打败了共叔段。郑伯,指郑庄公。郑是伯爵之国,姬姓,今河南新郑一带。克,战胜。段,共(gōng)叔段,郑庄公的弟弟。鄢,郑国地名,今河南鄢陵。

②郑武公:名掘突,郑桓公的儿子,郑国第二代君主。申:春秋时国名,姜姓,今河南南阳市北。

③寤(wù)生:难产的一种,胎儿的脚先生出来。寤,通"牾",逆,倒着。

④亟(qì):屡次。

⑤制:郑国地名,即虎牢,今河南荥(xíng)阳西北。

⑥岩邑:险要的城镇。岩,险要。邑,人所聚居的地方。

⑦虢(guó)叔死焉:东虢国的国君死在那里。虢,指东虢,古国名,为郑国所灭。

⑧佗:同"他"。

⑨京:郑国地名,今河南荥阳东南。

⑩大(tài):同"太"。

⑪祭(zhài)仲:郑国的大夫。

⑫都城过百雉(zhì):都邑的城墙超过了300丈。都,指次于国都而高于一般邑等级的城市。雉,古代城墙长一丈,宽一丈,高一丈为一堵,三堵为一雉,即长三丈。

⑬大都不过参(sān)国之一:大城市的城墙不超过国都城墙的三分之一,参,同"三"。

⑭不度:不合法度。

⑮辟:通"避"。

⑯难图:难以对付。图,图谋。

⑰鄙:边境上的城邑。贰:两属。

⑱公子吕:郑国大夫,字子封。

⑲事:侍奉。

⑳无庸:不用。庸,同"用",一般出现于否定式。

㉑廪(lǐn)延:郑国地名,今河南延津县北。

㉒完聚:修治城郭,聚集百姓。完,修葺。

㉓缮甲兵:修整作战用的甲衣和兵器。

㉔具卒乘(shèng):准备步兵和兵车。具,准备。

㉕夫人:指武姜。启之:给段开城门,即作内应。

㉖帅车二百乘:率领二百辆战车。帅,同"率"。古代每辆战车配备甲士三人,步卒七十二人。

㉗辛丑:古代以干支纪日,此处辛丑为二十三日。

㉘书:指《春秋》经文的记述。以下几句是解释《春秋》一书的凡例。这类文字有认

为是后人所加。

㉙谓之郑志：赶走共叔段是出于郑庄公的本意。志，意愿。

㉚不言出奔，难之也：不说出奔，是责备庄公的意思。难，责备。

㉛寘：通"置"。安置，放逐。城颍：即临颍，今河南临颍。

㉜黄泉：地下的泉水，喻墓穴，指死后。

㉝颍考叔：郑国大夫。封人：管理边界的地方长官。

㉞遗(wèi)：赠送。这里是赏给的意思。

㉟繄(yī)：语助词。

㊱阙：通"掘"。

㊲隧：隧道，这里用作动词，指挖隧道。

㊳赋：吟诵，此为赋诗。

㊴洩洩(yì)：一作"泄泄"。舒畅愉快的样子。

㊵君子曰：《左传》凡称"君子曰"，大多是作者假托"君子"而发表评论的话。

㊶施：推广，延及。

㊷孝子不匮(kuì)，永锡尔类：孝子的孝道没有穷尽，长久赐予你同类的人。匮，竭尽。锡，通"赐"，给与。类，指同类的人。这两句出自《诗经·大雅·既醉》。

【拓展】

（一）阅读推荐

1.《左传·烛之武退秦师》

2.《左传·秦晋殽之战》

（二）云端课堂

1.经典诵读：《左传·郑伯克段于鄢》

2.经典品读：《左传》中的两个哲理故事

（三）思考练习

1.朗读课文，体会文章是如何通过人物的语言和行为来刻画人物性格的。

2.研讨：郑伯克段于鄢是一出家庭悲剧还是政治悲剧，或社会悲剧、人性悲剧、道德悲剧？

冯谖客孟尝君①

《战国策》

【提示】

《战国策》是战国时代国别体史料的汇编,简称《国策》,其初又有《国事》《短书》《事语》《长书》《修书》等名称。作者不可考,但应非一人之作。从此书所具有的鲜明的"纵横"色彩看,它可能出于战国或秦汉之际的纵横家或习纵横术者之手。西汉刘向对其整理编校,因其所记录的多是战国时纵横家为其所辅之国的政治主张和外交策略,因此刘向把这本书定名为《战国策》。全书按东周、西周、秦国、齐国、楚国、赵国、魏国、韩国、燕国、宋国、卫国、中山国依次分国编写,分为12策,33卷,共497篇。其时代上接春秋,下至秦并六国,约240年(前460—前220)。

《战国策》是一部亦史亦文的杰作。它以人物的游说活动为记叙中心,描绘了众多各具风姿的人物形象,其中以"士"和"国君""太后"等几类人物形象最为出色。其文气势恢宏,铺张扬厉,辞采华赡,生动明畅,具有浓厚的艺术魅力和文学趣味,对后代散文的发展产生了重大的影响。

《冯谖客孟尝君》选自《战国策·齐策》。文章着力记叙了策士冯谖为孟尝君收买民心、经营三窟的事迹,表现了冯谖的远见卓识。同时也揭示了齐国统治集团内部钩心斗角的世态和齐、魏等诸侯国之间的矛盾。在写法上,作者运用曲折的情节、生动的细节刻画、欲扬先抑和对比反衬等手法,使得人物形象丰满生动,故事情节波澜起伏,具有较强的艺术性。

【原文】

齐人有冯谖者,贫乏不能自存,使人属孟尝君②,愿寄食门下。孟尝君曰:"客何好?"曰:"客无好也。"曰:"客何能?"曰:"客无能也。"孟尝君笑而受之,曰:"诺。"左右以君贱之也,食以草具③。居有顷,倚柱弹其剑,歌曰:"长铗归来乎④,食无鱼。"左右以告。孟尝君曰:"食之,比门下之客。"⑤居有顷,复弹其铗,歌曰:"长铗归来乎,出无车。"左右皆笑之,以告。孟尝君曰:"为之驾,比门下之车客。"于是乘其车,揭其剑⑥,过其友⑦,曰:"孟尝君客我。"后有顷,复弹其剑铗,歌曰:"长铗归来乎,无以为家。"左右皆恶之,以为贪而不知足。孟尝君问:"冯公有亲乎?"对曰:"有老母。"孟尝君使人给其食用,无使乏。于是冯谖不复歌。

后孟尝君出记⑧,问门下诸客:"谁习计会,能为文收责于薛者乎⑨?"冯谖署曰⑩:"能。"

孟尝君怪之,曰:"此谁也?"左右曰:"乃歌夫'长铗归来'者也。"孟尝君笑曰:"客果有能也,吾负之,未尝见也。"请而见之,谢曰:"文倦于事,愦于忧⑪,而性懧愚⑫,沉于国家之事,开罪于先生。先生不羞,乃有意欲为收责于薛乎?"冯谖曰:"愿之。"于是约车治装⑬,载券契而行⑭。辞曰:"责毕收,以何市而反⑮?"孟尝君曰:"视吾家所寡有者。"

驱而之薛,使吏召诸民当偿者悉来合券。券遍合,起,矫命以责赐诸民⑯。因烧其券。民称万岁。长驱到齐，晨而求见。孟尝君怪其疾也，衣冠而见之，曰："责毕收乎？来何疾也！"曰："收毕矣。""以何市而反？"冯谖曰："君云'视吾家所寡有者'。臣窃计，君宫中积珍宝，狗马实外厩，美人充下陈⑰。君家所寡有者以义耳！窃以为君市义。"孟尝君曰："市义奈何？"曰："今君有区区之薛，不拊爱子其民⑱，因而贾利之⑲。臣窃矫君命，以责赐诸民，因烧其券，民称万岁。乃臣所以为君市义也。"孟尝君不说⑳，曰："诺，先生休矣！"

后期年㉑，齐王谓孟尝君曰㉒："寡人不敢以先王之臣为臣㉓。"孟尝君就国于薛㉔。未至百里，民扶老携幼，迎君道中正日㉕。孟尝君顾谓冯谖："先生所为文市义者，乃今日见之。"冯谖曰："狡兔有三窟，仅得免其死耳。今君有一窟，未得高枕而卧也。请为君复凿二窟。"孟尝君予车五十乘，金五百斤，西游于梁㉖，谓惠王曰："齐放其大臣孟尝君于诸侯，诸侯先迎之者，富而兵强。"于是梁王虚上位㉗，以故相为上将军，遣使者，黄金千斤，车百乘，往聘孟尝君。冯谖先驱，诫孟尝君曰："千金，重币也；百乘，显使也。齐其闻之矣。"梁使三反，孟尝君固辞不往也。

齐王闻之，君臣恐惧，遣太傅赍黄金千斤㉘，文车二驷㉙，服剑一，封书，谢孟尝君曰："寡人不祥㉚，被于宗庙之祟㉛，沉于谄谀之臣，开罪于君。寡人不足为也，愿君顾先王之宗庙，姑反国统万人乎！"冯谖诫孟尝君曰："愿请先王之祭器，立宗庙于薛。"庙成，还报孟尝君曰："三窟已就，君姑高枕为乐矣！"

孟尝君为相数十年，无纤介之祸者㉜，冯谖之计也。

【注释】

①冯谖(xuān)：又作冯煖，音同。客：用作动词。孟尝君：姓田，名文，孟尝君为其号，齐威王之孙，袭其父田婴之封邑于薛，因此又称薛公。关于"孟尝"，近年出土战国齐陶器，一器刻有制器人籍贯为"孟棠"，棠、尝古音通，可知"孟尝"为邑名，与平原、信陵、春申三公子以地名称君者同例。关于这则故事，《战国策》和《史记》的记载颇有出入。

②属：通"嘱"，嘱托。

③食(sì)：给人吃。草具：指粗劣的食物。

④长铗：指长剑。铗，剑柄。

⑤客：有一本增鱼字，与下文的车客照应。孟尝君分食客为上中下三等，下客住传舍，食菜；中客住幸舍，食鱼，故又称鱼客；上客住代舍，食肉，出有舆车，故又称车客。

⑥揭：高举。

⑦过：访。

⑧出记：出示布告。记，文告。

⑨责(zhài)：同"债"，债款。薛：孟尝君的封地，在今山东枣庄市附近。

⑩署：签名。

⑪愦(kuì)：昏乱。

⑫懧(nuò)：同"懦"。

⑬约：缠束，这里指把马套上车。

⑭券契：指放债的凭证。券分为两半，双方各执其一，履行契约时拼而相契合，即下

文所说"合券"。

⑮市:购买。反:同"返"。

⑯矫命:假托命令。

⑰下陈:堂下,台阶之下。

⑱拊:同"抚"。子其民:视其民为子。子,用作动词。

⑲贾(gǔ)利之:用商贾手段向人民谋利。

⑳说:同"悦"。

㉑期(jī)年:一周年。

㉒齐王:指齐湣王田地(一作田遂)。

㉓先王:指湣王之父宣王田辟疆。

㉔就国:回到自己的封国去。

㉕正日:终日。

㉖梁:即魏国。当时都城在大梁(今河南开封西北),故魏国亦称梁国。

㉗虚上位:空出相位。虚,作动词,空出。上位,高位,这里指相位。

㉘太傅:官名。春秋时晋国始置,其职为辅弼国君。赍(jī):送。

㉙文车二驷:套四匹马的、绘有花纹的车子两辆。驷,一车套四马。

㉚祥:通"详",审慎。

㉛被:遭受。宗庙:古代祭祀祖先的处所,这里借指祖先。祟:鬼神降下的灾祸。

㉜纤介:细小。纤,细小。介,通"芥",小草。

【拓展】

(一)阅读推荐

1.《战国策·唐雎不辱使命》

2.《战国策·邹忌讽齐王纳谏》

(二)云端课堂

在线讲坛:《战国策》之策士的品格

(三)思考练习

1.诵读课文,学习欲扬先抑、对比反衬的写作手法。

2.辩论:从人生规划的角度看,"狡兔三窟"是利大于弊,还是弊大于利?

垓下之围①

司马迁

【提示】

司马迁(前145—约前90),字子长,西汉中期夏阳(今陕西韩城)人,我国西汉伟大的史学家、思想家、文学家。父亲司马谈,汉武帝时为太史令,司马谈死后,司马迁继任太史令,并继承父亲遗志,于太初元年(前104)开始编著《史记》。天汉二年(前99),因替投降匈奴的李陵辩解,触怒武帝,被判死刑。司马迁为完成《史记》,自己申请改为宫刑。出狱后任中书令,他含垢忍辱,继续发愤著书,于太始四年(前93)前后完成这部历史巨著。

《史记》是我国第一部纪传体通史。所记史事,起自黄帝,迄于汉武,全面叙述了我国古代三千年间政治、经济、文化等多方面的历史情况。全书包括12本纪、10表、8书、30世家、70列传,共130篇,52万字,是一部"究天人之际,通古今之变,成一家之言"的伟大著作。其思想观点之进步,民主精神之突出,批判力量之猛烈,都是以后历朝"正史"所没有的。《史记》既有"实录"精神,也有很高的文学价值,是我国文学史上第一部以人物为中心的文学巨著,其叙述史实,描写人物性格的技巧,对我国后代的散文、传记、小说、戏剧,都有巨大而直接的影响。鲁迅誉之为"史家之绝唱,无韵之离骚"。

《项羽本纪》是《史记》极为精彩的篇章之一。"本纪"是为帝王立传的,项羽未成帝业,但他在秦亡汉兴这个历史时期内,具有帝王的权威与功业,所以司马迁用"本纪"来为项羽立传。它成功塑造了一个叱咤风云的悲剧性英雄形象,令后人无比敬仰和感叹。《垓下之围》节选自《项羽本纪》的最后一部分,写了项羽在楚汉战争中由强到弱直至最后兵败自杀的全部过程。作者通过垓下之围、东城快战、乌江自刎三个场面的描写,多角度、多层次地展示了项羽的个性,使人物形象活灵活现,呼之欲出。司马迁对项羽既是钦佩又是惋惜,在行文之中,流露了深深的情感,从而使项羽这个悲剧人物形象具备了浓厚的悲情韵味、抒情色彩。

【原文】

项王军壁垓下,兵少食尽,汉军及诸侯兵围之数重。夜闻汉军四面皆楚歌,项王乃大惊,曰:"汉皆已得楚乎?是何楚人之多也!"项王则夜起,饮帐中。有美人名虞,常幸从;骏马名骓②,常骑之。于是项王乃悲歌慷慨,自为诗曰:"力拔山兮气盖世,时不利兮骓不逝③。骓不逝兮可奈何!虞兮虞兮奈若何④!"歌数阕⑤,美人和之。项王泣数行下,左右皆泣,莫能仰视。

于是项王乃上马骑,麾下壮士骑从者八百余人⑥,直夜溃围南出⑦,驰走。平明,汉军乃觉之,令骑将灌婴以五千骑追之。项王渡淮,骑能属者百余人耳⑧。项王至阴陵⑨,迷失道,问一田父⑩,田父绐⑪曰:"左。"左,乃陷大泽中。以故汉追及之。项王乃复引兵而东,至东城⑫,乃有二十八骑。汉骑追者数千人。项王自度不得脱,谓其骑曰:"吾起兵至今八岁矣，身七十余战，所当者破，所击者服，未尝败北，遂霸有天下。然今卒困于此，此天之亡我也，非战之罪也。今日固决死，愿为诸君快战⑬，必三胜之，为诸君溃围，斩将，刈旗⑭，令诸君知天亡我，非战之罪也。"乃分其骑以为四队，四向。汉军围之数重。项王谓其骑曰："吾为公取彼一将。"令四面骑驰下，期山东为三处⑮。于是项王大呼驰下，汉军皆披靡⑯，遂斩汉一将。是时，赤泉侯⑰为骑将，追项王，项王瞋目而叱之，赤泉侯人马俱惊，辟易数里⑱。与其骑会为三处。汉军不知项王所在，乃分军为三，复围之。项王乃驰，复斩汉一都尉，杀数十百人。复聚其骑，亡其两骑耳。乃谓其骑曰："何如？"骑皆伏曰："如大王言。"

于是项王乃欲东渡乌江⑲。乌江亭长舣船待⑳，谓项王曰："江东虽小，地方千里，众数十万人，亦足王也。愿大王急渡！今独臣有船，汉军至，无以渡。"项王笑曰："天之亡我，我何渡为？且籍与江东子弟八千人渡江而西，今无一人还，纵江东父兄怜而王我，我何面目见之？纵彼不言，籍独不愧于心乎？"乃谓亭长曰："吾知公长者。吾骑此马五岁，所当无敌，尝一日行千里，不忍杀之，以赐公。"乃令骑皆下马步行，持短兵接战。独籍所杀汉军数百人。项王身亦被十余创。顾见汉骑司马吕马童㉑，曰："若非吾故人乎？"马童面之㉒，指王翳曰㉓："此项王也。"项王乃曰："吾闻汉购我头千金，邑万户㉔，吾为若德㉕。"乃自刎而死。……

太史公曰㉖：吾闻之周生㉗曰，舜目盖重瞳子㉘，又闻项羽亦重瞳子，羽岂其苗裔邪㉙？何兴之暴也㉚？夫秦失其政，陈涉首难，豪杰蜂起，相与并争，不可胜数。然羽非有尺寸㉛，乘势起陇亩之中，三年遂将五诸侯灭秦㉜，分裂天下㉝，而封王侯，政由羽出，号为霸王。位虽不终，近古以来未尝有也。及羽背关怀楚㉞，放逐义帝而自立㉟，怨王侯叛己，难矣！自矜功伐㊱，奋其私智而不师古，谓霸王之业㊲，欲以力征经营天下，五年卒亡其国，身死东城㊳，尚不觉寤㊴，而不自责，过矣。乃引"天亡我，非用兵之罪也"㊵，岂不谬哉！

【注释】

①垓（gāi）下：地名，在今安徽省灵璧县东南，沱河北岸。

②骓（zhuī）：毛色黑白相间的马。

③不逝：困在重围，走不脱。逝：向前行进。

④奈若何：把你怎样安顿呢？若：你。

⑤歌数阕（què）：唱了几遍。阕：段、遍。

⑥麾（huī）下：部下。麾：旌旗的一种，作指挥用。骑（jì）：单乘，一人乘一马。

⑦直：当。溃围：突破重围。

⑧属：随从。

⑨阴陵：秦县名，在今安徽省定远县西北。

⑩田父（fǔ）：农夫。

⑪绐（dài）：欺骗。

⑫东城：秦县名，在今安徽省定远县东南。

⑬快战：痛痛快快地打一仗。一作决战。

⑭刈(yì)旗：砍倒敌军的大旗。刈：割，砍。

⑮期山东为三处：约定好突围后在山东面的三个地点集合。期：约定。

⑯披靡：草木随风倒伏，此喻军队溃逃之状。

⑰赤泉侯：汉将杨喜，因获项羽尸体被封为赤泉侯。赤泉：在今河南省淅川西。

⑱辟易：因畏惧而退避。辟：同"避"。易：易地，挪动了地方。

⑲乌江：即今安徽省和县东北四十里。

⑳亭长：乡官，秦汉时每十里为一亭，设亭长一人。舣(yǐ)船：使船靠岸。

㉑骑司马：官名，骑兵将领。吕马童：原系项羽部下，故下文以"故人"称之。

㉒面之：面对着项羽。

㉓指王翳：将(项羽)指给王翳看。王翳：汉将，后封杜衍侯。

㉔邑万户：封为万户侯。

㉕吾为若德：我就送你个人情吧。德：此处指封侯受赏的好事。

㉖太史公曰：太史公是司马迁的自称。以下的文字是作者对于本篇所记叙的人物、事件所做的补充、议论和感情抒发。其体例在《史记》中并不严格，《汉书》以下则成为"论赞"，体例遂亦固定。

㉗周生：周先生，汉时学者，名字不详，应是司马迁的长辈。

㉘盖：表推测。重瞳子：旧时传说指一只眼睛有两个眸子。

㉙苗裔：后代。

㉚何兴之暴也：(要不然)为什么能兴起得这么突然呢？暴：突然。

㉛非有尺寸：没有尺寸的封地为根基。

㉜将：率领。五诸侯：指除楚以外的其他东方的各路义军。

㉝分裂：分割。指裂土分封诸侯。

㉞背关怀楚：放弃关中，怀归楚地。指项羽放弃扼守关中要地，回家乡彭城建都。

㉟放逐义帝：项梁起义立楚怀王的孙子熊心为怀王，灭秦后项羽尊他为义帝。后项羽自立为西楚霸王，徙义帝往长沙郴县，并派人于途中杀之。

㊱自矜功伐：夸耀自己的战功。功伐：犹言"功勋"。

㊲奋：发扬。私智：一己之能。师古：以古代成功立业的帝王为师。

㊳谓：认为。

㊴东城：地名，在今安徽定远境内。

㊵引：以……为理由。

【拓展】

（一）阅读推荐

1. 杜牧《题乌江亭》

2. 王安石《叠题乌江亭》

3. 李清照《夏日绝句》

1.在线讲坛：西楚霸王项羽之成功的军事家，失败的政治家

2.京剧欣赏：梅兰芳、杨小楼《霸王别姬》（选段）

（三）思考练习
1.诵读课文，学习多角度、多层次地展示人物性格的写作手法。
2.讨论：项羽是你心目中的英雄吗？为什么？

种树郭橐驼传①

柳宗元

【提示】

柳宗元（773—819），字子厚，祖籍河东郡（今山西省运城市永济、芮城一带）人。世称"柳河东"。贞元九年（793），21岁的柳宗元进士及第，授校书郎。26岁又中博学宏词科，调蓝田尉，升监察御史里行。与刘禹锡等参加主张改革的王叔文集团，任礼部员外郎。"永贞革新"失败后，被贬为永州司马。后迁柳州刺史，故又称"柳柳州"。

柳宗元是唐代文学家、哲学家、散文家和思想家。与韩愈倡导古文运动，同被列入"唐宋八大家"，并称"韩柳"。散文峭拔矫健，说理透彻。山水游记多有寄托，尤为有名。寓言笔锋犀利，诗风清峭幽远。一生留下诗文作品600多篇，著有《河东先生集》。

《种树郭橐驼传》是柳宗元早年在长安任职时期的作品。郭橐驼种树的本事已不可考，后世学者多认为这是针对当时官吏繁政扰民、伤民的现象而作。作者以树喻人，讲述了种树育人、治国养民的道理，批评了当时的弊政。这种"文章合为时而著"的创作态度，至今还值得学习和提倡。阅读时要注意体会文章融叙事说理于一体、婉而多讽的写法，把握对举、类比的说理方式。

【原文】

郭橐驼，不知始何名。病偻②，隆然伏行，有类橐驼者，故乡人号之"驼"。驼闻之曰："甚善，名我固当③。"因舍其名，亦自谓"橐驼"云。

其乡曰丰乐乡，在长安西④。驼业种树⑤，凡长安豪富人为观游及卖果者⑥，皆争迎取养⑦。视驼所种树，或移徙，无不活；且硕茂，早实以蕃⑧。他植者虽窥伺效慕，莫能如也。

有问之，对曰："橐驼非能使木寿且孳也⑨，能顺木之天以致其性焉尔⑩。凡植木之性，其本欲舒⑪，其培欲平⑫，其土欲故⑬，其筑欲密⑭。既然已，勿动勿虑，去不复顾。其

莳也若子⑮,其置也若弃⑯,则其天者全而其性得矣。故吾不害其长而已,非有能硕茂之也;不抑耗其实而已,非有能早而蕃之也。他植者则不然。根拳而土易⑰,其培之也,若不过焉则不及⑱。苟有能反是者,则又爱之太恩,忧之太勤。且视而暮抚,已去而复顾。甚者,爪其肤以验其生枯⑲,摇其本以观其疏密⑳,而木之性日以离矣。虽曰爱之,其实害之;虽曰忧之,其实仇之:故不我若也。吾又何能为哉?”

问者曰:“以子之道㉑,移之官理㉒,可乎?”驼曰:“我知种树而已,官理,非吾业也。然吾居乡,见长人者好烦其令㉓,若甚怜焉,而卒以祸㉔。旦暮吏来而呼曰:‘官命促尔耕,勖尔植㉕,督尔获,早缫而绪㉖,早织而缕㉗,字而幼孩㉘,遂而鸡豚。’鸣鼓而聚之,击木而召之。吾小人辍飧饔以劳吏者㉙,且不得暇,又何以蕃吾生而安吾性耶? 故病且怠㉚。若是,则与吾业者其亦有类乎㉛?”

问者曰:“嘻,不亦善夫! 吾问养树,得养人术㉜。”传其事以为官戒也㉝。

【注释】

①橐(tuó)驼:骆驼。这里指驼背。

②病偻(lǔ):患了脊背弯曲的病。

③名:称呼,名词作动词,意动用法。固:确实。当:恰当。

④长安:今西安市,唐王朝首都。

⑤业:以……为业。这里是意动用法。

⑥为观游:经营园林游览。为,从事,经营。

⑦争迎取养:争着迎接雇用(郭橐驼),取养:雇用。

⑧实:结果实,名词做动词。蕃:多。

⑨木:树。寿且孳(zī):活得长久而且繁殖茂盛。

⑩天:指自然生长规律。致其性:使它按照自己的本性成长。致,使达到。

⑪本:树根。舒:舒展。

⑫培:培土。

⑬故:旧。

⑭筑:捣土。密:结实。

⑮其:如果,连词。莳(shì):栽种。若子:像对待子女一样精心。

⑯置:放在一边。若弃:像丢弃了一样不管。

⑰根拳:树根蜷曲。土易:更换新土。

⑱若不过焉则不及:如果不是过多就是不够。若……则……,如果……那么(就),连接假设复句的固定结构。

⑲爪其肤:掐破树皮。爪,掐,作动词用。以:表目的,连词,用来。验:检验。

⑳疏密:指土的松与紧。

㉑道:指种树的经验。

㉒官理:为官治民。理,治理,唐人避高宗李治名讳,改“治”为“理”。

㉓长(zhǎng)人者:为人之长者,指当官治民的地方官。大县的长官称“令”,小县的长官称“长”。烦其令:不断发号施令。

㉔卒以祸：以祸卒，以祸(民)结束。卒，结束。

㉕勖(xù)：勉励。植：栽种。

㉖早缫(sāo)而绪：早点缫好你们的丝。缫，煮茧抽丝。而：通"尔"，你们。绪，丝头。

㉗早织而缕：早点纺好你们的线。缕，线。

㉘字：养育。

㉙遂而鸡豚(tún)：喂养好你们的鸡和猪。遂，顺利地成长。豚，猪。

㉚辍飧(sūn)饔(yōng)：不吃饭。辍，停止。飧，晚饭。饔，早饭。

㉛病：困苦。怠：疲倦。病且怠：困苦又疲劳。

㉜与吾业者：与我同行业的人，指"他植者"。其：大概，语气词。类：相似。

㉝养人：养民，唐人避唐太宗李世民名讳，改"民"为"人"。

㉞传：作传。戒：鉴戒。

【拓展】

(一)阅读推荐

1. 柳宗元《捕蛇者说》

2. 柳宗元《永州八记》

(二)云端课堂

1. 经典诵读：柳宗元《种树郭橐驼传》

2. 百家讲坛：唐宋八大家之柳宗元(六)小人物 大道理

(三)思考练习

1. 诵读课文，赏析文中"史笔"与"文辞"兼美的语言表现力。

2. 结合自己的专业，谈谈《种树郭橐驼传》所讲的种树道理，对学习和工作的启示。

前赤壁赋

苏 轼

【提示】

苏轼(1037—1101)，字子瞻，号东坡居士，眉州眉山(今四川眉山)人。嘉祐二年(1057)进士，曾出任密州、徐州、湖州、杭州、颖州等地方官，并做过翰林学士、礼部尚书等。由于他对新党和旧党都不阿附，所以身受双方打击，屡遭贬谪，甚至被捕入狱，直至63岁高龄还远徙琼州(今海南岛)，一生坎坷，但他性情旷达，开朗乐观。卒后追谥

"文忠"。

苏轼是宋代最著名的文学大家,诗、词、赋、散文、书法、绘画均有很高造诣。散文汪洋恣肆,明白畅达;诗歌奔放灵动,独具风格;词开豪放一派,或雄健飘逸,或清新婉丽,影响深远。著有诗文集《苏东坡集》、词集《东坡乐府》。

《前赤壁赋》写于苏轼被贬谪黄州(今湖北黄冈)期间。元丰五年(1082),苏轼于七月十六和十月十五两次泛游赤壁,写下了两篇以赤壁为题的赋,后人因称第一篇为《前赤壁赋》,第二篇为《后赤壁赋》。此赋记叙了苏轼与朋友们月夜泛舟游赤壁的所见所感,以苏轼的主观感受为线索,通过主客问答的形式,反映了苏轼由月夜泛舟的舒畅,到怀古伤今的悲咽,再到精神解脱的达观。全赋在布局与结构安排中映现了其独特的艺术构思,情韵深致、理意透辟,在中国文学上有着很高的文学地位,并对之后的赋、散文、诗产生了重大影响。

【原文】

壬戌之秋①,七月既望②,苏子与客泛舟游于赤壁之下。清风徐来,水波不兴。举酒属客③,诵明月之诗④,歌窈窕之章⑤。少焉,月出于东山之上,徘徊于斗牛之间⑥。白露横江,水光接天。纵一苇之所如⑦,凌万顷之茫然。浩浩乎如冯虚御风⑧,而不知其所止;飘飘乎如遗世独立⑨,羽化而登仙⑩。

于是饮酒乐甚,扣舷而歌之。歌曰:"桂棹兮兰桨,击空明兮溯流光⑪。渺渺兮予怀⑫,望美人兮天一方。"客有吹洞箫者,倚歌而和之。其声呜呜然,如怨如慕⑬,如泣如诉;余音袅袅,不绝如缕。舞幽壑之潜蛟,泣孤舟之嫠妇⑭。

苏子愀然⑮,正襟危坐,而问客曰:"何为其然也?"

客曰:"'月明星稀,乌鹊南飞。'此非曹孟德之诗乎?西望夏口⑯,东望武昌⑰,山川相缪⑱,郁乎苍苍,此非孟德之困于周郎者乎⑲?方其破荆州,下江陵,顺流而东也⑳,舳舻千里㉑,旌旗蔽空,酾酒临江㉒,横槊赋诗㉓,固一世之雄也,而今安在哉?况吾与子渔樵于江渚之上,侣鱼虾而友麋鹿,驾一叶之扁舟,举匏尊以相属㉔。寄蜉蝣于天地㉕,渺沧海之一粟。哀吾生之须臾,羡长江之无穷。挟飞仙以遨游,抱明月而长终。知不可乎骤得㉖,托遗响于悲风㉗。"

苏子曰:"客亦知夫水与月乎?逝者如斯㉘,而未尝往也;盈虚者如彼,而卒莫消长也㉙。盖将自其变者而观之,则天地曾不能以一瞬㉚;自其不变者而观之,则物与我皆无尽也,而又何羡乎!且夫天地之间,物各有主,苟非吾之所有,虽一毫而莫取。惟江上之清风,与山间之明月,耳得之而为声,目遇之而成色,取之无禁,用之不竭。是造物者之无尽藏也,而吾与子之所共适㉛。"

客喜而笑,洗盏更酌。肴核既尽,杯盘狼籍。相与枕藉乎舟中,不知东方之既白。

【注释】

①壬戌(rén xū):元丰五年,岁次壬戌。古代以干支纪年,该年为壬戌年。

②既望:农历每月十六。农历每月十五日为"望日",十六日为"既望"。

③属(zhǔ):倾注,引申为劝酒。

④明月之诗:指《诗经·陈风·月出》。

⑤窈窕(yǎotiǎo)之章:《陈风·月出》诗首章为:"月出皎兮,佼人僚兮,舒窈纠兮,劳心悄兮。""窈纠"同"窈窕"。

⑥斗牛:星座名,即斗宿(南斗)、牛宿。

⑦一苇,比喻极小的船。《诗经·卫风·河广》:"谁谓河广,一苇杭(航)之。"

⑧冯(píng)虚:凭空,凌空。冯,通"凭",乘。

⑨遗世:离开尘世。

⑩羽化:传说成仙的人能像长了翅膀一样飞升。登仙:登上仙境。

⑪空明:月亮倒映水中的澄明之色。溯:逆流而上。流光:在水波上闪动的月光。

⑫渺渺:悠远的样子。

⑬慕:眷恋。

⑭嫠(lí)妇:寡妇。

⑮愀(qiǎo)然:容色改变的样子。

⑯夏口:故城在今湖北武昌。

⑰武昌:今湖北鄂城县。

⑱缪(liáo):通"缭",盘绕。

⑲孟德之困于周郎:指汉献帝建安十三年(208),吴将周瑜在赤壁之战中击溃曹操号称的八十万大军。周郎,周瑜24岁为中郎将,吴中皆呼为周郎。

⑳"方其"三句:指建安十三年刘琮率众向曹操投降,曹军不战而占领荆州、江陵。方,当。荆州,辖南阳、江夏、长沙等八郡,今湖南、湖北一带。江陵,当时的荆州首府,今湖北县名。

㉑舳舻(zhú lú):战船前后相接,这里指战船。

㉒酾(shī)酒:滤酒,这里指斟酒。

㉓横槊(shuò):横执长矛。槊,长矛。

㉔匏(páo)尊:用葫芦做成的酒器。匏,葫芦。尊,同"樽"。

㉕蜉蝣(fú yóu):一种朝生暮死的昆虫。

㉖骤:一下子,很轻易地。

㉗遗响:余音,指箫声。悲风:秋风。

㉘逝者如斯:流逝的像这江水。语出《论语·子罕》:"子在川上曰:'逝者如斯夫,不舍昼夜。'"逝,往。斯,指水。

㉙卒:最终。消长:增减。

㉚曾(zēng):连……都。

㉛适:享用。

【拓展】

(一)阅读推荐

1.苏轼《念奴娇·赤壁怀古》

2.苏轼《后赤壁赋》

（二）云端课堂

1.名家朗诵：苏轼《前赤壁赋》

2.百家讲坛：苏轼之东坡印象

（三）思考练习

1.朗诵课文，感受诗人旷达乐观的人生态度。

2.探讨《前赤壁赋》的美学艺术。

中国人失掉自信力了吗①

鲁 迅

【提示】

鲁迅（1881—1936），原名周树人，浙江绍兴人，中国现代文学的奠基人和开拓者。"鲁迅"是他1918年发表中国现代文学史上第一篇白话小说《狂人日记》时开始使用的笔名。他早年留学日本，学习医学，后来发现改变国民精神才是"第一要务"，于是弃医从文，孜孜探求中华民族的出路和中国国民性的问题，是新文化运动的主将，被誉为"民族魂"。

鲁迅一生创作有小说集《呐喊》《彷徨》《故事新编》三本，杂文集《坟》《热风》《且介亭杂文》等十余本，纯散文集《朝花夕拾》一本，散文诗集《野草》一本，另有译著多种。鲁迅的小说创作使中国现代意义上的小说一开笔即达世界性的高度；鲁迅的杂文形象生动、尖锐泼辣，形成独特的"鲁迅风"；鲁迅的记事散文或深情舒展、平易清新，或严峻凛然、泼辣犀利，多姿多彩，不拘一格。毛泽东评价鲁迅是伟大的文学家、思想家和革命家。其作品思想性与艺术性并重，对后世产生了深远影响。

《中国人失掉自信力了吗》写于九一八事变三周年之后，中国近代本来就国运积弱，屡遭凌侮。九一八事变又在许多中国人心中投下失败的阴影，国内悲观论调一时甚嚣尘上。当时资产阶级报纸《大公报》发表社论，指责中华民族失去了自信力，为国民党反动政府推卸责任。针对这一观点，鲁迅先生凭着对社会现状的洞悉，予以有力驳斥。文章指出中华民族仍有许多"埋头苦干""拼命硬干""为民请命""舍身求法"的人在，而这些人正是民族的脊梁，文章发出了中国人当自信自强的呐喊。

【原文】

从公开的文字上看起来：两年以前，我们总自夸着"地大物博"，是事实；不久就不再自夸了，只希望着国联②，也是事实；现在是既不夸自己，也不信国联，改为一味求神拜佛③，怀古伤今了——却也是事实。

于是有人慨叹曰：中国人失掉自信力了④。

如果单据这一点现象而论，自信其实是早就失掉了的。先前信"地"，信"物"，后来信"国联"，都没有相信过"自己"。假使这也算一种"信"，那也只能说中国人曾经有过"他信力"，自从对国联失望之后，便把这他信力都失掉了。

失掉了他信力，就会疑，一个转身，也许能够只相信了自己，倒是一条新生路，但不幸的是逐渐玄虚起来了。信"地"和"物"，还是切实的东西，国联就渺茫，不过这还可以令人不久就省悟到依赖它的不可靠。一到求神拜佛，可就玄虚之至了，有益或是有害，一时就找不出分明的结果来，它可以令人更长久的麻醉着自己。

中国人现在是在发展着"自欺力"。

"自欺"也并非现在的新东西，现在只不过日见其明显，笼罩了一切罢了。然而，在这笼罩之下，我们有并不失掉自信力的中国人在。

我们从古以来，就有埋头苦干的人，有拼命硬干的人，有为民请命的人，有舍身求法的人，……虽是等于为帝王将相作家谱的所谓"正史"⑤，也往往掩不住他们的光耀，这就是中国的脊梁。

这一类的人们，就是现在也何尝少呢？他们有确信，不自欺；他们在前仆后继的战斗，不过一面总在被摧残，被抹杀，消灭于黑暗中，不能为大家所知道罢了。说中国人失掉了自信力，用以指一部分人则可，倘若加于全体，那简直是诬蔑。

要论中国人，必须不被搽在表面的自欺欺人的脂粉所诓骗，却看看他的筋骨和脊梁。自信力的有无，状元宰相的文章是不足为据的，要自己去看地底下。

九月二十五日

【注释】

①本篇最初发表于1934年10月20日《太白》半月刊第一卷第三期，署名公汗，后收入《且介亭杂文》。文中加粗的语句，是最初发表在《太白》月刊上时被国民党书报检察机关删去了的。

②国联："国际联盟"的简称，第一次世界大战后于1920年成立的政府间国际组织。它标榜以"促进国际合作，维持国际和平与安全"为宗旨，实际上是英法等帝国主义国家控制并为其侵略政策服务的工具。1946年4月正式宣告解散。九一八事变后，蒋介石即在南京发表讲话，声称"暂取逆来顺受态度，以待国联公理之判决"。国民党政府也多次向国联申诉，要求制止日本帝国主义的侵略，但国联采取了袒护日本的立场。它派出的调查团到我国东北调查后，在发表的《国联调查团报告书》中，指出日本发动九一八事变并非"合法之自卫手段"，但居然承认日本在中国东北的特殊利益。国联对日本的侵略不采取任何制裁的措施。

③求神拜佛：当时一些国民党官僚和"社会名流"，以祈祷"解救国难"为名，多次在一些大城市举办"时轮金刚法会""仁王护国法会"等。

④"中国人失掉自信力了"：当时舆论界曾有过这类论调，如1934年8月27日《大公报》社评《孔子诞辰纪念》中说："民族的自尊心与自信力，既已荡焉无存，不待外侮之

来,国家固早已濒于精神幻灭之域。"

⑤"正史":清高宗(乾隆)诏定从《史记》到《明史》共二十四部纪传体史书为正史,即二十四史。梁启超在《中国史界革命案》中说:"二十四史非史也,二十四姓之家谱而已。"

【拓展】

(一)阅读推荐

1. 鲁迅《灯下漫笔》

2. 鲁迅《记念刘和珍君》

(二)云端课堂

1. 在线欣赏:纪录片《民国先生——鲁迅》

2. 名家朗诵:鲁迅《记念刘和珍君》

(三)思考练习

1. 朗诵课文,体味鲁迅杂文尖锐犀利的语言特点。

2. 即兴辩论:当今大学生是否具有自信力?

失败了以后

林语堂

【提示】

林语堂(1895—1976),福建漳州龙溪人,乳名和乐,名玉堂,后改为语堂。早年留学国外,回国后曾任北京大学英文系系主任、厦门大学文学院院长、联合国教科文组织美术与文学主任等职。1966年定居台湾。1967年受聘为香港中文大学研究教授。1975年被推举为国际笔会副会长。1976年在香港逝世。

林语堂是中国当代著名学者、文学家、语言学家。在人生态度上,林语堂所欣赏的是一种"闲适的生活",提倡"悠闲的情绪""快乐的哲学"。这在他最有影响的代表作《生活的艺术》中体现得尤为明显。但是,林语堂的思想包括他的人生观是复杂的,他在心目中欣赏着"闲适"、艺术的生活方式,而现实生活中却不倦地钻研学术、勤奋地著书笔耕。他在生活中的这种积极进取的人生态度,在《失败了以后》一文中得到充分体现。

《失败了以后》主要围绕着失败了以后应该怎样去做的问题展开论述,通过分析伟大人物成功的秘诀、小孩子学会溜冰的经验、普通人失败后容易出现的丧气与失望心理等,阐明作者对失败的看法和失败以后对待失败的正确态度。语言简练,而又极富有概括力和表现力,其中不少地方寓意丰富,堪称警句。

【原文】

有很多的人要是没有大难临头往往不会发挥出其真实力量。除非遭着失望之悲哀,丧家之痛苦,及其他种种创痛的不幸事实,足以打动他的生命核仁,否则他们内在的隐力,是不会唤起动作的。

测验一个人的品格,最好是在他失败的时候,失败了以后,他要怎样呢?

失败能唤起他的更多的勇气吗?失败能使他发挥出更大的努力吗?失败能使他发现新力量,唤出潜在力吗?失败了以后,是决心加倍的坚强呢?还是就此心灰意冷?

爱马孙(Emerson)说:"伟大、高贵人物的最明显的标志,就是他的坚韧的意志;不管环境变换到何种地步,他的初衷与希望,仍不会有丝毫的改变,而终至克胜阻碍,以达到企望的目的。"

倾跌了以后,立刻站立起来,而去向失败中求胜利,这是从古以来伟大人物的成功秘诀。

有人问一小孩子,怎样他竟得学会溜冰。小孩的回答是:"其方法就是在每次跌跤后,立刻就爬起来!"使得个人的成功,或军队胜利的,实际上也是由于这种精神。倾跌算不得失败,倾跌后而站立不起来,才是失败。

过去生命之对于你,恐怕是一部创巨痛深的伤心史吧!在检阅着过去的一切时,你会觉得你自己处处失败,碌碌无为吧!你热烈地期待着成就的事业,竟不会成就;你所亲爱的亲戚朋友,甚至会离弃你吧!你曾失掉职位,甚至会因不能维持家庭之故,而失掉你的家庭吧!你的前途,似乎是十分惨暗吧!然而虽有上面的种种不幸,只要你是不甘永远屈服的,则胜利还是等在远处,向你招手呢!

这里是可测验你人格之大小的地方;在除了你自己的生命以外,一切都已丧失了以后,在你的生命中,还剩余些什么?换一句话,在你迭遭失败了以后,你还有多少勇气的剩余?假使你在失败之后,从此偃卧不起,放手不干,而自甘于永久的屈服,则别人可以断定,你只是个凡夫俗子,但假使你能雄心不灭,迈步向前,不失望,不放弃,则人家可以知道,你的人格之大,勇气之大,是可以超过你的损失灾祸与失败的。

你或者要说,你已经失败得次数过多,所以再试也属徒然吧;你已经倾跌得次数过多,再站立起来也是无用吧?胡说!对于意志永不屈服的人,没有所谓失败!不管失败的次数怎样多,时间怎样晚,胜利仍然是可期的。狄更司(Dickens)小说中所描写的守财奴司克拉(Serooge)在他的暮年,忽然能从一个残忍,冷酷,爱财如命,而整个的灵魂,幽囚在黄金堆中的人,一变而为一个宽宏大量,诚恳爱人的人,这并不是狄更司脑海中凭空所虚构,世界上真的有这种事实。人的根性,可以由恶劣转变而为良善;人的事业,又何曾不可由失败转变而为成功?常常,据报章所记载,或为我们所亲身见闻,有许多男女,努力把自己从过去的失败中救赎出来,不顾以前的失败,奋身作再度之奋斗,而终以达到胜利。

有千万的人,已丧失了他们所有的一切东西,然而他们还不算是失败,因为他们有着一个不可屈服的意志,不知颓丧的精神。

人格伟大的人,对于世间所谓成败,不甚介意,灾祸,失望,虽频频降临,然而总能超过、克胜它们,他从来不会失却镇静。在暴风雨猛烈的袭击中,在心灵脆弱的人唯有束手待毙的时候,他的自信的精神,镇定的气概,仍然存在;而可以克胜外界一切的境遇,使之不为害于己。

"什么是失败?"非力(W. Philips)说:"不是别的,失败只是走上较高地位的第一阶段。"许多人之所以成功,就是受赐于先前的层层失败。

假使他没有遭遇过失败,他恐怕反而不能得到大胜利。对于有骨气,有作为的人,失败是反足以增加他的决心与勇气的。

是的! 对于那自信其能力,而不介意于暂时的成败的人,没有所谓失败! 对于别人放手,而他仍然坚持,别人后退而他仍然前冲的人,没有所谓失败! 对于每次倾跌,立刻站起来;每次坠地,反会像皮球一样的跳得更高的人,没有所谓失败。

【拓展】

（一）阅读推荐

1. 梁漱溟《成功与失败》

2. 培根《论厄运》

（二）云端课堂

林语堂纪实

（三）思考练习

1.诵读课文,并选择喜欢的警句背诵。

2.谈谈本文对你的学习和生活有何启示。

漫步遐想录(节选)

［法国］卢　梭

【提示】

让-雅克·卢梭(Jean-Jacques Rousseau,1712—1778),出身于瑞士日内瓦的一贫苦家庭,当过学徒、仆役、私人秘书、乐谱抄写员。一生颠沛流离,备历艰辛。1749 年曾以《科学与艺术的进步是否有助敦化风俗》一文而闻名。1762 年因发表《社会契约论》《爱弥儿》而遭法国当局的追捕,避居瑞士、普鲁士、英国,1778 年病逝于爱隆美尔镇,1794年灵柩迁往巴黎先贤祠。

卢梭是法国十八世纪启蒙思想家、哲学家、教育家、文学家、民主政论家和浪漫主义文学流派的开创者,启蒙运动最卓越的代表人物之一。主要著作有《论人类不平等的起源和基础》《社会契约论》《爱弥儿》《忏悔录》《新爱洛伊丝》《植物学通信》等。

《漫步遐想录》(又译作《一个孤独的散步者的遐想》)是卢梭以"漫步"为题写下的散文集,由十篇长短不一的文章组成,展现了卢梭本人及其创作的鲜明特色:热爱自然,抒发感情,崇尚自我。《漫步之五》是对圣皮埃尔岛小住时的回忆,是其中最有代表性的一篇,也是最脍炙人口的经典篇章,卢梭的人文理想在流畅隽永的描写中得到了真实完美的表达。课文就节选于此。不知同学们赏读后,作者那种乐天知命的超然态度,痛定思痛的深沉情感和饱经人生忧患、坎坷之后高贵的单纯、静穆的伟大,是否令你为之动容。

【原文】

但当用餐时间过久,天气又好时,我不耐久等,就在别人还没有散席的时候溜了出去,独自跳进一只小船,如果湖面平静,就一直划到湖心,仰面躺在船中,双眼仰望长空,随风飘荡,有时一连漂上几个小时,沉浸在没有明确固定目标的杂乱而甘美的遐想之中。在我心目中,这样的遐想比从所谓的人生乐趣中得到的甜蜜不知要好上几百倍。有时夕阳西下,告诉我踏上归途的时刻已经来到,那时我离岛已经很远,不得不奋力划桨,好在天黑以前赶到家里。有时,我不奔向湖心,却沿着小岛青翠的岸边划行,那里湖水清澈见底,岸畔浓阴密蔽,叫我如何不跳下水去畅游一番!但最经常的还是从大岛划到小岛,在那里弃舟登岸,度过整个下午,有时漫步于稚柳、泻鼠李、春蓼和各式各样的灌木之间,有时坐到长满细草、欧百里香、岩黄芪和苜蓿的沙丘顶上。这苜蓿看来是从前有人播下的,特别适于喂兔,兔子可以在那里安然成长,一无所惧,也不至于糟蹋什么。

……

当湖面波涛汹涌,无法行船时,我就在下午周游岛上,到处采集植物标本,有时坐在最宜人、最僻静的地点尽情遐想,有时坐在平台或土丘上纵目四望,欣赏比埃纳湖和周围岸边美妙迷人的景色。湖的一边近处是起伏的山冈,另一边展为丰沃的原野,一直可以望到天际蔚蓝的群山。

暮色苍茫时分,我从岛的高处下来,高高兴兴地坐到湖边滩上隐蔽的地方;波涛声和水面的涟漪使我耳目一新,驱走了我心中任何其他的激荡,使我的心浸沉在甘美的遐想之中,就这样,夜幕时常就在不知不觉中垂降了。湖水动荡不定,涛声不已,有时訇的一声,不断震撼我的双耳和两眼,跟我的遐想在努力平息的澎湃心潮相互应答,使我无比欢欣地感到自我的存在,而无须费神去多加思索。我不时念及世间万事的变化无常,水面正提供着这样一种形象,但这样的思想不但模糊淡薄,而且倏忽即逝;而轻轻抚慰着我的平稳宁静的思绪马上就使这些微弱的印象化为乌有,无须我心中有何活动,就足以使我流连忘返,以致回归时还不得不作一番努力,才依依不舍地踏上归途。

晚饭以后,如果天色晴和,我们再一次一起到平台上去散步,呼吸湖畔清新的空气。我们在大厅里休息,欢笑闲谈,唱几支比现代扭扭捏捏的音乐高明得多的歌曲,然后带着一天没有虚度的满意心情回家就寝,一心希望明天也是同样的欢快。

除了有不速之客前来探望之外,我在这岛上逗留的日子就是这样度过的。那里的生活是那么迷人,我心中的怀念之情是如此强烈、亲切、持久,事隔十五年,每当我念及这可爱的住处时,总免不了心驰神往。

在这饱经风霜的漫长一生中,我曾注意到,享受到最甘美、最强烈的乐趣的时期并不是回忆起来最能吸引我、最能感动我的时期。这种狂热和激情的短暂时刻,不管它是如何强烈,也正因为是如此强烈,只能是生命的长河中稀疏散布的几个点。这样的时刻是如此罕见、如此短促,以致无法构成一种境界;而我的心所怀念的幸福并不是一些转瞬即逝的片刻,而是一种单纯而恒久的境界,它本身并没有什么强烈刺激的东西,但它持续越久,魅力越增,终于导人于至高无上的幸福之境。

人间的一切都处在不断的流动之中。没有一样东西保持恒常的、确定的形式,而我们的感受既跟外界事物相关,必然也随之流动变化。我们的感受不是走在我们前面,就是落在我们后面,它或是回顾已不复存在的过去,或是瞻望常盼而不来的未来;在我们的感受之中毫不存在我们的心可以寄托的牢固的东西。因此,人间只有易逝的乐趣,至于持久的幸福,我怀疑这世上是否曾存在过。在我们最强烈的欢乐之中,难得有这样的时刻,我们的心可以真正对我们说:"我愿这时刻永远延续下去。"当我们的心忐忑不安、空虚无依,时而患得、时而患失时,这样一种游移不定的心境,怎能叫做幸福?

假如有这样一种境界,心灵无需瞻前顾后,就能找到它可以寄托,可以凝聚它全部力量的牢固的基础,时间对它来说已不起作用,现在这一时刻可以永远持续下去,既不显示出它的绵延,又不留下任何更替的痕迹;心中既无匮乏之感也无享受之感,既不觉苦也不觉乐,既无所求也无所惧,而只感到自己的存在,同时单凭这个感觉就足以充实我们的心灵:只要这种境界持续下去,处于这种境界的人就可以自称为幸福,而这不是一种人们从生活乐趣中取得的不完全的、可怜的、相对的幸福,而是一种在心灵中不会留下空虚之感的充分的、完全的、圆满的幸福。这就是我在圣皮埃尔岛上,或是躺在随波漂流的船上,或是坐在波涛汹涌的比埃纳湖畔,或者站在流水潺潺的溪流边独自遐想时所常处的境界。

【拓展】

(一)阅读推荐

1. 让—雅克·卢梭《漫步遐想录》

2. 罗曼·罗兰《卢梭传》

(二)云端课堂

1. 微讲座:让·雅克·卢梭的哲学思想

2. 微课堂:卢梭还是一位多才多艺的植物学家

(三)思考练习

1. 朗诵课文,感受作者不以物喜、不以己悲的超然境界。

2. 以课文为例,探讨作者无比质朴和富于音乐感的艺术风格。

瓦尔登湖（节选）

[美国]梭 罗

【提示】

亨利·戴维·梭罗（Henry David Thoreau,1817—1862），生于美国马萨诸塞州康科德镇，曾就读康科德学院，16岁即进入哈佛大学就读。1838到1841年间，与兄约翰在康科德镇经营一所私立学校。其思想深受超经验主义领袖爱默生影响，提倡回归本心，亲近自然。1845年，28岁的他在距离康科德两英里的瓦尔登湖湖滨建起木屋，开始过着与自然溶为一体、自给自足的简朴生活。他在此生活了两年，不断对世界进行深刻思考，写出了影响世人至深的著作《瓦尔登湖》。1862年5月6日病逝于康科德镇，年仅45岁。

梭罗是十九世纪美国最具有世界性影响力的作家、哲学家、自然主义者，19世纪超验主义运动的重要代表人物。他才华横溢，一生共创作了二十多部一流的散文集，被称为自然随笔的创始者，其文简练有力，朴实自然，富有思想性，在美国19世纪散文中独树一帜。

《瓦尔登湖》（又译为《湖滨散记》）共由18篇散文组成，记载了梭罗在瓦尔登湖的隐逸生活，描绘了他两年多时间里的所见、所闻和所思。该书崇尚简朴生活，热爱大自然的风光，内容丰厚，意义深远，语言生动，在美国文学中被公认是最受读者欢迎的非虚构作品。在今天，瓦尔登湖已经成为一个象征。在瓦尔登湖这个地名之后我们发现了一种生活方式，一个人与自然的浪漫史，一种对理想的执着追求，一个具体化的自然的概念，还有人类永恒不变的希望接近自然并与自然融合的愿望。

【原文】

瓦尔登的风景是卑微的，虽然很美，却并不是宏伟的，不常去游玩的人，不住在它岸边的人未必能被它吸引住；但是这一个湖以深邃和清澈著称，值得给予突出的描写。

这是一个明亮的深绿色的湖，半英里长，圆周约一英里又四分之三，面积约六十一英亩半；它是松树和橡树林中央的岁月悠久的老湖，除了雨和蒸发之外，还没有别的来龙去脉可寻。四周的山峰突然地从水上升起，到四十至八十英尺的高度，但在东南面高到一百英尺，而东边更高到一百五十英尺，其距离湖岸，不过四分之一英里及三分之一英里。山上全部都是森林。

所有我们康科德地方的水波，至少有两种颜色，一种是站在远处望见的，另一种，更接近本来的颜色，是站在近处看见的。第一种更多地靠的是光，根据天色变化。在天气好的夏季里，从稍远的地方望去，它呈现了蔚蓝颜色，特别在水波荡漾的时候，但从很远的地方望去，却是一片深蓝。在风暴的天气下，有时它呈现出深石板色。海水的颜色则不然，据说它这天是蓝色的，另一天却又是绿色了，尽管天气连些微的可感知的变化也没有。我们这里的水系中，我看到当白雪覆盖这一片风景时，水和冰几乎都是草绿色的。有人认为，蓝色"乃是纯洁的水的颜色，无论那是流动的水，或凝结的水"。可是，直接从一条船上俯看近处湖水，它又有着非常之不同的色彩。甚至从同一个观察点，看瓦尔登是这会儿蓝，那忽儿绿。置身于天地之间，它分担了这两者的色素。从山顶上看，它反映天空的颜色，可是走近了看，在你能看到近岸的细砂的地方，水色先是黄澄澄的，然后是淡绿色的了，然后逐渐地加深起来，直到水波一律地呈现了全湖一致的深绿色。却在有些时候的光线下，便是从一个山顶望去，靠近湖岸的水色也是碧绿得异常生动的。

水是这样的透明，二十五至三十英尺下面的水底都可以很清楚地看到。赤脚踏水时，你看到在水面下许多英尺的地方有成群的鲈鱼和银鱼，大约只一英寸长，连前者的横行的花纹也能看得清清楚楚，你会觉得这种鱼也是不愿意沾染红尘，才到这里来生存的。

有一次，在冬天里，好几年前了，为了钓梭鱼，我在冰上挖了几个洞，上岸之后，我把一柄斧头扔在冰上，可是好像有什么恶鬼故意要开玩笑似的，斧头在冰上滑过了四五杆远，刚好从一个窟窿中滑了下去，那里的水深二十五英尺，为了好奇，我躺在冰上，从那窟窿里望，我看到了那柄斧头，它偏在一边头向下直立着，那斧柄笔直向上，顺着湖水的脉动摇摇摆摆，要不是我后来又把它吊了起来，它可能就会这样直立下去，直到木柄烂掉为止。就在它的上面，用我带来的凿冰的凿子，我又凿了一个洞，又用我的刀，割下了我看到的附近最长的一条赤杨树枝，我做了一个活结的绳圈，放在树枝的一头，小心地放下去，用它套住了斧柄凸出的地方，然后用赤杨枝旁边的绳子一拉，这样就把那柄斧头吊了起来。

也许远在亚当和夏娃被逐出伊甸乐园时，那个春晨之前，瓦尔登湖已经存在了，甚至在那个时候，随着轻雾和一阵阵的南风，飘下了一阵柔和的春雨，湖面不再平静了，成群的野鸭和天鹅在湖上游着，它们一点都没有知道逐出乐园这一回事，能有这样纯粹的湖水真够满足啦。就是在那时候，它已经又涨，又落，纯清了它的水，还染上了现在它所有的色泽，还专有了这一片天空，成了世界上唯一的一个瓦尔登湖，它是天上露珠的蒸馏器。谁知道，在多少篇再没人记得的民族诗篇中，这个湖曾被誉为喀斯泰里亚之泉？在黄金时代里，有多少山林水泽的精灵曾在这里居住？这是在康科德的冠冕上的第一滴水明珠。

湖对于我，是一口挖好的现成的井。一年有四个月水是冰冷的，正如它一年四季的水是纯净的；我想，这时候它就算不是乡镇上最好的水，至少比得上任何地方的水。在冬天里，暴露在空气中的水，总比那些保暖的泉水和井水来得更冷。从下午五点直到第二天，一八四六年三月六日正午，在我静坐的房间内，寒暑表温度时而是华氏六十五度，时而是七十度，一部分是因为太阳曾照在我的屋脊上，而从湖中汲取的水，放在这房子里，温度只四十二度，比起村中最冷的一口井里当场汲取的井水还低了一度。同一天内，沸泉温度是四十五度，那是经我测量的各种水中最最温暖的了，虽然到了夏天，它又是最最寒冷的水，那是指浮在上面的浅浅一层停滞的水并没有混杂在内。在夏天里，瓦尔登湖因为很深，所以也不同于一般暴露在阳光底下的水。它没有它们那么热。在最热的气候里,我时常汲一桶水,放在地窖里面。它夜间一冷却下来,就整天都冷,有时我也到附近一个泉水里去汲水。过了一个星期,水还像汲出来的当天一样好,并且没有抽水机的味道。谁要在夏天,到湖边去露营,只要在营帐的阴处,把一桶水埋下几英尺深,他就可以不用奢侈的藏冰了。

湖岸极不规则,所以一点不单调。我闭目也能看见,西岸有深深的锯齿形的湾,北岸较开朗,而那美丽的,扇贝形的南岸,一个个岬角相互地交叠着,使人想起岬角之间一定还有人迹未到的小海湾。在群山之中,小湖中央,望着水边直立而起的那些山上的森林,这些森林不能再有更好的背景,也不能更美丽了,因为森林已经反映在湖水中,这不仅是形成了最美的前景,而且那弯弯曲曲的湖岸,恰又给它做了最自然又最愉悦的边界线。不像斧头砍伐出一个林中空地,或者露出了一片开垦了的田地的那种地方,这儿没有不美的或者不完整的感觉。树木都有充分的余地在水边扩展,每一棵树都向了这个方向伸出最强有力的桠枝。大自然编织了一幅很自然的织锦,眼睛可以从沿岸最低的矮树渐渐地望上去,望到最高的树。这里看不到多少人类的双手留下的痕迹。水洗湖岸,正如一千年前。

一个湖是风景中最美、最有表情的姿容。它是大地的眼睛;望着它的人可以测出他自己的天性的深浅。湖所产生的湖边的树木是睫毛一样的镶边,而四周森林翁郁的群山和山崖是它的浓密突出的眉毛。

在这样的一天里,九月或十月,瓦尔登是森林的一面十全十美的明镜,它四面用石子镶边,我看它们是珍贵而稀世的。再没有什么像这一个躺卧在大地表面的湖沼这样美,这样纯洁,同时又这样大。秋水长天。它不需要一个篱笆。民族来了,去了,都不能玷污它。这一面明镜,石子敲不碎它,它的水银永远擦不掉,它的外表的装饰,大自然经常地在那里弥补;没有风暴,没有尘垢,能使它常新的表面黯淡无光;——这一面镜子,如果有任何不洁落在它面上,马上就沉淀,太阳的雾意的刷子常在拂拭它,——这是光的拭尘布,——呵气在上,也留不下形迹,成了云它就从水面飘浮到高高的空中,却又立刻把它反映在它的胸怀中了。

空中的精灵也都逃不过这一片大水。它经常地从上空接受新的生命和新的动作。湖是大地和天空之间的媒介物。在大地上,只有草木是摇摆如波浪的,可是水自身给风吹出了涟漪来。我可以从一线或一片闪光上,看到风从那里吹过去。我们能俯视水波,真是了不起。也许我们还应该像这样细细地俯视那天空的表面,看看是不是有一种更精细的精灵,在它上面扫过。

到了十月的后半个月,掠水虫和水蝎终于不再出现了,严霜已经来到;于是在十一月中,通常在一个好天气里,没有任何东西在水面上激起涟漪。十一月中的一个下午,已经一连降落了几天的雨终于停止了,天空还全部都是阴沉沉的,充满了雾,我发现湖水是出奇地平静,因此简直就看不出它的表面来了,虽然它不再反映出十月份的光辉色彩,它却反映出了四周小山的十一月的阴暗颜色。于是我尽可能地轻轻静静,泛舟湖上,而船尾激起的微弱水波还一直延伸到我的视野之外,湖上的倒影也就曲折不已了。可是,当我望望水面,我远远地看到这里那里有一种微光,仿佛一些躲过了严霜的掠水虫又在集合了,或许是湖的平面太平静了,因此水底有涌起的泉源不知不觉也能在水面觉察到。

划桨到了那些地方,我才惊奇地发现我自己已给成亿万的小鲈鱼围住,都只五英寸长;绿水中有了华丽的铜色,它们在那里嬉戏着,经常地升到水面来,给水面一些小小水涡,有时还留一些小小水泡在上面。在这样透明的、似乎无底的、反映了云彩的水中,我好像坐了轻气球而漂浮在空中,鲈鱼的游泳又是多么像在盘旋、飞翔,仿佛它们成了一群飞鸟,就在我所处的高度下,或左或右地飞绕;它们的鳍,像帆一样,饱满地张挂着。

像和风一样地在湖上漂浮过,我先把船划到湖心,而后背靠在座位上,在一个夏天的上午,似梦非梦地醒着,直到船撞在沙滩上,惊动了我,我就欠起身来,看看命运已把我推送到哪一个岸边来了;那种日子里,懒惰是最诱惑人的事业,它的产量也是最丰富的。我这样偷闲地过了许多个上午。我宁愿把一日之计在于晨的最宝贵的光阴这样虚掷;因为我是富有的,虽然这话与金钱无关,我却富有阳光照耀的时辰以及夏令的日月,我挥霍着它们;我并没有把它们更多地浪费在工场中,或教师的讲台上,这我也一点儿不后悔。可是,自从我离开这湖岸之后,砍伐木材的人竟大砍大伐起来了。从此要有许多年不可能在林间的南道上徜徉了,不可能从这样的森林中偶见湖水了。我的缪斯女神如果沉默了,她是情有可原的。森林已被砍伐,怎能希望鸣禽歌唱?

现在,湖底的树干,古老的独木舟,黑魆魆的四周的林木,都没有了,村民本来是连这个湖在什么地方都不知道的,却不但没有跑到这湖上来游泳或喝水,反而想到用一根管子来把这些湖水引到村中去给他们洗碗洗碟子了。这是和恒河之水一样地圣洁的水!

而他们却想转动一个开关,拔起一个塞子就利用瓦尔登的湖水了!这恶魔似的铁马,那裂破人耳的鼓膜的声音已经全乡镇都听得到了,它已经用肮脏的脚步使沸泉的水混浊了,正是它,它把瓦尔登岸上的树木吞噬了;这特洛伊木马,腹中躲了一千个人,全是那些经商的希腊人想出来的!哪里去找呵,找这个国家的武士,摩尔大厅的摩尔人,到名叫"深割"的最深创伤的地方去掷出复仇的投枪,刺入这傲慢瘟神的肋骨之间?

然而,据我们知道的一些角色中,也许只有瓦尔登坚持得最久,最久地保持了它的纯洁。许多人都曾经被譬喻为瓦尔登湖,但只有少数几个人能受之无愧。虽然伐木的人已经把湖岸这一段和那一段的树木先后砍光了,爱尔兰人也已经在那儿建造了他们的陋室,铁路线已经侵入了它的边境,冰藏商人已经取过它一次冰,它本身却没有变化,还是我在青春时代所见的湖水;我反倒变了。它虽然有那么多的涟漪,却并没有一条永久性的皱纹。它永远年轻,我还可以站在那儿,看到一只飞燕倏然扑下,从水面衔走一条小虫,正和从前一样。今儿晚上,这感情又来袭击我了,仿佛二十多年来我并没有几乎每天都和它在一起厮混过一样,——啊,这是瓦尔登,还是我许多年之前发现的那个林中湖泊;这儿,去年冬天被砍伐了一个森林,另一座林子已经跳跃了起来,在湖边依旧奢丽地生长;同样的思潮,跟那时候一样,又涌上来了;还是同样水露露的欢乐,内在的喜悦,创造者的喜悦,是的,这可能是我的喜悦。这湖当然是一个大勇者的作品,其中毫无一丝一毫的虚伪!他用他的手围起了这一泓湖水,在他的思想中,予以深化,予以澄清,并在他的遗嘱中,把它传给了康科德。我从它的水面上又看到了同样的倒影。

我几乎要说了,瓦尔登,是你吗?

【拓展】

(一)阅读推荐

亨利·戴维·梭罗《瓦尔登湖》

(二)云端课堂

1.经典诵读:《瓦尔登湖》(节选)

2.经典品读:一个超验主义者的生活

(三)思考练习

1.朗诵课文,寻找作者心中瓦尔登湖的形象。

2.结合现实生活,探讨人与自然和谐相处的关系。

散文单元综合实践活动

一、讨论(争鸣)

1.下面的选择题该怎么做？儒家的仁爱思想与西方的博爱思想一样吗？

根据你对孔子的感觉,你认为他的星座应该属于(　　　)。

A.博爱仁慈、公正无私的天秤座

B.风流自赏、处处留情的射手座

C.迎风流泪、多情善感的金牛座

D.争强好胜、表现欲超强的白羊座

2.下列画像中哪个是你心目中的司马迁形象,为什么？

二、活动

1.以寝室为单位，进行散文朗诵竞赛。

2.以"经典与人生"为话题进行三分钟演讲。

三、写作

以"经典与人生"为话题，写一篇 600 字的演讲稿。

第三章　斑斓生活——小说阅读与鉴赏

第一节　中国小说的产生与发展

中国古代小说晚熟于诗歌、散文，略早于戏曲，从萌芽到发生、发展、成熟，经过了一个漫长的过程。

先秦、两汉都是小说萌芽期，在这一时期产生的神话、寓言、史传、"野史"传说、宗教故事中都孕育着小说的艺术因素，为小说文体的形成准备了条件，同时也露出小说的童年时期形成志人、志怪两大类别的端倪。

从汉末至唐代以前，是小说的初步形成时期。志怪和志人小说是这时兴起的两类小说。就文学渊源而论，志怪小说沿着神话传说和史传中志部分的轨迹发展而来；志人小说则是借鉴寓言和史传中记载人物言行片段的手法，可以视为史传文学的支流。干宝的《搜神记》和刘义庆的《世说新语》分别是志怪和志人小说的代表作。

从中国小说发展史的角度来看，唐人小说是一次质的飞跃。其"叙述婉转，文辞华艳，与六朝之粗陈梗概者较，演进之迹甚明，而尤显者乃在是时则始有意为小说"（鲁迅《中国小说史略》第八章）。

唐人小说最有代表性的有《霍小玉传》《李娃传》《莺莺传》《柳毅传》《任氏传》等，因此有时也以唐传奇来概括唐人小说。《李娃传》是唐人小说中故事情节最富于变幻、曲折的一篇。故事围绕李娃与郑生的境遇展开，李娃由娼女转变为高贵的夫人，郑生则由世家公子沦为挽歌郎、乞丐，最后又应试得了高官。主人公的心态和遭际变幻莫测，构成了出人意料之外，而又在情理之中的复杂情节。

宋代话本的产生，使小说发生了根本性的变化。从宋代开始，以文言短篇小说为主流的小说史，逐渐转为以白话小说为主流的小说史，同时短篇小说仍占有一席之地。此后，中国小说按文言、白话两条线索发展，各有特点而又相互渗透，在文学史上所占的分量越来越重，地位也日益提高。

宋人话本小说的出现，是中国小说史上的大事，它具有多方面的积极意义。主要是：由文言到白话，既增强了小说的表现力，又扩大了读者面，提高了小说的社会功能和社会影响；作品描写的对象由表现封建士子为主而转向平民，尤其是市民，因而作品的思想观点、美学情趣随之发生了变化，奠定了短篇白话小说和长篇章回小说的基础。

"话本"原是"说话人"的底本。"说话"，就是讲故事。"说话人"非常讲究艺术效果，很注重情节的生动性，说话时带有鲜明的爱憎情感，往往以情感来感染听众，其艺术力量已达到动人心魄、移人性情的地步,这些特点直接对话本小说产生了影响。

到了明代,话本引起了更多文人的关注,除了整理、润色、加工宋元遗留下来的话本外,有些人仿照话本进行创作。文学史上把这种仿话本的创作称之为"拟话本"。最具代表性的拟话本是冯梦龙的"三言"(《喻世明言》《警世通言》和《醒世恒言》)和凌濛初的"二拍"(《初刻拍案惊奇》和《二刻拍案惊奇》)。冯梦龙在艺术上多有创造,他把艺术真实性的内涵总结为人真、事真、情真、理真四个方面,"三言"中作品故事曲折动人,人物形象生动丰满,对世态人情的描摹细致入微。

明初,《三国演义》和《水浒传》相继问世,从此,中国小说史从以短篇小说为主转入以长篇小说为主的新时期。虽然短篇文言小说、白话小说一直按照自身的规律发展前进,并时有佳作,时有高潮,但总体来说,其成就与规模都无法与长篇小说相比拟。"四大奇书"在所属的各类题材的小说中独占鳌头:《三国演义》既是小说史上第一部长篇小说,也是一部历史小说的典范;《水浒传》既是第一部全面描写农民起义的大著,也是一部英雄传记的典范;《西游记》既是第一部长篇神魔小说,也是一部幻想小说的典范;《金瓶梅》既是第一部写世情的长篇小说,又是第一部由文人独立创作的成功的长篇小说。它们各自开创了一个长篇小说的创作领域。

从宋初到明末的 600 多年间,文言短篇小说的大多数作品都是追踪晋唐,然而又没有能够逾越唐人小说。到了清代,这种状况发生了变化,文言短篇小说高度繁荣,产生了具有世界影响的《聊斋志异》,把文言短篇小说的发展推向了最高峰。鲁迅将《聊斋志异》的写作特点概括为"用传奇法,而以志怪"。《聊斋》的"志怪"与六朝志怪的根本区别在于:六朝人"志怪"而信"怪",蒲松龄"志怪"而不信"怪";六朝人"志怪",是有意无意地宣扬"怪",而蒲松龄的"志怪"则是有意寓托。正如蒲松龄在《聊斋自志》中所说:"集腋成裘,续幽冥三录;浮白载笔,仅成孤愤之书:寄托如此,亦足悲矣!"

清代乾隆年间,《儒林外史》和《红楼梦》两部长篇巨著问世,把长篇小说的创作再一次推向高潮。

《儒林外史》是中国古代小说史上成就最高的长篇讽刺小说。鲁迅曾给予了它最高的评价:"迨吴敬梓《儒林外史》出,乃秉持公心,指摘时弊,机锋所向,尤在士林;其文又戚而能谐,婉而多讽;于是说部中乃始有足称讽刺之书。"在"四大奇书"之外,《儒林外史》另辟蹊径,它直接影响了晚清谴责小说的创作。

《红楼梦》是一部内容丰富、人物众多、卷帙浩繁的伟大著作。无论从思想上或艺术上来说,它都是中国小说史和文学史上的巅峰,也是世界文学中的名著。《红楼梦》对封建社会的各个方面进行了深刻的批判,提出了朦胧的带有初步民主主义性质的理想和主张。《红楼梦》具有高度的描写人物的技巧,它通过日常生活细节的描写,由人物自己的言语来表现性格,揭示人物的思想和心灵,以工笔细写见长,人物形象逼真。《红楼梦》的语言平淡而含蓄,简洁而又深刻,通俗而又典雅,具有浓厚的生活气息和极强的表现力,达到了炉火纯青的程度。用鲁迅先生的话讲,《红楼梦》问世以后,"传统的思想和写法都打破了"。

《红楼梦》以后,小说创作呈低谷状态。到了晚清,由于中西方文化交流,西方小说作品和理论大量传入，小说创作呈现繁荣局面，出现了李伯元、吴趼人、刘鹗、曾朴"四大谴责小说家"。晚清小说不论内容还是技法上，都有许多新的因素，体现了变革时期的特点。

综上所述，宋代以前，是文言短篇小说单线发展；宋元时代，文言、白话两种小说双线发展；明代开始，文言、白话、长篇、短篇多线发展，出现了中国古代小说异彩纷呈的局面。

我国的近代小说数量不少，但大多较为粗糙，成就不高。如《三侠五义》《龙图公案》等武侠、公案小说，虽盛行一时，但价值不高。谴责小说《官场现形记》《二十年目睹之怪现状》《老残游记》《孽海花》等则富有较强的批判现实主义精神，是我国近代小说的代表作品。

我国现代小说吸收了古、近代的长处，又广泛借鉴了外国小说的创作经验，使小说艺术发展到一个新的阶段。五四运动前，《新青年》上发表了鲁迅的《狂人日记》，这是一篇里程碑式的现代意义上的白话小说。此后，鲁迅陆续出版了《呐喊》《彷徨》两部小说集，奠定了我国现代小说发展的基础。茅盾的《子夜》是中国第一部现实主义的成功的长篇小说，其他如柔石的《二月》、萧军的《八月的乡村》、萧红的《生死场》等都有一定的影响。这一时期巴金、老舍、沈从文、冰心、丁玲等一批作家开始登上文坛，并以各自独特的艺术风格著称。《家》《春》《秋》《骆驼祥子》《边城》等是其中的优秀代表作品。还有张恨水的言情小说也曾畅销一时，至今仍拥有广大读者。

抗日战争和解放战争时期，解放区作家深入群众斗争生活，创作了一批优秀作品。如赵树理的《小二黑结婚》《李有才板话》，孙犁的《荷花淀》，丁玲的《太阳照在桑干河上》，周立波的《暴风骤雨》，都以新的主题、新的人物、新的语言体现了小说创作发展的新面貌。这一时期，国民党统治区作家也从各个方面反映了国统区人民群众的斗争生活，其中如《华威先生》（张天翼）、《腐蚀》（茅盾）、《寒夜》（巴金）、《淘金记》（沙汀）、《山野》（艾芜）、《虾球传》（黄谷柳）、《围城》（钱钟书）、《四世同堂》（老舍）以及《财主的女儿》（路翎）等都很有代表性。

我国的当代小说经历了曲折的发展过程。新中国建立以后，以表现革命历史为题材的作品和以反映社会主义革命和建设为题材的作品也取得了显著成就。长篇如《保卫延安》（杜鹏程）、《红旗谱》（梁斌）、《红日》（吴强）、《青春之歌》（杨沫）、《林海雪原》（曲波）、《红岩》（罗广斌、杨益言）等，短篇如《黎明的河边》（峻青）、《党费》（王愿坚）、《百合花》（茹志鹃）等从不同的角度反映了民主革命斗争的历史风云，波澜壮阔，绚丽多姿。中、长篇小说《三里湾》（赵树理）、《创业史》（柳青）、《山乡巨变》（周立波）、《铁木前传》（孙犁），以及李准、王汶石、马峰、西戎、刘绍棠等作家的短篇小说，都从各个方面展现了广阔的现实生活，艺术上各有千秋。

20世纪70年代末、80年代初，新时期小说创作进入了一个新的历史时期。首先是短篇小说的空前繁荣："伤痕文学""反思文学""改革文学"等盛行一时。小说观念也发生了很大的变化，王蒙、刘心武、张贤亮、高晓声等在小说艺术上做了多方面的探索和创新，在主题、题材、人物、形式、手法、风格等方面，呈现出百花齐放的局面。如王蒙的《蝴蝶》《春之声》《夜之眼》等作品,采用了西方"意识流"小说的方法,以主要人物的意识流来组织情节、结构作品。在《名医梁有志传》《坚硬的稀粥》等作品中,运用了戏谑、夸张的语言风格。他有意放弃了专注于典型情节构思和人物性格的刻画,而更关心对心理、情绪、意识、印象的分析和联想式的叙述。此外,宗璞、谌容等超现实主义荒诞小说也令人耳目一新。与此同时,路遥《平凡的世界》、霍达《穆斯林的葬礼》等现实主义风格的长篇创作也取得了突出的成就。

20世纪80年代中后期,"寻根小说""先锋小说""新写实小说"奇峰突起,在艺术上进行大胆的探索和创新。莫言以乡土作品崛起,充满着"怀乡"以及"怨乡"的复杂情感,被归类为"寻根文学"作家,2012年10月11日莫言以其"用魔幻现实主义将民间故事、历史和现代融为一体"而获得诺贝尔文学奖,是首位获得该奖的中国籍作家。

第二节　小说的特点和分类

一、小说的特点

小说是通过人物、情节和环境的具体描写来反映现实生活的叙事作品,由人物、情节、环境这三大要素构成一个完整的艺术世界。"虚构性",是小说的本质。小说最基本的特点如下。

1. 鲜明生动的人物形象

人物是小说的灵魂,一篇小说能否具有永久的艺术魅力,就看它能否塑造出鲜明生动的人物形象。由于小说不受时间、空间的限制,又能兼用人物的语言和叙事人的语言,所以作者可以自由地运用各种表现手法来塑造人物形象。既可以通过人物对话、行动、外貌和心理活动来细致入微地刻画人物性格,也可以通过环境气氛的渲染烘托来显示人物的个性特征。同时,由于小说不受真人真事的限制,作者还能够发挥自己的想象,运用虚构的手法,多方面地揭示人物性格的发展,表现人物之间错综复杂的关系。因此,优秀小说中的人物形象多是血肉丰满的,这正是贾宝玉、林黛玉、诸葛亮、关羽、孙悟空、武松、阿Q等人物形象吸引一代又一代读者的原因。

2. 生动复杂的故事情节

小说的情节是人物活动的轨迹,是一系列有利于展示人物性格的大小事件的连贯有序的组合。一般来说,完整而生动的故事情节能够使人物的性格得到充分展示。小说的这个特点和其他体裁的文学相比,就更为突出。抒情诗没有情节,叙事诗因为要求语言凝练,因此情节单纯并跳跃性大;叙事散文往往摄取生活片段,一般没有完整的情节;戏剧因为要求矛盾集中并受时间限制,也容纳不了大量的详细情节。只有小说不受时间、空间、篇幅、手法的限制,能够把情节安排得曲折有致、跌宕起伏。

3. 具体、独特的环境

小说要刻画人物、叙述事件,就必须有具体的环境描写。人物总是生活在一定的自然环境和社会环境中,并受到环境的影响;事件也总是起因于一定的环境,在一定的环境里发生、发展。所以,在小说里只有具体而鲜明地展示环境,才能真实而深刻地表现出人物和事件的特征，才能揭示出人物行为以及矛盾冲突发生、发展的原因和背景。如《水浒传》里武松过景阳冈打虎一节的文字，就把武松上景阳冈时的环境具体细致地描绘出来了。在这种环境描写中刻画武松刚愎自用、胆大心细、爱面子等性格特征，强化了打虎行动的悬念，为以后刻画打虎英雄的性格做了很好的铺垫。

我国当代一些小说创作在艺术手法上出现了许多新的特点，它们无论是反映现实的角度还是开掘人的心理的程度，都迥异于传统的小说之作。当代一些小说淡化了传统小说对人物、情节、环境的描写，转而专注于情绪的描写，用大篇幅流动化的情绪去反映人的思想、性格和生存状态。在心理描写、象征、变形，以及语言运用等方面都有一些新的特点。

（1）心理描写的突破。当代小说采用了"意识流"等手法之后，使小说在对人物内心世界的揭示上产生了突破性的变化。传统小说在心理描写中采取的是一种"全知全能"的第三人称的叙述手法，读者很容易区分作者与主人公的界限。可是在采取"意识流"手法的小说中，几乎所有的叙述与描写都带有主人公的主观感受，这种主观意识已同作家的客观描绘融为一体。传统小说总是先把人的思想条理化，去掉非理性与下意识活动后再写入小说；而运用意识流手法以后，读者不但能看到人物在清醒状态下的意识活动流程，而且还能够看到人物在某些不清醒状态下带有很大随意性与跳跃性的无意识活动流程。

（2）"象征"与"变形"的运用。在我国古典小说中也有《西游记》《聊斋志异》一类的作品采用了象征、变形处理，但当代小说由于借助了西方现代派小说中某些超现实、超逻辑的"变形"手法，因而无论总体构思还是具体运用上，比之传统小说都有所变化，有所发展。最典型的是以"寓言"或"童话"的形式塑造形象，寄托情思，以体现某种象征的哲理。例如在谌容的《大公鸡悲喜剧》、黄璞的《泥沼中的头颅》中，大公鸡、泥浆中的头颅都像"人"一样"活"起来了，既能说话，又能思想，还具有喜、怒、哀、乐的情感变化。这样的作品带给读者的是超出日常经验的东西，使人产生陌生、新奇与怪异的审美体验。

（3）语言的创新。我国近年来一些小说在语言与叙述技巧的运用方面，与传统小说具有明显的不同。这类作品的语句往往不像传统小说的语言那样严密、细致、注重逻辑性，而是充满着跳跃与流动的色彩，强调语言的符号性与叙述的流动性。如莫言在《透明的红萝卜》《红高粱》中的语言对色彩感受的敏锐，余华的语言中透出睿智和流动感，都引人入胜。

总之，小说的特点是不断变化、发展的，这需要我们在阅读中去体会、把握、欣赏，跟上其跳跃的脚步。

二、小说的分类

按小说文体特点来分，有日记体小说、书信体小说、诗体小说、章回体小说等；按作品类型分类，有武侠小说、言情小说、推理小说、历史小说、军事小说、科幻小说、网游小说、玄幻小说、穿越小说等；按主义流派分类，有古典主义小说、讽刺主义小说、现实主义小说、批判现实主义小说、浪漫主义小说、自然主义小说、形式主义小说、表现主义小说、存在主义小说、意识流小说、新小说派、魔幻现实主义。但最常见的分法，则是根据小说篇幅的长短、容量的大小、人物的多少、情节的繁简,把它分为小小说、短篇小说、中篇小说和长篇小说。

1. 小小说

小小说一般篇幅在 2000 字以下,又叫作微型小说、超短篇小说、一分钟小说。因为题材常是生活经验的片段,因此可以是有头无尾、有尾无头、甚至无头无尾,高潮放在结尾,高潮一出马上完结,营造余音绕梁的意境。由于比短篇更短,字句也需要更加精练,题材能见微知著者为佳。一个意外的结局虽然能吸引眼球,但文章短还是要有伏笔呼应,甚至比起给予读者意外、应该更重视能否带给读者感动。如《永远的蝴蝶》《绳子的故事》等。

2. 短篇小说

篇幅在几千到 2 万多字的小说一般会被划归短篇小说。短篇小说在现代甚为流行,它的特点是文笔洗练、短小精悍,且受"三一定律"即一人一地一时观念影响,要求减少角色、缩小舞台、短化故事中流动的时间。短篇小说所反映的生活虽不及长篇、中篇广阔,但也同样是完整的,有些还具有深刻、丰富的社会意义。如《孔乙己》《麦琪的礼物》等。

3. 中篇小说

一般认为,篇幅在 3 万字至 10 万字之间的小说是中篇小说。其容量大小、篇幅长短、人物多寡、情节繁简等均介于长篇小说和短篇小说之间,通常只是截取主人公一个时期或某一段生活的典型事件塑造形象,反映社会生活的某个方面,故事情节完整。线索比较单一,矛盾斗争不如长篇小说复杂,人物较少。如《边城》《羊脂球》等。

4. 长篇小说

长篇小说字数最为不定,字数差距最大。有十几万字的,更有上百万字甚至几百万字的。它篇幅长,容量大,情节复杂,人物众多,结构宏伟,适于表现广阔的社会生活和人物的成长历程,并能反映某一时代的重大事件和历史面貌。因此优秀的长篇小说常常被称为"时代的百科全书"。在篇章结构上,一般根据故事情节的发展,分成许多章节;篇幅特别长的,还可以分为若干卷或部、集等。莫言将长篇小说称为"胸中的大气象,艺术的大营造"。如《红楼梦》《战争与和平》等。

第三节　小说朗诵

小说是文学的一大样式,它通过完整的故事情节和具体环境的描写,塑造多种多样的人物形象,广泛且多方面地反映社会生活。如何根据这些特点朗诵好小说呢?朗诵者应该着重做到:言语要自然,情节要推进,景物要清晰,人物要鲜明。

一、言语要自然

小说的语言与诗歌的语言不大相同,它不像诗歌那么有韵律,一般来说,它与生活的言语比较接近,特别是其中的对话就更加近似口语。因此,我们朗诵小说时,自始至终要做到自然。

1. 追求生活化。小说的语言与生活的语言比较接近，所以朗诵小说首先必须追求言语的生活化。

比如，朗诵小仲马的小说《茶花女》中下面一段内容：

> ……她这样爱我，使我喜欢得直流眼泪，泪水盖满了她的双手。
>
> "我的生命就是你的，玛格丽特，你不用再需要那个人，我不是在这里吗？……"
>
> "啊！是的，我爱你，我爱你，我没有想到过会这样爱你。……"

富家子弟阿尔芒，不顾社会的偏见，真挚地热恋着地位低下的玛格丽特。阿尔芒的一片深情终于赢得了玛格丽特的心。这是一段充满激情的对话，但由于受着小说语言特点的约束，我们基本上按生活中的言语朗诵就行了。绝不可一见是描写爱情内容的（尤其是描绘外国人爱情内容的），就以最能抒发情感的诗歌朗诵式的语调来加以渲染。只有以生活化的言语来朗诵小说，才会做到自然，才会使听众相信小说的内容是真实可信的，让他们随着朗诵者的声音、言语展开想象，享受到作品所体现的思想和情感，从而获得教益，千万不能给人留下拿腔拿调、矫揉造作、脱离生活的不真实感，否则就会起到反效果。

2. 不要忘记听众。生活中，我们与他人交谈时，言语必然是十分自然的。而当独自一人完全陶醉在某种情感之中，有时会情不自禁地以诗朗诵似的言语将这种情感抒发出来。因此，朗诵小说时的对象感越强，言语就越自然、越口语化，切忌自我陶醉。有些人在朗读小说时常常忘记听众，自我沉浸在小说的情节之中侃侃而诵，结果，不由自主地就出现了一些不必要的拖腔拖调。这样，人们听起来就会感到不亲切、不自然，仿佛在朗诵者与听众之间出现了一堵无形的墙，阻碍了相互之间的情感交流。所以，小说朗诵要特别注意与听众交流情感。朗诵者的心与听众紧密地串联在一起，形成一条无形的线，朗诵的语调就容易变得亲切、自然。而亲切、自然的语调就容易使听者接受，听者也愿意接受小说的每一个内容、每一句话。这样，这些内容、话语才会在听者心中引起共鸣，使他们的情感随着朗诵的内容、话语的变化而变化着。

3. 适当更动文字。为了使小说朗诵更好地做到言语自然、生活化，朗诵者可以在不影响原作内容的前提下，对某些文字作适当的更动，使之更合乎听觉习惯，层次更清晰，情节更紧凑，言语更连贯、更生动，更有利于人物形象的塑造。比如，小说中常常在人物语言的后面或中间，有"某某某说"这样的文字，必要时我们就把它改在人物语言的前面，甚至可以将"某某某说"删掉，使朗诵更加流畅些。有时为了增加气氛，更形象地反映人物的思想感情，只要不失其本意，在原文中也可添上一些语气词、笑声、哭声，甚至增加一两句话，都是允许的。对环境气氛描绘如需要加以渲染，也可以适当运用口技或象征性地模拟风声、雷声、雨声、枪声、汽车声……不过，这一切都必须与作品的风格、基调协调一致，万万不可喧宾夺主，反而成了作品的赘瘤，也要注意万万不可"伤筋动骨"，失去原著的风格特点，歪曲原著的思想，而弄得面目皆非。

二、情节要推进

大家都知道,情节是小说的要素之一,它有起因,有发展,还有高潮和结尾,有的还有序幕和尾声。从叙述的角度来说,这些情节可以是顺叙,也可以是倒叙、平叙,中间可以有插叙,可能还会有补叙等。但是不管情节如何复杂,朗诵者都应如同一个有经验的向导,引导着听众在迷宫中探索出一条明确的道路来。那么如何才能使情节在朗诵中做到不间断地而且是有机地推进呢?

1. 把握好情绪转换。情节的推进,自然会产生相应的情绪转换。换句话说,是否把握好与情节相关的情绪转换将直接影响到情节能不能顺利推进。因此,朗诵者作为听众的向导,不仅要对情节的来龙去脉十分熟悉,如数家珍,而且要对以后随着情节推进而产生的情绪转换有思想准备。也就是说,朗诵时表达的思想情绪的发展变化,必须早于所要反映的言语之前,即唤起应有的感觉情绪,才能出口朗诵。这犹如我们驾车到了十字路口,是继续向前,还是左拐,或是右转,事前都应有准备,否则将会出现措手不及的情况。如果朗诵时没有把握住情绪的转换,任其漫游,则势必使朗诵的内容与朗诵时所需要的情绪不断地出现脱节现象,把作品朗诵得支离破碎、断断续续,这也就无法顺利推进情节了。

2. 处理好叙述顺序。前面谈到小说在情节叙述过程中,有顺序、有倒叙、有平叙,中间可能有插叙,后面可能有补叙,等等。为使听者在情节发展上有个清晰的线索,使情节不断推进,朗诵时就要处理好叙述的顺序。比如中间出现插叙,就要把它的插入处与原先顺叙的情节衔接好,将插叙结束处与恢复原先顺叙的情节衔接好,让听众毫不吃力地、清晰地了解到这是一段插叙的情节。下面试朗诵小说《蓝屋》中的一个片段,来说明这个问题:

这个片段写的是护士长芬在高干病房里值班时,听到两位夫人对女儿婚事的一番庸俗谈话,引起了芬对自己纯真爱情的回忆。

微风轻轻吹拂着落地窗里的白纱。这令她回忆起自己做新娘时的白头纱……

接下去就是一段回忆过去生活的插叙。如何使"现在"的情节内容转到回忆"过去"的情节内容,不致使听众混淆不清,我们可以作这样的处理:第一句朗诵的语调较实,当朗诵到下面一句"这令她回忆起"的"这"字时,将其延长并逐步变虚,用带有一定气音的语调道出下面的语句,并在"白头纱"三字之前停顿,放慢速度,使它突出,得到强调。这就如同电影中的一个蒙太奇手法:先由一个窗纱的镜头变虚,再由虚变实时,成了一个白头纱的镜头,而后将镜头拉开,出现了一个"过去"时代的结婚场景。于是这段高尚、纯真的深情回忆,正好与前面两位夫人庸俗的议论形成了鲜明的对比。最后,回忆是以芬和丈夫的一句玩笑话结束的:

直到最近,丈夫还用半开玩笑的口气问:"难道嫁给我,你后悔了?"虽然丈夫好像是在跟她无意地说笑,但她还是感到十分委屈!

这段插叙结束后,又恢复到"现时",仍然是那两位夫人的庸俗谈话:

"什么爱不爱的,这只是那种吃饱了没事干的小说家瞎扯的,我就不信什么爱情"……

从回忆的插叙,又返回"现在",朗诵者的语气、语调都要有恰当的变化。这里可以这样处理:在回忆的结尾"但她还是感到十分委屈"处,声音可由实变虚,"但她"这两字还可较实,将"她"字适当地延长,接着一个停顿,停顿后以较慢的速度、较虚的声音诵出:"还是感到十分委屈!"结尾的语气既要感到语言已经结束,又要感到护士长芬的沉思仍在继续着……然后,运用一个较大的停顿,声音再突然响亮起来,转到了"现在":"什么爱不爱的……"造成芬的沉思被这位夫人的高谈阔论所打断了的效果。

叙述的顺序无论怎样复杂多变,只要我们处理得当,都会使情节沿着清晰的轨道不断推进,而不至于把听众带入迷魂阵,听得糊里糊涂的。

3. 安排好语调总谱。小说情节的曲直起伏,在朗诵艺术创作中很重要的一点就是通过技巧——语调的变化来体现的。而一部作品的情节,要在朗诵艺术创作中层层推进,表现得完整,朗诵者就必须安排好与情节相应的语调总谱,即要设计好以怎样的语调朗诵才能将事情的起因交代明白;以怎样的语调朗诵才能将情节推向高潮;以怎样的语调朗诵才能将事情的结尾收得完整,等等。朗诵者事先对这些都应该有个统筹设计,朗诵时才能将情节不断推进。

三、景物要清晰

小说中的景物一般可包括对社会环境、对自然景物和对场面的描述。景物的描绘常常起到交代背景、反映时代、烘托人物、渲染气氛、深化主题的作用。不同的景物有不同的色调,朗诵时语调也要随之变化,使其清晰、分明,达到景物描绘应起到的艺术效果。

1. 描绘社会环境要浓淡结合。小说对社会环境的描写,有些地方是以描绘性语言为主着墨的;有些地方则是以叙述性语言为主运笔的。对这两种不同方式的描写,朗诵时也应有浓淡之分。以描绘性语言为主的地方,常常对社会环境有较细微、较具体的描写,朗诵处理就应相对"浓"一些,感情色彩鲜明一些,语调的变化丰富一些。以叙述性语言为主的地方,常常对社会环境有较概括性的介绍,比如交代事件发生的时间、地点、背景等。对于这些描绘,在朗诵中一定要交代清楚。交代不清,故事进展中心的细节讲得再生动,也无法使听众理解。因此,朗诵就应注意将这些叙述性语言的语调处理得相对"平稳"一些、"淡"一些。朗诵者虽应有一定的态度,但感情色彩不宜太强烈,节奏不宜太强太快,要尽量使听众听得字字入耳,清清楚楚。

2. 描绘自然景物要情景交融。小说中自然景物的描绘常常是与人物的心境和环境的气氛相一致的。朗诵时一定要体会到人物在这样的环境中的思想和心情,寓情于景,将听众也带入这样的氛围之中去,达到触景生情的艺术效果。

3. 描绘场面要形神兼备。小说中的场面是指一些人物在一定场合互相发生关系而构成的生活图景。它刻画人物形象在特定环境中活动的发展和情绪的变化,以及位置的转换等。朗读时应有这些图景的清晰视象,并抓住环境中的气氛,注入情感,绘声绘色地进行描述,让听众有身临其境之感。

比如朗读《老残游记》中《明湖居听书》一节。其中就有不少为白妞出场所进行铺垫的场景描绘内容。下面仅仅以黑妞演唱完之后的一段描绘为例:

> 这时满园子里的人,谈心的谈心,说笑的说笑,卖瓜子、落花生、山里红、核桃仁的,高声喊叫着卖。满园子里听来都是人声。

朗诵时就应力求把书园里热闹杂乱的环境描绘出来,把乱哄哄的气氛渲染出来,把看客及小贩的精神面貌体现出来。这就要求声音不能太弱,抑扬起伏要大些,节奏也需较强较快。而后面白妞一出场时的一段场面的描绘就不同了:

> 就这一眼,满园子里便鸦雀无声,比皇帝出来时还要静悄得多呢。连一根针掉在地上都听得见响!

朗诵这段文字时,应仿佛亲眼看见园子里的场景以及人物的精神状态;要注意控制住声音,不能太响,抑扬起伏不可太大,要用轻柔而舒缓的语调来处理(如果声音一大,起伏过头,就会打破了这"静悄"的气氛)。这样,就能与前面形成鲜明的对比,衬托出白妞身怀绝技的形象。

四、人物要鲜明

小说都是通过对人物性格和行动及人物之间相互关系的描写表现生活的。在描写人物时,有描写人物语言的,有描写人物心声的,有描写人物肖像的,也有描写人物动作的、神态的……朗诵这些刻画人物的文字,一定要做到生动、形象、多变,充分揭示人物的风貌,使之获得鲜明的个性。

1. 描绘肖像要显示特点,如见其形。小说中描写的人物肖像(包括人物的音容笑貌、体态服饰等),都是透过外部特征的描绘,由表及里,把人物的性格特征、心理状态、经济地位及情绪变化等反映出来。因此,朗诵者必须抓住人物肖像的特点,通过鲜明的丰富多变的语调着意渲染,显示出人物独特的外部形态来,让听众如见其形。

2. 描绘动作要富于动感,如睹其神。小说中描写的人物动作,常常是反映人物心灵的一面镜子。因为人的一举一动都是受他的思想支配的,特别是在矛盾冲突中的人物动作,就更体现人物的内心世界及他的性格特征。因此,我们朗诵时要抓住那些反映人物面貌、展示人物性格特征的动作的关键词语加以渲染,赋予应有的感情色彩,使人物动起来、活起来,让听众如睹其神。对那些反映特征性动作的动词,以及句子中修饰这些动词的状语,尤其不可轻易放过,务必运用技巧,把它们绘声绘色地朗诵出来。

例如《孔乙己》中有两段描绘孔乙己拿钱的动作,朗诵时,我们就应对"排"与"摸"这两个对比强烈能反映人物变化的动作,给予强调显示。

第一次是:

> ……对柜里说:"温两碗酒,要一碟茴香豆。"便排出九文大钱。

对"排"字,不能随口念去,一定要点送清楚,语调上扬一些,爽快一些,体现出他异常自负,故意炫耀"派头"的自我感觉。而后一次拿钱,则是:

他从破衣袋里摸出四文大钱，放在我手里；见他满手是泥，原来他便用这手走来的。

对"摸"字就要放慢，甚至有点发颤，音色也偏暗淡，要体现他身体已被摧残得不成样子，身上的钱所剩无几，拿钱时用发抖的手慢慢地"摸"出来的状态。

3. 描绘心理活动要深入"轻"出，如触其心。小说中有关心理活动的描写，是直接展现人物内心世界的地方。朗诵者要深入揣摩人物的心灵，描摹出人物此情此景的心声。要在感受的基础上将声音放轻，不要很实，有时可伴随气声，使得"内心"活动与外部动作或言语有所区别；要刻画得细腻，富有情感，具有感染力，使人听了能如触其心。"独白"是作者笔下人物直接宣泄心灵的艺术手段，朗诵时要像对人物语言一样赋予个性，但又要适当地运用气声，使听者感到这是人物心中所想的或是自言自语的话，而不会误以为是相互间的对话。

4. 描绘语言要声口逼肖，如闻其声。小说中的人物性格是"千姿百态"的，我们处理小说中的人物语言要特别注意人物的性格化，要力求做到"闻其声如见其人"，切忌"千人一声"。朗诵者是"一个人演一台戏"，因此必须使每个人物的音容笑貌、思想品格通过你语调的变化、声音的塑造，活在你的口中，活在听众的心里。

朗诵小说刻画人物要做到以上四点，是否意味着像演戏一样地去演呢？不是的，演戏时演员是以"我就是这个人物"的身份来体验台词的目的、思想、情感而说好台词的。而朗诵人物语言时，则是朗诵者告诉听众作品中的张三、李四是这样说的，是"我模拟给你听的"，因此我们必须要掌握好这个分寸。男生朗诵小说中女人的语言，或女生朗诵小说中男人的语言，特别要注意分寸，不要去扮演。分寸掌握不当就会起反效果。

朗诵时，人物的言语必须要与叙述、描绘的言语区分开来。为此，我们在朗诵人物的言语时还要掌握"跳进跳出"的技巧。当朗诵叙述、描绘语言时，我们称之为"在外面"。当朗诵人物语言时，我们称之为"在里面"。前者犹如朗诵者"自己的"语言，要求流畅、连贯，音色统一；后者则应根据不同人物的要求，适当改变音色，以人物所特有的感觉、心理状态、语气语调进行刻画。从"外面"到"里面"要迅速，人物的感觉、性格特征、语调等要做到"招之即来"，这就是"跳进去"；而人物的言语结束后，人物的感觉、性格特征、语调等又要"挥之即去"，即刻恢复朗诵者叙述、描绘的言语，这就是"跳出来"了。

小说中的人物对话，如果中间没有叙述性语言作过渡，就更要注意把对话各方的富有性格特点的语气语调显现出来，使人一听就非常明确此话出自何人之口。其次，还要注意使各方的言语彼此"交流"起来，"你有来言，我有去语"，相互要搭上"扣"，切忌"你说你的，我说我的"各不相干的脱节现象发生。因此，当你将一个人物的语言朗诵完后，就必须即刻转到听话人物的反应、感觉，再以听话人物的性格语调道出他的语言。

小说是比较复杂、难以朗诵好的一种文学样式，但只要从小说的语言以及人物、环境和情节出发，做到上述四点，是可以朗诵好的。

第四节　名作赏读

小　翠

蒲松龄

【提示】

蒲松龄(1640—1715),字留仙,一字剑臣,号柳泉居士,世称聊斋先生,自称异史氏,现山东省淄博市淄川区洪山镇蒲家庄人。出生于一个逐渐败落的中小地主兼商人家庭。19 岁应童子试,接连考取县、府、道三个第一,名震一时。补博士弟子员。以后屡试不第,直至 71 岁时才成岁贡生。为生活所迫,他除了应同邑人宝应县知县孙蕙之请,为其做幕宾数年之外,主要是在本县西铺村毕际友家做塾师,舌耕笔耘近 42 年,直至 1709 年方撤帐归家。1715 年正月病逝,享年 76 岁。

《聊斋志异》是蒲松龄 40 岁左右历时 30 多年完成的短篇文言小说集。"聊斋"是他的书斋名,"志"是记述的意思,"异"指奇异的故事,指在聊斋中记述奇异的故事。全书近 500 篇,综合六朝志怪与唐传记之长,多借谈狐说鬼来曲折地批判社会,表达理想,是中国古代短篇文言小说的顶峰之作。

《小翠》讲述的是一个狐女报恩的故事。篇中同名主人公小翠集美狐、智狐、义狐、情狐于一身,显示出胸怀韬略、知恩图报、重情尚义的独特人格魅力。小翠在聊斋众多狐女形象中独树一帜。

【原文】

王太常①,越人②。总角时③,昼卧榻上。忽阴晦,巨霆暴作④。一物大于猫,来伏身下,展转不离。移时晴霁,物即径出。视之,非猫,始怖,隔房呼兄。兄闻喜曰:"弟必大贵,此狐来避雷霆劫也。"后果少年登进士,以县令入为侍御。

生一子名元丰,绝痴,十六岁不能知牝牡⑤,因而乡党无与为婚。王忧之。适有妇人率少女登门,自请为妇。视其女,嫣然展笑,真仙品也。喜问姓名。自言:"虞氏。女小翠,年二八矣。"与议聘金。曰:"是从我糠覈不得饱⑥,一旦置身广厦,役婢仆,厌膏粱⑦,彼意适,我愿慰矣,岂卖菜也而索直乎!"夫人大悦,优厚之。妇即命女拜王及夫人,嘱曰:"此尔翁姑⑧,奉侍宜谨。我大忙,且去,三数日当复来。"王命仆马送之。妇言:"里巷不远,无烦多事。"遂出门去。

小翠殊不悲恋,便即奁中翻取花样⑨。夫人亦爱乐之。数日,妇不至。以居里问女,女亦憨然不能言其道路。遂治别院,使夫妇成礼。诸戚闻拾得贫家儿作新妇,共笑姗之;见女皆惊,群议始息。女又甚慧,能窥翁姑喜怒。王公夫妇,宠惜过于常情,然惕惕焉⑩惟恐其憎子痴,而女殊欢笑,不为嫌。第善谑⑪,刺布作圆⑫,蹴蹴为笑。着小皮靴,蹴去数十步,给公子奔拾之,公子及婢恒流汗相属。一日,王偶过,圆礍然来⑬,直中面目。女与婢俱敛迹去，公子犹踊跃奔逐之。王怒，投之以石，始伏而啼。王以告夫人；夫人往责女，女俯首微笑，以手刓床⑭。既退，憨跳如故，以脂粉涂公子作花面如鬼。夫人见之，怒甚，呼女诟骂。女倚几弄带，不惧，亦不言。夫人无奈之，因杖其子。元丰大号，女始色变，屈膝乞宥⑮。夫人怒顿解，释杖去。女笑拉公子入室，代扑衣上尘，拭眼泪，摩挲杖痕，饵以枣栗。公子乃收涕以忻。女阖庭户，复装公子作霸王，作沙漠人⑯；已乃艳服，束细腰，婆娑作帐下舞；或髻插雉尾，拨琵琶，丁丁缕缕然⑰，喧笑一室，日以为常。王公以子痴，不忍过责妇；即微闻焉，亦若置之。

同巷有王给谏者⑱，相隔十余户，然素不相能⑲。时值三年大计吏⑳，忌公握河南道篆㉑，思中伤之。公知其谋，忧虑无所为计。一夕，早寝，女冠带，饰冢宰状㉒，剪素丝作浓髭，又以青衣饰两婢为虞候㉓，窃跨厩马而出，戏云："将谒王先生。"驰至给谏之门，即又鞭挝从人，大言曰："我谒侍御王，宁谒给谏王耶！"回辔而归。比至家门，门者误以为真，奔白王公。公急起承迎，方知为子妇之戏。怒甚，谓夫人曰："人方踏我之瑕㉔，反以闺阁之丑登门而告之，余祸不远矣！"夫人怒，奔女室，诟让之㉕。女惟憨笑，并不一置词。挞之，不忍；出之㉖，则无家；夫妻懊怨，终夜不寝。时冢宰某公赫甚，其仪采服从㉗，与女伪装无少殊别，王给谏亦误为真。屡侦公门，中夜而客未出，疑冢宰与公有阴谋。次日早朝，见而问曰："夜，相公至君家耶？"公疑其相讥，惭言唯唯，不甚响答。给谏愈疑，谋遂寝㉘，由此益交欢公。公探知其情，窃喜，而阴嘱夫人，劝女改行㉙；女笑应之。

逾岁，首相免，适有以私函致公者，误投给谏。给谏大喜，先托善公者往假万金，公拒之。给谏自诣公所。公觅巾袍㉚，并不可得；给谏伺候久，怒公慢㉛，愤将行。忽见公子衮衣旒冕㉜，有女子自门内推之以出。大骇；已而笑抚之，脱其服冕而去。公急出，则客去远。闻其故，惊颜如土，大哭曰，"此祸水也！指日赤吾族矣㉝！"与夫人操杖往。女已知之，阖扉任其诟厉。公怒，斧其门。女在内含笑而告之曰："翁无烦怒！有新妇在，刀锯斧钺，妇自受之，必不令贻害双亲。翁若此，是欲杀妇以灭口耶？"公乃止。给谏归，果抗疏揭王不轨㉞，衮冕作据。上惊验之，其旒冕乃梁黬心所制，袍则败布黄袄也。上怒其诬。又召元丰至，见其憨状可掬，笑曰："此可以作天子耶？"乃下之法司。给谏又讼公家有妖人，法司严诘臧获㉟，并言无他，惟颠妇痴儿，日事戏笑；邻里亦无异词。案乃定，以给谏充云南军。

王由是奇女。又以母久不至，意其非人。使夫人探诘之，女但笑不言。再复穷问，则掩口曰："儿玉皇女，母不知耶？"无何，公擢京卿㊱。五十余，每患无孙。女居三年，夜夜与公子异寝，似未尝有所私。夫人舁榻去㊲，嘱公子与妇同寝。过数日，公子告母曰："借榻去，悍不还！小翠夜夜以足股加腹上，喘气不得；又惯掐人股里。"婢妪无不粲然。夫人呵拍令去。一日，女浴于室，公子见之，欲与偕；女笑止之，谕使姑待。既出，乃更泻热汤于瓮，解其袍裤，与婢扶入之。公子觉蒸闷，大呼欲出。女不听，以衾蒙之。少时，无声，启视，已绝。女坦笑不惊，曳置床上，拭体干洁，加复被焉。夫人闻之，哭而入，骂曰："狂婢何杀吾儿！"女辗然曰㊳："如此痴儿，不如勿有。"夫人益恚，以首触女；婢辈争曳劝之。方纷噪间，一婢告曰："公子呻矣！"夫人辍涕抚之，则气息休休，而大汗浸淫㊴，沾浃裀褥㊶。食顷，汗已，忽开目四顾，遍视家人，似不相识，曰："我今回忆往昔，都如梦寐,何也?"夫人以其言语不痴,大异之。携参其父,屡试之,果不痴。大喜,如获异宝。至晚,还榻故处,更设衾枕以觇之㊷。公子入室,尽遣婢去。早窥之,则榻虚设。自此痴颠皆不复作,而琴瑟静好,如形影焉。

年余,公为给谏之党奏劾免官,小有罣误㊸。旧有广西中丞所赠玉瓶㊹,价累千金,将出以贿当路。女爱而把玩之,失手堕碎,惭而自投。公夫妇方以免官不快,闻之,怒,交口呵骂。女奋而出,谓公子曰:"我在汝家,所保全者不止一瓶,何遂不少存面目? 实与君言:我非人也。以母遭雷霆之劫,深受而翁庇翼;又以我两人有五年夙分,故以我来报囊恩、了夙愿耳。身受唾骂,擢发不足以数,所以不即行者,五年之爱未盈,今何可以暂止乎!"盛气而出,追之已杳。公爽然自失㊺,而悔无及矣。公子入室,睹其剩粉遗钩,恸哭欲死;寝食不甘,日就羸瘁。公大忧,急为胶续以解之㊻,而公子不乐。惟求良工画小翠像,日夜浇祷其下㊼,几二年。

偶以故自他里归,明月已皎,村外有公家亭园,骑马墙外过,闻笑语声,停辔,使厮卒捉鞚㊽,登鞍一望,则二女郎游戏其中。云月昏蒙,不甚可辨,但闻一翠衣者曰:"婢子当逐出门!"一红衣者曰:"汝在吾家园亭,反逐阿谁?"翠衣人曰:"婢子不羞! 不能作妇,被人驱遣,犹冒认物产也?"红衣者曰:"索胜老大婢无主顾者㊾!"听其音,酷类小翠,疾呼之。翠衣人去曰:"姑不与若争,汝汉子来矣。"既而红衣人来,果小翠。喜极。女令登垣,承接而下之,曰:"二年不见,骨瘦一把矣!"公子握手泣下,具道相思。女言:"妾亦知之,但无颜复见家人。今与大姊游戏,又相邂逅,足知前因不可逃也。"请与同归,不可;请止园中,许之。公子遣仆奔白夫人。夫人惊起,驾肩舆而往,启钥入亭。女即趋下迎拜;夫人捉臂流涕,力白前过,几不自容,曰:"若不少记榛梗㊿,请偕归,慰我迟暮。"女峻辞不可。夫人虑野亭荒寂,谋以多人服役。女曰:"我诸人悉不愿见,惟前两婢朝夕相从,不能无眷注耳,外惟一老仆应门,余都无所复须。"夫人悉如其言。托公子养疴园中,日供食用而已。

女每劝公子别婚,公子不从。后年余,女眉目音声,渐与曩异,出像质之,迥若两人。大怪之。女曰:"视妾今日,何如畴昔美?"公子曰:"今日美则美,然较昔则似不如。"女曰:"意妾老矣!"公子曰,"二十余岁,何得遽老。"女笑而焚图,救之已烬。一日,谓公子曰:"昔在家时,阿翁谓妾抵死不作茧㊿。今亲老君孤,妾实不能产,恐误君宗嗣。请娶妇于家,且晚侍奉翁姑,君往来于两间,亦无所不便。"公子然之,纳币于钟太史之家㊿。吉期将近,女为新人制衣履,赍送母所。及新人入门,则言貌举止,与小翠无毫发之异,大奇之。往至园亭,则女已不知所在。问婢,婢出红巾曰:"娘子暂归宁,留此贻公子。"展巾,则结玉玦一枚,心知其不返,遂携婢俱归。虽顷刻不忘小翠,幸而对新人如觌旧好焉。始悟锺氏之姻,女预知之,故先化其貌,以慰他日之思云。

异史氏曰:"一狐也,以无心之德,而犹思所报;而身受再造之福者,顾失声于破甄㊿,何其鄙哉! 月缺重圆,从容而去,始知仙人之情,亦更深于流俗也!"

【注释】

①太常,官名,汉为九卿之一。以后各代设太常寺,置卿和少卿各一人,掌管宫廷祭祀礼乐等事。

②越:指今浙江地区。古越国建都于会稽(今浙江绍兴),春秋末年越国灭吴,向北扩展,疆域有江苏南部、江西东部、浙江北部等地区。

③总角:古代男女未成年时,束起头发,扎成两角。

④巨霆:迅雷。

⑤牝(pín)牡(mǔ):雌雄,指男女性别。鸟兽雌性叫"牝",雄性叫"牡"。

⑥糠覈(hé):粗粝的饭食。覈,米麦的粗屑。

⑦厌:饱食。膏粱:肥脂与细粮,指美食。

⑧翁姑:公婆。

⑨奁(lián):此指闺中盛放什物的箱匣。

⑩惕惕:耽心,忧虑。

⑪第:但。善谑(xuè):善于戏耍玩笑。

⑫刺布作圆:缝布作球。刺,缝制。圆,球。

⑬硡(hōng)然:形容踢球的声音。

⑭刓(wán):划刻。

⑮乞宥(yòu):求饶。宥,原谅。

⑯"装公子作霸王,作沙漠人"及以下数句:这里是合写他们所扮演的两出戏。装公子作霸王,指扮演西楚霸王项羽;下文写小翠"乃艳服,束细腰,婆娑作帐下舞",指扮演虞姬;串演的是楚汉相争时霸王和虞姬的故事。公子作沙漠人,指扮演发兵索取昭君的匈奴王;下文写小翠"髻插雉尾,拨琵琶,丁丁缕缕",指扮演王昭君;串演的是汉王昭君出塞和亲的故事。

⑰丁丁(zhēng zhēng)缕缕然:形容弹奏琵琶所发出的连续不断的声响。丁丁,形容声音响亮。缕缕,形容声细不绝。

⑱给谏:官名,给事中的别称。明代给事中分吏、户、礼、兵、刑、工六科,掌侍从规谏、稽察六部弊误等事。

⑲素不相能:向来不相容。

⑳三年大计吏:明清时,每三年对官吏举行一次考绩。对外官的考绩称"大计",对京官的考绩称"京察"。

㉑握河南道篆:做河南道监察御史。篆,官印。

㉒冢(zhǒng)宰:周代官名,为六卿之首。明代以内阁大学士为相,且多兼吏部尚书,故又称吏部尚书为冢宰。

㉓虞候:宋时贵官雇用的侍从。此指侍卫、随员。

㉔蹈我之瑕:寻找我的过错。瑕,玉的斑点,比喻缺点或毛病。蹈,据山东省博物馆抄本,原作"盗"。

㉕诟(gòu)让:责骂。诟,辱骂。让,责备。

㉖出:休弃。

㉗仪采服从:仪容、风采、服饰和扈从。

㉘寝:停止,中止。

㉙改行(xìng):改变其所作所为。

㉚觅巾袍:寻找官服,拟穿戴出见宾客。巾袍,犹言冠服。

㉛慢:怠慢,没有礼貌。

㉜衮(gǔn)衣旒(liú)冕:此指穿戴帝王冠服。衮衣,皇帝所穿的龙袍。旒冕,前后悬垂玉串的皇冠。

㉝指日赤吾族矣:不久就将诛灭我全族。指日,不日,为期不远。赤,这里作动词用,有流血、屠杀之意。

㉞抗疏:直言向皇帝上奏。

㉟臧获:奴婢。

㊱擢(zhuó):提升。京卿:清代对三品或四品京官的尊称,或称"京堂"。这里指从侍御擢升为大常寺卿。

㊲舁(yú):抬。

㊳冁(chǎn)然:笑的样子。

㊴恚(huì):恨,怒。

㊵浸淫:渗渍。

㊶沾浃:湿透。

㊷觇(chān):看,偷偷地察看。

㊸罣(guà)误:同"挂误",语出《战国策·韩策》。此指官吏因公事受谴责。

㊹中丞:巡抚的别称。明清时,巡抚兼带副都御史衔,相当于前代的御史中丞,故称之为"中丞"。

㊺爽然自失:语出《史记·屈原贾生列传》,意谓深为内疚。爽然,茫然。自失,内心空虚。

㊻胶续:指续娶。旧时以琴瑟谐和比喻夫妇,因此俗谓丧妻为断弦,再娶曰续弦。《十洲记》谓海上凤麟洲,多仙人,以凤喙麟角合煎作膏,名"续弦胶",能续弓弩的断弦。后来因称男子续娶为"胶续"或"鸾胶再续"。

㊼浇祷:酹(lèi)酒祈祷。

㊽厩(jiù)卒:马夫。捉:抓住。鞚(kòng):有嚼口的马络头。

㊾索胜:总还胜过。

㊿榛(zhēn)梗:原指荆棘梗塞道路,这里比喻心中的怨恨。

(51)抵死:到老死;终究。不作茧:以蚕不作茧比喻妇女不能生育。

(52)纳币:下聘礼。太史:古史官。明清时,因修史之事归于翰林院,因称翰林为"太史"。

(53)失声于破甑(zèng):据《后汉书·郭泰传》记载,东汉孟敏挑甑而行,甑堕地破裂,他不顾而去,认为"甑已破矣,视之何益"。这里是借用这个故事,指责王太常夫妇心地狭窄,竟然惋惜已碎的玉瓶,诟骂对王家有再造之德的小翠。甑,古代一种盛饭用的陶器。失声,情不自禁而出声。

【拓展】

（一）阅读推荐

1. 蒋防《霍小玉传》

2. 蒲松龄《聊斋志异》（自由选读）

（二）云端课堂

1. 在线讲坛：蒲松龄笔下的《聊斋志异》

2. 电影欣赏：《聊斋志异》

（三）思考练习

1. 熟读课文，感受小翠胸怀韬略、知恩图报、重情尚义的独特人格魅力。

2. 根据你的专业或爱好，以《聊斋志异》中的故事为题材，或创编舞蹈，或设计卡通形象等。

空城计

罗贯中

【提示】

　　罗贯中（约1330—约1400），名本，字贯中，号湖海散人，山西并州太原府人。其生平事迹不详，明《录鬼簿续编》说他"与人寡合，乐府隐语，极为清新"。罗贯中是元末明初著名小说家，中国章回小说的鼻祖。他的主要作品有小说《三国演义》《隋唐志传》《残唐五代史演义传》《三遂平妖传》等及杂剧《赵太祖龙虎风云会》。

　　《三国演义》是罗贯中在民间传说及民间艺人创作的话本、戏曲基础上，采用陈寿《三国志》和裴松之补注的正史材料，同时结合自己丰富的生活经验再创作而成。全书描写了从东汉末年到西晋初年之间近100年的历史风云，集中描绘了魏、蜀、吴三国间的政治斗争和军事斗争，大致分为黄巾之乱、董卓之乱、群雄逐鹿、三国鼎立、三国归晋五大部分。在广阔的背景下，上演了一幕幕波澜起伏、气势磅礴的战争场面，刻画了近500个人物形象，其中曹操、刘备、孙权、诸葛亮、周瑜、关羽、张飞等人物形象脍炙人口。非凡的叙事才能，全景式的战争描写，特征化性格的艺术典型，浅近的文言，构成了《三国演义》的主要特色。《三国演义》是我国长篇通俗历史小说的开山之作，对章回小说的形成、发展和繁荣起了积极的作用，历来深受广大群众喜爱。

　　《空城计》选自《三国演义》第九十五回"马谡拒谏失街亭 武侯弹琴退仲达"。历史上，诸葛亮并没有摆过空城计，但罗贯中看中了这个传说，把它纳入诸葛亮首次北伐的情节系列中,经过精心加工,创造出了一个摄人心魄的生动情节。《空城计》在情节上大起大落,骤张骤弛,读者时而凝神屏气,时而会心微笑,情绪始终被情节的发展所牵动。诸葛亮的"空城计"虽然来得奇妙,但又让人奇而不怪,一切都在情理之中。综观全篇,诸葛亮的临危不惧、从容不迫、雍容高雅,司马懿的老谋深算、师心自用,都表现得栩栩如生,难怪这一片段会成为千古传诵的名篇!

【原文】

却说孔明自令马谡等守街亭去后,犹豫不定。忽报王平使人送图本至。孔明唤入,左右呈上图本。孔明就文几上拆开视之,拍案大惊曰:"马谡无知,坑陷吾军矣!"左右问曰:"丞相何故失惊?"孔明曰:"吾观此图本,失却要路,占山为寨。倘魏兵大至,四面围合,断汲水道路,不须二日,军自乱矣。若街亭有失,吾等安归?"长史杨仪进曰:"某虽不才,愿替马幼常回。"孔明将安营之法,一一分付与杨仪。正待要行,忽报马到来,说:"街亭、列柳城,尽皆失了!"孔明跌足长叹曰:"大事去矣! 此吾之过也!"急唤关兴、张苞分付曰:"汝二人各引三千精兵,投武功山小路而行。如遇魏兵,不可大击,只鼓噪呐喊,为疑兵惊之。彼当自走,亦不可追。待军退尽,便投阳平关去。"又令张冀先引军去修理剑阁,以备归路。又密传号令,教大军暗暗收拾行装,以备起程。又令马岱、姜维断后,先伏于山谷中,待诸军退尽,方始收兵。又差心腹人,分路报与天水、南安、安定三郡官史军民,皆入汉中。又遣心腹人到冀县搬取姜维老母,送入汉中。

孔明分拨已定,先引五千兵退去西城县搬运粮草。忽然十余次飞马报到,说:"司马懿引大军十五万,望西城蜂拥而来!"时孔明身边别无大将,只有一班文官,所引五千军,已分一半先运粮草去了,只剩二千五百军在城中。众官听得这个消息,尽皆失色。孔明登城望之,果然尘土冲天,魏兵分两路望西城县杀来。孔明传令,教"将旌旗尽皆隐匿;诸军各守城铺①,如有妄行出入,及高言大语者,斩之! 大开四门,每一门用二十军士,扮作百姓,洒扫街道。如魏兵到时,不可擅动,吾自有计。"孔明乃披鹤氅,戴纶巾,引二小童携琴一张,于城上敌楼前,凭栏而坐,焚香操琴。

却说司马懿前军哨到城下,见了如此模样,皆不敢进,急报与司马懿。懿笑而不信,遂止住三军,自飞马远远望之。果见孔明坐于城楼之上,笑容可掬,焚香操琴。左有一童子,手捧宝剑;右有一童子,手执麈尾。城门内外,有二十余百姓,低头洒扫,傍若无人,懿看毕大疑,便到中军,教后军作前军,前军作后军,望北山路而退。次子司马昭曰:"莫非诸葛亮无军,故作此态? 父亲何故便退兵?"懿曰:"亮平生谨慎,不曾弄险。今大开城门,必有埋伏。我兵若进,中其计也。汝辈岂知? 宜速退。"于是两路兵尽皆退去。孔明见魏军远去,抚掌而笑。众官无不骇然,乃问孔明曰:"司马懿乃魏之名将,今统十五万精兵到此,见了丞相,便速退去,何也?"孔明曰:"此人料吾生平谨慎,必不弄险;见如此模样,疑有伏兵,所以退去。吾非行险,盖因不得已而用之。此人必引军投山北小路去也。吾已令兴、苞二人在彼等候。"众皆惊服曰:"丞相之机,神鬼莫测。若某等之见,必弃城而走矣。"孔明曰:"吾兵止有二千五百,若弃城而走,必不能远遁。得不为司马懿所擒乎?"后人有诗赞曰:"瑶琴三尺胜雄师,诸葛西城退敌时。十五万人回马处,土人指点到今疑。"言讫,拍手大笑,曰:"吾若为司马懿,必不便退也。"遂下令,教西城百姓,随军入汉中;司马懿必将复来。于是孔明离西城望汉中而走。天水、安定、南安三郡官吏军民,陆续而来。

【注释】

① 城铺:城上巡哨的岗棚。

【拓展】

(一)阅读推荐

《三国演义》第九十五回《马谡拒谏失街亭 武侯弹琴退仲达》、第九十六回《孔明挥泪斩马谡 周鲂断发赚曹休》。

(二)云端课堂

1.京剧欣赏:《空城计》

2.在线讲坛:古今第一贤相——诸葛亮

(三)思考练习

1.朗诵课文,感受诸葛亮识人知己的智慧。

2.辩论:诸葛亮艺术形象的魅力真的是缘于他的聪明和忠义吗?

林冲棒打洪教头

施耐庵

【提示】

施耐庵(1296—约1371),原名彦端,字肇瑞,号子安,别号耐庵,元末明初小说家。汉族,江苏兴化人(一说浙江钱塘人),原籍苏州。自幼聪明好学,才华横溢,19岁中秀才,28岁中举人,36岁与刘伯温同榜中进士。不久任浙江钱塘县尹,后弃官归里,闭门著书,与门下弟子罗贯中一起研究《三国演义》《三遂平妖传》的创作,搜集并整理关于梁山泊宋江等英雄人物的故事,最终写成"四大名著"之一的《水浒传》。

《水浒传》又名《忠义水浒传》,简称《水浒》,是一部以描写农民起义为题材的长篇小说。它形象地描绘了农民起义从发生、发展直至失败的全过程,深刻揭示了起义的社会根源,满腔热情地歌颂了起义英雄的反抗斗争和他们的社会理想,也具体揭示了起义失败的内在历史原因。《水浒传》版本众多,流传极广,脍炙人口,对中国乃至东亚的叙事文学都有极其深远的影响。

《林冲棒打洪教头》选自《水浒传》第八回《柴进门招天下客 林冲棒打洪教头》。之前，八十万禁军教头林冲的妻子在光天化日之下被高衙内调戏，可谓奇耻大辱，但林冲是敢怒不敢言，敢怒不敢打；遭陷害发配沧州，一路上受尽虐待，甚至在野猪林险遭毒手，但他还是忍气吞声，不敢反抗。这样一个忍辱怕事的林冲怎么会"棒打"洪教头？洪教头又为什么会自取其辱？让我们一起研读文本，充分挖掘人物的语言、动作所表现出来的个性特征，解读鲜明饱满的人物形象。

【原文】

林冲等谢了店主人出门，走了三二里，果然见座大石桥。过得桥来，一条平坦大路，早望见绿柳阴中显出那座庄院。四下一周遭一条阔河，两岸边都是垂杨大树，树阴中一遭粉墙。转湾来到庄前，那条阔板桥上，坐着四五个庄客，都在那里乘凉。三个人来到桥边，与庄客施礼罢，林冲说道："相烦大哥报与大官人知道：京师有个犯人，送配牢城，姓林的求见。"庄客齐道："你没福，若是大官人在家时，有酒食钱财与你，今早出猎去了。"林冲道："不知几时回来？"庄客道："说不定，敢怕投东庄去歇也不见得。许你不得。"林冲道："如此是我没福，不得相遇，我们去罢。"别了众庄客，和两个公人再回旧路，肚里好生愁闷。

行了半里多路，只见远远的从林子深处，一簇人马飞奔庄上来，中间捧着一位官人，骑一匹雪白卷毛马。马上那人生得龙眉凤目，皓齿朱唇，三牙掩口髭须，三十四五年纪，头戴一顶皂纱转角簇花巾，身穿一领紫绣团胸绣花袍，腰系一条玲珑嵌宝玉环绦，足穿一双金线抹绿皂朝靴，带一张弓，插一壶箭，引领从人，都到庄上来。林冲看了寻思道："敢是柴大官人么？"又不敢问他，只自肚里踌躇。只见那马上年少的官人纵马前来问道："这位带枷的是甚人？"林冲慌忙躬身答道："小人是东京禁军教头，姓林名冲。为因恶了高太尉，寻事发下开封府，问罪断遣，刺配此沧州。闻得前面酒店里说，这里有个招贤纳士好汉柴大官人，因此特来相投。不期缘浅，不得相遇。"那官人滚鞍下马，飞近前来，说道："柴进有失迎迓！"就草地上便拜。林冲连忙答礼。那官人携住林冲的手，同行到庄上来。那庄客们看见，大开了庄门。柴进直请到厅前。两个叙礼罢，柴进说道："小可久闻教头大名，不期今日来踏贱地，足称平生渴仰之愿。"林冲答道："微贱林冲，闻大人贵名传播海宇，谁人不敬。不想今日因得罪犯，流配来此，得识尊颜，宿生万幸！"柴进再三谦让，林冲坐了客席。董超、薛霸也一带坐下。跟柴进的伴当，各自牵了马去院后歇息，不在话下。

柴进便唤庄客，叫将酒来。不移时，只见数个庄客托出一盘肉、一盘饼，温一壶酒；又一个盘子，托出一斗白米，米上放着十贯钱，都一发将出来。柴进见了道："村夫不知高下，教头到此，如何恁地轻意？咄，快将进去！先把果盒酒来，随即杀羊相待。快去整治！"林冲起身谢道："大官人不必多赐，只此十分够了。"柴进道："休如此说，难得教头到此，岂可轻慢。"庄客便如飞先捧出果盒酒来。柴进起身，一面手执三杯。林冲谢了柴进，饮酒罢，两个公人一同饮了。柴进道："教头请里面少坐。"自家随即解了弓袋、箭壶，就请两个公人一同饮酒。柴进当下坐了主席，林冲坐了客席，两个公人在林冲肩下，叙说些闲话，江湖上的勾当。不觉红日西沉。安排得酒食果品海味，摆在桌上，抬在各人面前。柴进亲自举杯，把了三巡，坐下叫道："且将汤来吃。"

吃得一道汤，五七杯酒，只见庄客来报道："教师来也。"柴进道："就请来一处坐地相会亦好。快抬一张桌来。"林冲起身看时，只见那个教师入来，歪戴着一顶头巾，挺着脯子，来到后堂。林冲寻思道："庄客称他做教师，必是大官人的师父。"急急躬身唱喏道："林冲谨参。"那人全不睬着，也不还礼。林冲不敢抬头。柴进指着林冲对洪教头道："这位便是东京八十万禁军枪棒教头林武师林冲的便是，就请相见。"林冲听了，看着洪教头便拜。那洪教头说道："休拜，起来。"却不躬身答礼。柴进看了，心中好不快意。林冲拜了两拜，起身让洪教头坐。洪教头亦不相让，便去上首便坐。柴进看了，又不喜欢。林冲只得肩下坐了，两个公人亦就坐了。

洪教头便问道："大官人今日何故厚礼管待配军？"柴进道："这位非比其他的，乃是八十万禁军教头，师父如何轻慢！"洪教头道："大官人只因好习枪棒，往往流配军人都来倚草附木，皆道'我是枪棒教师'，来投庄上，诱些酒食钱米。大官人如何忒认真？"林冲听了，并不做声。柴进说道："凡人不可易相，休小觑他。"洪教头怪这柴进说"休小觑他"，便跳起身来道："我不信他，他敢和我使一棒看，我便道他是真教头。"柴进大笑道："也好，也好。林武师，你心下如何？"林冲道："小人却是不敢。"洪教头心中忖量道："那人必是不会，心中先怯了。"因此越来惹林冲使棒。柴进一来要看林冲本事，二者要林冲赢他，灭那厮嘴。柴进道："且把酒来吃着，待月上来也罢。"当下又吃过了五七杯酒，却早月上来了，照见厅堂里面如同白日。柴进起身道："二位教头较量一棒。"林冲自肚里寻思道："这洪教头必是柴大官人师父，若我一棒打翻了他，柴大官人面上须不好看。"柴进见林冲踌躇，便道："此位洪教头也到此不多时，此间又无对手。林武师休得要推辞，小可也正要看二位教头的本事。"柴进说这话，原来只怕林冲碍柴进的面皮，不肯使出本事来。林冲见柴进说开就里，方才放心。

只见洪教头先起身道："来，来，来，和你使一棒看！"一齐都哄出堂后空地上。庄客拿一束杆棒来，放在地下。洪教头先脱了衣裳，拽扎起裙子，掣条棒，使个旗鼓，喝道："来，来，来！"柴进道："林武师，请较量一棒。"林冲道："大官人休要笑话。"就地也拿了一条棒起来，道："师父请教。"洪教头看了，恨不得一口水吞了他。林冲拿着棒，使出山东大擂，打将入来。洪教头把棒就地下鞭了一棒，来抢林冲。两个教头在月明地上交手，使了四五合棒，只见林冲托地跳出圈子外来，叫一声："少歇。"柴进道："教头如何不使本事？"林冲道："小人输了。"柴进道："未见二位较量，怎便是输了？"林冲道："小人只多这具枷，因此权当输了。"柴进道："是小可一时失了计较。"大笑道："这个容易。"便叫庄客取十两银子，当时将出。柴进对押解两个公人道："小可大胆，相烦二位下顾，权把林教头枷开了，明日牢城营内但有事务，都在小可身上。白银十两相送。"董超、薛霸见了柴进人物轩昂，不敢违他，落得做人情，又得了十两银子，亦不怕他走了。薛霸随即把林冲护身枷开了。柴进大喜道："今番两位教师再试一棒。"

洪教头见他却才棒法怯了，肚里平欺他，便提起棒却待要使。柴进叫道："且住！"叫庄客取出一锭银来，重二十五两。无一时，至面前。柴进乃言："二位教头比试，非比其他，这锭银子权为利物。若是赢的，便将此银子去。"柴进心中只要林冲把出本事来，故意将银子丢在地下。洪教头深怪林冲来，又要争这个大银子，又怕输了锐气，把棒来尽心使个旗鼓,吐个门户,唤做"把火烧天势"。林冲想道:"柴大官人心里只要我赢他。"也横着棒,使个门户,吐个势,唤做"拨草寻蛇势"。洪教头喝一声:"来,来,来!"便使棒盖将入来。林冲望后一退,洪教头赶入一步,提起棒又复一棒下来。林冲看他脚步已乱了,便把棒从地下一跳,洪教头措手不及,就那一跳里,和身一转,那棒直扫着洪教头臁儿骨上,撇了棒,扑地倒了。柴进大喜,叫快将酒来把盏。众人一齐大笑。洪教头那里挣扎起来,众庄客一头笑着扶了。洪教头羞惭满面,自投庄外去了。柴进携住林冲的手,再入后堂饮酒,叫将利物来送还教师。林冲那里肯受,推托不过,只得收了。

【拓展】

(一)阅读推荐

《水浒传》第六回至第十回

(二)云端课堂

1. 影视欣赏:《林冲棒打洪教头》(片段)

2. 百家讲坛:从林冲看水浒传的人物描写

(三)思考练习

1. 以寝室为单位,模拟给小朋友讲《林冲棒打洪教头》的故事。

2. 比较课文和电视连续剧《新水浒传》第 10 集《林冲棒打洪教头》中对林冲语言的描写,谈谈你的看法。

宝玉挨打

曹雪芹

【提示】

曹雪芹(约 1715—约 1763),清代最伟大的小说家。名沾,字梦阮,号雪芹,又号芹溪、芹圃,先世原是汉族,后为满洲正白旗包衣(皇家奴仆)。曹雪芹的曾祖曹玺任江宁织造;曾祖母孙氏做过康熙帝玄烨的保姆;祖父曹寅做过康熙皇帝的伴读和御前侍卫,后任江宁织造,兼任两淮巡盐监察御使,极受康熙宠信。康熙六下江南,其中四次由曹寅负责接驾,并住在曹家。曹寅病故,其子曹颙、曹頫先后继任江宁织造。他们祖孙三代四人担任此职达 60 年之久。曹雪芹自幼就是在这"秦淮风月"之地的"繁华"生活中长大的。后因封建统治阶级内部政治斗争的牵连,曹頫家在雍正五年(1727)被抄。次年,曹雪芹随家迁回北京。曹家从此一蹶不振,日渐衰微。曹雪芹流落北京西郊,过着"举家食粥"的贫困生活。这个时期,他"披阅十载,增删五次",以坚韧不拔的毅力,专心一志地从事《红楼梦》的写作和修订。最后因贫病无医，加之唯一的爱子夭亡，悲痛过甚，"泪尽而逝"。

《红楼梦》原名《脂砚斋重评石头记》，又名《情僧录》《风月宝鉴》《金陵十二钗》等，共120回，前80回为曹雪芹所著，后40回一般认为由高鹗续作。《红楼梦》是一部具有高度思想性和艺术性的伟大作品，作为一部成书于封建社会晚期、清朝中期的文学作品，该书系统总结了中国封建社会的文化、制度，对封建社会的各个方面进行了深刻的批判，并且提出了朦胧的带有初步民主主义性质的理想和主张。这些理想和主张正是当时正在滋长的资本主义经济萌芽因素的曲折反映。

《宝玉挨打》选自《红楼梦》第三十三回和第三十四回，即《手足耽耽小动唇舌，不肖种种大承笞挞》《情中情因情感妹妹，错里错以错劝哥哥》。这是《红楼梦》情节发展中的高潮之一，写出了宝玉和整个封建势力的矛盾日益尖锐化，随着文中导火索的铺设引发了这一场不可避免的冲突。宝玉挨打的根本原因是什么？小说究竟塑造了一个怎样的宝玉形象？让我们细心阅读，认真思考。

【原文】

原来宝玉会过雨村回来听见了，便知金钏儿含羞赌气自尽，心中早又五内摧伤，进来被王夫人数落教训，也无可回说。见宝钗进来，方得便出来，茫然不知何往，背着手，低头一面感叹，一面慢慢的走着，信步来至厅上。刚转过屏门，不想对面来了一人正往里走，可巧儿撞了个满怀。只听那人喝了一声"站住！"宝玉唬了一跳，抬头一看，不是别人，却是他父亲，不觉的倒抽了一口气，只得垂手一旁站了。贾政道："好端端的，你垂头丧气嗐些什么？方才雨村来了要见你，叫你那半天你才出来，既出来了，全无一点慷慨挥洒谈吐，仍是葳葳蕤蕤①。我看你脸上一团思欲愁闷气色，这会子又咳声叹气。你那些还不足，还不自在？无故这样，却是为何？"宝玉素日虽是口角伶俐，只是此时一心总为金钏儿感伤，恨不得此时也身亡命殒，跟了金钏儿去。如今见了他父亲说这些话，究竟不曾听见，只是怔呵呵的站着。

贾政见他惶悚，应对不似往日，原本无气的，这一来倒生了三分气。方欲说话，忽有回事人来回："忠顺亲王府里有人来，要见老爷。"贾政听了，心下疑惑，暗暗思忖道："素日并不和忠顺府来往，为什么今日打发人来？"一面想，一面令"快请"，急走出来看时，却是忠顺府长史官②，忙接进厅上坐了献茶。未及叙谈，那长史官先就说道："下官此来，并非擅造潭府③，皆因奉王命而来，有一件事相求。看王爷面上，敢烦老大人作主，不但王爷知情，且连下官辈亦感谢不尽。"贾政听了这话，抓不住头脑，忙陪笑起身问道："大人既奉王命而来，不知有何见谕，望大人宣明，学生好遵谕承办。"那长史官便冷笑道："也不必承办，只用大人一句话就完了。我们府里有一个做小旦的琪官，一向好好在府里，如今竟三五日不见回去，各处去找，又摸不着他的道路，因此各处访察。这一城内，十停人倒有八停人都说，他近日和衔玉的那位令郎相与甚厚。下官辈等听了，尊府不比别家，可以擅入索取，因此启明王爷。王爷亦云：'若是别的戏子呢，一百个也罢了，只是这琪官随机应答，谨慎老诚，甚合我老人家的心，竟断断少不得此人。'故此求老大人转谕令郎，请将琪官放回，一则可慰王爷谆谆奉恩，二则下官辈也可免操劳求觅之苦。"说毕,忙打一躬。

　　贾政听了这话,又惊又气,即命唤宝玉来。宝玉也不知是何原故,忙赶来时,贾政便问:"该死的奴才!你在家不读书也罢了,怎么又做出这些无法无天的事来!那琪官现是忠顺王爷驾前承奉的人,你是何等草芥,无故引逗他出来,如今祸及于我。"宝玉听了唬了一跳,忙回道:"实在不知此事。究竟连'琪官'两个字不知为何物,岂更又加'引逗'二字!"说着便哭了。贾政未及开言,只见那长史官冷笑道:"公子也不必掩饰。或隐藏在家,或知其下落,早说了出来,我们也少受些辛苦,岂不念公子之德?"宝玉连说不知,"恐是讹传,也未见得。"那长史官冷笑道:"现有据证,何必还赖?必定当着老大人说了出来,公子岂不吃亏?既云不知此人,那红汗巾子怎么到了公子腰里?"宝玉听了这话,不觉轰去魂魄,目瞪口呆,心下自思:"这话他如何得知!他既连这样机密事都知道了,大约别的瞒他不过,不如打发他去了,免的再说出别的事来。"因说道:"大人既知他的底细,如何连他置买房舍这样大事倒不晓得了?听得说他如今在东郊离城二十里有个什么紫檀堡,他在那里置了几亩田地几间房舍。想是在那里也未可知。"那长史官听了,笑道:"这样说,一定是在那里。我且去找一回,若有了便罢,若没有,还要来请教。"说着,便忙忙的走了。

　　贾政此时气的目瞪口歪,一面送那长史官,一面回头命宝玉:"不许动!回来有话问你!"一直送那官员去了。才回身,忽见贾环带着几个小厮一阵乱跑。贾政喝令小厮:"快打,快打!"贾环见了他父亲,唬的骨软筋酥,忙低头站住。贾政便问:"你跑什么?带着你的那些人都不管你,不知往那里逛去,由你野马一般!"喝令叫跟上学的人来。贾环见他父亲盛怒,便乘机说道:"方才原不曾跑,只因从那井边一过,那井里淹死了一个丫头,我看见人头这样大,身子这样粗,泡的实在可怕,所以才赶着跑了过来。"贾政听了惊疑,问道:"好端端的,谁去跳井?我家从无这样事情,自祖宗以来,皆是宽柔以待下人。——大约我近年于家务疏懒,自然执事人操克夺之权④,致使生出这暴殄轻生⑤的祸患。若外人知道,祖宗颜面何在!"喝令快叫贾琏、赖大、来兴。小厮们答应了一声,方欲叫去,贾环忙上前拉住贾政的袍襟,贴膝跪下道:"父亲不用生气。此事除太太房里的人,别人一点也不知道。我听见我母亲说……"说到这里,便回头四顾一看。贾政知意,将眼一看众小厮,小厮们明白,都往两边后面退去。贾环便悄悄说道:"我母亲告诉我说,宝玉哥哥前日在太太屋里,拉着太太的丫头金钏儿强奸不遂,打了一顿。那金钏儿便赌气投井死了。"话未说完,把个贾政气的面如金纸,大喝"快拿宝玉来!"一面说,一面便往里边书房里去,喝令"今日再有人劝我,我把这冠带家私⑥一应交与他与宝玉过去!我免不得做个罪人,把这几根烦恼鬓毛剃去,寻个干净去处⑦自了,也免得上辱先人下生逆子之罪。"众门客仆从见贾政这个形景,便知又是为宝玉了,一个个都是咬指咬舌,连忙退出。那贾政喘吁吁直挺挺坐在椅子上,满面泪痕,一叠声"拿宝玉!拿大棍!拿索子捆上!把各门都关上!有人传信往里头去,立刻打死!"众小厮们只得齐声答应,有几个来找宝玉。

　　那宝玉听见贾政吩咐他"不许动",早知多凶少吉,那里承望贾环又添了许多的话。正在厅上干转,怎得个人来往里头去捎信,偏生没个人,连焙茗也不知在那里。正盼望时，只见一个老姆姆出来。宝玉如得了珍宝，便赶上来拉他，说道："快进去告诉：老爷要打我呢！快去，快去！要紧，要紧！"宝玉一则急了，说话不明白；二则老婆子偏生又聋，竟不曾听见是什么话，把"要紧"二字只听作"跳井"二字，便笑道："跳井让他跳去，二爷怕什么？"宝玉见是个聋子，便着急道："你出去叫我的小厮来罢。"那婆子道："有什么不了的事？老早的完了。太太又赏了衣服，又赏了银子，怎么不了事的！"

宝玉急的跺脚，正没抓寻处，只见贾政的小厮走来，逼着他出去了。贾政一见，眼都红紫了，也不暇问他在外流荡优伶，表赠私物，在家荒疏学业，淫辱母婢等语，只喝令"堵起嘴来，着实打死！"小厮们不敢违拗，只得将宝玉按在凳上，举起大板打了十来下。贾政犹嫌打轻了，一脚踢开掌板的，自己夺过来，咬着牙狠命盖了三四十下。众门客见打的不祥了，忙上前夺劝。贾政那里肯听，说道："你们问问他干的勾当可饶不可饶！素日皆是你们这些人把他酿坏了，到这步田地还来解劝。明日酿到他弑君杀父，你们才不劝不成！"

众人听这话不好听，知道气急了，忙又退出，只得觅人进去给信。王夫人不敢先回贾母，只得忙穿衣出来，也不顾有人没人，忙忙赶往书房中来，慌的众客小厮等避之不及。王夫人一进房来，贾政更如火上浇油一般，那板子越发下去的又狠又快。按宝玉的两个小厮忙松了手走开，宝玉早已动弹不得了。贾政还欲打时，早被王夫人抱住板子。贾政道："罢了，罢了！今日必定要气死我才罢！"王夫人哭道："宝玉虽然该打，老爷也要自重。况且炎天暑日的，老太太身上也不大好，打死宝玉事小，倘或老太太一时不自在了，岂不事大！"贾政冷笑道："倒休提这话。我养了这不肖的孽障，已不孝，教训他一番，又有众人护持，不如趁今日一发勒死了，以绝将来之患！"说着，便要绳索来勒死。王夫人连忙抱住哭道："老爷虽然应当管教儿子，也要看夫妻分上。我如今已将五十岁的人，只有这个孽障，必定苦苦的以他为法，我也不敢深劝。今日越发要他死，岂不是有意绝我。既要勒死他，快拿绳子来先勒死我，再勒死他。我们娘儿们不敢含怨，到底在阴司里得个依靠。"说毕，爬在宝玉身上大哭起来。贾政听了此话，不觉长叹一声，向椅上坐了，泪如雨下。王夫人抱着宝玉，只见他面白气弱，底下穿着一条绿纱小衣皆是血渍，禁不住解下汗巾看，由臀至胫，或青或紫，或整或破，竟无一点好处，不觉失声大哭起来，"苦命的儿吓！"因哭出"苦命儿"来，忽又想起贾珠来，便叫着贾珠哭道："若有你活着，便死一百个我也不管了。"此时里面的人闻得王夫人出来，那李宫裁王熙凤与迎春姊妹早已出来了。王夫人哭着贾珠的名字，别人还可，惟有宫裁禁不住也放声哭了。贾政听了，那泪珠更似滚瓜一般滚了下来。

正没开交处，忽听丫鬟来说："老太太来了。"一句话未了，只听窗外颤巍巍的声气说道："先打死我，再打死他，岂不干净了！"贾政见他母亲来了，又急又痛，连忙迎接出来，只见贾母扶着丫头，喘吁吁的走来。贾政上前躬身陪笑道："大暑热天，母亲有何生气亲自走来？有话只该叫了儿子进去吩咐。"贾母听说，便止住步喘息一回，厉声说道："你原来是和我说话！我倒有话吩咐，只是可怜我一生没养个好儿子，却教我和谁说去！"贾政听这话不像，忙跪下含泪说道："为儿的教训儿子，也为的是光宗耀祖。母亲这话，我做儿的如何禁得起？"贾母听说，便啐了一口，说道："我说一句话，你就禁不起，你那样下死手的板子,难道宝玉就禁得起了? 你说教训儿子是光宗耀祖,当初你父亲怎么教训你来!"说着,不觉就滚下泪来。贾政又陪笑道:"母亲也不必伤感,皆是作儿的一时性起,从此以后再不打他了。"贾母便冷笑道:"你也不必和我使性子赌气的。你的儿子,我也不该管你打不打。我猜着你也厌烦我们娘儿们。不如我们赶早儿离了你,大家干净!"说着便令人去看轿马,"我和你太太宝玉立刻回南京去!"家下人只得干答应着。贾母又叫王夫人道:"你也不必哭了。如今宝玉年纪小,你疼他,他将来长大成人,为官作宰的,也未必想着你是他母亲了。你如今倒不要疼他,只怕将来还少生一口气呢。"贾政听说,忙叩头哭道:"母亲如此说,贾政无立足之地。"贾母冷笑道:"你分明使我无立足之地,你反说起你来! 只是我们回去了,你心里干净,看有谁来许你打。"一面说,一面只令快打点行李车轿回去。贾政苦苦叩求认罪。

　　贾母一面说话,一面又记挂宝玉,忙进来看时,只见今日这顿打不比往日,又是心疼,又是生气,也抱着哭个不了。王夫人与凤姐等解劝了一会,方渐渐的止住。早有丫鬟媳妇等上来,要搀宝玉,凤姐便骂道:"糊涂东西,也不睁开眼瞧瞧! 打的这么个样儿,还要搀着走! 还不快进去把那藤屉子春凳⑧抬出来呢。"众人听说连忙进去,果然抬出春凳来,将宝玉抬放凳上,随着贾母王夫人等进去,送至贾母房中。

　　彼时贾政见贾母气未全消,不敢自便,也跟了进去。看看宝玉,果然打重了。再看看王夫人,"儿"一声,"肉"一声,"你替珠儿早死了,留着珠儿,免你父亲生气,我也不白操这半世的心了。这会子你倘或有个好歹,丢下我,叫我靠那一个!"数落一场,又哭"不争气的儿"。贾政听了,也就灰心,自悔不该下毒手打到如此地步。先劝贾母,贾母含泪说道:"你不出去,还在这里做什么! 难道于心不足,还要眼看着他死了才去不成!"贾政听说,方退了出来。

　　此时薛姨妈同宝钗、香菱、袭人、史湘云也都在这里。袭人满心委屈,只不好十分使出来,见众人围着,灌水的灌水,打扇的打扇,自己插不下手去,便越性走出来到二门前,令小厮们找了焙茗来细问:"方才好端端的,为什么打起来? 你也不早来透个信儿!"焙茗急的说:"偏生我没在跟前,打到半中间我才听见了。忙打听原故,却是为琪官金钏姐姐的事。"袭人道:"老爷怎么得知道的?"焙茗道:"那琪官的事,多半是薛大爷素日吃醋,没法儿出气,不知在外头唆挑了谁来,在老爷跟前下的火⑨。那金钏儿的事是三爷说的,我也是听见老爷的人说的。"袭人听了这两件事都对景⑩,心中也就信了八九分。然后回来,只见众人都替宝玉疗治。调停完备,贾母令"好生抬到他房内去"。众人答应,七手八脚,忙把宝玉送入怡红院内自己床上卧好。又乱了半日,众人渐渐散去。

　　袭人见贾母王夫人等去后,便走来宝玉身边坐下,含泪问他:"怎么就打到这步田地?"宝玉叹气说道:"不过为那些事,问他作什么! 只是下半截疼的很,你瞧瞧打坏了那里。"袭人听说,便轻轻的伸手进去,将中衣褪下。宝玉略动一动,便咬着牙叫'嗳哟',袭人连忙停住手,如此三四次才褪了下来。袭人看时,只见腿上半段青紫,都有四指宽的僵痕高了起来。袭人咬着牙说道:"我的娘,怎么下这般的狠手! 你但凡听我一句话,也不得到这步地位。幸而没动筋骨,倘或打出个残疾来,可叫人怎么样呢!"

　　正说着,只听丫鬟们说:"宝姑娘来了。"袭人听见,知道穿不及中衣,便拿了一床袷纱被替宝玉盖了。只见宝钗手里托着一丸药走进来，向袭人说道："晚上把这药用酒研开，替他敷上，把那淤血的热毒散开，可以就好了。"说毕，递与袭人，又问道："这会子可好些？"宝玉一面道谢说："好了。"又让坐。宝钗见他睁开眼说话，不像先时，心中也宽慰了好些，便点头叹道："早听人一句话，也不至今日。别说老太太，太太心疼，就是我们看着，心里也疼。"刚说了半句又忙咽住，自悔说的话急了，不觉的就红了脸，低下头来。宝玉听得这话如此亲切稠密，大有深意，忽见他又咽住不往下说，红了脸，低下头只管弄衣带，那一种娇羞怯怯，非可形容得出者，不觉心中大畅，将疼痛早丢在九霄云外，心中自思："我不过挨了几下打，他们一个个就有这些怜惜悲感之态露出，令人可玩可观，可怜可敬。假若我一时竟遭殃横死，他们还不知是何等悲感呢！既是他们这样，我便一时死了，得他们如此，一生事业纵然尽付东流，亦无足叹惜，冥冥之中若不怡然自得，亦可谓糊涂鬼祟矣。"想着，只听宝钗问袭人道："怎么好好的动了气，就打起来了？"袭人便把焙茗的话说了出来。宝玉原来还不知道贾环的话，见袭人说出方才知道。因又拉上薛蟠，惟恐宝钗沉心，忙又止住袭人道："薛大哥哥从来不这样的，你们不可混猜度。"宝钗听说，便知道是怕他多心，用话相拦袭人，因心中暗暗想道："打的这个形像，疼还顾不过来，还是这样细心，怕得罪了人，可见在我们身上也算是用心了。你既这样用心，何不在外头大事上做工夫，老爷也喜欢了，也不能吃这样亏。但你固然怕我沉心，所以拦袭人的话，难道我就不知我的哥哥素日恣心纵欲，毫无防范的那种心性。当日为一个秦钟，还闹的天翻地覆，自然如今比先又更利害了。"想毕，因笑道："你们也不必怨这个，怨那个。据我想，到底宝兄弟素日不正，肯和那些人来往，老爷才生气。就是我哥哥说话不防头，一时说出宝兄弟来，也不是有心调唆：一则也是本来的实话，二则他原不理论这些防嫌小事。袭姑娘从小儿只见宝兄弟这么样细心的人，你何尝见过天不怕地不怕，心里有什么口里就说什么的人。"袭人因说出薛蟠来，见宝玉拦他的话，早已明白自己说造次了，恐宝钗没意思，听宝钗如此说，更觉羞愧无言。宝玉又听宝钗这番话，一半是堂皇正大，一半是去己疑心，更觉比先畅快了。方欲说话时，只见宝钗起身说道："明儿再来看你，你好生养着罢。方才我拿了药来交给袭人，晚上敷上管就好了。"说着便走出门去。袭人赶着送出院外，说："姑娘倒费心了。改日宝二爷好了，亲自来谢。"宝钗回头笑道："有什么谢处。你只劝他好生静养，别胡思乱想的就好了。不必惊动老太太，太太众人，倘或吹到老爷耳朵里，虽然彼时不怎么样，将来对景，终是要吃亏的。"说着，一面去了。

袭人抽身回来，心内着实感激宝钗。进来见宝玉沉思默默似睡非睡的模样，因而退出房外，自去栉沐。宝玉默默的躺在床上，无奈臀上作痛，如针挑刀挖一般，更又热如火炙，略展转时，禁不住"嗳哟"之声。那时天色将晚，因见袭人去了，却有两三个丫鬟伺候，此时并无呼唤之事，因说道："你们且去梳洗，等我叫时再来。"众人听了，也都退出。

这里宝玉昏昏默默，只见蒋玉菡走了进来，诉说忠顺府拿他之事，又见金钏儿进来哭说为他投井之情。宝玉半梦半醒，都不在意。忽又觉有人推他，恍恍忽忽听得有人悲戚之声。宝玉从梦中惊醒，睁眼一看，不是别人，却是林黛玉。宝玉犹恐是梦，忙又将身子欠起来，向脸上细细一认，只见两个眼睛肿的桃儿一般，满面泪光，不是黛玉，却是那个？宝玉还欲看时，怎奈下半截疼痛难忍，支持不住，便"嗳哟"一声，仍就倒下，叹了一声,说道:"你又做什么跑来!虽说太阳落下去,那地上的余热未散,走两趟又要受了暑。我虽然捱了打,并不觉疼痛。我这个样儿,只装出来哄他们,好在外头布散与老爷听,其实是假的。你不可认真。"此时林黛玉虽不是嚎啕大哭,然越是这等无声之泣,气噎喉堵,更觉得利害。听了宝玉这番话,心中虽然有万句言语,只是不能说得,半日,方抽抽噎噎的说道:"你从此可都改了罢!"宝玉听说,便长叹一声,道:"你放心,别说这样话。就便为这些人死了,也是情愿的!"一句话未了,只见院外人说:"二奶奶来了。"林黛玉便知是凤姐来了,连忙立起身说道:"我从后院子去罢,回来再来。"宝玉一把拉住道:"这可奇了,好好的怎么怕起他来。"林黛玉急的跺脚,悄悄的说道:"你瞧瞧我的眼睛,又该他取笑开心呢。"宝玉听说赶忙的放手。黛玉三步两步转过床后,出后院而去。凤姐从前头已进来了,问宝玉:"可好些了?想什么吃,叫人往我那里取去。"接着,薛姨妈又来了。一时贾母又打发了人来。

至掌灯时分,宝玉只喝了两口汤,便昏昏沉沉的睡去。接着,周瑞媳妇,吴新登媳妇,郑好时媳妇,这几个有年纪长来往的,听见宝玉捱了打,也都进来。袭人忙迎出来,悄悄的笑道:"婶婶们来迟了一步,二爷才睡着了。"说着,一面陪他们到那边房里坐着,倒茶给他们吃。那几个媳妇子都悄悄的坐了一回,向袭人说:"等二爷醒了,你替我们说罢。"

袭人答应了,送他们出去。

【注释】

①葳(wēi)葳蕤(ruí)蕤:疲惫不堪,萎靡不振。

②长史官:总管王府内事务的官吏。从南朝起始设,其后各代王府都沿设此职。

③潭府:深宅大院。常用作对他人住宅的尊称。潭,深邃的样子。

④克夺之权:生杀予夺之权。

⑤暴殄(tiǎn)轻生:暴殄,恣意糟蹋。殄,灭绝。轻生,不爱惜生命。

⑥冠带家私:冠带,帽子和束带,是官服的代称,这里代指官爵。家私,财产,代指家业。

⑦烦恼鬓毛、干净去处:鬓毛,即头发,佛家称为"烦恼丝"。干净,佛家以为人世污浊不净,唯有佛门才能通向清净世界,即所谓净土。剃去烦恼鬓毛与寻个干净去处,都是出家当和尚的意思。

⑧藤屉子春凳:春凳,一种面较宽的可坐可卧的长凳。藤屉子,凳面用藤皮编成。

⑨下的火:使坏进谗的意思。

⑩对景:对得上号,情况符合。

【拓展】

(一)阅读推荐

《红楼梦》第三十回至第三十四回

（二）云端课堂

1.品读经典：马瑞芳妙解《红楼梦》之宝玉挨打（上）

2.品读经典：马瑞芳妙解《红楼梦》之宝玉挨打（下）

（三）思考练习
1.课后以寝室为单位分角色朗诵课文。
2.讨论：贾宝玉在他父母眼里是一个什么样的人？在你心目中又是一个怎样的形象？为什么？

生

沈从文

【提示】

沈从文（1902—1988），现代作家、历史文物研究家。原名沈岳焕，笔名小兵、懋（mào）琳、休芸芸等。湖南凤凰（今属湘西土家族苗族自治州）人，苗族。1918年小学毕业后入本乡土著部队，随军在川、湘、鄂、黔四省边区辗转，开始接触中外文学作品。1923年到北京自学写作。1924年开始发表作品。曾在武汉大学、青岛大学、西南联合大学、北京大学任教，编辑《大公报》《益世报》等文学副刊。中华人民共和国成立后，沈从文被安排到中国历史博物馆，从事文物、工艺美术图案及物质文化史的研究工作。1957年放弃了文学生涯。1978年调中国社会科学院历史研究所任研究员，致力于中国古代服饰及其他史学领域的研究。1980年曾应邀赴美国讲学，1982年增补为中国文联委员。

沈从文从1926年出版第一本创作集《鸭子》开始，出版了80余种作品集，被人称为多产作家。他的小说取材广泛，描写了从乡村到城市各色人物的生活，其中以反映湘西下层人民生活的作品最具特色。代表作《边城》以兼具抒情诗和小品文的优美笔触，表现自然、民风和人性的美，提供了富于诗情画意的乡村风俗画幅，充满牧歌情调和地方色彩，形成别具一格的抒情乡土小说。他的创作表现手法不拘一格，文体不拘常例，故事不拘常格，尝试各种体式和结构进行创作，成为现代文学史上不可多得的"文体作家"。他的散文也独具魅力，为现代散文增添了艺术光彩。一些后来的作家曾深受他创作风格的影响。

《生》描写一个在北京城外卖艺的老头子，用两个被他称之为"王九""赵四"的傀儡表演打架，每次表演都以王九获胜告终。文章对北京城外各种地摊的气氛渲染极鲜活，对老头子卖艺的神态动作描写极生动,就连四周懒洋洋百无聊赖的游客也如在眼前。然而,这些并不是作品的关键,小说最令人震动的是文末的一段话,它让人顿悟到小说的题目:生。就在这样一个平凡的街头表演中,在这个衰老滑稽的老头子身上,你能体味到多少生的况味?台湾作家白先勇说:"如果要我选三篇'五四'以来三十年间最杰出的短篇小说,我一定会选沈从文一篇,大概会选他那篇震撼人心的《生》。"对此,你会有同感吗?

【原文】

北京城什刹海前海南头,煤灰土新垫就一片场坪,白日照着,有一圈没事可做的闲人,皆为一件小小热闹黏合在那里。

咝……

一个裂帛的声音,这声音又如一枚冲天小小爆仗,由地面腾起,五色纸作成翅膀的小玩具,便在一个螺旋形的铁丝上,被卖玩具者打发上了天。于是这里有各色各样的脸子,皆向明蓝作底的高空仰着。小玩具作飞机形制,上升与降落,同时还牵引了远方的眼睛,因为它颜色那么鲜明,有北京城玩具特性的鲜明。

小小飞机达到一定高度后,便俨然如降落伞盘旋而下,依然落在场中一角,可以重新拾起,且重新派它向上高升。或当发放时稍偏斜一点,它的归宿处便改了地方,有时随风飏起挂在柳梢上,有时落在各种小摊白色幕顶上,有时又凑巧停顿在或一路人草帽上。它是那么轻,什么人草帽上有了这小东西时,先是一点儿不明白,仍然扬长向人丛中走去,于是一群顽皮小孩子,小狗般跟在身后嚷着笑着,直到这游人把事弄明白,抓了头上小东西摔去,小孩子方才争着抢夺,忘了这或一游人,不再理会。

小飞机每次放送值大子儿三枚,任何好事的出了钱,皆可自己当场玩玩,亲手打发这飞机"上天",直到这飞机在"地面"失去为止。

从腰边口袋中掏铜子人一多,时间不久,卖玩具人便笑眯眯的一面数钱一面走过望海楼喝茶听戏去了,闲人黏合性一失,即刻也散了。场坪中便只剩下些空莲蓬,翠绿起襞的表皮,翻着白中微绿的软瓤,还有棕色莲子壳,绿色莲子壳。

一个年纪已经过了六十的老人扛了一对大傀儡从后海走来,到了场坪,四下望人,似乎很明白这不是玩傀儡的地方,但莫可奈何的停顿下来。

这老头子把傀儡坐在场中烈日下,一面拾着地面的莲蓬,用手捏着,探试其中的虚实,一面轻轻的咳着,调理他那副嗓子。他既无小锣,又无小鼓,除了那对脸儿一黑一白简陋呆板的傀儡以外,其余什么东西都没有!看的人也没有。

他把那双发红小眼睛四方瞟着,场坪地位既那么不适宜,天气又那么热,心里明白,若无什么花样做出来,绝不能把游海子的闲人牵引过来。老头子便望着坐在坪里傀儡中白脸的一个,亲昵的低声的打着招呼,也似乎正在用这种话安慰到他自己。

"王九,不要着急,慢慢的会有人来的,你瞧,这莲蓬,不是大爷们的路数?咱们呆一会儿,就来玩个什么给爷们看看,玩得好,还愁爷们不赏三枚五枚?玩得好,大爷们回家去还会同家中学生说:嗨,王九赵四摔跤多扎实,六月天大日头下扭着整着搂着,还不出汗!(他又轻轻的说)可不是,你就从不出汗,天那么热,你不出汗也不累,好汉子!"

来了一个人，正在打量投水似的神气，把花条子衬衣下角长长的拖着，作成北京城大学生特有的丑样子，在脸上，也正同样有一派老去民族特有的憔悴颜色。

老头子瞥了这学生一眼，便微笑着，以为帮场的“福星”来了，全身作成年轻人灵便姿势，把膀子向上向下摇着。大学生正研究似的，站在那里欣赏傀儡的面目，老头子就重复自言自语的说话，亲昵得如同家人父子应对。

“王九，我说，你瞧，大爷大姑娘不来，先生可来了。好，咱们动手，先生不会走的。你小心别让赵四小子扔倒。先生帮咱们绷个场面，看你摔赵四这小子，先生准不走。”

于是他把傀儡扶起，整理傀儡身上那件破旧长衫，又从衣下取出两只假腿来，把它缚在自己裤带上，一切弄妥当后，就把傀儡举起，弯着腰，钻进傀儡所穿衣服里面去，用衣服罩好了自己，且把两只手套进假腿里，改正了两只假腿的位置，开始独自来在灰土坪里扮演两人殴打的样子。他用各样方法，移动着傀儡的姿势，跳着，蹿着，有时又用真脚去捞那双用手套着的假脚，装作掼跤盘脚的动作。他自己既不能看清楚头上的傀儡，又不能看清楚场面上的观众，表演得却极有生气。

大学生忧郁的笑了，而且，远远的另一方，有人注意到了这边空地上的情形，被这情形引起了好奇兴味，第二个人跑来了。

再不久，第三个以至于第十三个皆跑来了。

闲人为了看傀儡殴斗，聚集在四周的越来越多。

众人嘻嘻的笑着，从衣角里，老头子依稀看得出场面上一圈观众的腿脚，他便替王九用真脚绊倒了赵四的假脚，傀儡与藏在衣下玩傀儡的，一齐颓然倒在灰土里，场面上起了哄然的笑声，玩意儿也就作了小小结束了。

老头子慢慢的从一堆破旧衣服里爬出来，露出一个白发苍苍满是热汗的头颅，发红的小脸上写着疲倦的微笑，离开了傀儡后，就把傀儡重新扶起，自言自语的说着：

“王九，好小子，你真干。你瞧，我说大爷会来，大爷不全来了吗？你玩得好，把赵四这小子扔倒了，大爷会大把子铜子儿撒来，回头咱们就有窝窝头啃了。瞧，你那脸，大姑娘样儿。你累了吗？怕热吗？（他一面说一面用衣角揩抹他自己的额角。）来，再来一趟，好劲头，咱们赶明儿还上南京国术会打擂台，给北方挣个大面子！”

众人又哄然大笑。

正当他第二次钻进傀儡衣服底里时，一个麻脸庞收地摊捐的巡警，从人背后挤进来。

巡警因为那种扮演古怪有趣，便不作声，只站在最前面看这种单人掼跤角力。然刚一转折，弯着腰身的老头子，却从巡警足部一双黑色厚皮靴上认识了观众之一的身分与地位，故玩了一会，只装作赵四力不能支，即刻又成一堆坍在地下了。

他赶忙把头伸出，对巡警作一种谄媚的微笑，意思像在说“大爷您好，大爷您好”，一面解除两手所套的假腿，一面轻轻地带着幽默自讽的神气，向傀儡说：

“瞧，大爷真来了，黄褂儿，拿个小本子抽收四大枚浮摊捐，明知道咱们嚼大饼还没办法，他们是来看咱们摔跤的！天气多热！大爷们尽在这儿竖着，来，咱们等等再来。”

他记起地摊捐来了，他手边还无一个大子。

过一阵,他看看围在四方的帮场人已不少,便四面作揖打拱说:

"大爷们,大热天委屈了各位。爷们身边带了铜子儿的,帮忙随手撒几个,荷包空了的,帮忙呆一会儿,撑个场面。"

观众中有人丢一枚两枚的,与其他袖手的,皆各站定原来位置不动,一个青年军官,却掷了一把铜子,皱着眉毛走开了。老头子为拾取这一把散乱满地的铜子,照例沿了场子走去,系在腰带上那两只假脚,便很可笑的左右摆动着。

收捐巡警已把那黄纸条画上了个记号,预备交给老头子,他见着时,赶忙数了手中铜子四大枚,送给巡警,这巡警就口上轻轻说着"王九王九",笑着走了。巡警走后老头子把那捐条搓成一根捻子,夹在耳朵边,向傀儡说:"四个大子不多,王九你说是不是?你不热,不出汗!巡警各处跑,汗流得多啦!"说到这里他似乎方想起自己头上的大汗,便蹲下去拉王九衣角揩着,同时意思想引起众人发笑,观众却无人发笑。

这老头子也同社会上某种人差不多,扮戏给别人看,连唱带做,并不因为他做得特别好,就只因为他在做,故多数人皆用希奇怜悯眼光瞧着。应出钱时,有钱的也照例不吝惜钱,但不管任何地方,只要有了一件新鲜事情,这点黏合性就失去了,大家便会忘了这里一切,各自跑开了。

柳树荫下卖莲子小摊,有人中了暑,倒在摊边晕去了,大家不知发生了什么事,见有人跑向那方面去,也跟着跑去。只一会儿,玩傀儡的场坪观众就走去了大半,少数人也似乎才查觉了头上的烈日,陆续渐渐散去了。

带着等待投水神气的大学生,似乎也记起了自己应做的事情,不能尽在这烈日下捧场作呆二,沿着前海大路挤进游人中不见了。

场中剩了七个人。

老头子看看,微笑着,一句话不说,两只手互相捏了一会,又蹲下去把傀儡举起,罩在自己的头上,两手套进假腿里去,开始剧烈的摇着肩背,玩着业已玩过的那一套。古怪动作招来了四个人,但不久之间却走去了五个人。等到另外一个地方真的殴打发生后,其余的人便全都跑去了。

老头子还依然玩着,依然常常故意把假脚举起,作为其中一个全身均被举起的姿势,又把肩背极力倾斜向左向右,便仿佛傀儡相扑极烈。到后便依然在一种规矩中倒下,毫不苟且的倒下。自然的,王九又把赵四战胜了。

等待他从那堆敝旧衣里爬出时,场坪里只有一个查验地摊捐的矮巡警笑眯眯的站在那里。因为观众只他一人,故显得他身体特别大,样子特别乐。

他走向巡警身边去,弯了下腰,从耳朵边抓取那根黄纸捻条,那东西却不见了,就忙忙匆匆的去傀儡衣里乱翻。到后从地下发现了那捐条,赶忙拿着递给巡警。巡警不验看捐条,却望着系在那老头子腰边的两只假腿痴笑,摇摇头走了。

他于是同傀儡一个样子坐在地下,计数身边的铜子,一面向白脸傀儡王九笑着,说着前后相同既在博取观者大笑,又在自作嘲笑的笑话。他把话说得那么亲昵,那么柔和。他不让人知道他死去了的儿子就是王九,儿子的死,乃由于同赵四相拼,也不说明。他决不提这些事。他只让人眼见傀儡王九与傀儡赵四相殴相扑时,虽场面上王九常常不大顺手,上风皆由赵四占去,但每次最后的胜利,总仍然归那王九。

王九死了十年,老头子在北京城圈子里外表演王九打倒赵四也有了十年,那个真的赵四,则五年前在保定府早就害黄疸病死掉了。

一九三三年九月三日,北平

【拓展】

(一)阅读推荐

1. 契诃夫《苦恼》

2. 沈从文《萧萧》

(二)云端课堂

1. 在线讲坛:沈从文小说创作

2. 名人趣事:沈从文

(三)思考练习

1. 朗诵课文,感悟题目《生》的含义。

2. 写一篇读沈从文《生》与契诃夫《苦恼》有感。

党费(节选)

王愿坚

【提示】

王愿坚(1929—1991),山东诸城县相州镇人。1944 年参加革命,在部队里当过宣传员、文工团员、报社编辑和记者。1952 年以后曾担任过《解放军文艺》和革命回忆录《星火燎厚》的编辑工作,任八一电影制片厂编剧、文学部主任、解放军艺术学院文学美术系主任等职。1991 年 1 月 25 日因病于北京逝世。

王愿坚是作家、战地记者和电影编剧。他的作品多取材于第二次国内革命战争时期苏区军民的斗争生活和长征路上的生活片断。歌颂革命前辈给后代留下的“精神财富”,是作者着重表现的主题。他的作品充满着浓厚的革命英雄主义和革命乐观主义的气息。主要作品有《党费》《粮食的故事》《七根火柴》《支队政委》《三人行》《草》等优秀短篇小说。

《党费》是王愿坚的第一部短篇小说,也是王愿坚的代表作。作品写的是第二次国内革命战争时期,一个普通的女共产党员用自制的咸菜交党费的故事。作者用强烈的色彩,激荡的感情,为我们塑造了一个勇敢忠贞、有血有肉、充满艺术感染力的女共产党员的不朽形象。

【原文】

过了半个多月,听说白匪对并村以后的群众斗争开始注意了,并且利用个别动摇分子破坏我们,有一两个村里党的组织受了些损失。于是我又带着新的指示来到了八角坳。

到了黄新同志的门口,我按她说的,顺着墙缝朝里瞅了瞅。灯影里,她正忙着呢。屋里地上摆着好几堆腌好的咸菜,有腌白菜、腌萝卜、腌蚕豆……有黄的,有绿的。她把这各种各样的菜理好了,放进一个箩筐里。一边整着,一边哄孩子:

"乖妞子,咱不要,这是妈要拿去卖的。等妈卖了菜,赚了钱,给你买个大烧饼……什么都买! 咱不要,咱不要!"

妞儿不如大人经折磨,比她妈瘦得还厉害,细长的脖子挑着瘦脑袋,有气无力地倚在她妈妈的身上,大概也是轻易不大见油盐,两只大眼睛轱辘轱辘地瞪着那一堆堆咸菜,馋得不住地咂嘴巴。她不肯听妈妈的哄劝,还是一个劲地扭着她妈的衣服要吃。又爬到那个空空的破坛子口上,把干瘦的小手伸进坛子里去,用手指头蘸点盐水,填到口里吮着,最后忍不住竟伸手抓了一根腌豆角就往嘴里填。她妈妈一扭头看见了,瞅了瞅孩子,又瞅了瞅箩筐里的菜,忙伸手把那根菜拿过来。孩子哇的一声哭了。

看到这情景,我直觉得鼻子尖一酸一酸的,我再也憋不住了,就敲了门进去。一进门我就说:"阿嫂,你这就不对了,菜要卖,自己的孩子吃根菜也算不了啥,别委屈了孩子!"

她看我来了,又提到孩子吃菜的事,长抽了一口气说:"老程啊,你寻思我当真是要卖? 这年头盐比金子还贵,哪里有咸菜卖啊! 这是我们几个党员凑合着腌了这点咸菜,想交给党算作党费,兴许能给山上的同志们解决点困难。这刚刚凑齐,等着你来哪!"

我想起来了,第一次接头时碰到她们在摘青菜,就是这咸菜啊!

她望望我,望望孩子,像是对我说,又像自言自语地说:"只要有咱的党,有咱的红军,说不定能保住多少孩子哩!"

我看看孩子,孩子不哭了,可是还是围着空坛子转。我随手抓起一把豆角递到孩子手里说:"千难万难也不差这一点点,我宁愿十天不吃啥也不能让孩子受苦!"

我的话还没说完,忽然门外一阵慌乱的脚步声,一个人跑到门口,轻轻地敲着门,急乎乎地说:"阿嫂,快,快开门!"

拉开门一看,原来就是第一次来时见到的摘菜的一个妇女。她气喘吁吁地说:"有人走漏了消息! 说山上来了人,现在,白鬼来搜人了,快想办法吧! 我再通知别人去。"说罢,悄悄地走了。

我一听有情况,忙说:"我走!"

黄新一把拉住我说:"人家来搜人,还不围个风雨不透? 你往哪走? 快想办法隐蔽起来!"

这情况我也估计到了,可是怕连累她,我还想甩开她往外走。她一霎间变得严肃起来,板着脸,说话也完全不像刚才那么柔声和气了,变得又刚强又果断。她斩钉截铁地说:"按地下工作的纪律,在这里你得听我的!为了党,你得活着!"她指着阁楼说:"快上去躲起来,不管出了什么事也不要动,一切有我应付!"

这时,街上乱成一团,吆喝声脚步声越来越近了。我上了阁楼,从楼板缝里往下看,看见她把菜筐子用草盖了盖,很快地抱起孩子亲了亲,把孩子放在地铺上,又霍地转过身来朝着我说:"程同志,既然敌人已经发觉了,看样子是逃不脱这一关了,万一我有个什么好歹,八角坳的党组织还在,反夺田已经布置好了,我们能搞起来。以后再联络,你找胡敏英同志,就是刚才来的那个女同志。你记着,她住在西头从北数第四个窝棚,门前有一棵小榕树……"她指了指那筐咸菜又说:"你可要想着把这些菜带上山去,这是我们缴的党费!"

停了一会儿,她侧耳听了听外面的动静,又说话了,只是声音又变得那么和善了:"孩子,要是你能带,也托你带上山去,或者带到外地去养着,将来咱们的红军打回来,把她交给卢进勇同志。"话又停了,大概她的心绪激动得很厉害,"还有,上次托你缴的钱,和我的党证也一起带去,有一块钱买盐用了。我把它放在砂罐里,你千万记着带走!"

话刚完,白鬼子已经赶到门口了。她连忙转过身来,搂着孩子坐下,慢慢地理着孩子的头发。我从板缝里看她,她还像第一次见面时那么和善那么安详。

白匪敲门了。她慢慢地走过去,开了门。四五个白鬼闯进来,劈胸揪住了她问:"山上来的人在哪?"

她摇摇头说:"不知道!"

白鬼们在屋里到处翻了一阵,眼看着泄气了,忽然一个家伙儿发现了那一箩筐咸菜,一脚把箩筐踢翻,咸菜全撒了。白鬼用刺刀拨着咸菜,似乎看出了什么:"这咸菜是哪来的!"

"自己的!"

"自己的!干吗有这么多的颜色!这不是凑了来往山上送的?"那家伙打量了一下屋子,命令其他白鬼说:"给我翻!"

就这么间房子,要翻还不翻到阁楼上来?这时,只听她大声地说:"知道了还问什么!"她猛地一挣跑到了门口,直着嗓子喊:"程同志,往西跑啊!"

两个白匪跑出去,一阵脚步声往西去了,剩下的两个白匪扭住她就往外走。

我原来想事情可以平安过去,现在眼看她被抓走了,我能眼看着让别人替我去牺牲?我得去!凭我这身板,赤手空拳也干个够本!我刚打算往下跳,只见她扭回头来,两眼直盯着被惊呆了的孩子,拉长了声音说:"孩子,好好地听妈妈的话啊!"

这是我听到她最后的一句话。

这句话使我想到刚才发生情况时她说的话,我用力抑制住了冲动。但是这句话也只有我明白,"听妈妈的话",妈妈,就是党啊!

当天晚上,村里平静了以后,我把孩子哄得不哭了。我收拾了咸菜,从砂罐里菜窝窝底下找到了黄新同志的党证和那一块银洋,然后,把孩子也放到一个箩筐里,一头是菜一头是孩子,挑着上山了。

见了魏政委。他把孩子揽到怀里听我汇报。他详细地研究了八角坳的情况以后,

按照往常做的那样,在登记党费的本子上端端正正地写上:

黄新同志 1934 年 11 月 21 日缴到党费······

他写不下去了。他停住了笔。在他脸上我看到了一种不常见的严肃的神情。他久久地抚摸着孩子的头,看着面前的党证和咸菜。然后掏出手巾,蘸着草叶上的露水,轻轻地,轻轻地把孩子脸上的泪痕擦去。

在黄新的名字下面,他再也没有写出党费的数目。

是的,一筐咸菜是可以用数字来计算的,一个共产党员爱党的心怎么能够计算呢?一个党员献身的精神怎么能够计算呢?

【拓展】

(一)阅读推荐

1. 王愿坚《党费》

2. 王愿坚《草》

(二)云端课堂

1. 经典诵读:王愿坚《党费》

2. 电影观赏:根据《党费》改编的电影《党的女儿》

(三)思考练习

1. 朗读课文,体会小说所表现出来的革命英雄主义和革命情怀。

2. 讨论:课文中的"党费"有几重含义?作者是如何通过细节描写来塑造人物、表达情感的?

走出沙漠

沈　宏

【提示】

沈宏(1959—),浙江省作家协会会员,现为《湖州晚报》专刊编辑。发表小小说 700 多篇,短篇小说、散文、报告文学 100 多篇;出版小小说集《初恋印象》《走出沙漠》《夏日最后一朵蔷薇》等多部。其中《走出沙漠》的出版被评为 2007 中国小小说十大重要事件之一,获第三届郑州小小说学会优秀文集奖等。

《走出沙漠》是沈宏的成名作,获小小说选刊 1989—1990 年度优秀作品奖,曾获首届中国小小说金麻雀提名奖。作品围绕着一个水壶发展,由两次想夺水壶到最后发现绿洲和道出水壶的个中秘密,情节设置颇具匠心,小说结构摇曳多姿,人物形象性格鲜明。作者通过这些要向我们传达些什么呢？让我们静静阅读,细细探究。

【原文】

他们四人的眼睛都闪着凶光,并且又死死盯住那把挂在我胸前的水壶。而我的手始终紧紧攥住水壶带子,生怕一放松就会被他们夺去。

在这死一般沉寂的沙漠上,我们对峙着。这样的对峙,今天中午已经发生过了。

望着他们焦黄的面庞与干裂的嘴唇,我也曾产生过一种绝望,真想把水壶给他们,然后就……可我不能这样做!

半个月前,我们跟随肇教授沿着丝绸之路进行风俗民情考察。可是在七天前,谁也不知道怎么会迷了路,继而又走进了眼前这片杳无人烟的沙漠。干燥炎热的沙漠消耗了我们每个人的体力。食物已经没有了。最可怕的是干渴。谁都知道,在沙漠上没有水,就等于死亡。迷路前,我们每人都有一壶水;迷路后,为了节省水,肇教授把大家的水壶集中起来,统一分配。可昨天夜里,肇教授死了,临死前,他把挂在脖子上的最后一个水壶给我说:"你们走出沙漠全靠它了,不到万不得已时,千万……千万别动它。坚持着,一定要走出沙漠。"

这会儿他们仍死死盯着我胸前的水壶。

我不知道什么时候能走出这片沙漠,而这水壶是我们的支柱。所以,不到紧要关头,我是决不会取下这水壶的,可万一他们要动手呢?看到他们绝望的神色,我心里很害怕,我强作镇静地问道:"你们……""少啰嗦!"满脸络腮胡子的孟海不耐烦地打断我,"快把水壶给我们。"说着一步一步向我逼近。他身后的三个人也跟了上来。

完了!水壶一旦让他们夺去,我会……我不敢想像那即将发生的一幕。突然,我跪了下来,"求求你们不要这样!你们想想教授临死前的话吧。"

他们停住了,一个个垂下脑袋。

我继续说:"目前我们谁也不知道什么时候能走出沙漠,而眼下我们就剩下这壶水了。所以不到紧要关头还是别动它,现在离黄昏还有两个多小时,乘大家体力还行,快走吧。相信我,到了黄昏,我一定把水分给大家。"

大伙又慢慢朝前艰难地行走。这一天总算又过去了,可黄昏很快会来临。过了黄昏还有深夜,还有明天,到时……唉,听天由命吧。

茫茫无际的沙漠简直就像如来佛的手掌,任你怎么走也走不出,当我们又爬上一个沙丘时,已是傍晚了。

走在前面的孟海停了下来,又慢慢地转过身。

天边的夕阳渐渐地铺展开来,殷红殷红的,如流淌的血。那景色是何等壮观!夕阳下的我与孟海他们再一次对峙着,就像要展开一场生死的决斗。我想此时已无路可走,还是把水壶给他们。一种真正的绝望从心头闪过,就在我要摘下水壶时,只听郁平叫道:"你们快听,好像有声音!"

大伙赶紧趴下,凝神静听,从而判断出声音是从左边的一个沙丘后传来的,颇似流水声。我马上跃起:"那边可能有绿洲,快跑!"

果然,左边那高高的沙丘下出现一个绿洲。大家发疯似地涌向湖边……

夕阳西沉,湖对岸那一片绿色的树林生机勃勃,湖边开满了种种芬芳的野花。孟海他们躺在花丛中,脸上浮现出满足的微笑。也许这时他们已忘掉了还挂在我胸前的那个水壶。可我心里却非常难受,我把他们叫起来:"现在我要告诉你们一件事。为什么我一再不让你们喝这壶水呢?其实里面根本没有水,只是一壶沙。"我把胸前的水壶摘下来,拧开盖。霎时,那黄澄澄的细沙流了出来。

大伙都惊住了。

我看了他们一眼,沉重地说:"从昨天上午开始,我们已经没有水了。可教授没把真相告诉我们。他怕我们绝望,所以在胸前挂了一个水壶,让我们以为还有水。为了不让我们看出是空的,他偷偷地灌上一壶沙。事后,教授知道自己不行了,因为他已好几天不进水了,他把自己的一份水都给了我们。教授把事情告诉我并又嘱咐,千万别让大家知道这水壶的真相。它将支撑着我们走出沙漠。万一我不行了,你就接替下去……"

我再也说不下去了。孟海他们已泣不成声。当大家回头望着身后那片死一般沉寂的长路时,才明白是怎样走出了沙漠……

【拓展】

(一)拓展阅读

1. 沈宏《夏日最后一朵蔷薇》

2. [美国]奥莱尔《在柏林》

(二)云端课堂

1. 名家朗诵:沈宏《走出沙漠》

2. 微电影欣赏:《背景》——致敬最美逆行者

(三)思考练习

1. 朗诵课文,体会微型小说在情节结构上的特点,品味小说语言。

2."当大家回头望着身后那片死一般沉寂的长路时,才明白是怎样走出了沙漠……"请结合全文说说文中的"大家"具体明白了什么?这揭示出一个怎样的人生哲理?

月光斩

莫　言

【提示】

莫言(1955—),原名管谟业,山东高密人。中国当代著名作家。青岛科技大学客座教授,香港公开大学荣誉文学博士。6岁进校读书,小学三年级时读了《林海雪原》《青春之歌》《钢铁是怎样炼成的》等作品,受到文学启蒙。12 岁时读小学五年级,因"文化大革命"爆发辍学回家,以放牛割草为业,闲暇时读《三国演义》《水浒传》,无书可读时甚至读《新华字典》。

莫言是第一个获得诺贝尔文学奖的中国籍作家。1981 年开始小说创作,发表处女作《春夜雨霏霏》。1985 年发表短篇小说《透明的红萝卜》,引起文坛注意。1986 年发表中篇小说《红高粱》,反响强烈,被读者推选为《人民文学》1986 年"我最喜爱的作品"第一名,目前已经被翻译成 20 多种文字在全世界发行。2011 年莫言荣获茅盾文学奖。2012 年莫言获得诺贝尔文学奖,获奖理由是:"通过幻觉现实主义将民间故事、历史与当代社会融合在一起。"

《月光斩》描写了我们向往的侠客精神,曾荣获 2004 年度"人民文学最佳短篇小说奖"和"2007 年首届蒲松龄短篇小说奖"。《月光斩》与鲁迅的《铸剑》异曲同工,对故事原型表达"复仇"的母题,进行了现代演绎。但和《铸剑》不同,这是一个没有结果的复仇,一个荒诞无稽的无厘头故事。弗洛伊德说文学是作家的白日梦,而梦是愿望的变相达成,用传说铸造的《月光斩》正是弱者复仇的一个白日梦,是梦,总有醒了的时候。《月光斩》所表现出的丰富想象空间与澎湃辗转的词锋,令人为之感叹——诚如张大春在为《红耳朵》作序时所言:"千言万语,何若莫言!"

【原文】

在县文化局工作的表弟给我发来邮件说,表哥,最近县里发生了一件大事,请看附件。

八月七日上午八点。县委办公大楼五层保密室。机要员小冯,是你的老同学冯国庆的二女儿。小冯刚上班,提着热水瓶想去打开水,听到窗户外乌鸦噪叫,探头外望,发现那棵最高的雪松顶梢悬挂着一个黑乎乎的东西,起初以为是乌鸦们在此筑了巢,心中有几分丧气,继而又见那些乌鸦竟像不畏生死的斗士轮番向那黑物攻击,心中诧异,定睛细看,是一颗人头,随即发出一声尖叫,热水瓶掉在地上,竟然没碎,也是奇迹,正在整理文件的小许——她是你老战友的三女儿——跑到窗前往外看,发出更为夸张的尖叫。几分钟后,县委大楼朝南的窗户全部打开,县委大院,乱成一个如被火燎的马蜂窝。

虽然人头已被乌鸦啄得千疮百孔,但人们还是辨认出那是县委刘副书记的面孔。他面色惨白,愈显得精心染过的头发漆黑如墨。他的眼睛已被乌鸦啄瘪,看不到他的眼神了,因此也就无法想象他临终时刻是惊惧还是愤怒,是浑然无觉还是早有准备。有人道:不一定是乌鸦所毁,很可能是罪犯所为,因为据说西方已经可以用一种特殊技术,从死者的视网膜提取信息,然后输入电脑,显示出罪犯的形象。由此判断,罪犯是一个对犯罪学相当了解的高智商者,绝不是一般的坏人。又有人说,罪犯将人头悬挂在县委大院,显然有杀鸡儆猴之意,带有明显的政治意图,因此可以排除一般的情杀或图财害命。刘副书记是组织部长提起来的,主管干部提拔任用多年,少言寡语,为人谨慎,有良好的口碑,究竟是什么人,将这样一个好干部残忍杀害?闻风而至的县公安局几乎所有的警车发出的刺耳尖啸把所有人的声音都淹没了。县消防中队的一辆救火车开进大院,竖起云梯,一个身穿杏黄色防护服的消防员爬上去,展开一块红绸,将人头小心翼翼地包起来。乌鸦愤怒地对他发起冲击。他举起一条胳膊护住面颊,用另一条胳膊夹着人头,迅速地爬下来。

人头被一个着白大褂的法医接过去,小心地托着,钻进警车,鸣着笛,转着灯,开走。市里的警车与市委领导的车也赶到了,大院里无处停车,就停在了大楼前的永安大街上。县里的防暴警察和武警中队的官兵已经在大道上排开人墙,封锁了道路,成群结队的行人和自行车被封堵,形成了两个乌压压的人团,万头攒动、人声如潮。警察用电动喇叭喊话,命令人们绕道而行,但人们却一个劲地往前挤,直至公安局的马副政委对天鸣枪示警,人们才恋恋不舍地散去。警笛声停止,但车顶上的警灯还在把一束束令人心寒的光芒扫来扫去。县委大楼上所有的窗户都遵命关闭,但许多人的目光还是不由自主地往外斜,即使他们目不斜视地盯着书本、文件或是压在玻璃板下的照片,但他们的脑海里……好了,表哥,我不想对你描绘刘副书记遇难后发生在县委大楼的事了,从表面上看,已经没有什么异常。常委们躲在五楼小会议室里开紧急会议,各办公室里的人们以比平日里严肃得多的态度工作,小头头儿们抓住一点鸡毛蒜皮的小事严厉地训斥部下,而部下也带着痛不欲生的表情承认错误。当然,每个人心中的想法,就只可意会不可言传了。

很快就传来了消息,说在县城唯一的那家三星级饭店的一个豪华套间里,发现了刘副书记的尸体。尸体穿着深蓝色的西服,脖子上扎着紫红色的领带,端坐在沙发上,只要安上一个头就可以作报告。清扫房间的服务员进门后就感觉好像缺了点什么,怔了半天,才发现客人无头。奇怪的是,竟然没有一点血迹,米黄色的化纤地毯像是刚刚用强力吸尘器吸过一样,连一点灰尘都没有。断头处,仿佛用烙铁烙过一样平整——也有人说仿佛用速冻技术处理过一样平整。房间里没有任何的搏斗痕迹和罪犯留下的蛛丝马迹。这样的现场,令县里和市里那些刑警挠头不止。下午,省公安厅的破案专家飞车赶来。他们看了现场,研究了被分成两截的遗体,也感到大惑不解。问题的焦点集中在:刘副书记的血流到哪里去了?罪犯使用什么样的凶器才能干出这样干净利索的活儿?

当省、市、县的破案专家绞尽脑汁思索的时候,一个传说,像风一样吹遍了县城的每一个角落,连永安大街上那两处爱民工程、外面用绿色马赛克里面用白色马赛克贴了墙面的公共厕所都没漏过——厕所尿池子上方白色的马赛克墙壁上,有人——也许是鬼——用彩笔写上了三个大字:月光斩——当然这传说也从县城波及到了乡村,甚至传到了外县、外省、外国。那三个字,每个都有足球般大,字迹稚拙,乍一看颇似顽皮儿童的涂鸦,但仔细研究,又像一个很有书法根基的人在扮嫩。

何为月光斩?人们马上就想到了一部香港拍摄的电视连续剧的名字,剧中有个人物,手持一把寒光闪闪的宝刀,专拣明月皎皎之夜杀人。但传说中的月光斩与这部香港电视剧毫无关系。传说里说——

一九五八年,大炼钢铁的时候,城关公社的一群机关干部,突发奇想,冲到新建的县火葬场,要用那台新安装的化尸炉炼钢。火葬场技术员向这些人解释,说化尸炉跟炼钢炉根本不是一种构造,但那批执拗的干部,任火葬场技术员磨得嘴唇起泡也不动摇。说他们去国营天河洼农场请来两位右派,帮助改造化尸炉。这两位右派,一位名叫任你行,一位名叫令狐退。任你行原是钢铁厂的副总工程师,在苏联留过学,获得过副博士学位。令狐退原是省冶金学校副校长,留德归来的材料学专家。这是两个真正的专家,与当时那拨子建土炉子炼钢的人有天壤之别。如果不划成右派,我们这个小县城用八抬大轿也请不来他们,但成了右派后,一请就把他们请来了。这样两个人,别说是把化尸炉改成炼钢炉,给他们个尿罐,也能改造成可以熔化黄金的坩埚。这个由化尸炉改造成的炼钢炉,炼出了一块纯蓝的钢,就像国王的妃子抱了钢柱而受孕产下来的那块铁一样玄妙。他们往炼钢炉里投进去一百多个破旧的日本钢盔、五十多口铁锅、一万多个从棺材上起出来的铁钉,还有一千多枚罗汉钱,但出钢时只流出不满的一勺钢水。这是真正的金属的精华,七道凌厉的蓝光直冲云霄,有七颗流星沿着蓝光落到钢水勺里,它们在降落时,金光与蓝光剧烈磨擦,放射出刺目的强光,并散发出浓烈得让人昏迷的烧冰的香气——把冰凌放在火上烧,这是我们那里的坏小孩常玩的游戏——我知道这样写有悖物理学原理,但这是传说,姑妄言之姑妄听之。七星落入钢水勺后,正好齐平勺沿。那两个右派中的一个,可能是令狐退,也可能是任你行,亲手端着钢水勺子,浇灌到早就准备好的长条形钢锭模子里。他们准备了一百多个模子,但只灌了半个模子。这块钢——姑称为钢吧——在模子里慢慢冷却了,炼钢炉里的火也熄灭了,只有邻近火葬场的人民医院里那个土高炉还冒着黄色的火苗子。不久,人民医院的土高炉也灭了。此时,天上一轮明月,放射着浅蓝的光辉,那块钢,在模子里放出幽蓝的光芒,令在场的人心中都滋生出了庄严、神圣的感情。至于这块奇异的蓝钢的下落,有许多种说法,但每一种说法,都无从调查,因为那些参加过炼钢的人大半作古,活着的人,只能提供一些含糊的证词。如果沿着这些证词调查,那就如同太阳的光线一样,射向四面八方,有的变成植物,有的变成气体,有的变成人类无法认识的物质。

但很快又有一个令人振奋的传说出现。

县城东门外,原有个东关村,村里有户铁匠,姓李。李铁匠六十丧妻,三个儿子,陆续成人,都无妻室,跟着父亲打铁为生。父子都是文盲,春节时,请村里一位曾经当过私塾先生的人写对联,那人好谑,提笔写道:一门四光棍,父子八大锤。横批不合规矩,只有三个字:硬碰硬。

此联大为有名,县城的人都知道。新的传说与这户铁匠有关。

说"文化大革命"期间的一个傍晚,铁匠炉封了火,苞米粥的香气弥漫全室。铁匠们的饭量极大,一个比笆斗还大的双耳锅吊在铁匠炉上方,锅里的金黄的粥倒出来足有一桶。兄弟三个围着锅站立,每人捧着一个粗瓷大碗,喝得满室粥响,老铁匠病了,缩在墙角的地铺上,盖着一张烂羊皮,在那里哆嗦、哼哼。炉里飘游不定的蓝色火苗不时照亮老铁匠铜色的干巴脸,然后便敛了,房子又沉入黑暗。心比较细的老三嘴里有粥,含含糊糊地问:爹,你还是喝一碗吧,人是铁,饭是钢,一顿不吃饿得慌。老铁匠咳嗽一阵,喘息着问:粮食市上的苞米,涨到多少钱一斤啦?老大瓮声瓮气地说:管他多少钱一斤,水涨船高,粮食价涨,咱的工钱也跟着涨。老二道:这年头,还不知怎么闹腾呢,吃了今日就别去管明日啦。老铁匠喘息着说：今晚上加班，把"井冈山"红卫兵那批扎枪头子打出来，收一笔钱准备着，世道乱了，好往关外逃。三儿子道：你以为关外就不乱了吗？你没听到大喇叭里吆喝？五湖四海一片红啦。爷们儿正说着，喝着，听着县城里传出来的阵阵呐喊和火车的凄厉笛声，感受着火车进站时引起的地皮震颤，就有一个人影轻悄悄地，犹如一匹金钱豹子闪了进来。正好又有一个罂粟花般大小的蓝色火苗从封住的火炉上飘起来，悬浮着，久久不逝，照亮了来者。

那是一个年约十五六岁的姑娘，身穿一套草绿色的仿制军装，腰里扎着一条奇宽的牛皮腰带，使她的身材显得有几分英武。她头上扎着两根小辫，浓眉大眼，蒜头鼻子，长嘴厚唇，有点儿傻气。当然，她的胳膊上还套着一个红色的袖标。最重要的是，她怀里抱着一个黑色的包裹，看上去十分沉重，不知道里边是什么东西。

铁匠兄弟都是正当盛年的光棍，来者虽是一个小丫头，但毕竟是女性，所以他们都用热情的眼光上下打量着她。姑娘把怀中的包裹扔在地上，发出沉闷的响声，使地皮都颤抖。你是"井冈山"的吗？老三说，你们那批扎枪明天才能打出来。老二道：回去告诉你们的头头，一手交钱，一手交货。老大道：苞米涨价了，煤也涨价了，我们的扎枪头也涨了，每个两块钱。姑娘直起腰，把双手的拇指与食指插进腰带，捋捋衣服，又往下抻抻衣角，挺起胸膛，冷冷地说：我既不是"井冈山"的，也不是"东方红"的，我是"独立大队"。老三笑道：蒙谁呀？县城里根本就没有这么个红卫兵组织。姑娘道：我不跟你们废话，我有一块好钢，请你们帮我打一把刀。老三道：什么好钢，拿出来瞧瞧。于是，姑娘蹲在地上，解开地上的包裹。先是一层黑布，继是一层蓝布，然后是一层红布，最后是一层白布。当那层白布解开时，炉子上方那个飘游的火苗像胆怯的小鼠一般，倏地钻进了煤堆。被烟熏火燎得黝黑的铁匠铺子顿时被一种幽蓝的光芒照亮，四面的墙壁和房顶，仿佛都刷了一层明亮的釉彩，焕发出动人的光芒。铁匠兄弟们都忘记了喝粥，捧着碗，张大嘴，眼睛直愣愣地瞪着那块钢。那块钢安静地躺在白布上，仿佛一条远古时代的鱼。女孩伸出一根手指，轻轻地触摸了一下那块钢，然后急速缩回，仿佛那块钢奇冷又仿佛那块钢奇热。她用挑战的口吻说：看到了吧？就是这样一块钢。我想请你们打一把刀，样子我也带来了，但不知你们有没有这个本事。她说着，从衣兜里摸出一张折叠成儿童玩的纸炮形状的纸片，展开，举给就近的老三，道：就照着这样子打。老三接过纸片，借着那钢的光，看着纸上的图。那是一把古老样式的刀，刀把是个圆环，刀背弧线流畅，宛如妙龄女子的腰背。刀尖与刀背吻合部形成一个钝角，刀刃线条凸起，犹如鱼的肚腹。这样的刀，倒也不难锻打，老三说着，将纸片递给老二，老二看罢，又递给老大。老大道：不知这位姑娘能出多少加工费？姑娘冷笑一声，道：只要你们能将这块钢，锻打成这样一把刀，加工费嘛，要多少就是多少。老大说道：小姑娘，别说大话，你爹不是银行行长，即便你爹是银行行长，那些钱也不是你们家的对不对？告诉你，我打铁三十年了，我爹打铁六十年了，什么样的钢没见过？什么样的铁没砸过？你想用这块涂了一层荧光粉的铁来糊弄我们吗？姑娘冷笑着，一探身夺回纸片，装进衣兜，然后便蹲下，包裹那块蓝钢。这时，一直缩在墙角的老铁匠气喘吁吁地说：姑娘，慢着点包裹。老三，扶我起来，让我见识见识。老三上前，扶起老铁匠，颤颤巍巍地过来，一低头，眼睛里立即生出光彩,脸上的肌肉也猛然紧张起来,仿佛片刻之间变成了另外的一个人。他蹲下,抬头看看姑娘,低头看看蓝钢;抬头,低头;抬,低;然后伸手触了一下蓝钢。然后又触了一下。又触。每一下都像蜻蜓点水。然后,站起来,双手抱拳,作一个长揖,小心翼翼地说:姑娘,儿子们出语无状,多有得罪。我们是些土铁匠,锻打个锨、镢、镰、锄,混碗苞谷粥糊口罢了。这样的宝物,您还是另请高明吧。姑娘叹一口气,说:都说李铁匠家祖上是为康熙大帝打过屠龙宝刀的御用铁匠,原来不过尔尔。说罢,用无比失望的眼光扫视了一遍铁匠父子,蹲下身,包裹起那钢,艰难地抱起,趔趔趄趄向外走去。房子里顿时又沉入黑暗,那蓝色火苗浮起,照耀着铁匠父子的脸,犹如四尊尴尬的泥神。姑娘的身影,犹如金钱豹子,即将在门口消失的一刹那,老铁匠用悲凉的声音问:姑娘,你到哪里去?——我把这块钢,扔到南湾里去,让它沉没到淤泥中,永远不见天日。——回来,姑娘。老铁匠说,这是我的命,逃是逃不过的。——你决定要征服它了吗?姑娘的身影又如金钱豹子,一闪便回到了铁匠炉旁。她的目光里闪烁着惊喜,道,我知道你不会放过它的,一个好铁匠,总是盼望着这样的钢出世,然后,用奇特的方式,使它服从自己的意志,变成一把宝刀。老铁匠脱下身上的破褂子,露出瘦骨嶙峋的胸膛,从水桶里舀起一瓢冷水,咕咕地灌下去,然后一抹嘴,腰板挺直,仿佛年轻了二十岁,或者三十岁,雄赳赳地说:儿子们,生起火来……生起来啊升起来火……生起火来……

老铁匠的二儿子用铁钩子捅开煤壳,拉动风箱,呱嗒呱嗒,白烟上冲,直冲房顶,火星四窜,火苗紧接着出现。老铁匠从姑娘怀中接过那包裹,放在屋子正北方向的祖先牌位前,跪地,行三跪九叩之大礼。礼毕,将包裹解开,悲切切地说:列祖列宗,保佑吧!祝毕,将右手中指塞进嘴巴,咬破,在那蓝光的映照下他的血也成了蓝色,滴滴下落到那钢上,先发出叮叮咚咚的声响,仿佛珍珠落到冰上,然后又咬破左手中指,将血滴上去,又发出滋滋啦啦的声响,仿佛那钢是灼热的。铁匠的儿子们嗅到了古怪的香气,与那用荷叶包裹着的人血馒头放到灶火烧烤时的香气颇为接近。血祭完毕,那钢的蓝色浅了,淡了,不似初时坚硬凌厉,增添了些许温柔,与深秋时节的满月光辉有几分相似。然后,也不包扎手指,搬起那钢,如抱着一个十世单传的婴孩,塞进了熊熊的炉火之中。

用了比烧透一般钢铁十倍的时间,才将那块蓝钢烧透。当爷儿们用头号大钳把那蓝钢抬到铁砧子上时,铁匠铺里变成了冰一样透明的世界。屋子里的人和物,都仿佛远古时的物体,被凝固在一块浅蓝的琥珀里。此时,只有凝神观察,才能看到那块如鱼一样形状的钢,活泼泼地躺在砧子上,浑身抖动不止,不知是痛苦还是兴奋。老铁匠操着小锤,如其说是打,毋宁说是抚摸了一下那蓝钢。三个如狼似虎的儿子,各操着十八磅的大锤,各打了一锤。接下来,老铁匠的小锤便如鸡啄米一样迅疾地敲打下去,三个儿子手中的大锤,挟带着狂热与激昂,如同奔驰中的烈马之蹄,迅速无比但又节点分明地砸下去。奇怪的是竟然没有声音。往常这父子四人打铁时发出的声响半条街上都能听到,连火车的汽笛声都被盖住,但现在,这锻打,这劳动,剧烈至极,但墙角上蟋蟀的鸣叫都声声入耳,让人感觉到深秋之悲凉,生命之短暂。那个小姑娘呢?那个姑娘缩在墙角里,双手捧着腮,眯缝着眼睛,犹如食后蹲在大树上休息的金钱豹子。奇怪的是如此猛烈的锻打,竟然没有半点的火星溅出,往常这父子四人打铁时,火星四溅,碰到墙壁反弹回来,发出扑簌簌的声响,远远看过来,宛如礼花绽放。这样的锻打持续了足有半个时辰。三个儿子身上热气腾腾,犹如三根刚从油锅里夹出来的油条,但那老铁匠,却连一滴汗珠都没流。老铁匠手中的小锤慢了下来,儿子们手中的大锤跟着慢下来。小锤更慢了,东一下,西一下,宛如一只吃饱了的鸡,在米堆里拣虫吃。老铁匠歪着头,眯着眼,神情和姿态都与一只黑色的老公鸡相似。更慢了。当当,小锤声;哐哐,大锤声。当,哐,当,哐。小锤扔在地上,站立着,柄儿摇晃,终于静止。三个儿子如同三株朽木,瘫倒在地上,只有老铁匠还站着。炉子里的火半明半暗,蓝色的火苗柔软无力,犹如微风中的丝绸。老铁匠头顶光秃,嘴角下垂,脖子上老皮垂挂,仿佛老了二十岁,或者三十岁。他勉强站着,用目光招呼着那个小姑娘。小姑娘畏畏缩缩地走到铁砧子前,先看了一眼老铁匠,然后低头看砧子。她又抬起头看老铁匠,满脸疑惑。无怪她疑惑,因为那砧子上似乎什么都没有,好像那块奇异的蓝钢,被铁匠父子们打成了空气,或者打成了光,涂到这房间里的所有物体上,连人的皮肤上、头发上、眼睫毛上,都涂的有。老铁匠眼睛半睁着,可见疲劳已使他的眼皮没了力气,声音细弱,如同蚊虫哼哼,非侧耳屏气难以听到。但姑娘分明是听到了。她把右手中指塞进嘴巴,一口咬破,血珠滴落,举到砧子上。一股碧绿的烟雾腾起,房子里溢散开用灶火烧烤荷叶包裹着的用人血蘸过的馒头的气味。与此同时,那把刀的形状便在砧子上渐渐地显现出来。大约有一米长、最宽处约有二十厘米,完全符合那张纸片上的形状。她又把左手的中指咬破,血珠滴落,举到刀上,叮叮咚咚,如同珍珠落在冰上。与此同时,那刀的形状又渐渐朦胧了,犹如雾里看花,水中望月,隔着玻璃看沐浴的美人。

你把它拿走吧。说完这句话,老铁匠往后便倒,随即停止了呼吸。

你把它拿走吧。说完这句话,老铁匠的大儿子随即停止了呼吸。

你把它拿走吧。说完这句话,老铁匠的二儿子随即停止了呼吸。

你把它拿走吧。老铁匠的小儿子说。

姑娘抓起那把刀,犹如捏着一段月光,对铁匠的小儿子说:你跟我一起走。

这两个年轻人,女的提着刀,男的空着手,走出铁匠铺子,走上街道,走出东关村,进入原野,消逝在蓝色的月光之中。

这把刀的名字叫"月光斩"。

只有用"月光斩"砍人首级,才能滴血不出,才能茬口如熨过的"的确良"布料一样平滑。

但不久又有一个传说出来,传说:身首分离的刘副书记,其实是一个塑料模特,不知道是哪个恶作剧的家伙,或者是哪个被刘副书记扇过耳光的坏蛋,制造了这样一出闹剧。尽管是闹剧,但造成了极为恶劣的政治影响,对刘副书记的名誉也有毁灭性的伤害,而且还造成了难以估量的经济损失,那么多的警车,那么多的警察、武警,那么多的官员,都投入到破案中去,车辆磨损、汽油耗费、工资、差旅费……嗨!

为了挽回影响,县委、县政府在人民广场举行篝火晚会,庆祝中秋佳节,电视台直播。人们从电视里看到,刘副书记先讲话,后唱京戏,又与女青年跳舞。无论是讲话、唱戏,还是跳舞,他的脸上都带着微笑,非常有亲和力,非常平静,仿佛什么事情都没有发生过。

看完了附件,我给表弟回复邮件:表弟如晤,久未通信,十分想念。姑姑好吗?姑夫好吗?建国表哥好吗?青青表妹好吗?你在县城工作,要经常回老家看看,姑姑姑夫年纪大了,多多保重。你若回去,一定代我去眉间尺的坟前烧两陌纸钱。遇见韦小宝的后人,一定要礼貌周全——宁得罪君子,不得罪小人,这是古训,不可违背。一转眼间你也快三十岁了,婚姻问题要赶快解决,天涯何处无芳草?不必死缠着小龙女不放,我看那个还珠格格就不错,野是野了点,但毕竟是金枝玉叶,跟她成了亲,对你的仕途大为有利,赶快定下来,万勿二心不定,是为至嘱。

【拓展】

(一)阅读推荐

1. 莫言《透明的胡萝卜》

2. 鲁迅《铸剑》

(二)云端课堂

1. 在线观看:莫言诺贝尔文学奖演讲《讲故事的人》

2. 电影欣赏:《红高粱》

(三)思考练习

1. 朗诵课文,感受小说丰富的想象空间和澎湃辗转的词锋。

2. 写一篇500字的《月光斩》导读。

永远的蝴蝶

陈启佑

【提示】

陈启佑(1942—),笔名渡也、江山之助,我国台湾省嘉义市人。台湾文化大学中国文学博士,现任台湾彰化师范大学中文系教授、中兴大学中文系兼任教授、台湾"中国修辞学会筹备委员"、台湾"中华自然文化学会"理事等职。曾获"中国时报"叙事诗奖,"中央日报"新诗奖,联合报文学奖。新诗《竹》被选入台湾中学语文课本,散文《吃桑叶的哲人》被选入康轩版中学语文课本。

陈启佑十六岁开始创作,33岁前,走的是唯美路线,从《永远的蝴蝶》开始,"逐渐离开小我、软性、唯美的象牙塔",改变后的文章内容"勾勒人世、人性,冷讽热嘲,呈现忧郁沉痛"。

《永远的蝴蝶》是一篇微型小说,讲述了一个阴雨绵绵的春夜,一个年轻姑娘为了替男友"我"到街对面的邮筒寄一封信,却意外地发生了一场触目惊心的车祸,她静静地躺在街面上,像一只夜晚的蝴蝶。故事的情节非常简单却是那么的凄美感人。"我"为什么把樱子比作"蝴蝶"?"雨"在文中起什么作用?小说两次写到樱子"穿着白色的风衣,撑着伞"有什么作用?小说为什么直到结尾处才告诉读者信的内容?这一切都让我们用心去感受吧。

【原文】

那时候刚好下着雨,柏油路面湿冷冷的,还闪烁着青、黄、红颜色的灯火。我们就在骑楼下躲雨,看绿色的邮筒孤独地站在街的对面。我白色风衣的大口袋里有一封要寄给在南部的母亲的信。

樱子说她可以撑伞过去帮我寄信。我默默点头,把信交给她。

"谁叫我们只带一把小伞哪。"她微笑着说,一面撑起伞,准备过马路去帮我寄信。从她伞骨滑落下来的小雨点溅在我眼镜玻璃上。

随着一阵拔尖的刹车声,樱子的一生轻轻地飞了起来,缓缓地,飘落在湿冷的街面上,好像一只夜晚的蝴蝶。

虽然是春天,好像已是深秋了。

她只是过马路去帮我寄信。这简单的动作,却要叫我终生难忘了。我缓缓睁开眼,茫然站在骑楼下,眼里裹着滚烫的泪水。世上所有的车子都停了下来,人潮涌向马路中央。没有人知道那躺在街面的,就是我的蝴蝶。这时她只离我五公尺,竟是那么遥远。更大的雨点溅在我的眼镜上,溅到我的生命里来。

为什么呢?只带一把雨伞?

然而,我又看到樱子穿着白色的风衣,撑着伞,静静地过马路了。她是要帮我寄信的,那,那是一封写给在南部母亲的信,我茫然站在骑楼下,我又看到永远的樱子走到街心。其实雨下得并不大,却是一生一世中最大的一场雨。而那封信是这样写的,年轻的樱子知不知道呢?

妈:我打算下个月和樱子结婚。

【拓展】

(一)阅读推荐

1. 巴金《怀念萧珊》

2. 张晓风《一个女人的爱情观》

(二)云端课堂

1. 名家朗诵:陈启佑《永远的蝴蝶》

2.电影欣赏:《魂断蓝桥》

(三)思考练习

1.朗诵课文,感受"我"对樱子的深厚感情。

2.写一篇赏析《永远的蝴蝶》的千字文。

绳子的故事

[法国]莫泊桑

【提示】

居伊·德·莫泊桑(1850—1893),生于法国上诺曼底滨海塞纳省,13 岁时开始写诗。1873 年福楼拜开始指导莫泊桑的文学创作,在福楼拜家里遇到了屠格涅夫、左拉和都德等人。莫泊桑的作品,常常通过选取日常生活中极其平凡、极其普通的故事来揭示深刻的社会。在近 10 年的创作生涯里,共创作了 6 部长篇小说和 359 篇中短篇小说,对后世产生了极大影响。1893 年 7 月 6 日逝世,终年 43 岁。

莫泊桑是法国 19 世纪后期批判现实主义大师,一生写短篇小说将近 300 篇,被誉为"短篇小说之王",代表作《羊脂球》为世界文学名著之一。短篇小说的主题大致可归纳为三个方面:第一是讽刺虚荣心和拜金主义,如《项链》《我的叔叔于勒》;第二是描写劳动人民的悲惨遭遇,赞颂其正直、淳朴、宽厚的品格,如《归来》;第三是描写普法战争,反映法国人民爱国情绪,如《羊脂球》。莫泊桑短篇小说构思别具匠心,情节变化多端,描写生动细致,刻画人情世态惟妙惟肖,令人读后回味无穷。

《绳子的故事》发表于 1883 年。19 世纪后期的法国资本主义,已经从自由竞争走向垄断阶段。普法战争以后,统治阶级更加反动,对内镇压人民,对外发动侵略,扩张殖民地。大资产阶级之间互相倾轧,大鱼吃小鱼现象日益严重。随之而来的是社会道德败坏:尔虞我诈,相互欺骗,司空见惯;损人利己,暗箭伤人,习以为常。人们视这种现象为天经地义,反而把诚实厚道、纯朴善良看作反常。《绳子的故事》就是解释这样一种变态的心理状态和反常的社会道德观念,以及其所造成的毒害。城市的农民奥士高纳大爷的死,明确地告诉我们,这种荒唐的道德观念在当时已经形成一种习惯势力,筑成了一个无形的包围圈,向那些城市善良的人们发起攻势,并把他们活活困死。

【原文】

这是个赶集的日子。戈德维尔的集市广场上,人群和牲畜混在一起,黑压压一片。整个集市都带着牛栏、牛奶、牛粪、干草和汗臭的味道,散发着种田人所特有的那种难闻的人和牲畜的酸臭气。

布雷奥戴村奥士高纳大爷正在向集市广场走来。突然他发现地下有一小段绳子,奥士高纳大爷具有诺曼底人的勤俭精神,他弯下身去,从地上捡起了那段细绳子。这时他发现自己的冤家对头马具商马朗丹大爷在自家门口瞅着他,颇感坍台。他立即将绳头藏进罩衫,接着又藏入裤子口袋,然后很快便消失在赶集的人群中去了。

教堂敲响了午祷的钟声,集市的人群渐渐散去。朱尔丹掌柜的店堂里,坐满了顾客。突然,客店前面的大院里响起了一阵鼓声,传达通知的乡丁拉开嗓门背诵起来:"今天早晨,九、十点钟之间,有人在勃兹维尔大路上遗失黑皮夹子一只。内装法郎五百,单据若干。请拾到者立即交到乡政府,或者曼纳维尔村乌勒布雷克大爷家。送还者得酬金法郎二十。"

午饭已经用毕,这时,宪兵大队长突然出现在店堂门口。他问道:"布雷奥戴村奥士高纳大爷在这儿吗?"坐在餐桌尽头的奥士高纳大爷回答说:"在。"于是宪兵大队长又说:"奥士高纳大爷,请跟我到乡政府走一趟。乡长有话要对您说。"

乡长坐在扶手椅里等着他。"奥士高纳大爷,"他说,"有人看见您今早捡到了曼纳维尔村乌勒布雷克大爷遗失的皮夹子。马朗丹先生,马具商,他看见您捡到了啦。"

这时老人想起来了,明白了,气得满脸通红。"啊!这个乡巴佬!他看见我捡起的是这根绳子,您瞧!"他在口袋里摸了摸,掏出了那一小段绳子。但是乡长摇摇脑袋,不肯相信。

他和马朗丹先生当面对了质,后者再次一口咬定他是亲眼看见的。根据奥士高纳大爷的请求,大家抄了他的身,但什么也没抄着。最后,乡长不知如何处理,便叫他先回去,同时告诉奥士高纳大爷,他将报告检察院,并请求指示。

消息传开了。老人一走出乡政府就有人围拢来问长问短,于是老人讲起绳子的故事来。他讲的,大家听了不信,一味地笑。他走着走着,凡是碰着的人都拦住他问,他也拦住熟人,不厌其烦地重复他的故事,把只只口袋都翻转来给大家看。他生气,着急,由于别人不相信他而恼火,痛苦,不知怎么办,总是向别人重复绳子的故事。

第二天,午后一时左右,依莫维尔村的农民布列东大爷的长工马利于斯·博迈勒,把皮夹子和里面的钞票、单据一并送还给了曼纳维尔村的乌勒布雷克大爷。这位长工声称确是在路上捡着了皮夹子,但他不识字,所以就带回家去交给了东家。

消息传到了四乡。奥士高纳大爷得到消息后立即四处游说,叙述起他那有了结局的故事来。他整天讲他的遭遇,在路上向过路的人讲,在酒馆里向喝酒的人讲,星期天在教堂门口讲。不相识的人,他也拦住讲给人家听。现在他心里坦然了,不过,他觉得有某种东西使他感到不自在。人家在听他讲故事时,脸上带着嘲弄的神气,看来人家并不信服。他好像觉得别人在他背后指指戳戳。

下一个星期二,他纯粹出于讲自己遭遇的欲望,又到戈德维尔来赶集。他朝克里格多村的一位庄稼汉走过去。这位老农民没有让他把话说完,在他胸口推了一把,冲着他大声说:"老滑头,滚开!"然后扭转身就走。奥士高纳大爷目瞪口呆,越来越感到不安。他终于明白了,人家指责他是叫一个同伙,一个同谋,把皮夹子送回去的。

他想抗议。满座的人都笑了起来,他午饭没能吃完便在一片嘲笑声中走了。他回到家里,又羞又恼。愤怒和羞耻使他痛苦到了极点。他遭到无端的怀疑,因而伤透了心。于是,他重新向人讲述自己的遭遇,故事每天都长出一点来,每天都加进些新的理由,更加有力的抗议,更加庄严的发誓。他的辩解越是复杂,理由越是多,人家越不相信他。

他眼看着消瘦下去。将近年底时候,他卧病不起。年初,他含冤死去。临终昏迷时,他还在证明自己是清白无辜的,一再说:"一根细绳……乡长先生,您瞧,绳子在这儿。"

【拓展】

(一)阅读推荐

莫泊桑《羊脂球》

(二)云端课堂

动画片欣赏:《绳子的故事》

(三)思考练习

1.朗诵课文,体味小说的语言风格。

2.读了《绳子的故事》,你对资本主义社会有了哪些新的认识?

麦琪的礼物①

[美国]欧·亨利

【提示】

欧·亨利(1862—1910),原名威廉·西德尼·波特(William Sydney Porter),生于美国北卡罗来纳州格林斯伯勒。父亲是个医生,却酗酒,生活无节制,导致了他们家境贫困。3岁时母亲因病去世,便随父亲搬到祖母家里居住,由祖母和姑姑抚养长大。姑姑启发了他对文学的喜爱,年幼的欧·亨利很爱读书,他最喜欢的书是《一千零一夜》。少年时的欧·亨利喜欢画画,且颇具天分,他年少时便一心想当画家。后来当过歌手、戏剧演员、药剂师、绘图员、记者和出纳员等,21岁时立志成为作家。后因在银行供职时的账目问题而入狱,服刑期间认真写作,并以"欧·亨利"为笔名发表了大量的短篇小说,引起读者广泛关注。

欧·亨利是20世纪初美国著名批判现实主义作家,美国现代短篇小说创始人,与法国的莫泊桑、俄国的契诃夫并称为世界三大短篇小说巨匠。他是一位高产的作家,一生留下了一部长篇小说和近300篇的短篇小说。他的作品构思新颖,语言诙谐,结局常常出人意料,以"欧·亨利式结尾"而闻名于世。代表作有《麦琪的礼物》《警察与赞美诗》《最后一片藤叶》等。1918年,美国设立一年一度的"欧·亨利纪念奖",专门奖励短篇小说的成就。

《麦琪的礼物》是欧·亨利有名的代表作,讲述一对贫困而恩爱的夫妻互赠圣诞礼物的戏剧性故事,歌颂他们真挚的爱情,并表达精神重于物质的人生哲理启示。小说的情节转折起伏,结局更是出人意料,在喜剧性的结局中浸润着悲剧的色彩,体现了欧·亨利小说"含泪的微笑"的独特风格。

【原文】

一元八角七。全都在这儿了,其中六角是一分一分的铜板。这些分分钱是从杂货店老板、菜贩子和肉店老板那儿软硬兼施地一分两分地扣下来,直弄得自己羞愧难当,深感这种掂斤掂两的交易实在丢人现眼。德拉反复数了三次,还是一元八角七,而第二天就是圣诞节了。

除了扑倒在那破旧的小睡椅上哭嚎之外,显然别无他途。

德拉这样做了,可精神上的感慨油然而生,生活就是哭泣、抽噎和微笑,尤以抽噎占统治地位。

当这位家庭主妇逐渐平静下来之际,让我们看看这个家吧。一套带家具的公寓房子,每周房租八美元。尽管难以用笔墨形容,可它真够得上乞丐帮这个词儿。

楼下的门道里有个信箱,可从来没有装过信,还有一个电钮,也从没有人的手指按响过电铃。而且,那儿还有一张名片,上写着"詹姆斯·迪林厄姆·杨先生"。

"迪林厄姆"这个名号是主人先前春风得意之际,一时兴起加上去的,那时候他每星期挣三十美元。现在,他的收入缩减到二十美元,"迪林厄姆"的字母也显得模糊不清,似乎它们正严肃地思忖着是否缩写成谦逊而又讲求实际的字母 D。不过,每当詹姆斯·迪林厄姆·杨回家,走进楼上的房间时,詹姆斯·迪林厄姆·杨太太,就是刚介绍给诸位的德拉,总是把他称作"吉姆",而且热烈地拥抱他。那当然是再好不过的了。

德拉哭完之后,往面颊上抹了抹粉,她站在窗前,痴痴地瞅着灰蒙蒙的后院里一只灰白色的猫正行走在灰白色的篱笆上。明天就是圣诞节,她只有一元八角七给吉姆买一份礼物。她花去好几个月的时间,用了最大的努力一分一分地攒积下来,才得了这样一个结果。一周二十美元实在经不起花,支出大于预算,总是如此。只有一元八角七给吉姆买礼物,她的吉姆啊。她花费了多少幸福的时日筹划着要送他一件可心的礼物,一件精致、珍奇、贵重的礼物—— 至少应有点儿配得上吉姆所有的东西才成啊。

房间的两扇窗子之间有一面壁镜。也许你见过每周房租八美元的公寓壁镜吧。一个非常瘦小而灵巧的人,从观察自己在一连串的纵条影像中,可能会对自己的容貌得到一个大致精确的概念。德拉身材苗条,已精通了这门子艺术。

突然,她从窗口旋风般地转过身来,站在壁镜前面。她两眼晶莹透亮,但二十秒钟之内她的面色失去了光彩。她急速地拆散头发,使之完全泼散开来。

现在,詹姆斯·迪林厄姆·杨夫妇俩各有一件特别引以自豪的东西。一件是吉姆的金表,是他祖父传给父亲,父亲又传给他的传家宝;另一件则是德拉的秀发。如果示巴女王②也住在天井对面的公寓里,总有一天德拉会把头发披散下来,露出窗外晾干,使那女王的珍珠宝贝黯然失色;如果地下室堆满金银财宝、所罗门王③又是守门人的话,每当吉姆路过那儿,准会摸出金表,好让那所罗门王忌妒得吹胡子瞪眼睛。

此时此刻,德拉的秀发泼散在她的周围,微波起伏,闪耀光芒,有如那褐色的瀑布。她的美发长及膝下,仿佛是她的一件长袍。接着,她又神经质地赶紧把头发梳好。踌躇了一分钟,一动不动地立在那儿,破旧的红地毯上溅落了一两滴眼泪。

她穿上那件褐色的旧外衣,戴上褐色的旧帽子,眼睛里残留着晶莹的泪花,裙子一摆,便飘出房门,下楼来到街上。

她走到一块招牌前停下来,上写着:"索弗罗妮夫人——专营各式头发"。德拉奔上楼梯,气喘吁吁地定了定神。那位夫人身躯肥大,过于苍白,冷若冰霜,同"索弗罗妮"①的雅号简直牛头不对马嘴。

"你要买我的头发吗?"德拉问。

"我买头发,"夫人说,"揭掉帽子,让我看看发样。"

那褐色的瀑布泼散了下来。

"二十美元。"夫人一边说,一边内行似的抓起头发。

"快给我钱。"德拉说。

呵,接着而至的两个小时犹如长了翅膀,愉快地飞掠而过。请不用理会这胡诌的比喻。她正在彻底搜寻各家店铺,为吉姆买礼物。

她终于找到了,那准是专为吉姆特制的,绝非为别人。她找遍了各家商店,哪儿也没有这样的东西,一条朴素的白金表链,镂刻着花纹。正如一切优质东西那样,它只以货色论长短,不以装潢来炫耀。而且它正配得上那只金表。她一见这条表链,就知道一定属于吉姆所有。它就像吉姆本人,文静而有价值——这一形容对两者都恰如其分。她花去二十一美元买下了,匆匆赶回家,只剩下八角七分钱。金表匹配这条链子,无论在任何场合,吉姆都可以毫无愧色地看时间了。尽管这只表华丽珍贵,因为用的是旧皮带取代表链,他有时只偷偷地瞥上一眼。

德拉回家之后,她的狂喜有点儿变得审慎和理智了。她找出烫发铁钳,点燃煤气,着手修补因爱情加慷慨所造成的破坏,这永远是件极其艰巨的任务,亲爱的朋友们,简直是件了不起的任务呵。

不出四十分钟,她的头上布满了紧贴头皮的一绺绺小卷发,使她活像个逃学的小男孩。她在镜子里老盯着自己瞧,小心地、苛刻地照来照去。

"假如吉姆看我一眼不把我宰掉的话,"她自言自语,"他一定会说我像个科尼岛上合唱队的卖唱姑娘。但是我能怎么办呢——唉,只有一元八角七,我能干什么呢?"

七点钟,她煮好了咖啡,把煎锅置于热炉上,随时都可做肉排。

吉姆一贯准时回家。德拉将表链对叠握在手心,坐在离他一贯进门最近的桌子角上。接着,她听见下面楼梯上响起了他的脚步声,她紧张得脸色失去了一会儿血色。她习惯于为了最简单的日常事物而默默祈祷,此刻,她悄声道:"求求上帝,让他觉得我还是漂亮的吧。"

门开了,吉姆步入,随手关上了门。他显得瘦削而又非常严肃。可怜的人儿,他才二十二岁,就挑起了家庭重担!他需要买件新大衣,连手套也没有呀。

吉姆站在屋里的门口边,纹丝不动地好像猎犬嗅到了鹌鹑的气味似的。他的两眼固定在德拉身上,其神情使她无法理解,令她毛骨悚然。既不是愤怒,也不是惊讶,又不是不满,更不是嫌恶,根本不是她所预料的任何一种神情。他仅仅是面带这种神情死死地盯着德拉。

德拉一扭腰,从桌上跳了下来,向他走过去。

"吉姆,亲爱的,"她喊道,"别那样盯着我。我把头发剪掉卖了,因为不送你一件礼物,我无法过圣诞节。头发会再长起来—— 你不会介意,是吗? 我非这么做不可。我的头发长得快极了。说'恭贺圣诞'吧! 吉姆,让我们快快乐乐的。你肯定猜不着我给你买了一件多么好的—— 多么美丽精致的礼物啊!"

"你已经把头发剪掉了?"吉姆吃力地问道,似乎他绞尽脑汁也没弄明白这明摆着的事实。

"剪掉卖了,"德拉说。"不管怎么说,你不也同样喜欢我吗? 没了长发,我还是我嘛,对吗?"

吉姆古怪地四下望望这房间。

"你说你的头发没有了吗?"他差不多是白痴似的问道。

"别找啦,"德拉说。"告诉你,我已经卖了—— 卖掉了,没有啦。这是圣诞前夜,好人儿。好好待我,这是为了你呀。也许我的头发数得清,"突然她特别温柔地接下去,"可谁也数不清我对你的恩爱啊。我做肉排吗,吉姆?"

吉姆好像从恍惚之中醒来,把德拉紧紧地搂在怀里。现在,别着急,先让我们花个十秒钟从另一角度审慎地思索一下某些无关紧要的事。房租每周八美元,或者一百万美元—— 那有什么差别呢? 数学家或才子会给你错误的答案。麦琪带来了宝贵的礼物,但就是缺少了那件东西。这句晦涩的话,下文将有所交代。

吉姆从大衣口袋里掏出一个小包,扔在桌上。

"别对我产生误会,德尔,"他说道,"无论剪发、修面,还是洗头,我以为世上没有什么东西能减低一点点对我妻子的爱情。不过,你只要打开那包东西,就会明白刚才为什么使我愣头愣脑了。"

白皙的手指灵巧地解开绳子,打开纸包。紧接着是欣喜若狂的尖叫,哎呀! 突然变成了女性神经质的泪水和哭泣,急需男主人千方百计地慰藉。

还是因为摆在桌上的梳子—— 全套梳子,包括两鬓用的,后面的,样样俱全。那是很久以前德拉在百老汇的一个橱窗里见过并羡慕得要死的东西。这些美妙的发梳,纯玳瑁做的,边上镶着珠宝—— 其色彩正好同她失去的美发相匹配。她明白,这套梳子实在太昂贵,对此,她仅仅是羡慕渴望,但从未想到过据为己有。现在,这一切居然属于她了,可惜那有资格佩戴这垂涎已久的装饰品的美丽长发已无影无踪了。

不过,她依然把发梳搂在胸前,过了好一阵子才抬起泪水迷蒙的双眼,微笑着说:"我的头发长得飞快,吉姆!"

随后,德拉活像一只被烫伤的小猫跳了起来,叫道,"喔! 喔!"

吉姆还没有瞧见他的美丽的礼物哩。她急不可耐地把手掌摊开,伸到他面前,那没有知觉的贵重金属似乎闪现着她的欢快和热忱。

"漂亮吗,吉姆?我搜遍了全城才找到了它。现在,你每天可以看一百次时间了。把表给我,我要看看它配在表上的样子。"

吉姆非但不按她的吩咐行事,反而倒在睡椅上,两手枕在头下,微微发笑。

"德尔,"他说,"让我们把圣诞礼物放在一边,保存一会儿吧。它们实在太好了,目前尚不宜用。我卖掉金表,换钱为你买了发梳。现在,你做肉排吧。"

正如诸位所知,麦琪是聪明人,聪明绝顶的人,他们把礼物带来送给出生在马槽里的耶稣。他们发明送圣诞礼物这玩意儿。由于他们是聪明人,毫无疑问,他们的礼物也是聪明的礼物,如果碰上两样东西完全一样,可能还具有交换的权利。在这儿,我已经笨拙地给你们介绍了住公寓套间的两个傻孩子不足为奇的平淡故事,他们极不明智地为了对方而牺牲了他们家最最宝贵的东西。不过,让我们对现今的聪明人说最后一句话,在一切馈赠礼品的人当中,那两个人是最聪明的。在一切馈赠又接收礼品的人当中,像他们两个这样的人也是最聪明的。无论在任何地方,他们都是最聪明的人。

他们就是麦琪。

【注释】

①麦琪的礼物:《圣经》的"福音书"上记载,耶稣降生之日,有三位来自东方的"麦琪"即智者前来向他献礼。西方人圣诞节馈赠礼物的习俗即源于此。

②示巴女王:示巴古国即今之也门。示巴女王以美貌著称。《圣经·旧约·列王纪上》记载,示巴女王带着许多香料、宝石和黄金觐见所罗门王,用难题考验他的智慧。

③所罗门王:古代以色列著名国王,以智慧和富裕著称。

④索弗罗妮:意大利诗人塔索的史诗《被解放的耶路撒冷》中的人物,为了拯救耶路撒冷全城的基督徒,甘愿承认了并未犯过的罪行,成为舍己救人的典型。

【拓展】

(一)阅读推荐

1.欧·亨利《警察与赞美诗》

2.欧·亨利《最后一片藤叶》

(二)云端课堂

1.品读经典:《麦琪的礼物》

2.在线讲坛:周国平谈爱情

(三)思考练习

1.朗诵课文,把握思想内容,体会精巧的构思。

2.说说本文题目有何深意?你体会到怎样的人性美和人情美?

小王子（节选）

［法国］安东尼·德·圣埃克苏佩里

【提示】

安东尼·德·圣埃克苏佩里（1900—1944），法国文学史上最神奇的作家。生于法国里昂一个贵族家庭，尽管父亲早逝，他仍度过了一个快乐的童年。1921年在斯特拉斯堡服兵役期间，成了一名飞行员。他生平发表5部篇幅不长的小说作品：《南方邮件》《夜航》《人的大地》《空军飞行员》和《小王子》。1944年7月31日他在一次飞行中消失，直到2004年他的飞机被发现了。

《小王子》是安东尼·德·圣埃克苏佩里的经典代表作，发表于1943年，图书中都是他自己画的插画。这部充满诗意而又温馨的美丽童话，问世后获得一致好评，被翻译成100多种语言，全球销量超过2亿册，被誉为"人类有史以来最佳读物"。1975年，在土木小行星带发现的一颗小行星以圣埃克苏佩里命名；1993年，另一颗小行星被命名为B-612星球，这正是小王子所居住的星球。

作品讲述了"我"在浩瀚的撒哈拉大沙漠上遇到了一个古怪奇特而又天真纯洁的小王子——他来自一颗遥远的小星球，与美丽而骄傲的玫瑰吵架负气出走，在各星球漫游中，小王子遇到了傲慢的国王、酒鬼、唯利是图的商人、死守教条的地理学家，最后来到地球上，试图找到治愈孤独和痛苦的良方。这时，他遇到一只奇怪的狐狸，于是奇妙而令人惊叹的事情发生了……作品所刻意追求并表现出来的想象力、智慧和情感，使各种年龄的读者都能从中找到乐趣和益处，并且随时能够发现新的精神财富。

【原文】

第二十一章

就在小王子哭泣的时候，跑来了一只狐狸。

"你好。"狐狸说。

"你好。"小王子很有礼貌地回答道。他转过身来，但什么也没有看到。

"我在这儿，在苹果树下。"那声音说。

"你是谁？"小王子说，"你很漂亮。"

"我是一只狐狸。"狐狸说。

"来和我一起玩吧，"小王子建议道，"我很苦恼……"

"我不能和你一起玩，"狐狸说，"我还没有被驯服呢。"

"啊！真对不起。"小王子说。

思索了一会儿，他又说道：

"什么叫'驯服'呀？"

"你不是此地人。"狐狸说，"你来寻找什么？"

"我来找人。"小王子说，"什么叫'驯服'呢？"

"人，"狐狸说，"他们有枪，他们还打猎，这真碍事！他们唯一的可取之处就是他们也养鸡，你是来寻找鸡的吗？"

"不，"小王子说，"我是来找朋友的。什么叫'驯服'呢？"

"这是已经早就被人遗忘了的事情，"狐狸说，"它的意思就是'建立联系'。"

"建立联系？"

"一点不错，"狐狸说。"对我来说，你还只是一个小男孩，就像其他千万个小男孩一样。我不需要你。你也同样用不着我。对你来说，我也不过是一只狐狸，和其他千万只狐狸一样。但是，如果你驯服了我，我们就互相不可缺少了。对我来说，你就是世界上唯一的了；我对你来说，也是世界上唯一的了。"

"我有点明白了。"小王子说，"有一朵花……我想，她把我驯服了……"

"这是可能的。"狐狸说，"世界上什么样的事都可能看到……"

"啊，这不是在地球上的事。"小王子说。

狐狸感到十分蹊跷。

"在另一个星球上？"

"是的。"

"在那个星球上，有猎人吗？"

"没有。"

"这很有意思。那么，有鸡吗？"

"没有。"

"没有十全十美的。"狐狸叹息地说道。

可是，狐狸又把话题拉回来：

"我的生活很单调。我捕捉鸡，而人又捕捉我。所有的鸡全都一样，所有的人也全都一样。因此，我感到有些厌烦了。但是，如果你要是驯服了我，我的生活就一定会是欢快的。我会辨认出一种与众不同的脚步声。其他的脚步声会使我躲到地下去，而你的脚步声就会像音乐一样让我从洞里走出来。再说，你看！你看到那边的麦田没有？我不吃面包，麦子对我来说，一点用也没有。我对麦田无动于衷。而这，真使人扫兴。但是，你有着金黄色的头发。那么，一旦你驯服了我，这就会十分美妙。麦子，是金黄色的，它就会使我想起你。而且，我甚至会喜欢那风吹麦浪的声音……"

狐狸沉默不语，久久地看着小王子。

"请你驯服我吧！"他说。

"我是很愿意的。"小王子回答道，"可我的时间不多了。我还要去寻找朋友，还有许多事物要了解。"

"只有被驯服了的事物，才会被了解。"狐狸说，"人不会再有时间去了解任何东西的。他们总是到商人那里去购买现成的东西。因为世界上还没有购买朋友的商店，所以人也就没有朋友。如果你想要一个朋友，那就驯服我吧！"

"那么应当做些什么呢？"小王子说。

"应当非常耐心。"狐狸回答道，"开始你就这样坐在草丛中，坐得离我稍微远些。我用眼角瞅着你,你什么也不要说。话语是误会的根源。但是,每天,你坐得靠我更近些……”

第二天,小王子又来了。

“最好还是在原来的那个时间来。”狐狸说道,“比如说,你下午四点钟来,那么从三点钟起,我就开始感到幸福。时间越临近,我就越感到幸福。到了四点钟的时候,我就会坐立不安;我就会发现幸福的代价。但是,如果你随便什么时候来,我就不知道在什么时候该准备好我的心情……应当有一定的仪式。”

“仪式是什么?”小王子问道。

“这也是一种早已被人忘却了的事。”狐狸说,“它就是使某一天与其他日子不同,使某一时刻与其他时刻不同。比如说,我的那些猎人就有一种仪式。他们每星期四都和村子里的姑娘们跳舞。于是,星期四就是一个美好的日子! 我可以一直散步到葡萄园去。如果猎人们什么时候都跳舞,天天又全都一样,那么我也就没有假日了。”

就这样,小王子驯服了狐狸。当出发的时刻就快要来到时:

“啊!”狐狸说,“我一定会哭的。”

“这是你的过错,”小王子说,“我本来并不想给你任何痛苦,可你却要我驯服你……”

“是这样的。”狐狸说。

“你可就要哭了!”小王子说。

“当然啰。”狐狸说。

“那么你什么好处也没得到。”

“由于麦子颜色的缘故,我还是得到了好处。”狐狸说。

然后,他又接着说:

“再去看看那些玫瑰花吧。你一定会明白,你的那朵是世界上独一无二的玫瑰。你回来和我告别时,我再赠送给你一个秘密。”

于是小王子又去看那些玫瑰。

“你们一点也不像我的那朵玫瑰,你们还什么都不是呢!”小王子对她们说。“没有人驯服过你们,你们也没有驯服过任何人。你们就像我的狐狸过去那样,它那时只是和千万只别的狐狸一样的一只狐狸。但是,我现在已经把它当成了我的朋友,于是它现在就是世界上独一无二的了。”

这时,那些玫瑰花显得十分难堪。

“你们很美,但你们是空虚的。”小王子仍然在对她们说,“没有人能为你们去死。当然啰,我的那朵玫瑰花,一个普通的过路人以为她和你们一样。可是,她单独一朵就比你们全体更重要,因为她是我浇灌的。因为她是我放在花罩中的。因为她是我用屏风保护起来的。因为她身上的毛虫(除了留下两三只为了变蝴蝶而外)是我除灭的。因为我倾听过她的怨艾和自诩,甚至有时我聆听着她的沉默。因为她是我的玫瑰。”

他又回到了狐狸身边。

“再见了。”小王子说道。

"再见。"狐狸说。"喏,这就是我的秘密。很简单:只有用心才能看得清。实质性的东西,用眼睛是看不见的。"

"实质性的东西,用眼睛是看不见的。"小王子重复着这句话,以便能把它记在心间。

"正因为你为你的玫瑰花费了时间,这才使你的玫瑰变得如此重要。"

"正因为你为你的玫瑰花费了时间……"小王子又重复着,要使自己记住这些。

"人们已经忘记了这个道理,"狐狸说,"可是,你不应该忘记它。你现在要对你驯服过的一切负责到底。你要对你的玫瑰负责……"

"我要对我的玫瑰负责……"小王子又重复着,他要保证自己能记住它。

【拓展】

(一)阅读推荐

安东尼·德·圣埃克苏佩里《小王子》

(二)云端课堂

法国音乐剧欣赏:《小王子》(中文字幕)

(三)思考练习

1.朗诵课文,体味在富有诗意的语言中所蕴含的哲学思想。

2.狐狸为什么要小王子"驯服"它?你对"驯服"是怎么理解的?

小说单元综合实践活动

一、讨论(争鸣)

1.中国古典小说具有哪些鲜明的民族特色?

2.网络流行的所谓"微小说"是小说吗?

二、活动

1.以寝室为单位,开展小说朗诵竞赛。

2.举办"我最喜欢的小说"推介活动。

三、写作

以大学生活为题材,写一篇微小说发表在微博上,与老师、同学分享。

第四章 人生如戏——戏剧文学阅读与鉴赏

第一节 中国戏剧的产生与发展

戏剧是人类最古老的艺术形式之一,中国戏剧主要指戏曲和话剧,戏曲是土生物,话剧是舶来品。

中国戏曲的起源、形成,经历了漫长的时期。到目前为止,有关中国戏曲起源的观点不下十种,如歌舞说、巫术说、综合说、傀儡戏说、外来说、劳动说、百戏说等。相比较,巫术说是近年来学术界常见并且得到越来越多学者认可的一种观点。

巫术说认为,中国戏曲起源于原始的祭祀礼仪,如祭祀与农业有关的神、人、物的"蜡祭",意在逐鬼驱疫的"傩(nuó)祭"等。屈原的《九歌》也记载了一场载歌载舞的祭祀礼仪,从诗歌的描写来看,这场祭祀礼仪已经非常接近戏剧表演了。这些祭祀仪式中普遍存在着祭祀者的角色假定性扮演。他们的表演有着复杂的装扮和服装,有的还有优美的歌舞用以"娱神"。装扮表演的戏剧性因素已经蕴涵其中,但从本质上说,这些只能是后世戏剧的源头而已,并非真正的戏剧。因为即便是戏剧性质的表演非常丰富的《九歌》中的角色假定扮演,本质上还是一种宗教仪式角色扮演,而非真正的戏剧角色扮演。祭祀仪式的实用性而不是审美性仍然占主体,宗教功能大于娱乐功能。

中国戏曲的形成、孕育过程十分奇特。尽管它与其他民族的戏剧一样,都曾以原始宗教、巫术为源头,但并不像古希腊戏剧一样从原始宗教祭祀仪式迅速发展为成熟的戏剧样式,而是经历了一个曲折、漫长的形成过程。也正因如此,中国戏曲也就有了鲜明的传统特色。

先秦、秦汉时期,不管是宗教祭祀仪式中的歌舞音乐,还是世俗中的歌舞音乐,对后世戏曲的形成都有一定的价值。不过这一时期对中国戏曲形成、孕育的最直接贡献主要体现在优戏和百戏上。后世经常将倡优并称,实际上二者是有区别的。倡是以歌舞表演为主,多指女性;优则以戏弄调笑为主,多指男性。但相同的是,二者都是以其表演"娱人"的。他们能言善辩,幽默诙谐,往往以歌舞表演直言纳谏,为民请命。在《国语》和《史记》里,有许多这类的故事,著名的"优孟衣冠"的表演是那样的成功,已经使优孟被奉为中国戏曲的鼻祖。

汉朝时期,百戏开始盛行。百戏也称散乐,是各种民间表演艺术的总称。其中与戏曲形成关系密切的,主要是角抵戏和歌舞戏。《东海黄公》《公莫舞》就是具有代表性的角抵戏和歌舞戏。

魏晋南北朝虽是乱世,却是中国戏曲形成、孕育过程中一个非常重要的时期。先秦、秦汉时期与戏曲形成密切相关的各种艺术样式在这一时期依然活跃,百戏不仅盛行,而且在形式上有所创新,表演水平也有所提高。以清商乐为调式的世俗乐舞也获得了发展。最重要的是,许多歌舞戏,如《大面》《拔头》《踏摇娘》等在这一时期形成,并在唐代依然流行。自南北朝之后,中国戏曲的形成步伐开始加快,到唐代戏曲大盛,最终促进了戏曲走向成熟。魏晋南北朝在戏曲形成过程中上承秦汉,下开唐代,正如六朝文学在中国文学史上开启唐代文学繁荣的独特地位一样。

戏曲在唐代开始渐渐向综合方向发展。唐代大盛的歌舞戏和参军戏直接影响了中国戏曲的形成和孕育。在唐代,中国戏曲形成的步伐明显加快了。《踏摇娘》入唐后,由于在运用歌舞装扮等综合手段表现特定故事情节和人物心理方面的突出价值而成为唐代歌舞戏最突出的代表。参军戏是唐代优戏表演中最具代表性的一类。参军戏名称来自一名犯官,因他原是个参军,故曰参军戏。在实际演出中,参军一词已失去了官职的含义,而衍化为角色名称,并形成一种固定的格式:两个演员相互问答,以滑稽讽刺为主,在科白、动作之外还加进了歌唱及管弦伴奏。其中一个叫参军,即那被讽刺的对象,比较愚笨迟钝;戏弄参军的叫苍鹘,比较伶俐机敏。参军、苍鹘都是扮演戏中人物的角色名称,实际上已构成"行当"。中国戏曲有角色行当之分,就是从参军戏开始的。参军戏与歌舞戏的亲和关系,加速了二者间的渗透,为即将形成的中国戏曲预示了一种将歌舞、科白、表演融为一体的基本格局。

宋、金时期,终于迎来了戏曲的形成阶段。各种与戏曲相关的表演艺术得以汇合,并和叙事文学结合,戏曲在此基础上才算真正形成。这时期产生的杂剧和院本,是中国戏曲真正成熟前夕的两个雏形。

宋杂剧是由滑稽表演、歌舞和杂戏组合而成的一种综合性戏曲。北宋时盛行于东京,南宋时临安也很流行。演出时一般由四个角色组成,有的增添一人。北宋的杂剧分为"艳段"和"正杂剧"两个部分。所谓"艳段",是开场引子,是在正剧上演前表演的一个简单的杂剧段子。"正杂剧"是杂剧的主体部分,分为两段,表演一个完整的故事。到了南宋,杂剧变为三个部分,即"艳段""正杂剧""杂扮"。"杂扮"是由民间的滑稽戏演变而来的,作为杂剧之后的散段。宋杂剧的体制基本稳定,角色行当初步形成,其"正杂剧"已经表现出以歌舞演故事的发展趋势。

金代戏剧现在通常被称为院本,是"戏"向"戏曲"飞跃的基础,在中国戏剧发展史上具有重要意义。金院本每场四五人,有末泥、副末、装孤、副净、引戏等,后来增出装旦,形成比较完整的角色行当。院本的表演手段不止说白与科范,已有"曲"的因素。金亡后,院本在舞台上渐次消失了。实际上,它的艺术经验没有泯灭,而是融入到新的北曲杂剧中。

宋杂剧、金院本仍然不是成熟的戏曲。整体而言,它们的艺术结构还不够严整,体制偏小,滑稽取笑的表演尚无力经营出一个情节漫长而曲折的戏剧性故事,同时,音乐也显得单调。而宋金时代流行起来的说唱艺术诸宫调无论从情节叙事能力,还是从音乐体制而言,都无疑是实现从雏形戏曲到成熟戏曲所需要的一剂有效而及时的良药。

　　诸宫调取同一宫调的若干曲牌联成短套,首尾一韵,再用不同宫调的许多短套联成长篇,以说唱长篇故事,这是一个了不起的创造。诸宫调在宋金时代很流行,可惜现今流传下来的作品非常稀少。董解元的《西厢记诸宫调》是目前所见唯一完整的诸宫调作品。全本共有191套曲、2支单曲。这种曲调组合的形式对戏曲曲调的联套形式产生了直接影响,被后来的元杂剧和明清传奇直接借鉴运用,并逐步加以完善。

　　元代,中国戏曲刚刚形成不久,就立即迎来了它的黄金时代。如果我们把清代末年地方戏的勃兴称之为演员的时代,把20世纪以来的戏剧称之为导演的时代的话,元代无疑是一个戏曲文学的黄金时代——元杂剧,也就是我们常说的"元曲",是迄今为止世界上少有的几种戏剧珍品之一,和古希腊戏剧、文艺复兴时期的英国戏剧一样,以其为数众多的艺术精品光照千秋。在中国文学史上,正如王国维先生所说:"凡一代有一代之文学,唐诗、宋词、元曲、明清小说……"戏曲文学在元代的发达,前无古人,后无来者。

　　这是一个剧作家及其作品群星灿烂、硕果累累的时代,关汉卿、白朴、王实甫、马致远、高文秀、郑光祖、纪君祥……一大批卓有成就的剧作家,创作了一大批名垂青史的杰作,如:关汉卿的《窦娥冤》《救风尘》《望江亭》《蝴蝶梦》,白朴的《墙头马上》,王实甫的《西厢记》,高秀文的《渑池会》,马致远的《汉宫秋》,郑光祖的《倩女离魂》,纪君祥的《赵氏孤儿》,尚忠贤的《柳毅传书》等。

　　元代,蒙古族统治中国,文人地位低下,沉沦于社会的底层,这使他们因祸得福,得以与最下层的民间戏曲结合,成就了一世伟名。也就是由于这个原因,元代的剧作始终充满了悲愤、感慨,它们苍凉、哀怨、惆怅、郁闷、呐喊、抗争,在风雨如晦的时代,抒发着聪明无益、生不得志的怨愤和济世救民、避世超脱的企盼,充满着无限的生机与活力。元杂剧文学已经达到了很高的艺术水平,它们结构严谨、情节丰富、语言朴实优美、感情充沛,塑造了许许多多个性鲜明美好动人的人物形象。

　　戏曲发展到明清,以传奇作品居多,故称"传奇"。较之元杂剧,明清传奇篇幅更长,生活容量更大。由于这时的文人地位较高,文化品位也较高,士大夫气十足,故而追求典雅华丽的曲词和剧本的文学性,却大大地削弱了剧本的戏剧性和可看性。明清昆曲的蓬勃发展与后来的衰落,都与士大夫的这种欣赏趣味有关。此期著名的传奇作家,主要有汤显祖、洪昇、孔尚任、李玉、李渔等。

　　清末,随着昆曲的衰落,地方戏勃兴,各种戏曲剧种、声腔表演流派百花争艳。这是一个演员的时代,剧作家的地位和名气逐渐被演员取代,从文学的角度来看,戏曲文学的黄金时代已一去不返。

　　20世纪初,西方话剧传入中国,由于话剧相对于戏曲善于表现现实生活的特征,它很快被新一代的中国人接受,成为现代戏的重要表现形式。中国话剧100年来,经典作品有曹禺的《雷雨》、老舍的《茶馆》等。

　　另外,从西方传入中国的歌剧、舞剧(包括芭蕾舞剧)近几十年也有一定的地位,其中比较出色的作品有歌剧《江姐》《洪湖赤卫队》和芭蕾舞剧《红色娘子军》《白毛女》等。音乐剧近年来刚刚从国外传入,开始有了一些原始的自编剧目,火爆、热烈、华丽、高科技、快节奏,现代感十足,深受年轻人喜爱,市场前景看好。不过,就世界范围来看,即使是最经典的美国百老汇音乐剧,也是以制作的精美和豪华著称,总的来说音乐是一种通俗的娱乐品,文学价值不大。

第二节　戏剧文学的特性与分类

一、戏剧文学的特性

戏剧是一种舞台表演艺术。没有舞台,没有演员,便没有戏剧。一出戏的演出,首先要有剧本作为舞台演出的基础;还要有布景、道具、化妆、灯光、服装和效果;有的要音乐伴奏;演员的形体动作要有舞蹈因素,等等。戏剧是文学、美术、音乐和舞蹈等多种艺术的综合体。所以综合性是戏剧的显著特性。戏剧和其他艺术样式的不同点,还在于它通过演员的语言和形体动作来表现人物性格、开展故事情节,以揭示既定的主题。因此,演员在舞台上所塑造的戏剧形象是直接形象。这和文学作品必须通过阅读和想象才能获得的形象——间接形象,是有显著区别的。戏剧形象的直接性,使观众具体地看到了逼真的生活场景和人物的音容笑貌,听到人物的声音,甚至直接感受到人物情绪的细微变化。因而,戏剧艺术的感染力和教育作用,比较直接和强烈。形象的直接性,是戏剧的又一个特征。弄清了戏剧的特征之后,我们再研究戏剧文学(即供演出的"脚本",或称"剧本")的特点。剧本,是戏剧得以演出之"本",但并不等于戏剧,它只是构成戏剧艺术的基本因素之一。剧本属于语言艺术的范畴,是一种文学体裁,具有可供阅读的文学价值。

一般说来,戏剧文学的特点表现为以下两个方面:

1. 戏剧文学高度集中地反映生活,要求有集中的戏剧情节和激烈的戏剧冲突。剧本不仅供人们阅读,主要是为了在舞台上演出而创作的。因此,剧作者要把人物、时间、场景高度集中,即在有限的舞台空间和时间内,通过人物的语言和动作以及一定的场景,展开复杂的矛盾冲突,推动剧情的发展,以深刻地反映社会生活和表达作者的思想感情。只有这样,才能使作品的情节像翻腾的波浪,一波未平,一波又起,紧凑地向前发展,迅速地展示人物性格。也只有这样,作品才能有"戏",才能动人心弦,吸引观众。剧本集中表现矛盾冲突,要求剧情有集中性,要求开门见山地揭示矛盾,紧凑地发展矛盾,迅速地把矛盾冲突推向高潮。戏剧矛盾必须是激烈的,在演出时应能始终紧紧地抓住观众和听众的心。以郭沫若的五幕历史剧《屈原》为例,屈原一生有着曲折复杂的遭遇,有着漫长的悲剧历史,怎样写进剧本里,再现于舞台呢? 起初,郭沫若想写上、下两部,但是,写作的结果,原计划完全被打破了,只写了屈原的一天。郭沫若怎样以一天来概括屈原的一生呢? 他把楚王朝抗秦派与亲秦派几十年间的纷争集中起来,压缩在秦使张仪来楚的这一天,又把两派之间的矛盾和斗争典型化。他删刈了史实上的枝蔓,简化了斗争的过程,突出了两派间的政治斗争,形成了尖锐的戏剧冲突。这样,屈原一天中的思想、行为、遭遇,凝练地反映了他一世的面貌,概括了他一世的悲剧历史。所有这些,都说明了戏剧文学高度集中反映生活的特点。戏剧冲突是戏剧艺术的生命,戏剧正是通过它引来生活的激流,掀起观众的感情波澜,产生动人的艺术力量。高尔基说:"除了文学才能以外,戏剧还要求有造成愿望或意图的冲突的巨大本领,要求有用不可反驳的逻辑迅速解决这些冲突的本领。"这里所说的"愿望或意图的冲突",是和人物的性格紧密相连的。戏剧冲突为人物的性格所决定,又为展示人物性格服务。戏剧文学的作者,就是从生活出发,根据特定主题的需要,通过戏剧冲突,尖锐地表现出生活中本质的矛盾。

2. 戏剧文学的语言要求个性化和动作性。戏剧文学人物的语言,是塑造人物形象的基本材料。高尔基在《论剧本》中说:"剧本(悲剧和喜剧)是最难运用的一种文学形式,其所以难,是因为剧本要求每个剧中人物用自己的语言和行动来表现自己的特征,而不用作者提示。"如果说,在舞台演出的时候,我们还可以通过人物的表情、动作来理解人物,而在剧本中,对人物的表情和动作却不能做细致的描写,只能做一些必要的提示,我们要了解人物,就只能通过对话独白等。用人物语言来刻画人物,可以说是剧本在表现手段上的一个独具的特点。在《雷雨》的第二幕里,鲁侍萍到周公馆去找她的女儿四凤,她没有想到这就是三十年前曾经玩弄了她而后又抛弃了她的周朴园的家,及至她和周朴园互相认出了以后,两个人物思想性格之间的尖锐对立通过对话鲜明地表现了出来。他们这一段对话很长,我们只举出几句就可以说明问题。朴:(忽然严厉地)你来干什么? 鲁:不是我要来的。朴:谁指使你来的? 鲁:(悲愤)命,不公平的命指使我来的。朴:三十年的工夫你还是找到这儿来了。鲁:(愤怒)我没有找你,我没有找你,我以为你早死了。我今天没想到这儿来,这是天要我在这儿又碰见你。在这里,周朴园表现了其冷酷本性,他以自己阴暗卑劣的心理揣度鲁侍萍,认定对方找到这里来,一定是受人指使来进行敲诈的。而鲁侍萍的答话则表现了她心地的磊落和对周朴园的愤恨。通过这样的精彩对话,揭示人物的鲜明性格和不同性格之间的尖锐对立,正是剧本对话的基本任务。剧中人物的心理活动,也可以通过对话来表现,有时也通过人物的独白来直接告诉读者。为了顾及戏剧效果以及戏剧时间的限制,戏剧语言必须简洁、含蓄。剧作家在写剧本时都非常注意语言的锤炼,力求做到人物语言洗练、简洁而又富有表现力,力求做到人物语言的高度个性化。戏剧语言要能鲜明地表达人物的动作,即富于动作性。戏剧所要求的动作,是指人物的主动、积极以及强烈的情感,并且要从人物的动作中展现人物的性格特征。一个剧本的语言蕴含着丰富的动作性,就可为演员的表演提供广阔的空间。演员就能凭借这些语言,想象出他所扮演角色的动作、表情和姿态,使演员更好地塑造形象。当然,戏剧中的语言也是一种动作,不仅是外形的,而且是内心的动作。因为语言产生于内心动作(即思想感情),又能引起千变万化的外部动作。所以,优秀剧作的人物语言,是富于动作性的,它暗示着或鲜明地表现出剧中人物的一系列行动,从而展现出人物的性格特征。而这些语言,不是剧作者强加给他所塑造的人物的,它应该是剧中人物在特定环境中必然要说的话。

二、戏剧文学的分类

戏剧文学种类繁多,可以按不同的标准,从不同的角度分类。根据容量的大小,可以分作独幕剧和多幕剧;根据表现形式的不同,可以分为话剧和歌剧等;根据题材不同,可以分为历史剧、现代剧、儿童剧等;而根据戏剧文学所反映的矛盾冲突的性质和所运用的表现手法,以及对读者的感染作用,则可分为悲剧、喜剧和正剧。

1. 悲剧。悲剧大都展示重大的或有深刻社会意义的矛盾冲突,表现在善恶两种势力的激烈斗争中,邪恶势力对善的势力的暂时胜利。悲剧所反映的是不能解决的或不能缓和的矛盾,在斗争中常因力量悬殊而以正面主人公的失败或毁灭而告终。正如鲁迅所说:“悲剧将人生的有价值的东西毁灭给人看。”悲剧可分为四种类型:英雄悲剧、性格悲剧、命运悲剧、社会悲剧。随着时代和社会的发展,悲剧的内容和形态在不断地发展变化。在我国,传统戏曲中有许多描写悲剧性矛盾的优秀作品,多数具有强烈的反封建性和理想化的结局,例如关汉卿的《窦娥冤》、纪君祥的《赵氏孤儿》、孔尚任的《桃花扇》等。

2. 喜剧。喜剧一般以夸张的手法、巧妙的结构、诙谐的台词及对喜剧性格的刻画,从而引导人对丑的、滑稽的予以嘲笑,对正常的人生和美好的理想予以肯定。鲁迅说:“喜剧将那无价值的撕破给人看。”在喜剧中,主人公一般以滑稽、幽默及对旁人无伤害的丑陋、乖僻,表现生活中或丑、或美、或悲的一面。由于喜剧表现的对象不同,艺术家的角度不同,手法不一致,所以,喜剧可划分出不同的类型,例如讽刺喜剧、幽默喜剧、欢乐喜剧、正喜剧、荒诞喜剧与闹剧等。一般说来,讽刺喜剧以社会生活中的否定事物为对象。欢乐喜剧则强调人的价值,提倡个性解放,反对禁欲主义,在欧洲文艺复兴时期形成一股强大的思想潮流。正喜剧从表现生活的否定方面变为表现生活中的肯定方面,笑不再用来针砭人的恶习、缺点、卑下,而主要用来歌颂人的美德、才智、自信。荒诞喜剧则把人生最深层的苦难与将死扭曲,送进颠倒的喜剧王国。而闹剧一般属于粗俗喜剧之列,即通过逗乐的举动和蠢笨的戏谑引人发笑而缺少深刻的旨趣意蕴。欧洲最早的喜剧是古希腊喜剧,代表作家是阿里斯托芬;16、17 世纪以莎士比亚、莫里哀为代表;18 世纪意大利的哥尔多尼及法国的博马舍是欧洲启蒙运动时期喜剧的代表;19 世纪以俄国的果戈理为代表。中国古典戏曲中也有丰富的喜剧遗产,如关汉卿的《救风尘》、高濂的《玉簪记》等,都是优秀的喜剧作品。

3. 正剧。正剧又称为严肃剧和悲喜剧,是出现较晚的戏剧类型。贴近社会现实,取材于日常生活,反映社会现实是正剧的重要特点。正剧不拘泥悲剧和喜剧的划分,灵活利用了两者的有利因素,加强了表现生活的能力,适应了戏剧发展的要求。正剧的外部表现特征,主要在于人物命运、事件结局的完满性。它既指完美的收场、幸福的结局,又指生活的肯定方面或生活的否定方面。主人公也像悲剧人物那样追求着历史的必然要求,所不同的是,这种要求在悲剧中不可能实现,而在正剧中则具备了实现的可能性。在喜剧中,不合乎历史潮流的要求被当作现实的目的而被追求着,而在正剧中,不合乎历史潮流的要求则被否定掉。正剧人物现实地实现着自己的意志,自由地创造着生活。他们既具有悲剧人物那种严肃的旨意、真诚的信念、深刻的思想情绪、为所追求的目的而献身的精神,又具有喜剧人物那种自信自足的性格。正剧人物也可能有他的局限性、有他的缺陷,但他们不像喜剧人物那样对自己毫无所知,而把自己置于自觉意识的对立面加以审视、加以批判,在不断的自我否定中前进着。正剧有三种类型:传奇剧、社会问题剧、英雄剧。在中国古典戏曲中,众多的公案戏、家庭伦理戏、爱情戏以及表现下层人民与达官贵人、邪恶势力进行斗争的剧目,都可以归于正剧。

第三节　戏剧文学的欣赏方法

戏剧是一种综合性的艺术,欣赏一出舞台剧,自然要求全面体会一台戏在一度创作和二度创作上的各种表现,尤其是其文学、导演、表演和舞美(舞台美术)几个方面的配合和默契。单就戏剧文学的欣赏而言,我们应该从以下三个方面入手。

一、具备文学欣赏的基本功

戏剧文学是文学的重要组成部分,尽管剧本创作首先是为了演出,但一台戏是否成功,是否具有长久的艺术生命力,文学性的强弱,仍然是一块重要的试金石。实际上,古往今来,绝大多数的戏剧剧本都是可以当作纯文学作品来作案头阅读的,古典戏剧尤其如此。因此,文学欣赏是戏剧文学欣赏的前提和基础,欣赏戏剧文学,必须具备起码的文学欣赏的基本功,并且运用文学欣赏的基本方法来欣赏戏剧文学的文学性,包括作品的思想性、艺术性,最主要的是戏剧人物形象塑造的成功与否,以及作品反映生活的深度和广度及其独特的视角。这些,沿用文学欣赏的一般方法即可。

二、熟悉戏剧文学的独特表现手法

戏剧文学毕竟不是纯文学,它是舞台演出的底本,因此必须符合舞台演出的要求——能搬上舞台和具有戏剧性。

1. 它必须能搬上舞台。戏剧是靠演员的表演来反映社会生活的,绝大多数的剧本内容都要靠演员的语言和形体动作来表现。因此,一个完整的剧本必须由舞台场景(分幕分场和场景提示)、人物语言(台词、唱词)和人物动作提示三个部分组成,缺一不可。小说式的笼统描述是禁止的。

2. 它必须具有很强的戏剧性。戏剧性体现在舞台上是丰富多样的,体现在剧本里,主要表现在结构和语言两个方面。戏剧演出是有时间和空间限制的,这就要求剧本的结构必须非常讲究。一般来说,戏剧的结构方式有三重:① 开放性,即顺时性展开情节,起—承—转—合,如《窦娥冤》《哈姆莱特》;② 锁闭式,即逆时针展开情节,突发事件(悬念)—追溯—解决,如《俄狄浦斯王》《雷雨》;③ 串珠式,又称板块式或展览式,即把一系列人物和事件不分主次平分秋色地串起来,展现广博的社会生活内容,如《茶馆》。不管是哪种结构方式,戏剧都非常讲究矛盾冲突的设置和高潮的出现,在高潮到来之际结束全剧。在这方面,话剧往往比戏曲出色(传统戏曲长于抒情,平铺直叙的时候比较多),《俄狄浦斯王》和《雷雨》可算是这方面的杰作。语言上,戏剧文学强调人物语言的动作性和潜台词。戏剧靠人物表演,人物语言自然成了戏剧的主体,是戏剧描述事件、推进情节、塑造人物、揭示主题的主要手段。人物的语言称为台词,戏曲称道白或说白、念白,分为对白、独白和旁白几种,戏曲外加唱词。语言的动作性包括外部动作和心理动作两种,前者主要用于描述剧情,后者主要用于揭示心理。戏剧人物的语言还要求具有丰富的潜台词,不仅言简意赅,而且含义隽永,能让人回味无穷。这一点,《雷雨》做得很好。

三、了解戏剧和舞台的基本常识

戏剧历史悠久,种类繁多,不同类型、不同时代、不同国家和地区的戏剧,有大体相似或各自不同的基本特征,而且戏剧始终是活在舞台上的,舞台上的戏剧和案头剧本又有本质的区别,这一切和剧本有着千丝万缕的联系。了解这些,对我们更好地理解和欣赏戏剧文学有巨大的帮助。这些知识,当然是了解得越多越好。

第四节　名剧赏读

窦娥冤(节选)

关汉卿

【提示】

关汉卿,字汉卿,号已斋叟,大都(今北京)人,主要作品有《窦娥冤》《救风尘》《望江亭》《单刀会》等。其前半生是在血与火交织的动荡不宁的年代中度过的,自称"是个蒸不烂、煮不熟、捶不扁、炒不爆、响当当一粒铜豌豆"。由于关汉卿面向底层,流连市井,受到多重民间文化的滋养,因而写杂剧,撰散曲,能够把许多的民间俗话、三教九流的行话信手拈来。

《窦娥冤》的正名是《感天动地窦娥冤》,全剧四折一楔子,是关汉卿的代表作,也是元杂剧中悲剧的典范。此剧写窦娥因其父窦天章无力偿还四十两高利贷而被典押给蔡婆婆做童养媳,不幸的是成婚后不久,又做了寡妇。恶棍张驴儿为了霸占窦娥,企图用药毒死蔡婆婆,不料弄巧成拙,误毒了自己的父亲。州官接受了张驴儿的贿赂,竟诬陷窦娥以杀人之罪,判处斩决。在刑场上,窦娥悲愤地控诉了封建统治的黑暗,对不合理的社会提出了强烈的抗议。三年后,窦天章任肃政廉访使,奉命查核楚州案件。窦娥的鬼魂向父亲申诉了冤屈,窦天章逮捕了真凶,案情才得昭雪。

剧作将现实主义与浪漫主义相融合,寄托了作者鲜明的爱憎;语言通俗自然,朴实生动,极富性格,历来评论家以"本色"二字概括其特色。课文所选的第三折,是全剧的高潮,窦娥的形象在此得到了飞跃的发展,窦娥大胆反抗的性格得到了惊心动魄的表现。

【原文】

第三折

(外①扮监斩官上,云)下官监斩官是也。今日处决犯人,着做公的把住巷口,休放往来人闲走。(净扮公人,鼓三通,锣三下科。刽子磨旗、提刀,押正旦带枷子,刽子云)行动些,行动些,监斩官去法场上多时了。(正旦唱)

【正宫】【端正好】没来由犯王法，不提防遭刑宪，叫声屈动地惊天。顷刻间游魂先赴森罗殿，怎不将天地也生埋怨。

【滚绣球】有日月朝暮悬，有鬼神掌着生死权，天地也，只合把清浊分辨，可怎生糊突了盗跖、颜渊②：为善的受贫穷更命短，造恶的享福贵又寿延。天地也，做得个怕硬欺软，却原来也这般顺水推船。地也，你不分好歹何为地？天也，你错勘贤愚枉做天！哎，只落得两泪涟涟。

（刽子云）快行动些，误了时辰也。（正旦唱）

【倘秀才】则被这枷纽的我左侧右偏，人拥的我前合后偃，我窦娥向哥哥行③有句言。（刽子云）你有甚么话说？（正旦唱）前街里去心怀恨，后街里去死无冤，休推辞路远。

（刽子云）你如今到法场上面，有甚么亲眷要见的，可叫他过来，见你一面也好。（正旦唱）

【叨叨令】可怜我孤身只影无亲眷，则落的吞声忍气空嗟怨。（刽子云）难道你爷娘家也没的？（正旦云）只有个爹爹，十三年前上朝取应去了，至今杳无音信。（唱）早已是十年多不睹爹爹面。（刽子云）你适才要我往后街里去，是什么主意？（正旦唱）怕则怕前街里被我婆婆见。（刽子云）你的性命也顾不得，怕他见怎的？（正旦云）俺婆婆若见我披枷带锁赴法场餐刀去呵，（唱）枉将他气杀也么哥④，枉将他气杀也么哥。告哥哥，临危好与人行方便。

（卜儿哭上科，云）天那，兀的不是我媳妇儿！（刽子云）婆子靠后。（正旦云）既是俺婆婆来了，叫他来，待我嘱咐他几句话咱。（刽子云）那婆子，近前来，你媳妇要嘱咐你话哩。（卜儿云）孩儿，痛杀我也。（正旦云）婆婆，那张驴儿把毒药放在羊儿汤里，实指望药死了你，要霸占我为妻。不想婆婆让与他老子吃，倒把他老子药死了。我怕连累婆婆，屈招了药死公公，今日赴法场典刑。婆婆，此后遇着冬时年节，月一十五，有浆⑤不了的浆水饭，浆半碗儿与我吃，烧不了的纸钱，与窦娥烧一陌儿⑥，则是看你死的孩儿面上。（唱）

【快活三】念窦娥葫芦提⑦当罪愆，念窦娥身首不完全，念窦娥从前已往干家缘⑧，婆婆也，你只看窦娥少爷无娘面。

【鲍老儿】念窦娥服侍婆婆这几年，遇时节将碗凉浆奠；你去那受刑法尸骸上烈些纸钱，只当把你亡化的孩儿荐。（卜儿哭科，云）孩儿放心，这个老身都记得。天那，兀的不痛杀我也！（正旦唱）婆婆也，再也不要哭哭啼啼，烦烦恼恼，怨气冲天。这都是我做窦娥的没时没运，不明不暗，负屈衔冤。

（刽子做喝科，云）兀那婆子靠后，时辰到了也。（正旦跪科）（刽子开枷科）（正旦云）窦娥告监斩大人，有一事肯依窦娥，便死而无怨。（监斩官云）你有什么事？你说。（正旦云）要一领⑨净席，等我窦娥站立；又要丈二白练⑩，挂在旗枪⑪上，若是我窦娥委实冤枉，刀过处头落，一腔热血休半点儿沾在地上，都飞在白练上者。（监斩官云）这个就依你，打甚么不紧。（刽子做取席站科，又取白练挂旗上科）（正旦唱）

【耍孩儿】不是我窦娥罚下这等无头愿，委实的冤情不浅；若没那些儿灵圣与世人传,也不见得湛湛青天。我不要半星热血红尘洒,都只在八尺旗枪素练悬。等他四下里皆瞧见,这就咱苌弘化碧⑫,望帝啼鹃⑬。

（刽子云）你还有甚么的说话,此时不对监斩大人说,几时说那?（正旦再跪科,云）大人,如今是三伏天道,若窦娥委实冤枉,身死之后,天降三尺瑞雪,遮掩了窦娥尸首。（监斩官云）这等三伏天道,你便有冲天的怨气,也召不得一片雪来,可不胡说!（正旦唱）

【二煞】你道是暑气暄,不是那下雪天,岂不闻飞霜六月因邹衍⑭。若果有一腔怨气喷如火,定要感得六出冰花⑮滚似锦,免着我尸骸现;要什么素车白马⑯,断送出古陌荒阡?

（正旦再跪科,云）大人,我窦娥死的委实冤屈,从今以后,着这楚州亢旱三年。（监斩官云）打嘴!那有这等说话!（正旦唱）

【一煞】你道是天公不可期,人心不可怜,不知皇天也肯从人愿。做甚么三年不见甘霖降,也只为东海曾经孝妇冤⑰。如今轮到你山阳县,这都是官吏每无心正法,使百姓有口难言。

（刽子做磨旗科,云）怎么这一会儿天色阴了也?（内做风科,刽子云）好冷风也!（正旦唱）

【煞尾】浮云为我阴,悲风为我旋,三桩儿誓愿明题遍。（做哭科,云）婆婆也,直等待雪飞六月,亢旱三年呵,（唱）那其间才把你个屈死的冤魂这窦娥显。

（刽子做开刀,正旦倒科）（监斩官惊云）呀,真个下雪了,有这等异事!（刽子云）我也道平日杀人,满地都是鲜血,这个窦娥的血都飞在那丈二白练上,并无半点落地,委实奇怪。（监斩官云）这死罪必有冤枉。早两桩儿应验了,不知亢旱三年的说话,准也不准?且看后来如何。左右,也不必等待雪晴,便与我抬他尸首,还了那蔡婆婆去罢。（众应科,抬尸下）

【注释】

①外:元剧中"外末""外旦"或"外净"的省称,意谓正角之外的副角。

②盗跖(zhí)、颜渊:都是春秋时期人。盗跖,跖是古代传说中反抗贵族统治的领袖,被统治阶级诬之为"盗",故称为盗跖。颜渊,孔子的学生,贫而好学,家里很穷,年岁不大就死了,古代以之为贤人的典型。

③行(háng):宋元语言里,在人称、自称之后用"行"字,如"哥哥行""他行""我行"等,都用以指示方位;就是哥哥那边、他那边、我这里的意思。

④也么哥:语尾助词,有声无义。通常用于曲词中叠句的结尾,如"兀的不痛杀也么哥",有加强语气的作用。

⑤瀽(jiǎn):倒,泼。

⑥一陌儿:陌,通"百";旧时祭奠要烧纸钱,"一陌儿"就是一百张或一串纸钱。

⑦葫芦提——或作胡卢题、胡卢提。含糊笼统,马马虎虎。

⑧干家缘:做家务。

⑨领:张。

⑩白练:白绸子。

⑪旗枪:旗杆顶上的金属饰物。

⑫苌弘化碧:苌弘,周朝的忠臣,无辜被害。碧,青绿色的美石。古代神话传说苌弘被杀以后,蜀人把他的血藏起来,三年,血变成碧。

⑬望帝啼鹃:古代传说蜀王杜宇,号望帝,为其相所逼,逊位后隐居山中,其魂化为杜鹃,啼声凄厉,百姓哀之。

⑭飞霜六月因邹衍:邹衍,战国时燕之忠臣。相传,他对燕惠王很忠心,被人诬害下狱;他仰天大哭,夏天五月里,天竟下霜。后来常用这个故事代表冤狱。

⑮六出冰花:即雪花。雪为六瓣形晶体,故又叫"六出花"。

⑯素车白马:东汉时,范式和张劭友好。张劭死了,范式从很远的地方乘着白车白马去吊丧。后用这四个字代表吊丧送葬的意思。

⑰东海曾经孝妇冤:传说汉代东海有寡妇周青,为侍奉婆婆矢志不嫁,婆婆遂自缢而死。其小姑告官,诬嫂以杀人之罪;问官不察,竟然判处周青死刑。临行之际,孝妇指身边竹竿对人说:倘若我无罪,血当沿竿往上倒流。其言果应,而东海地方乃大旱三年,后任官员查问就里,有人代为申雪,天方降雪。

【拓展】

(一)阅读推荐

关汉卿《窦娥冤》

(二)云端课堂

电影欣赏:《窦娥冤》

(三)思考练习

1.吟诵"端正好""滚绣球"两支曲子,体会窦娥的思想感情和心理变化,探讨悲剧根源,体验悲剧审美。

2.讲述《窦娥冤》故事给幼儿园或社区小朋友听。

西厢记(节选)

王实甫

【提示】

王实甫,名德信,大都(今北京市)人,与关汉卿同时代而稍晚。王实甫混迹于艺人官妓聚居的场所,与市民大众十分接近,是元代剧坛最有才华的杰出作家之一。其生卒年及生平事迹均不详。王实甫创作的杂剧 14 种,有《西厢记》《丽春堂》《破窑记》三种以及《贩茶船》《芙蓉亭》各一折。

《西厢记》全名《崔莺莺待月西厢记》，共五本二十折，是元代爱情故事剧中的杰作，也是王实甫的代表作。本剧主要写张生与崔莺莺这一对有情人冲破困阻终成眷属的故事。剧情是：书生张君瑞在普救寺里偶遇已故崔相国之女莺莺，对她一见倾心，苦于封建礼教的阻隔无法接近。此时恰有孙飞虎听说莺莺美貌，率兵围住普救寺，要强娶莺莺为妻。崔老夫人情急之下允诺如有人能够退兵，便将莺莺嫁他。张生喜出望外，修书请得故人白马将军杜确率兵前来解围，不料老夫人却食言赖婚，让张生、莺莺以兄妹相称，致使张生相思成病。张生失望至极，幸有莺莺丫环红娘从中帮助，促成二人私下结合。老夫人知情后怒责红娘，但已无可挽回，便催张生进京应考。张生与莺莺依依而别，半年后中状元。崔老夫人的侄儿郑恒本与莺莺有婚约，便趁张生还未返回之时谎报张生已被卫尚书招赘为婿，老夫人一气之下要将莺莺嫁给郑恒，幸好张生及时归来，有情人终成眷属。

　　该剧文辞华丽、故事曲折、情节跌宕起伏、文笔细腻、人物传神，堪称绝世经典，并有"花间美人"的雅称。因其在艺术上的近乎完美，故又有"西厢记天下夺魁""古戏扛鼎之作"和"北曲压卷之作"的说法。课文所选的第四本第三折"长亭送别"，用抒情诗一般的优美语言和大白话一般朴实和韵的诗句，把一对热恋中的情人才相聚又别离的百转愁肠表现得淋漓尽致，堪称中国古典文学的优秀诗篇。

【原文】

第四本·第三折

　　(夫人、长老上，云)今日送张生赴京，就十里长亭，安排下筵席。我和长老先行，不见张生小姐来到。(旦、末、红同上，旦云)今日送张生上朝取应去。早是离人伤感，况值那暮秋天气，好烦恼人也呵！"悲欢聚散一杯酒，南北东西万里程。"(旦唱)

　　【正宫】【端正好】碧云天，黄花地，西风紧，北雁南飞。晓来谁染霜林醉？总是离人泪。

　　【滚绣球】恨相见得迟，怨归去得疾。柳丝长玉骢①难系，恨不倩疏林挂住斜晖。马儿迍迍②的行，车儿快快的随，却③告了相思回避，破题儿④又早别离。听得道一声"去也"，松了金钏；遥望见十里长亭，减了玉肌。此恨谁知！

　　(红云)姐姐今日怎么不打扮？(旦云)你那知我的心里呵！(旦唱)

　　【叨叨令】见安排着车儿、马儿，不由人熬熬煎煎的气；有甚么心情将花儿、靥儿⑤，打扮得娇娇滴滴的媚；准备着被儿、枕儿，则索昏昏沉沉的睡；从今后衫儿、袖儿，都揾做重重叠叠的泪。兀的不闷杀人也么哥，兀的不闷杀人也么哥。久已后书儿、信儿，索⑥与我恓恓惶惶的寄。

　　(做到见夫人科)(夫人云)张生和长老坐，小姐这壁坐，红娘将酒来。张生，你向前来，是自家亲眷，不要回避。俺今日将莺莺与你，到京师休辱没了俺孩儿，挣揣一个状元回来者。(末云)小生托夫人余荫，凭着胸中之才，视官如拾芥⑦耳。(洁云)夫人主见不差，张生不是落后的人。(把酒了，坐)(旦长吁科)(旦唱)

　　【脱布衫】下西风黄叶纷飞，染寒烟衰草萋迷⑧。酒席上斜签着坐地⑨，蹙愁眉死临侵地⑩。

【小梁州】我见他阁泪汪汪不敢垂，恐怕人知。猛然见了把头低，长吁气，推整素罗衣。

【幺篇】虽然久后成佳配，奈时间怎不悲啼。意似痴，心如醉，昨宵今日，清减了小腰围。

（夫人云）小姐把盏者！（红递酒，旦把盏长吁科，云）请吃酒！（唱）

【上小楼】合欢未已，离愁相继。想着俺前暮私情，昨夜成亲，今日别离。我谂知，这几日相思滋味，却原来比别离情更增十倍。

【幺篇】年少呵轻远别，情薄呵易弃掷。全不想腿儿相挨，脸儿相偎，手儿相携。你与俺崔相国做女婿，妻荣夫贵⑪，但得一个并头莲，强似状元及第。

（红云）姐姐，不曾吃早饭，饮一口儿汤水。（旦云）红娘呵，甚么汤水咽得下。（唱）

【满庭芳】供食太急，须臾对面，顷刻别离。若不是酒席间子母每当回避，有心待与他举案齐眉。虽然是厮守得一时半刻，也合着俺夫妻每共桌而食。眼底空留意，寻思起就里，险化做望夫石。

（夫人云）红娘把盏者。（红把酒科）（旦唱）

【快活三】将来的酒共食，尝着似土和泥；假若是土和泥，也有些土气息、泥滋味。

【朝天子】暖溶溶玉醅，白泠泠似水，多半是相思泪。眼面前茶饭怕不待要吃⑫，恨塞满愁肠胃。蜗角虚名，蝇头微利，拆鸳鸯在两下里。一个这壁，一个那壁，一递⑬一声长吁气。

（夫人云）辆起车儿⑭，俺先回去，小姐随后和红娘来。（下）（末辞洁科）（洁云）此一行别无话儿，贫僧准备买登科录看，做亲的茶饭，少不得贫僧的。先生在意，鞍马上保重者。从今经忏无心礼，专听春雷第一声。（下）（旦唱）

【四边静】霎时间杯盘狼藉，车儿投东，马儿向西，两意徘徊，落日山横翠。知他今宵宿在那里？有梦也难寻觅。

（旦云）张生，此一行，得官不得官，疾早便回来。（末云）小姐心儿里艰难。小生这一去，白夺一个状元，正是：青霄有路终须到，金榜无名誓不归。（旦云）君行别无所赠，口占一绝，为君送行：弃掷今何在，当时且自亲，还将旧来意，怜取眼前人。（末云）小姐之意差矣，张珙更敢怜谁？谨赓一绝，以剖寸心：人生长远别，孰与最关亲？不遇知音者，谁怜长叹人？（旦唱）

【耍孩儿】淋漓襟袖啼红泪，比司马青衫更湿。伯劳东去燕西飞，未登程先问归期。虽然眼底人千里，且尽生前酒一杯。未饮心先醉，眼中流泪，心内成灰。

【五煞】到京师服水土，趁程途，节饮食，顺时自保揣⑮身体。荒村雨露宜眠早，野店风霜要起迟！鞍马秋风里，最难调护，最要扶持。

【四煞】这忧愁诉与谁？相思只自知，老天不管人憔悴。泪添九曲黄河溢，恨压三峰华岳低。到晚来闷把西楼倚，见了些夕阳古道，衰柳长堤。

【三煞】笑吟吟一处来，哭啼啼独自归。归家若到罗帏里，昨宵个绣衾香暖留春住，今夜个翠被生寒有梦知。留恋你别无意，见据鞍上马，阁不住泪眼愁眉。

（末云）有甚言语嘱咐小生咱？（旦唱）

【二煞】你休忧文齐福不齐，我则怕你停妻再娶妻。你休要一春鱼雁无消息！我这里青鸾有信频须寄，你却休金榜无名誓不归。此一节君须记：若见了那异乡花草，再休似此处栖迟。

（末云）再谁似小姐，小生又生此念？（旦唱）

【一煞】青山隔送行，疏林不做美，淡烟暮霭相遮蔽。夕阳古道无人语，禾黍秋风听马嘶。我为甚么懒上车儿内，来时甚急，去后何迟？

（红云）夫人去好一会，姐姐，咱家去！（旦唱）

【收尾】四围山色中，一鞭残照里。遍人间烦恼填胸臆，量这些大小车儿如何载得起？

（旦、红下）（末云）仆童赶早行一程儿，早寻个宿处。（末念）泪随流水急，愁逐野云飞。（下）

【注释】

①玉骢：青白色的马。此处泛指马。

②迍（zhūn）迍：形容行动迟缓的样子。

③却：才。

④破题儿：即开头。唐宋时期的文人称诗赋起首几句为破题。明清小说中常有"破题儿第一遭"，含有"头一次"的意思。

⑤靥（yè）儿：原指嘴边的酒窝。这里指妇女装扮面部的一种首饰。

⑥索：须。

⑦拾芥：捡小草，喻轻而易举，唾手可得。

⑧萋迷：草茂盛的样子。

⑨酒席上斜签着坐地：这里指张珙。签，插。

⑩死临侵地：临侵，形容憔悴无力。"死"这里可以看作程度副词，是极憔悴的意思。

⑪妻荣夫贵：因崔莺莺是相国的女儿，已经具有很高的身份，那么张生不用上京赶考取得功名，也可以凭相国家女婿的身份获得富贵。这里有崔莺莺埋怨老夫人的意思。

⑫怕不待要：难道不要的意思。

⑬递：接连不断。

⑭辆起车儿：套上车子的意思。

⑮保揣：保重的意思。揣，量、度。

【拓展】

（一）阅读推荐

王实甫《西厢记》

（二）云端课堂

1. 京剧欣赏：赵秀君《西厢记》唱段

2.越剧欣赏:《西厢记》

（三）思考练习

1.学唱京剧《西厢记》《端正好》(碧云天黄花地)曲子,感受国粹特有的韵味。

2.背诵文中自己喜欢的曲词,体味其中优美的意境。

茶馆(节选)

老 舍

【提示】

老舍(1899—1966),原名舒庆春,字舍予。满族,北京人。1937年,"七七事变"爆发后,老舍离别家小奔赴国难。1938年初,中华全国文艺界抗敌协会于武汉成立,老舍被推为常务理事和总务部主任,同年随文协迁到重庆。自此主持文协工作直至抗战胜利。抗战结束后,老舍于1946年3月接受美国国务院邀请,赴美讲学。1949年12月,应周恩来委托文艺界之邀回到北京,曾任政务院文教委员会委员、中国文联副主席、中国作家协会副主席兼书记处书记、中国人民政治协商会议全国委员会常务委员会委员、北京市人民政府委员、中国民间文艺研究会副主席、北京市文联主席等职,荣获"人民艺术家"称号。由于文革期间受到迫害,1966年8月24日深夜,老舍含冤自沉于北京西北的太平湖畔,终年67岁。

老舍是中国现代著名小说家、文学家、戏剧家。他以长篇小说和剧作著称于世。他的作品大都取材于市民生活,为中国现代文学开拓了重要的题材领域。他所描写的自然风光、世态人情、习俗时尚,运用的群众口语,都呈现出浓郁的"京味"。他的作品已被译成20余种文字出版,以具有独特的幽默风格和浓郁的民族色彩,以及从内容到形式的雅俗共赏而赢得了广大读者的青睐。代表作品有《茶馆》《骆驼祥子》《四世同堂》《龙须沟》等。

《茶馆》是老舍于1956年创作的话剧,是20世纪中国戏剧的经典之作。剧作以老北京裕泰茶馆为舞台,用茶馆里各色人物个人生活的变化,来展示清末到民国半个多世纪中国社会的沧桑变化。全剧分三幕,分别截取了旧中国三个时代的横断面,揭示了近半个世纪中国社会的黑暗腐败、光怪陆离,以及在这个社会中的芸芸众生。课文节选的是第一幕,主要通过众多角色的对话,自然形成戏剧冲突,展现人物与时代的矛盾,有条不紊,张弛有致。学习时,要感受和理解剧本所体现的历史感;品味剧中"响嘣儿脆"的京味语言,体会人物语言切合身份、性格与情境的特点,欣赏面貌各异的人物形象;注意把握本剧独特的结构特征和主要表现手法,加深对当代话剧的了解。

【原文】

第一幕

时间 一八九八年(戊戌)初秋,康梁等的维新运动失败了。早半天。

地点 北京,裕泰大茶馆。

人物 王利发 刘麻子 庞太监 唐铁嘴 康 六 小牛儿 松二爷 黄胖子
宋恩子 常四爷 秦仲义 吴祥子 李 三 老 人 康顺子 二德子
乡 妇 茶客甲、乙、丙、丁 马五爷 小 妞 茶房一二人

〔幕启:这种大茶馆现在已经不见了。在几十年前,每城都起码有一处。这里卖茶,也卖简单的点心与菜饭。玩鸟的人们,每天在遛够了画眉、黄鸟等之后,要到这里歇歇腿,喝喝茶,并使鸟儿表演歌唱。商议事情的,说媒拉纤的,也到这里来。那年月,时常有打群架的,但是总会有朋友出头给双方调解;三五十口子打手,经调人东说西说,便都喝碗茶,吃碗烂肉面(大茶馆特殊的食品,价钱便宜,作起来快当),就可以化干戈为玉帛了。总之,这是当日非常重要的地方,有事无事都可以来坐半天。

〔在这里,可以听到最荒唐的新闻,如某处的大蜘蛛怎么成了精,受到雷击。奇怪的意见也在这里可以听到,象把海边上都修上大墙,就足以挡住洋兵上岸。这里还可以听到某京戏演员新近创造了什么腔儿,和煎熬鸦片烟的最好的方法。这里也可以看到某人新得到的奇珍——一个出土的玉扇坠儿,或三彩的鼻烟壶。这真是个重要的地方,简直可以算作文化交流的所在。

〔我们现在就要看见这样的一座茶馆。

〔一进门是柜台与炉灶——为省点事,我们的舞台上可以不要炉灶;后面有些锅勺的响声也就够了。屋子非常高大,摆着长桌与方桌,长凳与小凳,都是茶座儿。隔窗可见后院,高搭着凉棚,棚下也有茶座儿。屋里和凉棚下都有挂鸟笼的地方。各处都贴着"莫谈国事"的纸条。

〔有两位茶客,不知姓名,正眯着眼,摇着头,拍板低唱。有两三位茶客,也不知姓名,正入神地欣赏瓦罐里的蟋蟀。两位穿灰色大衫的——宋恩子与吴祥子,正低声地谈话,看样子他们是北衙门的办案的(侦缉)。

〔今天又有一起打群架的,据说是为了争一只家鸽,惹起非用武力解决不可的纠纷。假若真打起来,非出人命不可,因为被约的打手中包括着善扑营的哥儿们和库兵,身手都十分厉害。好在,不能真打起来,因为在双方还没把打手约齐,已有人出面调停了——现在双方在这里会面。三三两两的打手,都横眉立目,短打扮,随时进来,往后院去。

〔马五爷在不惹人注意的角落,独自坐着喝茶。

〔王利发高高地坐在柜台里。

〔唐铁嘴踏拉着鞋,身穿一件极长极脏的大布衫,耳上夹着几张小纸片,进来。

王利发 唐先生,你外边遛遛吧!

唐铁嘴　（惨笑）王掌柜，捧捧唐铁嘴吧！送给我碗茶喝，我就先给您相相面吧！手相奉送，不取分文！（不容分说，拉过王利发的手来）今年是光绪二十四年，戊戌。您贵庚是……

王利发　（夺回手去）算了吧，我送给你一碗茶喝，你就甭卖那套生意口啦！用不着相面，咱们既在江湖内，都是苦命人！（由柜台内走出，让唐铁嘴坐下）坐下！我告诉你，你要是不戒了大烟，就永远交不了好运！这是我的相法，比你的更灵验！

〔松二爷和常四爷都提着鸟笼进来，王利发向他们打招呼。他们先把鸟笼子挂好，找地方坐下。松二爷文绉绉的，提着小黄鸟笼；常四爷雄赳赳的，提着大而高的画眉笼。茶房李三赶紧过来，沏上盖碗茶。他们自带茶叶。茶沏好，松二爷、常四爷向邻近的茶座让了让。

松二爷　您喝这个！（然后，往后院看了看）

常四爷

松二爷　好象又有事儿？

常四爷　反正打不起来！要真打的话，早到城外头去啦；到茶馆来干吗？

〔二德子，一位打手，恰好进来，听见了常四爷的话。

二德子　（凑过去）你这是对谁甩闲话呢？

常四爷　（不肯示弱）你问我哪？花钱喝茶，难道还教谁管着吗？

松二爷　（打量了二德子一番）我说这位爷，您是营里当差的吧？来，坐下喝一碗，我们也都是外场人。二德子　你管我当差不当差呢！

常四爷　要抖威风，跟洋人干去，洋人厉害！英法联军烧了圆明园，尊家吃着官饷，可没见您去冲锋打仗！

二德子　甭说打洋人不打，我先管教管教你！（要动手）

〔别的茶客依旧进行他们自己的事。王利发急忙跑过来。

王利发　哥儿们，都是街面上的朋友，有话好说。德爷，您后边坐！

〔二德子不听王利友的话，一下子把一个盖碗搂下桌去，摔碎。翻手要抓常四爷的脖领。

常四爷　（闪过）你要怎么着？

二德子　怎么着？我碰不了洋人，还碰不了你吗？

马五爷　（并未立起）二德子，你威风啊！

二德子　（四下扫视，看到马五爷）喝，马五爷，您在这儿哪？我可眼拙，没看见您！（过去请安）

马五爷　有什么事好好地说，干吗动不动地就讲打？

二德子　嗻！您说的对！我到后头坐坐去。李三，这儿的茶钱我候啦！（往后面走去）

常四爷　（凑过来，要对马五爷发牢骚）这位爷，您圣明，您给评评理！

马五爷　（立起来）我还有事，再见！（走出去）

常四爷　（对王利发）邪！这倒是个怪人！

王利发　您不知道这是马五爷呀？怪不得您也得罪了他！

常四爷　我也得罪了他？我今天出门没挑好日子！

王利发　(低声地)刚才您说洋人怎样,他就是吃洋饭的。信洋教,说洋话,有事情可以一直地找宛平县的县太爷去,要不怎么连官面上都不惹他呢！

常四爷　(往原处走)哼,我就不佩服吃洋饭的！

王利发　(向宋恩子、吴祥子那边稍一歪头,低声地)说话请留点神！(大声地)李三,再给这儿沏一碗来！(拾起地上的碎磁片)

松二爷　盖碗多少钱？我赔！外场人不作老娘们事！

王利发　不忙,待会儿再算吧！(走开)

〔纤手①刘麻子领着康六进来。刘麻子先向松二爷、常四爷打招呼。

刘麻子　您二位真早班儿！(掏出鼻烟壶,倒烟)您试试这个！刚装来的,地道英国造,又细又纯！

常四爷　唉！连鼻烟也得从外洋来！这得往外流多少银子啊！

刘麻子　咱们大清国有的是金山银山,永远花不完！您坐着,我办点小事！(领康六找了个座儿)

〔李三拿过一碗茶来。

刘麻子　说说吧,十两银子行不行？你说干脆的！我忙,没工夫专伺候你！

康　六　刘爷！十五岁的大姑娘,就值十两银子吗？

刘麻子　卖到窑子去,也许多拿一两八钱的,可是你又不肯！

康　六　那是我的亲女儿！我能够……

刘麻子　有女儿,你可养活不起,这怪谁呢？

康　六　那不是因为乡下种地的都没法子混了吗？一家大小要是一天能吃上一顿粥,我要还想卖女儿,我就不是人！

刘麻子　那是你们乡下的事,我管不着。我受你之托,教你不吃亏,又教你女儿有个吃跑饭的地方,这还不好吗？

康　六　到底给谁呢？

刘麻子　我一说,你必定从心眼里乐意！一位在宫里当差的！

康　六　宫里当差的谁要个乡下丫头呢？

刘麻子　那不是你女儿的命好吗？

康　六　谁呢？

刘麻子　庞总管！你也听说过庞总管吧？侍候着太后,红的不得了,连家里打醋的瓶子都是玛瑙作的！

康　六　刘大爷,把女儿给太监作老婆,我怎么对得起人呢？

刘麻子　卖女儿,无论怎么卖,也对不起女儿！你胡涂！你看,姑娘一过门,吃的是珍馐美味,穿的是绫罗绸缎,这不是造化吗？怎样,摇头不算点头算,来个干脆的！

康　六　自古以来,哪有……他就给十两银子？

刘麻子　找遍了你们全村儿,找得出十两银子找不出？在乡下,五斤白面就换个孩子,你不是不知道!

康　六　我,唉!我得跟姑娘商量一下!

刘麻子　告诉你,过了这个村可没有这个店,耽误了事别怨我!快去快来!

康　六　唉!我一会儿就回来!

刘麻子　我在这儿等着你!

康　六　(慢慢地走出去)

刘麻子　(凑到松二爷、常四爷这边来)乡下人真难办事,永远没有个痛痛快快!

松二爷　这号生意又不小吧?

刘麻子　也甜不到哪儿去,弄好了,赚个元宝!

常四爷　乡下是怎么了?会弄得这么卖儿卖女的!

刘麻子　谁知道!要不怎么说,就是一条狗也得托生在北京城里嘛!

常四爷　刘爷,您可真有个狠劲儿,给拉拢这路事!

刘麻子　我要不分心,他们还许找不到买主呢!(忙岔话)松二爷,(掏出个小时表来)您看这个!

松二爷　(接表)好体面的小表!

刘麻子　您听听,嘎登嘎登地响!

松二爷　(听)这得多少钱?

刘麻子　您爱吗?就让给您!一句话,五两银子!您玩够了,不爱再要了,我还照数退钱!东西真地道,传家的玩艺!

常四爷　我这儿正唖摸这个味儿:咱们一个人身上有多少洋玩艺儿啊!老刘,就着你身上吧:洋鼻烟,洋表,洋缎大衫,洋布裤褂……

刘麻子　洋东西可是真漂亮呢!我要是穿一身土布,象个乡下脑壳,谁还理我呀!

常四爷　我老觉乎着咱们的大缎子,川绸,更体面!

刘麻子　松二爷,留下这个表吧,这年月,戴着这么好的洋表,会教人另眼看待!是不是这么说,您哪?

松二爷　(真爱表,但又嫌贵)我……

刘麻子　您先戴两天,改日再给钱!

〔黄胖子进来。

黄胖子　(严重的沙眼,看不清楚,进门就请安)哥儿们,都瞧我啦!我请安了!都是自己弟兄,别伤了和气呀!

王利发　这不是他们,他们在后院哪!

黄胖子　我看不大清楚啊!掌柜的,预备烂肉面。有我黄胖子,谁也打不起来!(往里走)

二德子　(出来迎接)两边已经见了面,您快来吧!

〔二德子同黄胖子入内。

〔茶房们一趟又一趟地往后面送茶水。老人进来,拿着些牙签、胡梳、耳挖勺之类的小东西,低着头慢慢地挨着茶座儿走;没人买他的东西。他要往后院去,被李三截住。

李　三　老大爷,您外边蹓跶吧!后院里,人家正说和事呢,没人买您的东西!(顺手儿把剩茶递给老人一碗)

松二爷　(低声地)李三!(指后院)他们到底为了什么事,要这么拿刀动杖的?

李　三　(低声地)听说是为一只鸽子。张宅的鸽子飞到了李宅去,李宅不肯交还……唉,咱们还是少说话好,(问老人)老大爷您高寿啦?

老　人　(喝了茶)多谢!八十二了,没人管!这年月呀,人还不如一只鸽子呢!唉!(慢慢走出去)

〔秦仲义,穿得很讲究,满面春风,走进来。

王利发　哎哟!秦二爷,您怎么这样闲在,会想起下茶馆来了?也没带个底下人?

秦仲义　来看看,看看你这年轻小伙子会作生意不会!

王利发　唉,一边作一边学吧,指着这个吃饭嘛。谁叫我爸爸死的早,我不干不行啊!好在照顾主儿都是我父亲的老朋友,我有不周到的地方,都肯包涵,闭闭眼就过去了。在街面上混饭吃,人缘儿顶要紧。我按着我父亲遗留下的老办法,多说好话,多请安,讨人人的喜欢,就不会出大岔子!您坐下,我给您沏碗小叶茶去!

秦仲义　我不喝!也不坐着!

王利发　坐一坐!有您在我这儿坐坐,我脸上有光!

秦仲义　也好吧!(坐)可是,用不着奉承我!

王利发　李三,沏一碗高的来!二爷,府上都好?您的事情都顺心吧?

秦仲义　不怎么太好!

王利发　您怕什么呢?那么多的买卖,您的小手指头都比我的腰还粗!

唐铁嘴　(凑过来)这位爷好相貌,真是天庭饱满,地阁方圆,虽无宰相之权,而有陶朱②之富!

秦仲义　躲开我!去!

王利发　先生,你喝够了茶,该外边活动活动去!(把唐铁嘴轻轻推开)

唐铁嘴　唉!(垂头走出去)

秦仲义　小王,这儿的房租是不是得往上提那么一提呢?当年你爸爸给我的那点租钱,还不够我喝茶用的呢!

王利发　二爷,您说的对,太对了!可是,这点小事用不着您分心,您派管事的来一趟,我跟他商量,该长多少租钱,我一定照办!是!嗻!

秦仲义　你这小子,比你爸爸还滑!哼,等着吧,早晚我把房子收回去!

王利发　您甭吓唬着我玩,我知道您多么照应我,心疼我,决不会叫我挑着大茶壶,到街上卖热茶去!

秦仲义　你等着瞧吧!

〔乡妇拉着个十来岁的小妞进来。小妞的头上插着一根草标。李三本想不许她们往前走,可是心中一难过,没管。她们俩慢慢地往里走。茶客们忽然都停止说笑,看着她们。

小　妞　(走到屋子中间,立住)妈,我饿!我饿!

〔乡妇呆视着小妞,忽然腿一软,坐在地上,掩面低泣。

秦仲义　(对王利发)轰出去!

王利发　是!出去吧,这里坐不住!

乡　妇　哪位行行好?要这个孩子,二两银子!

常四爷　李三,要两个烂肉面,带她们到门外吃去!

李　三　是啦!(过去对乡妇)起来,门口等着去,我给你们端面来!

乡　妇　(立起,抹泪往外走,好象忘了孩子;走了两步,又转回身来,搂住小妞吻她)宝贝!宝贝!

王利发　快着点吧!

〔乡妇、小妞走出去。李三随后端出两碗面去。

王利发　(过来)常四爷,您是积德行好,赏给她们面吃!可是,我告诉您:这路事儿太多了,太多了!谁也管不了!(对秦仲义)二爷,您看我说的对不对?

常四爷　(对松二爷)二爷,我看哪,大清国要完!

秦仲义　(老气横秋地)完不完,并不在乎有人给穷人们一碗面吃没有。小王,说真的,我真想收回这里的房子!

王利发　您别那么办哪,二爷!

秦仲义　我不但收回房子,而且把乡下的地,城里的买卖也都卖了!

王利发　那为什么呢?

秦仲义　把本钱拢在一块儿,开工厂!

王利发　开工厂?

秦仲义　嗯,顶大顶大的工厂!那才救得了穷人,那才能抵制外货,那才能救国!(对王利发说而眼看着常四爷)唉,我跟你说这些干什么,你不懂!

王利发　您就专为别人,把财产都出手,不顾自己了吗?

秦仲义　你不懂!只有那么办,国家才能富强!好啦,我该走啦。我亲眼看见了,你的生意不错,你甭再要无赖,不长房钱!

王利发　您等等,我给您叫车去!

秦仲义　用不着,我愿意蹓跶蹓跶!

〔秦仲义往外走,王利发送。

〔小牛儿搀着庞太监走进来。小牛儿提着水烟袋。

庞太监　哟!秦二爷!

秦仲义　庞老爷!这两天您心里安顿了吧?

庞太监　那还用说吗?天下太平了,圣旨下来,谭嗣同问斩!告诉您,谁敢改祖宗的章程,谁就掉脑袋!

秦仲义　我早就知道!

〔茶客们忽然全静寂起来,几乎是闭住呼吸地听着。

庞太监　您聪明,二爷,要不然您怎么发财呢!

秦仲义　我那点财产,不值一提!

庞太监　太客气了吧？您看，全北京城谁不知道秦二爷！您比作官的还厉害呢！听说呀，好些财主都讲维新！

秦仲义　不能这么说，我那点威风在您的面前可就施展不出来了！哈哈哈！

庞太监　说得好，咱们就八仙过海，各显其能吧！哈哈哈！

秦仲义　改天过去给您请安，再见！（下）

庞太监　（自言自语）哼，凭这么个小财主也敢跟我逗嘴皮子，年头真是改了！（问王利发）刘麻子在这儿哪？

王利发　总管，您里边歇着吧！

〔刘麻子早已看见庞太监，但不敢靠近，怕打搅了庞太监、秦仲义的谈话。

刘麻子　喝，我的老爷子！您吉祥！我等了您好大半天了！（搀庞太监往里面走）

〔宋恩子、吴祥子过来请安，庞太监对他们耳语。

〔众茶客静默了一阵之后，开始议论纷纷。

茶客甲　谭嗣同是谁？

茶客乙　好象听说过！反正犯了大罪，要不，怎么会问斩呀！

茶客丙　这两三个月了，有些作官的，念书的，乱折腾乱闹，咱们怎能知道他们捣的什么鬼呀！

茶客丁　得！不管怎么说，我的铁杆庄稼又保住了！姓谭的，还有那个康有为，不是说叫旗兵不关钱粮，去自谋生计吗？心眼多毒！

茶客丙　一份钱粮倒叫上头克扣去一大半，咱们也不好过！

茶客丁　那总比没有强啊！好死不如赖活着，叫我去自己谋生，非死不可！

王利发　诸位主顾，咱们还是莫谈国事吧！

〔大家安静下来，都又各谈各的事。

庞太监　（已坐下）怎么说？一个乡下丫头，要二百银子？

刘麻子　（侍立）乡下人，可长得俊呀！带进城来，好好地一打扮、调教，准保是又好看，又有规矩！我给您办事，比给我亲爸爸作事都更尽心，一丝一毫不能马虎！

〔唐铁嘴又回来了。

王利发　铁嘴，你怎么又回来了？

唐铁嘴　街上兵荒马乱的，不知道是怎么回事！

庞太监　还能不搜查搜查谭嗣同的余党吗？唐铁嘴，你放心，没人抓你！

唐铁嘴　嗻，总管，您要能赏给我几个烟泡儿，我可就更有出息了。

〔有几个茶客好象预感到什么灾祸，一个个往外溜。

松二爷　咱们也该走啦吧！天不早啦！

常四爷　嗻！走吧！

〔二灰衣人——宋恩子和吴祥子走过来。

宋恩子　等等！

常四爷　怎么啦？

宋恩子　刚才你说"大清国要完"？

常四爷　我,我爱大清国,怕它完了!

吴祥子　(对松二爷)你听见了? 他是这么说的吗?

松二爷　哥儿们,我们天天在这儿喝茶。王掌柜知道:我们都是地道老好人!

吴祥子　问你听见了没有?

松二爷　那,有话好说,二位请坐!

宋恩子　你不说,连你也锁了走! 他说"大清国要完",就是跟谭嗣同一党!

松二爷　我,我听见了,他是说……

宋恩子　(对常四爷)走!

常四爷　上哪儿? 事情要交代明白了啊!

宋恩子　你还想拒捕吗? 我这儿可带着"王法"呢!(掏出腰中带着的铁链子)

常四爷　告诉你们,我可是旗人!

吴祥子　旗人当汉奸,罪加一等! 锁上他!

常四爷　甭锁,我跑不了!

宋恩子　量你也跑不了!(对松二爷)你也走一趟,到堂上实话实说,没你的事!

〔黄胖子同三五个人由后院过来。

黄胖子　得啦,一天云雾散,算我没白跑腿!

松二爷　黄爷! 黄爷!

黄胖子　(揉揉眼)谁呀?

松二爷　我! 松二! 您过来,给说句好话!

黄胖子　(看清)哟,宋爷,吴爷,二位爷办案啊? 请吧!

松二爷　黄爷,帮帮忙,给美言两句!

黄胖子　官厅儿管不了的事,我管! 官厅儿能管的事呀,我不便多嘴!(问大家)是不是?

众　　　嗻! 对!

〔宋恩子、吴祥子带着常四爷、松二爷往外走。

松二爷　(对王利发)看着点我们的鸟笼子!

王利发　您放心,我给送到家里去!

〔常四爷、松二爷、宋恩子、吴祥子同下。

黄胖子　(唐铁嘴告以庞太监在此)哟,老爷在这儿哪? 听说要安份儿家,我先给您道喜!

庞太监　等吃喜酒吧!

黄胖子　您赏脸! 您赏脸!(下)

〔乡妇端着空碗进来,往柜上放。小妞跟进来。

小　妞　妈! 我还饿!

王利发　唉! 出去吧!

乡　妇　走吧,乖!

小　妞　不卖姐姐啦? 妈! 不卖啦? 妈!

乡　妇　乖！(哭着,携小妞下)

〔康六带着康顺子进来,立在柜台前。

康　六　姑娘！顺子！爸爸不是人,是畜生！可你叫我怎办呢？你不找个吃饭的地方,你饿死！我不弄到手几两银子,就得叫东家活活地打死！你呀,顺子,认命吧,积德吧！

康顺子　我,我……(说不出话来)

刘麻子　(跑过来)你们回来啦？点头啦？好！来见见总管！给总管磕头！

康顺子　我……(要晕倒)

康　六　(扶住女儿)顺子！顺子！

刘麻子　怎么啦？

康　六　又饿又气,昏过去了！顺子！顺子！

庞太监　就要活的,可不要死的！

〔静场。

茶客甲　(正与乙下象棋)将！你完啦！

——幕落

【注释】

①纤(qiàn)手:又叫拉纤的,指旧时给人介绍买卖从中取利的人。纤,拉船用的绳子。

②陶朱:即陶朱公,春秋时越国大夫范蠡的别号。范蠡帮助越王勾践灭吴后,到宋国陶丘(今山东定陶区南)改名陶朱公,以经商致富。另传,范蠡是隐居在今宁波东钱湖陶公山下,鱼耕陶商,成为一方始祖。

【拓展】

(一)阅读推荐

1.老舍《茶馆》

2.曹禺《雷雨》

(二)云端课堂

话剧观赏:老舍《茶馆》

(三)思考练习

1.分角色演诵课文,感知情节和人物形象,认识清末民族危机和社会危机。

2.我班将在学校艺术节上演出《茶馆》(第一幕),请你为演出节目单写一段角色介绍,要求写明剧目与角色名称,突出角色的形象特点。

哈姆莱特（节选）

［英国］莎士比亚

【提示】

威廉·莎士比亚(1564—1616)，文艺复兴时期英国最伟大的戏剧家和诗人。出生于英国中部斯特拉斯福镇的一个羊毛商人家庭。13 岁时因家庭破产辍学。据说因得罪镇上名人被迫离乡，在伦敦做过剧院杂差，跑过龙套。对戏剧的热爱最终使他一步步由一个门外汉成为剧作家、剧团股东。时代精神的熏染也使他接受了人文主义的影响。

莎士比亚一生创作了大量作品，有剧本 37 部，长诗 2 首，14 行诗 154 首。其戏剧作品塑造了众多个性鲜明的人物形象，广泛而深刻地反映了资本原始积累时期的英国社会现实，表现了新兴人文主义的理想以及与社会的深刻矛盾，展现了人性的复杂。戏剧情节生动，语言精练活泼，具有极强的感染力。代表作有"四大喜剧"(《威尼斯商人》《无事生非》《皆大欢喜》《第十二夜》)和"四大悲剧"(《哈姆莱特》《李尔王》《奥赛罗》《麦克白》)。

《哈姆莱特》是莎士比亚的悲剧代表作。它描写了 12 世纪丹麦王子哈姆莱特为父复仇的故事：丹麦王子哈姆莱特正在德国上大学，父王突然暴死，他回国奔丧，发现叔父克劳狄斯已登基为王，母亲也改嫁了叔父。一天深夜，他在城堡里见到了父亲的鬼魂，父亲的鬼魂告诉了他自己是被新王害死的，要他为父报仇。从此哈姆莱特开始装疯，以此应付险恶的环境。最终哈姆莱特查明了事实真相，同叔父克劳狄斯同归于尽。这里选取的是第三幕第一场，"生存还是毁灭"这段内心独白，深刻地揭示了他对现实的思考和批判，他的内心的矛盾与痛苦，典型地反映了哈姆莱特思考多于行动，而行动又犹豫不决的性格特点。运用内心独白刻画人物思想性格，是本文也是全剧的一个突出特点。哈姆莱特在剧中的不少独白，已成为世界戏剧的经典台词，至今被广泛朗诵。一千个人的心目中，可以有一千个哈姆莱特，从中你会诵读出一个怎样的哈姆莱特呢？

【原文】

第三幕

第一场　城堡中一室

（国王、王后、波洛涅斯、奥菲利娅、罗森格兰兹及吉尔登斯吞上）

国　　王　你们不能用迂回婉转的方法，探出他为什么这样神魂颠倒，让紊乱而危险的疯狂困扰他的安静的生活吗？

罗森格兰兹　他承认他自己有些神经迷惘，可是绝口不肯说为了什么缘故。

吉尔登斯吞　他也不肯虚心接受我们的探问；当我们想要引导他吐露他自己的一些真相的时候，他总是用假作痴呆的神气故意回避不答。

王　　后　他对待你们还客气吗？

罗森格兰兹　很有礼貌。

吉尔登斯吞　可是不大自然。

罗森格兰兹	他很吝惜自己的话,可是我们问他话的时候,他回答起来却是毫无拘束。
王　　后	你们有没有劝诱他找些什么消遣?
罗森格兰兹	娘娘,我们来的时候,刚巧有一班戏子也要到这儿来,给我们赶上了;我们把这消息告诉了他,他听了好像很高兴。现在他们已经到了宫里,我想他已经吩咐他们今晚为他演出了。
波洛涅斯	一点不错,他还叫我来请两位陛下同去看看他们演得怎样哩。
国　　王	那好极了,我非常高兴听见他在这方面有兴趣。请你们两位还要更进一步鼓起他的兴味,把他的心思转移到这种娱乐上面。
罗森格兰兹	是,陛下。(罗森格兰兹、吉尔登斯吞同下)
国　　王	亲爱的乔特鲁德,你也暂时离开我们;因为我们已经暗中差人去唤哈姆莱特到这儿来,让他和奥菲利娅见见面,就像他们偶然相遇一般。她的父亲跟我两人将要权充一下密探,躲在可以看见他们却不能被他们看见的地方,注意他们会面的情形,从他的行为上判断他的疯病究竟是不是因为恋爱上的苦闷。
王　　后	我愿意服从您的意旨。奥菲利娅,但愿你的美貌果然是哈姆莱特疯狂的原因;更愿意你的美德能够帮助他恢复原状,使你们两人都能安享尊荣。
奥菲利娅	娘娘,但愿如此。(往后下)
波洛涅斯	奥菲利娅,你在这儿走走。陛下,我们就去躲起来吧。(向奥菲利娅)你拿这本书去读,他看见你这样用功,就不会疑心你为什么一个人在这儿了。人们往往用至诚的外表和虔敬的行为,掩饰一颗魔鬼般的内心,这样的例子是太多了。
国　　王	(旁白)啊,这句话是太真实了!它在我的良心上抽了多么重的一鞭!涂脂抹粉的娼妇的脸,还不及掩藏在虚伪的言辞后面的我的行为更丑恶。难堪的重负啊!
波洛涅斯	我听见他来了,我们退下去吧,陛下。(国王及波洛涅斯下)
	(哈姆莱特上)
哈姆莱特	生存还是毁灭,这是一个值得思考的问题;默然忍受命运的暴虐的毒箭,或是反抗人世的无涯的苦难,通过斗争把它们扫清,这两种行为,哪一种更高贵?死了;睡着了;什么都完了;要是在这一种睡眠之中,我们心头的创痛,以及其他无数血肉之躯所不能避免的打击,都可以从此消失,那正是我们求之不得的结局。死了;睡着了;睡着了也许还会做梦;嗯,阻碍就在这儿:因为当我们摆脱了这一具腐朽的皮囊以后,在那死的睡眠里,究竟将要做些什么梦,那不能不使我们踌躇顾虑。人们甘心久困于患难之中,也就是为了这个缘故;谁愿意忍受人世的鞭挞和讥嘲、压迫者的凌辱、傲慢者的冷眼、被轻蔑的爱情的惨痛、法律的迁延、官吏的横暴和费尽辛勤所换来的小人的鄙视,要是他只要用一柄小小的刀子,就可以清算他自己的一生?谁愿意负着这样的重担,在烦劳的生命的压迫下呻吟流汗,倘

不是因为惧怕不可知的死后,惧怕那从来不曾有一个旅人回来过的神秘之国,是它迷惑了我们的意志,使我们宁愿忍受目前的折磨,不敢向我们所不知道的痛苦飞去? 这样,重重的顾虑使我们全变成了懦夫,决心的赤热的光彩,被审慎的思维盖上了一层灰色,伟大的事业在这一种考虑之下,也会逆流而退,失去了行动的意义。且慢! 美丽的奥菲利娅——女神,在你的祈祷之中,不要忘记替我忏悔我的罪孽。

奥 菲 利 娅   我的好殿下,您这许多天来贵体安好吗?

哈 姆 莱 特   谢谢你,很好,很好,很好。

奥 菲 利 娅   殿下,我有几件您送给我的纪念品,我早就想把它们还给您;请您现在收回去吧。

哈 姆 莱 特   不,我不要;我从来没有给你什么东西。

奥 菲 利 娅   殿下,我记得很清楚您把它们送给了我,那时候您还向我说了许多甜言蜜语,使这些东西格外显得贵重;现在它们的芳香已经消散,请您拿回去吧,因为在有骨气的人看来,送礼的人要是变了心,礼物虽贵,也会失去了价值。拿去吧,殿下。

哈 姆 莱 特   哈哈! 你贞洁吗?

奥 菲 利 娅   殿下!

哈 密 莱 特   你美丽吗?

奥 菲 利 娅   殿下是什么意思?

哈 姆 莱 特   要是你既贞洁又美丽,那么你的贞洁应该断绝跟你的美丽来往。

奥 菲 利 娅   殿下,难道美丽除了贞洁以外,还有什么更好的伴侣吗?

哈 姆 莱 特   嗯,真的;因为美丽可以使贞洁变成淫荡,贞洁却未必能使美丽受它自己的感化;这句话从前像是怪诞之谈,可是现在时间已经把它证实了。我的确曾经爱过你。

奥 菲 利 娅   真的,您曾经使我相信您爱过我。

哈 姆 莱 特   你当初就不应该相信我,因为美德不能熏陶我们罪恶的本性;我没有爱过你。

奥 菲 利 娅   那么我真是受了骗了。

哈 姆 莱 特   进尼姑庵去吧;为什么你要生一群罪人出来呢? 我自己还不算是一个顶坏的人;可是我可以指出我的许多过失,一个人有了那些过失,他的母亲还是不要生下他来的好。我很骄傲,有仇必报,富于野心,我的罪恶是那么多,连我的思想也容纳不下,我的想象也不能给它们形象,甚至于我都没有充分的时间可以把它们实行出来。像我这样的家伙,匍匐于天地之间,有什么用处呢? 我们都是些十足的坏人;一个也不要相信我们。进尼姑庵去吧。你的父亲呢?

奥 菲 利 娅   在家里,殿下。

哈 姆 莱 特   把他关起来,让他只好在家里发发傻劲。再会!

奥 菲 利 娅	哎哟，天哪！救救他！
哈 姆 莱 特	要是你一定要嫁人，我就把这一个诅咒送给你做嫁奁；尽管你像冰一样坚贞，像雪一样纯洁，你还是逃不过谗人的诽谤。进尼姑庵去吧，去！再会！或者要是你必须嫁人的话，就嫁给一个傻瓜吧；因为聪明人都明白你们会叫他们变成怎样的怪物。进尼姑庵去吧，去；越快越好。再会！
奥 菲 利 娅	天上的神明啊，让他清醒过来吧！
哈 姆 莱 特	我也知道你们会怎样涂脂抹粉；上帝给了你们一张脸，你们又替自己另外造了一张。你们烟视媚行，淫声浪气，替上帝造下的生物乱取名字，卖弄你们不懂事的风骚。算了吧，我再也不敢领教了；它已经使我发了狂。我说，我们以后再不要结什么婚了；已经结过婚的，除了一个人以外，都可以让他们活下去；没有结婚的不准再结婚，进尼姑庵去吧，去。（下）
奥 菲 利 娅	啊，一颗多么高贵的心是这样陨落了！朝臣的眼睛、学者的辩舌、军人的利剑、国家所瞩望的一朵娇花；时流的明镜、人伦的雅范、举世瞩目的中心，这样无可挽回地陨落了！我是一切妇女中间最伤心而不幸的，我曾经从他音乐一般的盟誓中吮吸芬芳的甘蜜，现在却眼看着他的高贵无上的理智，像一串美妙的银铃失去了谐和的音调，无比的青春美貌，在疯狂中凋谢！啊！我好苦，谁料过去的繁华，变作今朝的泥土！ （国王及波洛涅斯重上）
国　　　王	恋爱！他的精神错乱不像是为了恋爱；他说的话虽然有些颠倒，也不像是疯狂。他有些什么心事盘踞在他的灵魂里，我怕它也许会产生危险的结果。为了防止万一，我已经当机立断，决定了一个办法；他必须立刻到英国去，向他们追索延宕未纳的贡物；也许他到海外各国游历一趟以后，时时变换的环境，可以替他排解去这一桩使他神思恍惚的心事。你看怎么样？
波 洛 涅 斯	那很好；可是我相信他的烦闷的根本原因，还是为了恋爱上的失意。啊，奥菲利娅！你不用告诉我们哈姆莱特殿下说些什么话；我们全都听见了。陛下，照您的意思办吧；可是您要是认为可以的话，不妨在戏剧终场以后，让他的母后独自一人跟他在一起，恳求他向她吐露他的心事；她必须很坦白地跟他谈谈，我就找一个所在听他们说些什么。要是她也探听不出他的秘密来，您就叫他到英国去，或者凭着您的高见，把他关紧在一个适当的地方。
国　　　王	就这样吧；大人物的疯狂是不能听其自然的。 （同下）

【拓展】

（一）阅读推荐

莎士比亚《哈姆莱特》

（二）云端课堂

电影欣赏：《王子复仇记》

（三）思考练习

1. 分角色演诵课文。

2. 描述你心目中的哈姆莱特，不少于 200 字。

戏剧单元综合实践活动

一、讨论（争鸣）

中国古代戏曲有没有真正的悲剧？ 为什么？

二、活动

举办学生戏剧会（戏曲演唱、话剧表演等），或组织学生观赏一场戏剧演出。

三、写作

简论中国古代戏曲的悲剧性——以《窦娥冤》为例（不少于 1000 字）。

中编 实用写作

实用写作概述

一、实用写作的性质与特点

（一）实用写作的性质

实用写作，即实用文体的写作，是广义的应用写作，它是国家机关、企事业单位、社会团体和个人在处理事务工作、进行社会活动中经常运用的并具有规范格式的一类文体的总称。在所有的文章体裁中，它是与人们的工作、生产、生活联系最直接、最密切、最广泛的一种文体，是机关单位和个人处理事务、沟通关系的重要工具。实用写作以实用、有用为目的，因此，凡是适应社会生产与社会生活中的实际需要，为了解决一定的实际问题而进行的写作活动，都可称之为实用写作。

（二）实用写作的特点

1. 明确的写实性

实用写作的写实性是由其写作目的决定的，实用写作的目的都是实用的，都是为解决实际问题的，这就要求我们在实用写作时应该做到：一要从实际出发，为事造文，因事生文，杜绝空洞的、虚泛的、不解决任何实际问题的文章；二要如实反映情况，表述应恰如其分，写作中所涉及的人与事，一定要确有其人其事，情节、数据、细节等都不能虚构；三是据事分析，据事推断，有理有据，抓住事物的本质和规律，提出解决问题的具体方法。

2. 较强的时效性

实用写作一般都讲究时效，要求作者在一定的时间内完成写作任务，如果拖拖拉拉就会贻误工作。如通知、请示、消息等一定要在规定的时限内写出，超过时限就不能发挥其应有的作用。

3. 格式的规范性

实用写作要讲究格式的规范。所谓格式，通常包括结构形式和文面形式。结构形式是指内容安排上的特点，比如实用文大多采用"行文的依据、缘由——主要内容、事项——结论或要求"的结构形式。文面格式主要指外在的格式，包括书写、排印行款式样等。在学习中应注意了解实用文体的不同类型，掌握其相关格式。

4. 表达的简约性

实用写作在语言表达上要力求准确、简洁、质朴、得体，为了使语言简洁，经常使用一些专用词语与固定的习惯用语。在表达方式上,多用叙述和说明,也用议论,但是实用写作中的叙述是概括的叙述和轮廓性的叙述,议论也只就事论理,点到即止,不作深入论证,至于抒情、描写,几乎不用。

二、实用写作的要素与规范

(一)实用写作的要素

1. 作者

实用文体的作者不是一般意义上的作者,准确地说,实用文体的作者应该称之为"说话人"。实用文体作者要写好实用文,应该加强政治思想修养,不断提高政策理论水平;应具有一定的语言基础和写作水平,熟悉各种实用文体的法定的或约定俗成的体式;还必须围绕要说明的问题,充分掌握情况,深入实际,进行周密的调查研究。

2. 读者

实用文体的读者也非单纯的读者,而是"受话人"。他们一般是文本功能的实现者——或是承担某一事件的责任人,或是直接实践者。因此,与其他文体的写作相比,作者在实用文体写作中更要强化"读者意识",根据读者的特点、接受状态决定自己的写作方式,以便更好地发挥实用文体办事和交流的功用。

3. 沟通

与一般文章作者和读者间的沟通相比,实用文体的作者和读者的沟通更为明确,互动性更为突出。在实用写作中,读者一般是确定的个人或群体,作者在写作时必须要明确和读者之间的关系(如上下级或平级关系,或者有业务、事务或情感联系等),有时甚至与读者直接交流、协商修改。此外,作者要关注社会关系、现实政治等生存环境问题,以便达到良好的沟通效果,成功实现文本的价值。

4. 文本

一篇规范完整的实用文由主旨、材料、结构、语言这四个要素构成。主旨要客观、单一、明确。选用材料要真实,与主旨有对应性。结构要合理、严谨,标题、主体、署名、成文日期等基本构成要素应各安其位,一目了然;缘由、事实或事项、结尾等各要素要排列有序,恰如其分。语言要得体、规范、严密、简洁、质朴、通俗。

(二)实用写作的规范

1. 格式规范

实用文体写作一般都应遵循以下次序和要求:

(1)标题　标题应当居中,要能准确地概括实用文的主要内容并标明文种,一般不用标点符号。

(2)称呼　在标题下、正文前顶格写明受文者全称或者规范化简称、统称,其后用冒号。

(3)正文　正文是实用文的主体部分,应当表达写作意图,阐述事实或事项,使阅读者对所表述的信息获得具体、明确的认识。

(4)附件　如有附件,应当注明附件顺序和名称。在正文下一行左空 2 字,标志"附件",后标冒号和名称。附件如有序号,使用阿拉伯数码(如"附件:1.××××××");附件名称后不加标点符号。

(5)落款　署名应使用全称或者规范化简称、统称。如果发文单位的名称在标题中已经写明,正文之后也可以不写落款,但应加盖单位印章。

(6)成文时间　成文日期以负责人签发的日期为准。公文文体的成文日期应用阿拉伯数字将年、月、日标全,年份应标全称,月、日不编虚位(即1不编为01)。

2. 用语规范

实用文体的词语,多为规范性的书面词语,尤其是公文写作不用个人化的语言,不用方言,不用冷僻词汇,以免造成阅读障碍。所用词语要有确切含义,一般以双音节词为主。下面这些便是经常惯用的词语。

称谓用语:本(局),你(公司),该(处),我(部)。

经办用语:经,业经,兹经。

引叙用语:前接,近接,悉。

期请用语:即请查照,希即遵照,请,拟,希。

表态用语:照办,同意,不同意,可行,不可。

征询用语:当否,是否可行,可否,是否同意。

期复用语:请批示,请指示,请批准,请回复。

综述过渡用语:为此,对此。

结尾用语:为要,为盼,特此通知(通报、批复、函达、函复)。

3. 句式规范

为能使词语表达的意义更加明确化、严密化,实用文体写作中,大量使用介词结构。常用的介词主要有:

(1)为、为了、由于—— 表示目的、原因。

(2)对、对于、关于、将、除了—— 表示对象、范围。

(3)根据、依据、遵照、通过、在、随着—— 表示根据、方式。

"实用文"涉及文体广泛,包罗万象,但是,真正常用的,特别是与大学生今后工作、生活有直接关联的文体并不是太多。为了突出教学的实用性和针对性,这里只选择了几组常用的且容易混淆的实用文体,对其格式和写法、特点和区别进行介绍,以求达到事半功倍的教学效果。

通知和函

一、通知

(一)概念

通知适用于发布、传达要求下级机关执行和有关单位周知或者执行的事项,批转、转发公文。所有公文中,通知使用范围广泛,使用频率最高。

（二）种类

根据内容的不同,通知一般可分为批转、转发性通知、发布性通知（如发布一般行政法规、条例、办法等）、任免性通知、事项性通知（如通知开会、启用印章、催报材料、变更作息时间等）。

（三）格式与写作

不同种类的通知,其格式和写法有所不同,下面只就常用的事项性通知作一介绍。

1. 标题

通知的标题一般由发文机关名称、事由和文种组成,如《宁波教育学院关于切实加强冬季安全管理工作的通知》。如果通知的内容重要或紧急,也可在标题中"通知"前加上"重要"或"紧急"两字,以引起注意。

2. 称呼

在标题下、正文前顶格书写被发送者的姓名或职称或单位名称,其后用冒号。有时,因事项简短,内容单一,书写时也可略去称呼,直起正文。

3. 正文

通知的正文,一般包括缘由、事项和结尾语三部分。缘由,说明依据、目的和意义。事项,把布置的工作或需要周知的内容分条列项地阐述清楚。应将主要的、重要的事项写在前面。如会议通知,其事项一般包括召开会议的单位、会议名称、会议起止时间、会议地点、会议内容、参加人员、报到时间和地点、需要什么准备等内容。结尾语常用"特此通知"、"请遵照（研究、参照）执行"等。有的也可以自然结束,没有单独的结语。

4. 落款和发文日期

落款和发文日期分两行写在正文右下方,一行写署名,一行写日期。如果发文单位的名称在标题中已经写明,正文之后也可以不写落款,但应加盖单位印章。

拟写通知,主题要集中,重点要突出,一般采用条款式行文,简明扼要,使被通知者能一目了然。此外,通知要讲求时效,以免贻误时机。

【例文】

关于召开安全生产工作会议的通知

各分公司：

为贯彻市政府安全工作会议精神,研究落实我公司安全生产事宜,总公司决定召开2021年度安全生产工作会议,现将有关事项通知如下：

1. 会议时间：3月3日8:00,会期1天。

2. 会议地点：总公司多功能报告厅。

3. 参加会议人员：各分公司经理、车队队长。

4. 各单位将安全生产经验材料打印30份,于会前交总公司办公室,并做好大会发言准备。

特此通知。

宏达运输总公司

2022 年 2 月 25 日

二、函

(一)概念

函适用于不相隶属机关之间商洽工作、询问和答复问题、请求批准和答复审批事项，向有关主管部门请求批准等。函的用途比较广泛，主要在平行机关单位或不相隶属的机关单位之间使用，也可以在上下级机关单位之间使用。

(二)种类

按性质分，函可以分为公函和便函两种。公函用于机关单位正式的公务活动往来，主要用于商洽、询问、答复工作中比较重要的问题和请求主管部门批准某些事宜。便函则用于日常事务性工作的处理，主要用于询问、答复、联系、介绍工作中一般性的公务事宜。便函不属于正式公文，没有公文格式要求，不用发文字号，只需要在尾部署上单位名称、成文时间并加盖公章即可。另外，按发文目的分，函可以分为发函和复函两种；从内容和用途上分，还可以分为商洽事宜函、通知事宜函、催办事宜函、邀请函、请示答复事宜函、转办函、催办函、报送材料函等。

(三)格式与写作

由于函的类别较多，从制作格式到内容表述均有一定灵活机动性。下面主要介绍规范性公函的结构、内容和写法。

1. 标题

公函的标题一般由发文单位名称＋事由＋文种构成。如果是去函，标题中文种只写"函"；如果是复函，则应写明"复函"。

2. 称呼

在标题下、正文前顶格写明受文者全称或者规范化简称，其后用冒号。

3. 正文

公函的正文，一般由缘由、主体、结尾三部分组成。缘由一般要求概括交代发函的目的、根据、原因等内容，然后用"现将有关问题说明如下："或"现将有关事项函复如下："等过渡语转入下文。复函的缘由部分，一般首先引叙来文的标题、发文字号，然后再交代根据，以说明发文的缘由。事项作为函的主体部分，主体是函的核心内容部分，主要说明致函事项。函的事项部分内容单一，一函一事，行文要直陈其事。无论是商洽、询问和答复，还是向有关主管部门请求批准事项等，都要用简洁得体的语言把需要告诉对方的问题、意见叙写清楚。如果属于复函，还要注意答复事项的针对性和明确性。结尾一般用礼貌性语言向对方提出希望，或请对方协助解决某一问题，或请对方及时复函，或请对方提出意见，或请主管部门批准等。通常应根据函的事项，选择运用不同的尾语，如"特此函询""请即复函""特此函告""特此函复"等。

4. 落款和日期

写法与通知相同。

拟写公函,应一函一事,直叙直陈,用语恳切得体、简洁朴实,切忌使用指令性的语言、盛气凌人。至于复函,则要注意行文的针对性,明确、及时,以保证公务等活动的正常进行。

【例文】

东海职业技术学院关于联系学生实习的函

天一实业公司:

我校毕业生的实习,一向得到贵公司的大力支持,甚为感激。今年我校毕业班的实习即将开始,我们拟安排市场营销专业 2019 级 8 名学生(男 5 人,女 3 人)到贵公司实习。实习时间从 12 月 1 日开始到 12 月 31 日结束。实习期间,学生需在贵公司食宿,有关经费由我校支付。贵公司今年能否接受我校学生实习,恳请研究后函复。

东海职业技术学院

2021 年 11 月 5 日

三、通知与函的区别

通知和函都有告知的作用,都有功能多样、使用广泛、有较强的时效性等特点,但二者的行文关系不同。通知主要是对有隶属关系的下级行文,函主要是对平级或者不相隶属的机关单位行文。由于通知属执行性公文,因而对部属有一定约束力,函则没有这种约束力,其主要作用是商洽、问答。

四、思考和练习

1. 通知与函有哪些异同点?

2. 请指出下面这则通知在格式、内容、语言等方面的错误,并予以修改。

通　知

校团委决定举办"五四"演讲比赛,请各班团支部书记今天下午开会,讨论有关比赛事宜。望准时光临。

此致

敬礼

二〇二二年四月二十日

团委

请示和报告

一、请示

（一）概念

请示是下级向上级请求决断、指示、批示或批准事项所使用的呈批性公文。请示属于上行公文，其应用范围比较广泛。

（二）种类

根据内容、性质的不同，请示分为求示性请示、求准性请示、求助性请示。求示性请示就是请求上级给予指示、裁决的请示，其内容包括工作中遇到的不好解决的关键问题，无章可循的新问题或意见分歧而无法统一执行的问题等。求准性请示就是请求上级批准、允许的请求，其内容如超出本单位处理范围的事项，因情况特殊需要变通处理的事项及按照上级规定应当请示的事项等。求助性请示就是请求上级予以支持、帮助的请示，其内容如请求增补经费、增加设备等。

（三）格式与写法

1. 标题

请示的标题一般由发文单位＋事由＋文种构成，如《国家税务总局关于加强批发扣税工作的请示》。请示事项一般不使用"申请""请求"一类词语，避免与文种"请示"在语意上重复。文种"请示"也不能写成"请示报告"。

2. 称呼

在标题下、正文前顶格书写受文对象，只能写一个主管上级单位，若还要报给其他上级单位，可用"抄报"的形式在文后注明。

3. 正文

请示的正文一般由请示缘由、请示事项及结束语组成。请示缘由主要写明请示的原因、目的和理由，不论篇幅长短都必须把原因说清楚，为请示事项提出充足的事实依据。请示事项是把需要上级审批的问题做出具体明确的说明，提出切实可行的意见。例如，在请示中提出两种不同方案供上级抉择，应说明本单位认为哪一方案较好，不可将矛盾上交。结尾通常使用"以上请示，当否，请批复""妥否，请批示""如无不妥，请批转有关单位执行"等这类习惯用语收束。结尾语要写得谦和得体，不宜用"即请从速批复""请尽快解决"之类的请求语。

4. 落款和日期

落款和日期分两行写在正文右下方，一行写署名，一行写日期。如果标题已写明发文单位的，这里可不再署名，但需加盖单位公章。

撰写请示，必须注意一文一事，并坚持"谁主管就请示谁"的原则，只写一个主送单位，即使需要同时送其他单位，也只能用抄送形式。内容要符合有关规定、符合实情、切实可行。

【例文】

宁波市交通运输委关于要求印发宁波港域港口和
船舶污染物接收转运及处置设施建设方案的请示

宁波市人民政府:

为贯彻落实交通运输部办公厅《关于开展港口船舶污染物接收处置有关工作的通知》(交办水函〔2016〕308号)要求,我委牵头会同宁波海事局、市环保局、市城管局等单位组织编制了《宁波舟山港宁波港域港口和船舶污染物接收转运及处置设施建设方案》(以下简称《建设方案》),并征求了区(县)市政府、开发区管委会以及市级有关部门、宁波舟山港集团意见。2017年10月下旬,我委组织召开了《建设方案》评审会,经修改完善,形成报批稿。根据2017年9月省交通厅《关于进一步做好港口和船舶污染物接收、转运及处置设施建设方案编制和发布工作的函》(浙交函〔2017〕265号)要求,现呈报市政府,如无不妥,建议以市政府名义在今年年底前印发。

特此请示。

附件:《宁波港域港口和船舶污染物接收转运及处置设施建设方案》(报批稿)

宁波市交通运输委员会

2017年12月2日

(来源:http://www.ningbo.gov.cn/art/2017/12/19/art_1229095999_964911.html)

二、报告

(一)概念

报告是单位向上级或业务主管部门反映情况、汇报工作、报送文件、报告查询事宜时所写的汇报性文种。报告的使用范围很广。按照上级部署或工作计划,每完成一项重要工作,一般都要向上级写报告,用以反映工作的基本情况、工作中所取得的经验教训、工作中存在的主要问题,以及今后工作的设想,以取得上级领导部门的指导。报送、报批文件,回答上级查询的问题等,有时也使用报告。

(二)种类

1. 呈报报告

这是直接向上级汇报工作、反映情况的报告。根据具体内容和性质又可分为综合报告与专题报告两种。综合报告用来向上级汇报本单位、本部门一个时期内全面工作或几个方面工作的综合情况,往往有一文数事的特点,例如《关于××市十一五规划执行情况的报告》。专题报告是向上级汇报某项工作、某个问题或某一方面情况的报告,往往有一事一报、迅速及时的特点,例如《关于元旦春节市场安排情况的报告》。

2. 呈转报告

向上级汇报工作、提出意见或建议,并请求将该报告批转有关部门或地区执行的报告叫作呈转报告,例如林业部《关于加强野生动物保护管理工作的报告》。

3. 回复报告

用于答复上级询问或汇报所交办事情办理结果的报告,称作回复报告。回复报告往往是对一些重大事项的答复,对一般性事项用函作答即可,例如××市民政局《关于拥军优属情况的报告》。

(三)格式与写法

1. 标题

报告的标题一般由发文单位＋事由＋文种构成,如《中国计划生育协会关于加强计划生育协会工作的报告》。如果报告的内容紧急,则在标题中"报告"两字前加上"紧急"字样。

2. 称呼

在标题下、正文前顶格书写受文对象,一般是直属上级机关或业务主管部门。

3. 正文

正文由报告缘由、报告事项、报告尾语三部分组成。报告缘由主要交代报告的起因、理由或注明目的、意义等,是正文的开头;报告事项即正文的主体内容,如基本情况、措施与办法、成效与问题或者是经验与教训、意见与建议、打算与设想等;报告结尾语常用"特此报告"、"以上报告当否,请审核"等。

4. 落款和日期

写法与请示相同。

撰写报告,必须掌握实际材料,要以事实材料为主要内容,以概括叙述为主要表达方式,不要过多地采用议论和说明。语气要求委婉、谦和,不宜用指令性的语言。报告中不得夹带请示内容。

【例文】

××局关于审计发现问题的整改情况报告

宁波市审计局:

你局出具的《××任期经济责任审计》(甬审农报[2017]36号)审计结果文书于2017年9月22日收悉,至2017年11月20日整改期限已满。现将审计发现问题的整改情况和审计建议采纳情况报告如下:

一、整改总体情况

我局领导十分重视,迅速召开会议针对审计提出的问题逐条梳理、分解,抓紧整改落实。要求我单位整改的问题共有4个,现已整改4个,未整改0个;制定和完善相关制度3项。

二、问题整改的具体情况

已整改的问题:

1. 关于以化整为零方式规避公开招标的问题。

审计整改情况：××中心对前期项目开展了自查工作,梳理政府采购方面存在的问题,并对现有的采购制度进行了相应的调整,对项目采购的审批、执行和后续管理进行了全方位的规范,确定了采购原则,从源头上杜绝此类问题的产生。并制定《××中心政府采购内控制度》。

2. 关于××部分服务未实行政府采购的问题。

审计整改情况：××设计院自审计以来,院领导班子高度重视,及时召开专题会议,研究审计发现的主要问题,深刻剖析根源,提出整改措施,明确责任分工,强化责任落实。在完善《大宗物资采购管理办法》的基础上,制定出台《××院技术服务采购管理办法(试行)》,严格执行招投标及政府采购程序,促进服务类采购工作的规范化,确保整改落实到位。

3. 关于下属单位车辆使用不规范的问题。

审计整改情况：

(1)针对《审计报告》认为××中心和××促进会存在车辆混用的情况。根据××局要求,××促进会已于 2017 年 10 月份启动了注销程序,车辆将以拍卖的形式处理掉,考虑到车辆拍卖处理流程较长,注销工作预计 2018 年 6 月之前完成,××促进会注销后这个问题也将彻底解决。

(2)针对《审计报告》认为××学会 1 辆别克轿车与××中心混用的情况。××中心和××学会高度重视,立即展开整改。××学会起草制定了《××学会车辆管理制度》(试行),对车辆使用范围与使用人员做了明确规定,同时规范学会车辆出车使用登记,车辆使用不得与学会工作无关,杜绝××中心与学会车辆混用现象。

4. 关于其他需要说明的情况的问题。

审计整改情况：针对《审计报告》提出××局"暂付款—暂付国托款"余额 1387724. 87 元,该款为 2001 年前存入××国际信托投资公司,该公司现已破产,××局尚未按规定办理此笔坏账核销手续。我局就此问题给××国际信托投资公司清算组发函,要求对方对该笔账如何处置进行答复,清算组函复,一是 1387724.87 元债权继续有效,二是所有债权债务的清算正在依据国家有关法律法规抓紧进行中。鉴于以上原因,1387724.87 元只能继续挂账,待清算组的进一步清理结果后及时处理账务。

××局

2017 年 11 月 20 日

(来源：http://sthjj. ningbo. gov. cn/art/2017/11/24/art_1229062512_992442. html,有改动)

三、请示与报告的区别

请示和报告都属于上行文,其写作的结构格式有点类似,都用叙述为主、叙议结合的表达方法,用语都比较委婉、谦和。一般都不得越级请示和报告,除了上级单位负责人直接交办的事项外,都不得以单位名义向上级单位负责人报送。但是,请示和报告还是有明显的区别,不能混淆。

1. 行文内容不同

请示主要是写比较急迫的，需要上级指示、批准的事项；报告则主要着眼于汇报工作，反映情况或者提出建议。

2. 行文目的不同

请示一般要求上级批复；而报告不要求批复，即使是呈转性公文，也只是请示批转有关部门执行或参考。

3. 行文时间不同

请示必须在事前行文，不允许"先斩后奏"；报告则可以根据实际情况随时行文，事前、事中、事后皆可。

4. 行文规则不同

请示必须一文一事，报告可一事一报，亦可数事一报，但不得在报告中附有请示事项。另外，请示要用期复性、期准性的结尾用语，而报告的结尾用语不具有期复性。

四、思考和练习

1. 行文时，选择请示或报告的依据分别是什么？

2. 修改下面这则请示。

关于申请解决学生宿舍拥挤等问题的请示报告

市人民政府、市教育局：

我校今年由于住校生急剧增加，现有学生宿舍已无法容纳。为解决这一困难，我校需要再建一栋学生宿舍。另外，我校图书馆也尚未达省"两基"标准，望上级部门给予适当支持。

请从速批复。

东海第一职业中学

2021 年 9 月 20 日

计划和策划书

一、计划

（一）概念

计划是根据党和国家的有关方针、政策以及上级的指示、要求，依据本部门或个人的实际情况，对未来一定时期内的工作、生产、学习或任务等，拟定目标、内容、步骤、措施和完成期限的一种文书。计划具有指导和调节控制作用，是做好工作的基础，完成任务的保证。

（二）种类

计划是一个统称，常见的设想、规划、打算、安排、意见、要点、方案等都属于计划，只是在内容的详略和时限的长短等方面有所不同。大体上说，安排、打算常用于时间较短、内容较具体并偏重于工作步骤的计划；规划是带有全局性、长远性和方向性的计划；设想是初步的、供参考的计划；意见是原则性较强、内容较完整的计划；方案则是对某项工作从目标、要求、方法到具体步骤都做出较为全面部署与安排的计划。

计划从不同角度可以划分为以下几种类别：按内容分类，有工作计划、学习计划和生产计划等；按范围分类，有个人计划和组织计划等；按时间分类，有短期计划和长远计划等；按性质和作用分类，有指令性计划、指导性计划、综合计划、专题计划等。

（三）格式与写法

1. 标题

计划的标题又叫计划名称，一般要写明制订计划的单位、期限和种类，如《××学院2014学年教学改革计划》；也可以省去单位名称或时限；如果计划尚未正式确定，或是征求意见稿、讨论稿，则要在标题后用括号注明"草案""初稿""未定稿""供讨论用"等字样。

2. 正文

正文是计划的主体部分，一般由前言、主体、结尾三部分组成。前言是计划的开头部分，通常简明扼要地概述制订计划的指导思想、依据、意义、本单位情况及总目标等，最后常常以"为此，特制订本计划"来承上启下，引起下文。主体是计划的关键部分，一般包括目标、任务、要求、措施、办法、步骤、时间期限等内容。这部分是要求实施和随时对计划落实情况进行检查的依据，所以提出的任务、要求应当明确，完成任务的措施、办法、步骤、期限等要具体可行。结尾一般包括在执行计划时应注意的事项、需要说明的问题或是提出要求、希望和号召，也可以展望计划实施的前景。有的计划主体内容表述完毕全文就结束，因此，写不写结尾，要根据内容表述的需要确定。

3. 落款和日期

署名写上制订计划的单位名称。标题中已标明单位名称的，这里可以不写。时间写计划通过或批准的日期。

撰写计划要顾全大局，服从整体；注重实情，切实可行；具体明确，重点突出；语言简洁，朴素自然。

【例文】

宁波市生态环境局2022年度工作计划

2022年，我局将以习近平生态文明思想为引领，围绕生态环境持续好转、建设美丽宁波的一个总体目标，以减污降碳协同增效为总抓手，补短板、强弱项、提能力、优引领，重点实施好"双碳"行动和十大标志性工程，加快打造人与自然和谐共生的"大美宁波"，以良好状态、优异成绩迎接党的二十大召开。

一、聚焦减污降碳，加快推进经济绿色低碳发展

以减存量、控增量、优结构为导向，编制并实施《减污降碳协同增效实施方案》，协同推进产业结构、能源结构、交通运输结构调整。推进国家"规划环评"碳排放评价试点和

45个省级低(零)碳试点申报,建立排污许可证企业碳账户,加快构建精准控碳的碳账户体系。印发实施《2022年生态环境保障工作计划》,完善保障高质量发展制度,谋划实施10项服务举措。加快"低散弱乱"企业综合整治、工业集聚入园、绿色系列创建,推进环评审批服务改革拓区扩面,在全市推广环保"绿岛"建设模式,推动产业绿色低碳发展。

二、聚焦系统治理,深入打好污染防治攻坚战

聚焦全形态治理、全过程防控和全地域统筹,以补短板、强弱项为导向,以系统思维深入打好污染防治攻坚战,持续巩固提升环境质量。强化PM2.5和臭氧协同治理,实施"清新空气示范区"建设工程,指导余姚、慈溪省级"清新空气示范区"创建,启动20个省级以上园区的无异味园区创建。坚持陆海统筹、水岸同治,实施"甬有碧水"水质提优工程,以流域为单位系统开展生活、工业、农业污染治理,持续改善市控以上断面与三江主要支流水质。实施"无废城市"建设示范引领工程,印发实施"十四五"时期"无废城市"建设方案,指导4个区(县、市)建设省级"无废城市",新增"无废城市细胞"500个以上,新增危废利用能力10万吨/年。强化土壤污染防治,累计完成7个区(县、市)"源解析",推进2个污染地块的治理修复和1个地块管控,推进《宁波市土壤污染防治条例》立法工作。

三、聚焦城乡共美,深化新时代美丽宁波建设品质

聚焦城乡共美,着力在生物多样性保护、生态示范创建、重点生态系统修复等方面谋新招、见实效,加快构建蓝绿交织、山水交融、城乡共美的美丽国土空间。力争新增1个国家级生态文明示范区,指导宁海打造美丽中国样板县,推进象山"两山"实践创新基地创建。印发实施《关于全面贯彻落实生物多样性保护工作实施方案》,全面完成四明山区域生物多样性本底调查和评估。深化生态环境损害赔偿制度和流域上下游生态补偿制度。启动绿色生态地图项目建设,加快形成人人参与生态文明建设的新格局。

四、聚焦改革创新,有力推进生态环境治理现代化

以高效化、数字化、精细化为导向,深入推进生态环境领域制度重塑、流程再造、综合集成,持续提升生态环境治理效能。优化美丽宁波建设组织机构,建立健全以排污许可证为核心的固定污染源环境管理制度,谋划实施微民生10件小事,完善"共治共享"责任体。完善宁波市生态环境综合监管与协同平台(一期),建设无废城市"建设集成场景应用框架体系,打造一批具有宁波辨识度的重点应用场景。完善政策保障体系,制定并实施生态文明体制改革专项小组2022年工作计划,鼓励改革创新,强化示范引领,形成生态环境系统10件改革创新案例。

五、聚焦问题导向,迭代环境问题发现闭环整改机制

以维护群众利益为目标,着力健全系统化、高效化、智能化问题发现整改机制,切实解决一批群众身边突出问题。充分发挥督察整改办牵头抓总职能,全力推进中央和省环保督察等剩余重点生态环境问题的整改落实,实现2022年度需完成整改问题按期动态清零。深化举一反三工作,高效完成"举一反三"排查发现入库剩余重点生态环境问题的闭环整改。出台突出生态环境问题分类管理办法,重点问题实施"提档"跟踪制度,

中编 实用写作

探索建立重点问题整改社会观察员制度,建立健全问题发现闭环整改长效常态机制。

六、聚焦底线思维,筑牢生态环境安全防控体系

以"严监管、惠民生、守底线"为目标,实现执法监管、环境安全、社会稳定"扩面、提质、增效"新突破。开展执法效能提升行动、全面推进排污许可"一证式"监管和推广应用生态环境"智管服"系统,深化生态环境领域行刑衔接,在全省率先开展生态环境执法规范化建设。开展信访调处提质行动,深化信访直通车和"环保110"首问负责即问即办运行机制,推进有奖举报制度实施,强化环保网格与基层"四平台"网格有机衔接,继续做好环保项目"邻避问题"的预测预警和防范化解,严防群体性事件发生。开展环境安全提级行动,建立环保消防应急联动机制,系统打造具有宁波特色的"三库一队"环境应急样板工程,组织开展较大突发环境事件桌面推演和"平安护航二十大"环境安全隐患大排查大整治行动,强化辐射安全日常监督检查,持续实施清源专项行动,全力守牢环境安全底线。

宁波市生态环境局

2022 年 3 月 22 日

(来源:http://www.ningbo.gov.cn/art/2022/3/22/art_1229096009_3954959.html)

二、策划书

(一)概念

广义的策划书泛指所有开展某项工作或活动的富有创意的书面设计方案。

(二)种类

一般包括活动策划书和市场策划书两大类。

(三)格式与写法

1. 标题

策划书的标题包括策划名称(策划主题)和文种。其中策划名称应尽可能具体地写出策划的时间、范围或对象,如《××学院"大学生职业发展导航计划"活动策划书》。

2. 落款和日期

署名和日期分列在标题下方,也可以将落款和日期仍然分两行写在正文右下方。

3. 正文

正文应从以下三个方面进行阐述:

(1)简要交代策划的背景和意义。简单交代策划主题的提出依据、策划活动进行的方式和程序等;简短写出实施策划项目所带来的效益,同时明确写出策划的核心构思。

(2)详细说明策划项目。这是说明策划内容的主体部分,包括策划内容和实施步骤两方面,表述时可结合文字适当加入一些图表,以求简单明了又具体,便于理解。较为复杂的活动策划还需以计划书为附件,如费用计划、人员计划等。

(3)辩证进行效果预测,说明方案的可行性与操作性。可从三个方面阐述:一是期待效果和预测效果;二是策划风险或结症;三是策划建议。还可以列出成功的策划案、

文献、案例等作为参考。

撰写策划书主题要单一，利益点要明确，活动要精简，且具有良好的可执行性，切忌主观臆断。

【例文】

关于在国际志愿者日组织募书活动的策划书

志愿服务是一项高尚的事业。志愿者所体现和倡导的"奉献、友爱、互助、进步"的精神，是中华民族助人为乐、扶贫济困的传统美德和雷锋精神的继承、创新和发展。中南大学信息物理工程学院青年志愿者协会准备在2005年国际志愿者日到来之际与海外中国教育基金会（Overseas China Education Foundation）合作组织一次为贫困地区的中小学生捐助图书的活动。

一、活动背景

1985年12月17日，联合国大会通过40/212号决议，确定每年12月5日作为国际志愿者日，其目的是为了在世界范围内弘扬志愿者精神，宣传志愿者在社会和经济发展中的作用。每年的这一天，世界各国都开展庆祝活动，以推动志愿者服务活动的开展。

二、活动目的

弘扬志愿者精神，为贫困地区中小学生教育事业贡献一份力量。

三、活动简介

院青协计划于2005年12月5日左右举行一次大型的宣传活动，并借助此次宣传将募书活动持久开展下去（考虑到同学们手中适合中小学生阅读的书籍较少，我们计划将第一阶段的活动延续至下学期，以保证同学们能利用放假回家的机会带来一些合适的书籍。预计第一阶段活动将持续到2006年3月）。如果各方面条件成熟，可以考虑将此项募书活动作为信息物理工程学院青协的传统逐届开展下去。

四、活动地点及负责人（略）

五、活动步骤

（一）前期准备（略）

（二）活动实施

1. 12月4日前完成前期宣传工作。将海报贴在所有学生宿舍楼下及人流密集区（食堂、教学区和宣传栏）。

2. 12月4日（周日）组织大型的宣传活动。宣传板分别于南校区七食堂前、本部饮食文化中心前展出，志愿者派发宣传单，并向大家介绍本次活动具体流程及开展意义。

3. 确定固定的收书时间和收书地点。由专人负责收书和书籍信息登记工作，便于该活动长期开展。

4. 书籍的托运工作。在募集到一定数量的图书之后，分类整理托运到OCEF组织的受助学校。

（三）注意事项

1. 海报尽可能持久地保留，避免被覆盖。

2.南校区与本部的协调。

3.图书的管理和保存。

4.由于活动规模较大,历经周期较长,所需人手较多,可考虑让04级或05级的一个班级来承办此次活动。

5.在书籍质量上严格把关,以适合农村中小学生阅读为标准。如果收到一些不合要求的书籍,我们将作为旧书变卖,所得现金将购买适量适合的图书或者作为包装费用。

6.关于图书托运,要事先找好运输公司。

7.所有费用一律以发票作为报销凭证。

六、活动预算(略)

七、预计影响

1.预计募书500本左右,为农村中小学生提供可贵的精神食粮;

2.弘扬志愿者精神,扩大我院青协在全校的影响,达到"双赢"的效果。

信息物理工程学院青年志愿者协会

2006年11月24日

(来源:http://www.795.com.cn/wz/39752.html,有改动)

三、计划与策划书的区别

计划和策划书同样是对尚未开展的工作进行筹划和安排,都具有预测性、可行性、明确性等特点。但是,计划和策划书有区别:计划不要求创意性,而策划书中为达到目的的各种构想和创意必须是新颖的。计划不需要批准即可执行,无需论证;策划书需上报,经正式会议讨论通过后方可执行,需要对其可行性进行简要论证,并预测其风险。

四、思考和练习

1.计划与策划书的主要区别是什么?

2.请结合自己的情况,拟写一份个人大学期间文学名著阅读计划。

总结和述职报告

一、总结

(一)概念

总结是单位或个人对过去前一阶段时间内的工作、学习、生活、思想等进行回顾、检查、反思和研究,找出经验教训,引出规律性的认识,以指导今后的工作和学习的应用文体。日常使用的小结、体会等也属于总结。

(二)种类

总结可按时间、内容、范围分为不同的类别,最常用的主要有综合性总结和专题性总结两种。综合性总结又称全面总结,主要是全面地记述以往一个阶段所做的工作,如年度工作总结。专题式总结也称单项总结,适用于对某一项工作或对某一专门问题的总结,多以突出的成绩,或典型的经验,或倾向性的问题,或不同常规的做法,或新体会、新认识为写作重点。

（三）格式与写法

1. 标题

总结的标题有多种写法。综合性总结的标题一般由总结单位＋总结时限＋文种构成,如《××公司 2009 年工作总结》。专题性总结的标题较为灵活,它可以像一般文章的标题那样,省略了单位名称、时间限度和文种,如《加强管理监督,防范金融危险》。有的总结为了使重点更突出,常采用正副标题的写法,即用正标题概括总结内容,用副标题标明单位名称、时间限度和总结种类等内容,如《严肃党纪国法,推进反腐倡廉——××海关党委专题整风总结》。

2. 正文

正文一般包括基本情况、经验和体会、不足和教训、设想和安排等几个方面。基本情况要简明扼要地说明总结对象所涉及的环境背景、工作内容以及对工作的总体评价等。经验和体会是总结的主体部分,也是总结的重点。其中做法与成绩的说明是基础,经验体会的总结是重心。对存在的不足和教训也应简洁明了、实事求是地说明。设想和安排是在总结经验教训的基础上,针对存在的问题,提出切实可行的解决办法。正文的结构形式通常可采用"情况——经验——问题——建议"的顺序,分成四大部分进行总结,这是写总结的传统方法。

3. 落款和日期

包括署名和时间两个项目。如果在标题中已标明了总结的单位名称,这里可以省略。

撰写总结要态度诚恳,思想端正;实事求是,正确评估;兼顾全面,突出重点;叙议结合,以叙为主;用语准确,层次清晰。

【例文】

2019 年宁波市商务工作总结

2019 年,面对严峻复杂的国内外形势,宁波市商务系统习近平新时代中国特色社会主义思想为指导,坚决贯彻落实市委、市政府的决策部署,按照"六争攻坚、三年攀高"行动要求,着眼形势抓应对,聚集瓶颈求突破,转变作风提效能,扎实开展"不忘初心、牢记使命"主题教育实践活动,认真抓好商务攻坚克难"10＋1"工程(行动)计划落实,全力推进稳外贸稳外资促消费工作,精心办好重大经贸活动,各项工作取得积极成效,商务经济总体实现平稳发展。

一、2019 年主要商务经济指标完成情况

（一）出口全国占比份额提高。全市外贸进出口、出口、进口分别为 9170.3 亿元、

5969.7 亿元、3200.6 亿元,分别增长 6.9％、7.6％、5.8％,增幅高于全国 3.5、2.6、4.2 个百分点。出口占全国比重的 3.46％,较 2018 年底提高 0.08 个百分点。

2019 年,实现跨境进口单量 10970.8 万单、交易额 206.1 亿元,分别同比增长 29.0％、42.6％,继续保持全国第一。

(二)实际外资超额完成任务。2019 年,合同外资 77.4 亿美元,增长 48.1％;实际 利用外资 23.6 亿美元,增长 19.7％,增幅高于全国、全省 17.3 和 11 个百分点。

2019 年,国内招商引资项目共 815 个,实际到位资金 1368.3 亿元,增长 8.1％,高 于年度目标任务的 0.6 个百分点。其中,制造业项目到位资金 388.4 亿元,完成年度目 标任务的 111.0％。

(三)消费呈现稳中趋缓态势。2019 年,社会消费品零售总额 4473.7 亿元,增长 7.7％;商品销售额 29792.2 亿元,同比增长 11.9％;餐饮业营业额 620.1 亿元,增长 13.2％。网络零售额 1934.5 亿元,增长 20.1％。

(四)境外投资完成时序任务。2019 年,我市共备案境外企业和机构 206 家,增长 19.8％。备案(核准)中方投资额 17.0 亿美元,完成年度目标的 113.4％。境外承包工 程劳务合作营业额 17.5 亿美元,增长 4.0％。

(五)服务贸易保持快速增长。2019 年,我市服务贸易进出口、出口、进口分别为 951.9 亿元、625.2 亿元、326.7 亿元,分别增长 14.7％、12.7％、18.7％。承接服务外包 执行额 373.7 亿元,增长 11.0％。

二、主要亮点工作(概括为"12345")

(一)扎实开展好一项主题教育活动。紧紧围绕市委统一部署,扎实开展"不忘初 心、牢记使命"主题教育,紧贴商务实际,全力抓学习、查短板、促整改。组织完成市委市 政府主要领导在余姚、慈溪召开的主题教育专题调研会,现场协调解决一批企业反映困 难问题。紧密结合贸易摩擦应对开展"三服务"活动,走访服务对美出口涉税 1000 万美 元以上企业 300 余次,协调解决各类问题 129 项。局党组研究出台攻坚克难 10＋1 工 程(行动)计划,安排 70 项工作重点突破,任务完成率 98％。局领导带头进行专题党课 辅导,全局共开展集中学习 53 次,参与 1100 余人次,活动成效受到巡回指导组充分 肯定。

(二)全力办好两项重大会展活动。一是高水平办好中国—中东欧国家博览会。推 动中东欧博览会成功升级为国家级展会。精心办好首届中东欧国家博览会,中共中央 政治局委员、国务院副总理胡春华出席,共吸引 63 个国家和地区的 2.5 万名中外嘉宾、 客商参加,累计意向成交金额近 3 亿美元。二是全力参与第二届进博会工作。精心谋 划,严密实施,采购商、专业观众人数位居全省第一,达成意向采购额 23.02 亿美元,增 长 15％。

(三)着力做好两稳一促三项重点工作。一是着力稳外贸。出台稳外贸"新十条"举 措,新增 1.2 亿元财政资金。市委市政府召开全市动员大会,全面部署实施"225"外贸 双万亿行动,并出台"1＋13"政策体系。推进外贸"订单＋清单"监测预警系统全覆盖, 上线订单数占全省的 23.4％,位居全省第 1。新增 2 家国家外贸转型升级示范基地,总数(13个)居全省第1。世贸通获评成为全省唯一的首批国家级国际营销服务公共平台（全国6家）。培育浙江出口名牌166个、宁波出口名牌144个，连续多年居全省首位。开展"百展千企"和境外"双十展"活动，共组织境外展1.2万多个展位，受益企业超过4000家。建立健全四体联动贸易救济机制，推动全市15个外贸预警点建设。推进全国服务外包示范城市建设，培育8家市级服务贸易特色园区、4家省市级服务外包示范园区。二是着力稳引资。加强全市招商统筹，建立项目统筹和利益共享机制，重大项目市领导分工推进机制，首批市领导挂帅项目已落地转化11个。加强全球招商网络布局，与高力国际、普华永道等国际知名机构达成战略合作，设立意大利、德国、日本3个境外招商驻点。成功举办宁波与央企名企专题对接会、宁波（上海）招商引资推介会、宁波（匈牙利）投资推荐会、欧洲宁波周等30余场招商活动，全年共引进（增资）境外世界500强企业投资项目8个，签约亿元以上内资项目96个。三是着力促消费。出台国际消费城市建设实施方案，启动促进夜间经济发展相关工作。推动江北老外滩创建国家级步行街试点，南塘老街入围省级高品质步行街试点，东鼓道、南部商务部水街入围省级高品质步行街培育名单。在3个社区试点开展15分钟商贸便民圈建设，完成2条市级商业特色街区、4个邻里中心（含邻里街区）验收命名。成功举办宁波购物节暨消费促进月、食博会、伴手礼大赛、金秋购物节、年货展销会等主题节庆活动。推进海曙、鄞州、奉化县级批零业改造提升试点。稳步推进国家供应链创新与应用试点工作。

（四）全面推进四项重点改革创新工作。一是创建浙江自贸试验区联动创新区。探索先行先试，获批浙江自贸区宁波联动创新区。梳理全国202项现有自贸区改革创新试点经验，复制推广172项，自主创新跨境电商B2B2C出口业务便利化创新、创新能源化工灾害保险等举措。二是深化17＋1经贸示范区建设。做好省、市委深改组听取示范区专题汇报并抓好会议精神落实。出台8条专项贸易便利化措施。开展中东欧国家跨境电商拓市行动，中国（宁波）—拉脱维亚跨境电子商务港湾启动建设。完善"两园两馆两中心"平台功能，中捷产业园、中东欧贸易物流园二期初步建成。中东欧商品常年展新开设6个商品馆。中东欧会务馆试运营，中国—中东欧国家农业合作促进联合会设立联络处。中国社科院发布的2018年地方参与"17＋1合作"绩效评估指数及城市排名中，宁波综合绩效指数得分遥遥领先。三是深化跨境电商综试区建设。推进跨境电商体制机制和管理服务创新，新增宁波栎社国际机场开展跨境零售一般出口业务，探索跨境电商B2B2C业务创新试点。鄞州、北仑、江北、镇海获批第二批省级产业集群跨境电商发展试点，江北前洋跨境电商生态园、鄞州跨境电商产业集聚区等一批线下园区开园，考拉海购全品类跨境母仓、菜鸟网络跨境自动化标杆仓等投入运营。积极参与eWTP布局，宁波数字贸易港一期项目开工建设。跨境网购自提中心正式启动运营。优化跨境电商营商环境，协调出台《促进跨境电商网购保税进口高质量发展若干意见》，组织开展中国（宁波）跨境电子商务高峰论坛、中国（宁波）跨境电商发展大会等系列活动。四是积极融入长三角一体化建设。贯彻落实省、市长三角一体化发展规划部署，联动三省一市相关城市办好长三角地区农产品产销对接会、进博会、中东欧博览会等重点展会，推进重要农产品追溯体系和跨区域商务诚信体系建设。签署甬舟一体化商务领域合作备忘录。成功召开江浙18城市商务局长联席会议。

（五）扎实推进五项商务固本强基工作。一是推动数字商务建设。抓好电商园区载体建设，园区总数达到56个，其中国家级电商示范基地2个。宁波电商城获国家级电商产业基地年度考评A类。培育大宗商品交易网、中国塑料城等千亿级电商平台2个。培育18家浙江省重点电商平台培育企业，数量居全省第2。新增电商专业村42个。拟定我市加快数字商务建设发展行动计划。二是提升"走出去"服务体系。推进中欧（义新欧）班列项目，全年运行46列。均胜、华翔、百隆东方、博威等跻身浙江本土民营企业跨国经营30强。培育认定7家市级境外经贸合作区和2019年度宁波市民营企业跨国经营20强。成立"走出去"服务联盟。三是提升商贸惠民水平。全力落实"菜篮子"市长负责制，牵头做好国家考核迎检工作。全力抓好猪肉等重要"菜篮子"商品保供稳价工作，落实5万头生猪活体储备和3600吨冻猪肉储备，安排市中心城区55个平价供应点菜篮子商品平价供应。积极做好非洲猪瘟疫情应对工作。牵头开展非法经营成品油专项整治行动，全市共排查338次。建成宁波市重要产品追溯平台，进一步拓展追溯品类。稳步推进商务诚信建设。四是推进开发区创新提升。推进杭州湾经开区等6家经开区整合提升。推进开发区"亩均论英雄"改革，省级以上经开区亩均综合税收高于全省平均60%以上。抓好中意（宁波）生态园、中捷（宁波）产业园、北欧工业园等国际产业合作园建设，丰树国际产业园落户杭州湾。4家开发区被认定为浙江省美丽园区示范园区。2家经开区入选2019年浙江省数字化化示范园区。宁波经济技术开发区和余姚经济开发区分列全省国家级经开区、省级经开区综合考评第一。五是持续推进商务铁军建设。坚持以商务党的建设为引领，加强党风廉政建设，提升干部能力行动，打造商务青年品牌，建立完善内审、文明处室评比等机制，抓好机构改革、商务普法、作风效能建设等工作。深化"最多跑一次"改革，实现商务系统70个主要事项100%。深化对口帮扶，出台消费扶贫政策，举办扶贫对接活动，全年消费扶贫3亿元。办理市委主要领导批示件243件，其他市领导批示件234件。

宁波市商务局

2020年3月23日

（来源：http://www.ningbo.gov.cn/art/2020/3/23/art_1229096009_1406215.html)

二、述职报告

（一）概念

述职报告是指各级各类机关单位工作人员，主要是领导干部向上级、主管部门或本单位群众陈述自己任职时期内的工作情况的自我评述性书面报告。

（二）特点

述职报告具有自我评估、自我鉴定性。在内容上具有纪实性，要实事求是，不能弄虚作假；在表达上，以叙述为主，直截了当地把做过的事情、取得的成绩写出来。

（三）格式与写法

1. 标题

述职报告的标题，常见的写法有三种：第一种是文种式标题，只写《述职报告》；第二种是公文式标题，由述职人＋期限＋事由＋文种构成，如《××2013 至 2014 试聘期述职报告》；第三种是文章式标题，常采用正副标题的写法，如《思想政治工作要结合经济工作一起抓——××造纸厂厂长王××的述职报告》。

2. 称呼

根据述职的对象而定。书面报告，一般写主送单位名称，如"××党委""××组织部"或"××人事处"等。口述报告，写对听者的称谓，如"各位代表""各位委员""各位同志"或"各位领导，同志们"。

3. 正文

正文一般包括开头、主体、结尾。

（1）开头　开头又叫引语、前言，一般首先交代任职的自然情况，包括自己的姓名、职务、任职时间、分管工作、岗位职责和考核期内的目标任务情况及履行岗位职责取得的主要成绩。接着，写对自己工作尽职的整体估价，以此确定述职的范围和基调。最后常用"根据××的要求，现将本人任职期间的情况报告如下"引入下文。

（2）主体　这是述职报告的中心内容，主要写实绩、做法、经验、体会或教训、问题，要着重写好以下几个方面：对党和国家的路线、方针、政策、法纪和指示的贯彻执行情况；对上级交办事项的完成情况；对分管工作任务完成的情况；在工作中出了哪些主意，采取了哪些措施，做出哪些决策，解决了哪些实际问题，纠正了哪些偏差，做了哪些实际工作，取得了哪些业绩；个人的思想作风、职业道德、廉洁从政和关心群众等情况；写出存在的主要问题，并分析问题产生的原因，提出今后改进的意见和措施，这部分要写得具体、充实、有理有据、条理清楚，由于这部分内容涉及面广、量多，所以宜分条列项写出。

（3）结语　结束语要与前面的称谓相呼应，如"以上报告，请审阅""以上报告，请审查""特此报告，请审查""以上报告，请领导、同志们批评指正"等。

4. 落款和日期

写上述职人姓名和述职日期或成文日期。署名也可放在标题之下。

撰写述职报告要思想端正，态度诚恳；要紧紧围绕"职责"写，重点突出，实事求是，准确评价；要条理清楚，文字简洁。

【例文】

述职报告

各位领导、各位选民：

我是××年当选为下城区第十一届人大代表的，××年又当选为区第十二届人大代表。这是领导和广大选民对我的信任，深感责任重大。几年来，在区人大常委会和天水代表联络大组的领导下,在社区干部和广大选民群众的关心、支持下,我严格按照《代表法》的规定和要求,认真履行代表职务,以不辜负党和人民的期望与重托。下面我将这几年履行职责的情况向大家做一汇报,请大家评议。

一、加强学习,提高认识,不断增强履职意识和自觉性

加强学习,不断提高思想认识和自身素质,是履行好代表职责的前提条件。几年来,我坚持学习马列主义、毛泽东思想、邓小平理论及江总书记"三个代表"重要思想,坚持认真学习人民代表大会制度、《宪法》和有关法律、法规,不仅增强了政治的坚定性和履职的自觉性,也拓宽了知识领域,提高了履职能力和水平。

通过学习和实践,进一步提高了对履行代表职责的认识。一是从国家政权建设的高度,增强履职的政治意识。二是从依法履职的高度,增强履职的责任意识。人大代表不是一种荣誉,而是一种责任。人大代表本身必须模范遵守《宪法》和法律,并与选民群众保持密切联系,听取、反映大家的意见和要求,努力为人民服务。三是从落实"三个代表"要求的高度,增强了履职的自觉意识。人大代表是由人民选举产生的,权力是人民给的,要始终把代表最广大人民的根本利益放在第一位。基于上述认识,我按照区人大常委会和代表联络大组的要求,克服困难,积极参加有关会议和各种活动,认真履行一个普通代表的职责。

二、积极参加各项代表活动,认真执行代表职务

按照《代表法》的规定,在本级人民代表大会会议期间的工作和本级人民代表大会闭会期间的活动都是执行代表职务。

1.代表大会期间的履职情况

做好人民代表大会会议期间的工作,是法律赋予代表的重要职责。几年来,我按时出席每次的代表大会,会前多次去社区了解情况,听取意见,并实地察看,把在会议期间要上交的意见、建议准备好。会议期间,我认真审议大会的各项报告和决议,在讨论中勇于发表审议意见,敢于就群众关心的热点、难点问题跟与会领导和代表交换意见,努力促成有关问题的解决。几年来,在会议期间我提出意见、建议12条,主要有关于耶稣堂弄交通管理问题,关于耶稣堂弄无证摊贩的管理问题,关于白鹿面馆的安全隐患问题,关于支持、帮助百井新村少数民族俱乐部工作的问题,关于百井坊巷道路改造后的车辆管理和卫生问题,关于银泰百货后门垃圾房改造问题,关于百井坊地块拆迁需考虑的几个实际问题,关于延安新村11幢旁变压器的安全问题等。对此,有关职能部门都逐一作了认真的回复和解决。

2.在代表大会闭会期间的履职情况

参加闭会期间的各项代表活动也是代表履行义务、执行代表职务的重要组成部分。不论是区人大常委会集中组织的,还是天水联络大组的大、小各项活动,我都积极参加。今年以来,我参加代表活动共19次,其中参加对下城区"一府两院"工作报告的审议8次,庆祝人大制度建立50周年代表与选民心连心活动1次,对区行政执法局、科技局两项评议1次,听取区政府下半年工作通报1次,参加政情通报1次,参加宪法、人大制度知识竞赛1次,参加宪法修正案报告会1次,对民政局定向视察1次,视察下城区社区

学院1次,参加人大代表述职预备会1次等。我觉得参加活动不仅是义务和责任,也是学习提高自己的好机会。

加强与选民和人民群众的密切联系,积极反映群众的意见和要求,努力为群众办实事、办好事,是人大代表的基本义务,也是履职的重要内容之一。

(1)联系落实捐助了一架电子琴。社区有一支歌咏队,还有一个全市唯一的少数民族俱乐部,当时缺少一架电子琴,我与有关单位商量,最后他们捐给社区一架价值4000余元的电子琴。

(2)联系落实捐助了五部轮椅。考虑到社区有不少行动不便的老人和病人,我主动联系有关社会团体,落实捐助社区价值2000余元的轮椅共五部。

(3)联系落实给青少年捐书80本。为了加强对青少年的爱国主义教育,少儿出版社出版了《民族精神代代传》一书,我联系落实了80本,让参加暑假班的同学人手一本。

(4)动员并带领十多位老同志参加电脑班学习。为了提高杭州市民的整体素质,加强群众的信息化工作,杭州市政府今年举办了"十万市民网上行"活动。全市设立了不少免费培训点,我利用开会的机会向一些群众作了宣传,并分批带领他们去杭州市生产力发展中心学习电脑。有十几位老同志坚持学完,并顺利通过了考试。

(5)努力促进中外民间文化交流活动。日本岐阜市"日本能乐友之会访华团"一行七人是通过市招商局来杭的,因其中几位日本朋友我熟悉,所以我与有关方面联系,使这个访华团不仅与浙江大学老年学院、大家艺校青春学院进行了交流学习,还与杭州市退休干部大学的下城区分校的歌咏班进行了交流,增进了友谊。

三、在履职过程中的主要体会

在担任代表的几年中,我的主要体会是:

1.强化代表意识和履职意识是当好代表的前提条件。只要牢固树立"人民选我当代表,我当代表为人民"的观念,切实增强代表的政治意识和责任意识,就能自觉参加各项活动依法履行职责,有效地发挥代表作用。

2.与群众保持密切联系是做好代表工作的生命力之所在。人大代表要以为民办实事、办好事为己任,真正成为人民群众的代言人和根本利益的忠实代表。在与选民的接触中,我深刻感受到群众对代表的肯定、理解和支持。正是群众的热情和支持,激励我竭尽全力履行好自己的职责。每当群众反映的问题得到解决的时候,我心中不由产生一种激动和欣慰,既为群众欢欣而鼓舞,也为政府的工作高兴而自豪。若是问题迟迟得不到解决,我心中也会非常内疚和遗憾。

3.加强与社区干部的联系是基层人大代表的立足基石。社区干部与群众的联系最多,了解情况也最多,每次召开人大会议前去社区了解情况、征求意见是一个比较好的方法,我们延安新村社区干部现在都年轻化、知识化了,工作责任心很强,我对他们的敬业精神和工作态度很钦佩,经常会不由自主地走过去看看,从心里感到,社区的确是一个大的家。

在广大选民的关心、支持下,自己做了一点工作,但这与法律的规定、与大家的期望还有很大差距,今后我要更加努力学习,不断提高自己的履职水平。

最后，感谢大家的支持帮助，请大家对我的工作进行评议，并多提宝贵意见。

述职人：××

××××年××月××日

（来源：http://www.fanwendaquan.com/zongjiebaogao/List_16.htm，有改动）

三、总结与述职报告的区别

总结和述职报告都是对过去一段时间工作的回顾，都要求实事求是。但是，它们还是有明显的不同之处。

1. 目的作用不同

工作总结是为了总结出带有规律性的理性认识，借以指导今后的工作，同时，也有助于针对性地克服工作中存在的问题，不断提高自身的工作能力，对作者的职务或职称的升迁不一定构成直接的影响；而述职报告则是群众评议组织、人事部门考核述职干部的重要文字依据，不仅有利于述职者进一步明确职责，总结经验、吸取教训，还对作者职务或职称的升迁可能构成直接影响。

2. 回答的问题不同

工作总结要回答的是做了哪些工作、有哪些成绩、取得了哪些经验、存在哪些不足、要吸取什么教训、今后有何打算等问题；述职报告要回答的是有什么职责、是如何履行职责的、是否称职等问题。

3. 写作的侧重点不同

工作总结一般以归纳工作事实、汇总工作成果为主，重点在于阐述主要工作，取得的成绩都可以归纳在总结之中；述职报告必须以报告履行职责情况、报告德才能绩为主，重点在于展示履行职责的思路、过程和能力，围绕职责这个基点精选材料，职责范围外的概不涉及。

4. 表达方式不同

总结一般采用叙述的方式，运用叙述语言，语句概括，不要求展示工作过程，只需归纳工作结果。述职报告采用夹叙夹议的方式。回顾工作情况，主要用叙述；分析问题，评价成绩时，用议论；需要交代某些情况时用说明。

5. 结束语不同

总结结束时，即在指出存在问题后，还要写下一步的工作打算、努力方向及解决问题的措施；述职报告结束时，一般在指出存在的问题后，阐述自己的态度，欢迎大家对自己的述职报告进行评议，常用"以上报告请批评指正""述职至此，谢谢大家""专此报告，请审阅"等字样。

四、思考和练习

1. 总结的基本内容一般应包括哪些方面？与述职报告有何不同？

2. 上网找一篇述职报告，按照所学知识对其优缺点进行分析。

合同和协议书

一、合同

（一）概念

根据《中华人民共和国合同法》规定，合同是"平等主体的自然人、法人、其他组织之间设立、变更、终止民事权利义务关系的协议"。

（二）种类

根据我国《合同法》，合同共有 15 个种类：买卖合同，供用电、水、气、热力合同，赠予合同，借款合同，租赁合同，融资租赁合同，承揽合同，建设工程合同，运输合同，技术合同，保管合同，仓储合同，委托合同，行纪合同，居间合同。这 15 种在合同法中专门列出的合同，在法学理论上称为"有名合同"。但并不是只有有名合同才是有效的，凡是人们自愿订立的合同，只要不违反国家的法律法规，不违反社会的公序良俗，哪怕《合同法》没有专门将它列出也是有效的，同样受国家法律的保护。

（三）格式与写法

1. 标题

合同的标题即合同的名称，需要写明合同的性质，如"购销合同""订货合同"。有的标题还需写明标的物，如"农产品订货合同"。

2. 称呼

应当按照营业执照上核准的名称写，要求写全称，并注意其是否与最后签字盖章的名称相符，以免因首尾不一致而造成混乱。

3. 正文

合同的正文首先交代双方签订合同的依据和目的。行文要简明扼要，一目了然。合同应具备的主要条款和内容如下：

（1）标的 标的是合同当事人权利义务一致指向的对象，是合同的基本条款。因此，标的可以是货币，可以是货物，也可以是智力成果、工程项目等。写作时标的要写明名称，从而达到标的特定化及确定当事人的权利义务的目的。在签订合同时，应对标的名称的定位精确。即使在国内签订各种合同时，也会有同一标的而不同名称，或同一名称而其实不同的情况，对于合同标的名称应当用规范的、具体的称谓。

（2）数量和质量 数量是以数字和计量单位来衡量标的的尺度。质量是合同标的的内在素质和外观形态优劣程度的标志。它决定双方当事人承担的权利义务的大小、范围。

（3）价款或报酬 价款是指合同标的的价格，是合同一方以货币形式取得对方商品或接受对方劳务所应支付的货币数量，是报酬也称为酬金。价款或报酬是有偿合同的必备条款。当事人双方在合同中应说明价款或报酬数额及计算方法、结算方式和结算程序等。

（4）合同的履行期限、地点和方式　履行期限，是指履行合同的有效期限。它是确定合同当事人是否按时履行的客观标准。当事人只有按时履行合同，才能及时满足对方的需要，达到订立合同的预期目的，保证社会经济生活的正常进行。

（5）违约责任　这是合同履行的保障性条款，违约责任是违反合同义务的当事人应承担的法律责任。在合同中规定违约责任，目的是为了维护合同的严肃性，督促当事人严格履行合同，加强当事人履行合同的责任。

（6）解决争议的方法　合同中规定的解决争议的方法具有独立性。因此，即使合同已被宣布为无效或被撤销，但解决争议的条款仍然有效。

（7）根据规定或按合同性质必须具备的条款，以及当事人一方要求必须规定的条款

凡法律明确规定合同必须具备的条款，在签订合同时，必须明确订立。如借款合同，有关法规要求在合同中必须明确规定贷款用途，目的是为了按计划使用贷款。

4. 结尾

合同的结尾一般包括：合同的有效期限和文本保存；签订合同的日期；如果需要双方主管部门证明或需要公证、签证的，要由有关单位写明意见，并加盖公章；合同的正、副本份数及合同的有效期限。

5. 落款和日期

双方当事人签名、盖章，写明签订日期。另外还要根据情况，写清单位或当事人地址、电话、邮政编码、银行开户名称、开户银行账号，以及签证或公证等。

合同的文字表述要准确、周密、简练、清晰，合同的各项条款结构要严谨，以防止产生误解或歧义，造成纠纷。

【合同样本】

设备购销合同

需方（以下简称"甲方"）：

供方（以下简称"乙方"）：

甲乙双方经协商一致，就甲方向乙方购买_____事宜，达成以下协议，双方共同遵守：

一、产品名称、数量、价格

序号	产品名称及牌号或商标	产地或国别	规格、型号	计量单位	数量	单价	金额（元）
1							
2							
3							
合计金额		￥	大写：			（含税价）	

乙方保证所提供的所有设备是全新的,并且采用乙方最新设计和合格的材料制造,各方面符合合同所规定的质量、规格、型号等要求。

二、质量要求、技术标准

执行国家、地方颁发的质量标准和行业标准。乙方在本合同签订前 5 日内向甲方提供加盖公章的关于该产品的国家质量标准文件,在供货时附出厂合格证书,作为本合同的有效附件。

三、交货

1. 交货日期:甲方支付预付款后_____个工作日。

2. 交货方式:乙方负责运输并承担运费、装卸货费用。

3. 交货地点:_____。

四、乙方对质量负责的条件及期限:

1. 设备自安装、调试合格之日起保质期_____年。

在保质期内因设备本身的质量问题,乙方在接到甲方通知后 24 小时内到达甲方现场,乙方负责免费修理、更换零部件或退换。在质保期内,乙方应对设备出现的质量及安全问题负责处理、解决。

2. 乙方提供_____年免费维修,如在设备使用过程中发生质量问题,乙方在接到甲方通知后 48 小时到达甲方现场,在设备使用过程中发生的有关技术性问题,乙方在接到甲方通知后 24 小时内给予答复。

3. 因设备质量问题发生争议,由甲方所在地的技术单位进行质量鉴定。

五、设备的包装、发运及运输

1. 乙方应在设备发运前对其进行满足于运输距离、防震、防锈和防破损装卸要求的包装,以保证货物安全运输到达甲方指定地点。

2. 包装上注明货物品种及数量。使用说明书、质量检验证明书、随配附件和工具以及清单与设备一起发送。

3. 设备在发运手续办理完毕后 24 小时内发货到甲方,乙方通知甲方准备接货。

六、设备的安装、调试及验收

1. 甲方对乙方所交付设备依照国家有关技术标准和双方确认的技术标准进行现场验收。

2. 安装由甲乙双方现场安装调节器调试,性能达到技术要求的,给予签收,验收不合格的不予签收。

3. 甲方收货时对产品的外观检查或开箱清点,不能免除乙方对产品内在质量的责任。

七、付款方式

1. 签订合同后_____个工作日内支付合同总金额_____%的预付款。

2. 设备到达交货地点后,经甲方指定人员初步检验,甲方在检验符合合同附件所规定的数量、规格、型号后_____个工作内支付合同金额的_____%。

3. 设备安装调试完成后,并经甲方验收合格后_____个工作日内,支付合同总金额的 10%。

    4.合同总金额的 ＿＿＿＿＿ ％ 作为质保金,在质保期届满后支付。

    5.乙方在甲方每次付款前开具正式增值税发票。

八、违约责任

    1.逾期交货、调试合格或付款的,每天按合同总价的万分之五向对方支付违约金。

    2.甲方无正当理由拒收的,应向乙方支付合同总价 10％ 的违约金。

    3.乙方不能在合同规定时间内调试合格的,甲方有权解除合同,此时乙方应向甲方支付合同总价款 10％ 的违约金。

    4.乙方所交付的设备品种、型号、规格、质量不符合合同约定、国家标准,所供设备达不到约定技术要求的,乙方必须无条件退回全部货款,向甲方支付合同总价款 30％ 的赔偿金。

九、禁止商业贿赂和保守商业秘密、知识产权

    1.乙方承诺在业务往来过程中,不向甲方人员赠送现金、物品或以其他形式给予甲方人员利益。

    2.双方负有谨慎保护对方商业秘密及知识产权的义务。未经对方书面允许,任何一方不得披露、自用及许可他人使用。

十、争议解决方式

    本协议在履行过程中,如发生争议,双方友好协商解决,如协商不成,双方同意由签约地法院起诉解决。

十一、其他

    本协议自双方签字盖章之日起生效。本协议一式四份,甲乙双方各执两份,具有同等法律效力。本协议签订于上海市朝阳区＿＿＿＿＿＿。乙方系内资企业,营业执照号码:＿＿＿＿＿＿。

甲方:	乙方:
地址:	地址:
法定代表人或授权代表:	法定代表人或授权代表:
电话:	电话:
传真:	传真:
账号:	账号:
年 月 日	年 月 日

(来源:http://lcpxyjsc.smelz.com.cnnews78271.htm)

二、协议书

(一)概念

    协议书又称协议,是当事人双方为实现一定目的,经过协商后原则达成一致意见,确定双方权利和义务的书面约定。与合同一样,协议书具有法律约束力。

（二）种类

协议书的种类，从作用分，有：意向性协议书，补充、修订式协议书，合同式协议书。

（三）格式与写法

1. 标题

协议书的标题有三种写法：第一种是事由＋文种构成，第二种是双方称谓＋文种构成，第三种是双方称谓＋事由＋文种构成。

2. 称呼

写当事人的名称或姓名及地址，称呼要使用全称。写法和要求与合同相似。

3. 正文

正文由缘由和主体组成。缘由写明签订协议书的目的、依据等内容。主体分条列项写出协议的事项。具体有：(1)协议要实现的共同任务和标的；(2)当事人应尽的义务和享有的权利；(3)违约责任；(4)有效期限；(5)协议份数和保存；(6)仲裁办法。

4. 落款和日期

落款的内容、写法与合同相同。

拟写协议书要注意用语明确，逻辑严谨，事项合法。

【例文】

合作投资创办出租汽车公司协议书

中国黑龙江国际经济技术合作公司（甲方）

香港金桥金属有限公司（乙方）

双方于××年×月×日至×日在哈尔滨市经友好协商，在平等互利的原则下，就合作投资创办出租汽车公司事宜，达成如下协议：

一、合营企业定名为北方出租汽车公司。经营大、小车100辆。其中：西德奔驰208-S轿车7辆（为二手车，行车里程不超过17000公里，外表新）、日产丰田轿车83辆（其中：50辆含里程、金额记数表、空调、步话机等）、面包车10辆。

二、合营企业为有限公司。双方投资比例为3∶7，即甲方占70％，乙方占30％。总投资140万美元，其中：甲方98万美元（含库房等公用设施），乙方42万美元。合作期限定为5年。

三、公司设董事会，人数为5人，甲方3人，乙方2人。董事长1人由甲方担任，副董事长1人由乙方担任。正、副总经理由甲、乙双方分别担任。

四、合营企业所得毛利润，按国家税法照章纳税，并扣除各项基金和职工福利等，净利润根据双方投资比例进行分配。

五、乙方所得纯利润可以人民币计收。合作期内，乙方纯利润所得达到乙方投资额后，企业资产即归甲方所有。

六、双方共同遵守我国政府制定的外汇、税收、合资经营以及劳动等法规。

七、双方商定,在适当的时间,就有关事项进一步洽商,提出具体实施方案。

甲方代表　　　　　　　　　　　　　乙方代表
×××　　　　　　　　　　　　　　　×××
　　　　　　　　　　　　　　　　　　××××年×月×日

(来源:大学生家园网)

三、合同与协议书的区别

1. 使用范围不同

合同适用于经济领域,较多从微观角度,就某一具体事项签约;协议书则适用范围大,经济、政治、科技、文化、军事、法律等领域,大至国家关系,小至个人往来、合作办事、解决纠纷都可以使用,往往较多地涉及宏观角度、总的原则。

2. 内容要求不同

合同主要表达当事人之间就相互的权利和义务达成的一致意见,所以其内容必须详细、具体、明确;协议书主要表达当事人各方就某些要点和原则达成的一致意见,因此较少写履行的具体细节,内容比较简略、笼统。

3. 文体功能不同

作为经济关系的凭证文件,协议书可以先为合同提供一个纲领性的内容,也可以作为已订合同的修改或补充,成为合同的一个组成部分。

四、思考和练习

1. 合同种类很多,但是哪些条款是应该都要具备的?

2. 请指出下面这份协议书在内容和格式规范上存在的问题。如果此协议书生效,之后可能会带来什么后果?

工伤赔偿协议书

1. 许大伟是本厂工人,2022年4月3日上午,许大伟在工作的车间厂房盖瓦时,不慎从房顶上摔下致头部受伤。事发后,厂方将许大伟送到医院进行治疗,并支付了全部医疗费用。为解决许大伟工伤事宜,经双方协商,由厂方一次性赔偿许大伟后续医疗费、经济补偿等各项费用共计28000元。

2. 许大伟领取上述各项费用后,双方劳动关系立刻解除。

3. 许大伟领取上述各项费用后,自愿放弃赔偿差额权利。

4. 许大伟自愿放弃基于双方劳动关系发生及解除所产生的各项权利。

5. 本协议自双方签章之日起生效。

东海化工厂(盖章)
许大伟(签名)
2022年4月5日

求职信和简历

一、求职信

（一）概念

求职信，也叫自荐信，是求职者向有关单位推荐自己，说明自己任职意愿，提出任职请求的专用信函。

（二）作用

求职信能使求职者充分展示自己的才能，使用人单位较快地了解求职者的基本情况，起到毛遂自荐的作用。

（三）格式与写法

1. 标题

求职信的标题由文种名称组成，即"求职信"或"自荐信"三字即可。

2. 称呼

顶格写明用人单位的名称或有关负责人职务。如果是写给负责人，则应在下一行空两格，写"您好"。

3. 正文

（1）开头　首先要直截了当地说明从何渠道得到有关信息以及写此信的目的；接着简要介绍求职者的姓名、年龄、性别、毕业学校、所学专业等基本情况。介绍有关情况要简明扼要，对所求的职务，态度要明朗。

（2）中间部分　要针对用人单位的招聘要求和自己的应聘职位，全面展示自己的专业特长、业务技能、外语水平以及其他能力，还可以写自己对所谋求的职务的看法。这是求职的关键。要着重介绍自己应聘的有利条件，要特别突出自己的优势和"闪光点"。但语言要中肯，恰到好处；态度要谦虚诚恳，不卑不亢。要给受信者留下深刻印象，进而相信你是他们需要的最佳人选。

（3）结尾　要再次强调自己的求职愿望，恳请用人单位予以录用，并留下自己的联系方式（也可在信的最后或附件中写）。再另起一行，空两格，写表示敬祝的话，如"此致"或"敬祝"之类的词，然后换行顶格写"敬礼"或"工作顺利""事业发达"等。这两行均不点标点符号。

4. 落款和日期

分两行写求职者的姓名和成文日期。姓名前面不必加任何谦称的限定语，以免有阿谀之感或让对方轻看你的能力。成文日期要年、月、日俱全。

5. 附件

要附上自己的简历、学历证明、职业资格证书、获奖证书、推荐信等。附件要在信的结尾处注明,然后将附件的复印件单独订在一起随信寄出。附件不需太多,但必须有分量,足以证明你的才华和能力。

撰写求职信,第一要突出重点,要根据用人单位的招聘条件和自己的应聘职位来确定写作的侧重点,突出自己的特长。第二要实事求是,内容不能弄虚作假,评价自己要有分寸。第三要不卑不亢,态度热情诚恳,但也不过分谦卑,自贬身价。第四要言简意赅,表述直截了当,避免冗长、累赘。

【例文】

求 职 信

尊敬的领导:

您好,首先感谢您在百忙之中阅读我的求职资料!

我是东海教育学院文秘专业的一名即将毕业的专科生,鉴于大学近三年来丰富的社会实践经验和出色的人际交往能力,我有信心胜任贵公司的文秘工作。在此,为了更好地发挥自己的才学,谨向贵公司毛遂自荐。

近三年,丰富的社会实践不仅开拓了我的视野,更形成了我沉稳果断、热情高效的工作作风。从小学开始一直担任班级干部的我,帮助老师积极开展各项工作,成为老师不可多得的左右手。进入大学,我更加积极地参与学校各项工作的组织和出谋划策,我的工作热情得到了同学们的肯定和信任,成为学校历次活动中必不可少的成员,大家的肯定也使我对团队精神有了更深的理解。

我从小喜欢与人交往,是一个热情乐观的女孩,这使我拥有良好的人际关系。由于性格活泼,我有很多的兴趣爱好,爱好文学,喜欢旅游摄影,在学校的摄影大赛中获过奖。精力充沛的我热情投身每一项我能胜任的工作,并尽量做到最好。

几年来的学习拓宽了我的知识面,使我在学习中不断提高自身素质,尤其在文科学习方面拥有很大的优势。我爱好文学,擅长写作,有很强的文字表达能力,通过所学的中国古代文化基础、外国文学基础、写作、秘书学等课程,更强化了我的写作技能;在大学英语、英语写作、口语等科目中,一直名列前茅并以优异的成绩通过了国家英语四级。为了迎合市场对技术性人才的高要求,我们还学习了许多计算机相关的知识,如Windows7、Office系列办公软件及VFP数据库等,目前已获省一级证书。我的自主学习能力很强,对新知识接受速度快。

现在,正值大学毕业之际,我渴望在更广阔的天空里展露自己的才能,我不满足于现有的知识水平,渴望在质上有一个飞跃,我愿意尝试各种工作,通过我的想象力、创造力,一定能激发百倍工作灵感。

相信我的真诚,我会将我的全身心都投入到工作中;相信我的热情,我会感染我身边的每一个人;相信我的活力,我会积极地做好每一件事情;相信我的能力,我的加入会给你们增添新的力量。本人联系地址、电话等请见附件。谢谢!

此致

敬礼

附件:1.个人简历
　　　2.学历证明
　　　3.身份证复印件
　　　4.证书、奖状复印件

自荐人:徐静

2022 年 6 月 10 日

二、简历

（一）概念

简历是对自己的生活经历,包括学历、工作经历、爱好特长等,有选择有重点地加以概括叙述的一种常用写作形式。个人简历常常作为求职信的附件一同投给用人单位。

（二）格式与写法

个人简历可以是表格的形式,也可以是其他形式。个人简历一般应包括以下几个方面的内容:

1.基本情况。包括姓名、性别、出生日期、家庭地址、政治面貌、婚姻状况、身体状况、联系方式等。

2.学业和本人经历。就读学校、所学专业、学业成绩、所得学位、取得成就或者获得的荣誉、担任社团工作或参加社会实践活动情况、实习经历等。

3.专长。写个人的特长、能力、兴趣爱好、个性特点等。

个人简历应该浓缩大学生活的精华部分,要将有说服力的东西展示给用人单位看,但是要写得简洁精练,切忌拖泥带水、泛泛而谈。

【简历样本】

简　　历

个人概况:

求职意向:			
姓　　名:		性　　别:	
出生年月:		健康状况:	
毕业院校:		专　　业:	
电子邮件:		手　　机:	
联系电话:			
通信地址:		邮　　编:	

教育背景:

续表

主修课程：
论文情况：
英语水平：
计算机水平：
获奖情况：
实践与实习：
工作经历：
自我评价：

三、求职信与简历的区别

　　求职信和简历是最常见的两种求职材料,都是求职者亮出个人特色以吸引招聘者注意的自我推荐材料。某种程度上来讲,求职信来源于简历,又高于简历,具有对简历内容进行综合介绍、补充说明和深入扩展的作用。但两者在格式、内容、技巧及功用等方面均有差别,一般不能互相取代,更不能互相混淆。求职信是商业信函,与商家向"客户"发出的合作邀请一样,要求规范和专业,足以吸引招聘者这个"客户"的目光,说服他去阅读自己的简历以获得就业机会,因此,求职者必须为每份申请的工作撰写切合实情的内容,即像量身打造一样,而不是给所有单位写相同的求职信;而简历的适用性就非常广泛,它类似推销个人的广告文稿,就像产品介绍一样,要能激起用人单位这个"客户"的购买欲望,说服招聘者给自己面试的机会。

四、思考和练习

　　1. 求职信与简历为什么不能互相取代?

　　2. 写求职信应该注意哪些问题? 假设你现在就是个高校应届毕业生,请根据你自己的情况写一份求职信。

学术论文和申论

一、学术论文

(一)概念

　　学术论文是对某个科学领域中的学术问题进行研究后表述科学研究成果的论说

文。它较之一般的议论文,更具有学术性和创新性特点,一般用于学术会议上宣读、交流、讨论或学术刊物上发表,或用作大学毕业等其他用途。

(二)种类

学术论文的种类很多,按照内容的性质,可以分为社会科学论文和自然科学论文,而就大学生的学术论文而言,可分为课程论文、毕业论文、学位论文等。

(三)格式与写法

为了统一学术论文的撰写和编辑的格式,我国于1987年制定了国家标准《科学技术报告、学位论文和学术论文的编写格式》。目前,大学生撰写的毕业论文、学位论文和在杂志上发表的学术论文,还没有严格实行国家标准论文编写格式,所以,下面就通用的论文格式和写法做点介绍。

1. 标题

标题是以最恰当、最简明的词语反映论文中最重要的特定内容的逻辑组合。

标题或揭示课题实质,或引起读者思考,或交代内容范围。标题拟写要明确、简练、新颖。如果简短题名不足以显示论文内容或反映出属于系列研究的性质,则可以加副标题来补充说明特定的实验材料、方法及内容等信息,使标题既充实准确又不流于笼统和一般化,如《低吟浅唱 弦乐曼舞——古典诗歌综合性学习例谈》。文中还可以设小标题。

2. 作者

署名写于标题下方居中。作者单位(单位名称、所在部门、城市、邮编)标在姓名之下,有的也标在文尾。

3. 摘要

它是论文内容不加注释和评论的简短陈述,应包含以下内容:

(1)从事这一研究的目的和重要性;

(2)研究的主要内容,指明完成了哪些工作;

(3)获得的基本结论和研究成果,突出论文的新见解;

(4)结论或结果的意义。

摘要不要列举例证,不讲研究过程,不用图表,也不要作自我评价和补充解释。文字必须十分简练,内容亦需充分概括,篇幅大小一般限制其字数不超过5%。常见的毛病是将摘要写成概要,如使用"本文""作者"等作为主语和采用了"对……进行了研究","阐述了……问题"等概述句式。

4. 关键词

关键词是为了文献标引工作,从论文中选取出来,用以表示全文主要内容信息款目的单词或术语。一篇论文可选取3～5个词作为关键词。一般选择方法是:由作者在完成论文写作后,纵观全文,选出能表示论文主要内容的信息或词汇,可以从论文标题中去寻找和选择,如学术论文《文言文教学的三大误区》的关键词可选定为"文言文""教学""误区"。有的也可以从论文内容中去寻找和选择。

5. 绪论

绪论又称引言或前言。"绪论"两字一般不在文中出现。其写作内容包括:研究的理由、目的、背景、前人的工作和知识空白,理论依据和实验基础,预期的结果及其在相关领域里的地位、作用和意义。绪论可以只写以上的一个或一些内容。文字不可冗长,内容选择不必过于分散、琐碎,措辞要精练,要吸引读者读下去。

6. 本论

本论是论文的主体,它占据论文的最大篇幅。一般应包含问题部分和理论分析部分的内容,论文所体现的创造性成果或新的研究结果,都将在这一部分得到充分反映。因此,要求这一部分内容充实,论据充分、可靠,论证有力,主题明确。为了满足这一系列要求,同时也为了做到层次分明、脉络清晰,常常将本论部分分成几个大的层次。每一层次可冠以小标题或用空行显示。通常用一、(一)、1、(1)四级序码标示层次段落的编排。"本论"两字一般不在文中出现。

7. 结论

结论是总论点的归结,是对中心论点的必要强调,也可以是对尚待研究问题的说明,或是对下一步工作的设想等。"结论"两字也不一定要在文中出现。结语必须措辞严谨、逻辑严密、观点鲜明、表达明确。

8. 参考文献

参考文献是对引文出处的交代说明。其目的是为了能反映出真实的科学依据,为了体现严肃的科学态度,为了对前人的科学成果表示尊重,同时也是为了指明引用资料出处,便于检索。撰写学术论文过程中,可能引用了很多篇文献,作者只需要将引用的最重要和最关键的那些文献资料列出即可。

论文的参考文献部分可按照如下标准书写:

(1)专著类

【格式】[序号]作者. 书名[M]. 出版地:出版社,出版年份:起止页码.

【举例】[4] 葛家澍,林志军. 现代西方财务会计理论[M]. 厦门:厦门大学出版社,2001:42.

(2)期刊类

【格式】[序号]作者. 篇名[J]. 刊名,出版年份,卷号(期号):起止页码.

【举例】[1] 王海粟. 浅议会计信息披露模式[J]. 财政研究,2004,21(1):56—58.

(3)报纸类

【格式】[序号]作者. 篇名[N]. 报纸名,出版日期(版次).

【举例】[6] 李大伦. 经济全球化的重要性[N]. 光明日报,1998-12-27(3).

(4)论文集

【格式】[序号]作者.篇名[C].出版地:出版者,出版年份:起始页码.

【举例】[8] 伍蠡甫.西方文论选[C].上海:上海译文出版社,1979:12—17.

(5)学位论文

【格式】[序号]作者.篇名[D].出版地:保存者,出版年份:起始页码.

【举例】[11] 张筑生.微分半动力系统的不变集[D].北京:北京大学数学系数学研究所,1983:1—7.

撰写学术论文,第一,要有创新。作者要学会对科研文献的归纳、综合和利用,在此基础上再进行创造性的劳动。第二,要有理论性。在感性认识的基础上进行理性的演化,运用科学的逻辑思维方法,经过归纳处理形成理论的概念,获得事物发生、发展和变化的规律。第三,要实事求是。论文所表达的内容要有真实性。第四,格式要规范。第五,语言要明确简洁,层次要严谨分明,图解要形象。

二、申论

(一)概念

"申论"一词,出自孔子所说的"申而论之"。从字面来理解,"申"为引申、申述,"论"为议论、论证。"申论"则指针对特定话题提出自己的观点,并展开论述。申论含有申述、申辩、论述、论证之意。

(二)用途

申论是一种专用于选拔录用国家公务员的应试文体。申论第一次进入公务员考试,是在 2000 年中央国家机关公务员录用考试中。根据人事部对今后公务员考录工作的安排,申论将继续作为今后国家公务员考试的固定内容。申论要求应试者从一大堆反映日常问题的现实材料中去发现问题并解决问题,全面考查应试者搜集和处理各类日常信息的素质与潜能,充分体现了信息时代的特征,也适应当今国家公务员实际工作的需要。

(三)格式与写法

1. 标题

申论的标题要贴切、具体、鲜明、精练、生动。题目对论题范围的概括、对中心论点的提炼、对态度倾向的表述与评论的内容和思想要一致。标题不要太大,太大会大而无当,容易流于空泛;同时也不能太小,太小则不能涵盖文章内容。标题一定要有观点、有立场、有态度,褒贬鲜明。常见的标题类型有:提示性标题、体现论点性标题、表明态度类标题、激发兴趣类标题等。

2. 立论

立论要简洁、明。一般先选取所给定材料中的某个具体事例,从中引出主题;接着对问题的基本状况做一个简要的描述;然后开门见山,表明自己的观点;切忌大讲形势,空发议论,绕大弯子,或所引事例过多过杂,梳理不清,主题不明确。

3. 论述

论述部分是整篇文章的躯干,一般由两个内容组成。第一是针对开头提出的问题,紧扣自己的观点,挖掘问题产生的原因,可列举三五条,分项论述。第二是提出解决问题的对策和建议,一般可写5～7条,分项阐述。提出的对策措施一般要多于原因列举。论述的理由可从材料中提炼,事例也可以从材料中提取,论述要深刻、有说服力。

4. 结尾

结尾要干净利索。可用"综上所述""总而言之"等词汇收束全文,加深认识,增强感受,留有余味。常见的结尾方式有:总结全文,强调中心;水到渠成,自然收尾;提出希望,发出号召,指明方向;哲理收束,启人深思。

撰写申论,作者不能完全像写议论文那样,可以凭自己的主观好恶去立论选材,尽情张扬个性地放言宏论。申论写作更需要作者具有发现问题和解决问题的实际能力。从内容上看,要深刻反映政务需要;从观点上看,要能够反映出作者的远见卓识;提出的方法要切实可行;语言文辞要简明朴实,有表现力。

三、学术论文与申论的区别

学术论文与申论在应该运用论证方法、应该逻辑严密、应该结构合理等写作要求上有很多共同之处,但是,两者还是有区别。学术论文是对科学研究成果的书面总结,所以,必须具有独创性、理论性和专业性。申论是对给定材料的分析、归纳、阐述、论证,因此要具有较强的综合性和针对性。由于招考的公务员,是管理国家事务的人才,因而,申论作者的所思所想,都必须站在政府的角度,提出的解决问题的方案要就事论事,具有适用性和可行性。

四、思考和练习

1. 学术论文和申论在结构上有什么区别?

2. 选读几篇本专业的学术论文,分析他们是如何选题、如何论证的。

为学与做人

梁启超

诸君,我在南京讲学将近三个月了。这边苏州学界里头,有好几回写信邀我,可惜我在南京是天天有功课的,不能分身前来。今天到这里,能够和全城各校诸君聚在一堂,令我感激得很。但有一件,还要请诸君原谅,因为我一个月以来都带着些病,勉强支持,今天不能做很长的讲演,恐怕有负诸君期望哩。

问诸君:"为什么进学校?"我想人人都会众口一词地答道:"为的是求学问。"再问:"你为什么要求学问?""你想学些什么?"恐怕各人的答案就很不相同,或者竟自答不出来了。诸君啊,我请替你们回答一句吧:"为的是学做人。"你在学校里头学的什么数学、几何、物理、化学、生理、心理、历史、地理、国文、英语,乃至什么哲学、文学、科学、政治、法律、经济、教育、农业、工业、商业等,不过是做人所需的一种手段,不能说专靠这些便达到做人的目的。任凭你把这些件件学得精通,你能够成个人不能成个人还是个问题。

人类心理有知、情、意三部分,这三部分圆满发达的状态,我们先哲名之为三达德——智、仁、勇。为什么叫做"达德"呢?因为这三件事是人类道德的一般标准,总要三个具备才能成一个人。三件的完成状态怎么样呢?孔子说:"知者不惑,仁者不忧,勇者不惧。"所以教育应分为知育、情育、意育三方面——现在讲的智育、德育、体育是不对的。德育范围太笼统,体育范围太狭隘——知育要教到人不惑,情育要教到人不忧,意育要教到人不惧。教育家教育学生,应该以这三件为究竟,我们自动地自己教育自己,也应该以这三件为究竟。

怎么样才能不惑呢?最要紧的是养成我们的判断力。想要养成判断力,第一步,最少须有相当的常识;进一步,对于自己要做的事须有专门智识;再进一步,还要有遇事能断的智慧。假如一个人连常识都没有,听见打雷说是雷公发威,看见月食说是蛤蟆贪嘴,那么一定闹到什么事都没有主意,碰到一点疑难问题就靠求神、问卜、看相、算命去解决,真所谓"大惑不解",成了最可怜的人了。学校里小学、中学所教,就是要人有了许多基本的常识,免得凡事都暗中摸索。但仅仅有点常识还不够。我们做人,总要各有一件专门职业,这门职业,也并不是我一人破天荒去做,从前已经许多人做过,他们积累了无数经验,发现好些原理原则,这就是专门学识。我打算做这项职业,就应该有这项专门学识。例如,我想做农吗?怎么地改良土壤、怎么地改良种子、怎么地防御水旱病虫等,都是前人经验有得成为学识的,我们有了这种学识,应用它来处置这些事,自然会不惑,反是,则惑了。做工、做商等,都各有它的专门学识,也是如此。我想做财政家吗?何种租税可以生出何样结果,何种公债可以生出何样结果等等,都是前人经验有得成为学识的。我们有了这种学识,应用它来处置这些事,自然会不惑,反是,则惑了。教育家、军事家等,都各自有它的专门学说,也是如此。我们在高等以上学校所求的智识,就是这一类。但专靠这种常识和学识就够吗?还不能。宇宙和人生是活的,不是呆的,我们每日碰见的事理是复杂的、变化的,不是单纯的、刻板的。倘若我们只是学过这一件才懂这一件,那么,碰着一件没有学过的事来到跟前,便手忙脚乱了。所以还要养成总体的智慧,才能有根本的判断力。这种总体的智慧如何才能养成呢?第一件,要把我们向来粗浮的脑筋着实磨炼,叫它变得细密而且踏实。那么,无论遇着如何繁难的事,我都可以彻头彻尾想清楚它的条理,自然不至于惑了。第二件,要把我们向来浑浊的脑筋着实将养,叫它变得清明。那么,一件事理到跟前,我才能很从容、很莹澈地去判断它,自然不至于惑了。以上所说常识学识和总体的智慧,都是知育的要件,目的是教人做到"知者不惑"。

　　怎么样才能不忧呢?为什么仁者便会不忧呢?想明白这个道理,先要知道中国先哲的人生观是怎么样。"仁"之一字,儒家人生观的全体大用都包在里头。"仁"到底是什么?很难用言语说明,勉强下个解释,可以说是普遍人格之实现。孔子说:"仁者人也。"意思是说人格完成就叫做"仁"。但我们要知道,人格不是单独一个人可以表现的,要从人和人的关系上看出来。所以"仁"字从二人,郑康成解它做"相人偶"。总而言之,要彼我交感互发,成为一体,然后我的人格才能实现。所以我们若不讲人格主义,那便无话可说。讲到这个主义,当然归宿到普遍人格。换句话说,宇宙即是人生,人生即是宇宙,我的人格和宇宙无二区别。体验得这个道理,就叫做"仁者"。然则这种仁者为什么就会不忧呢?大凡忧之所从来,不外两端,一曰忧成败,二曰忧得失。我们得着"仁"的人生观,就不会忧成败。为什么呢?因为我们知道宇宙和人生是永远不会圆满的,所以《易经》六十四卦,始"乾"而终"未济",正为在这永远不圆满的宇宙中,才永远容得我们创造进化。我们所做的事,不过在宇宙进化几万万里的长途中往前挪一寸两寸,哪里配说成功呢?然则不做怎么样呢?不做便连这一寸两寸都不往前挪,那可真是失败了。"仁者"看透这种道理,信得过只有不做事才算失败,凡做事便不会失败。所以《易经》说:"君子以自强不息。"换一方面来看,他们又信得过凡事不会成功的,几万万里路挪了一两寸,算成功吗?所以《论语》说:"知其不可而为之。"你想,有这种人生观的人,还有什么成败可忧呢?再者,我们得着"仁"的人生观,便不会忧得失。为什么呢?因为认定这件东西是我的,才有得失之可言。连人格都不是单独存在,不能明确地画出这一部分是我的,那一部分是人家的,然则哪里有东西可以为我们所得?既已没有东西为我所得,当然也没有东西为我所失。我只是为学问而学问,为劳动而劳动,并不是拿学问、劳动等做手段来达某种目的——可以为我们"所得"的。所以老子说:"生而不有,为而不恃。""既以为人己愈有,既以与人己愈多。"你想有这种人生观的人,还有什么得失可忧呢?总而言之,有了这种人生观,自然会觉得"天地与我并生,而万物与我为一",自然会"无入而不自得"。他的生活纯然是趣味化、艺术化的。这是最高的情感教育,目的教人做到"仁者不忧"。

怎么样才能不惧呢?有了不惑、不忧,惧当然会减少许多了。但这是属于意志方面的事。一个人若是意志力薄弱,便有很丰富的智识,临时也会用不着;便有很优美的情操,临时也会变了卦。然则意志怎么才会坚强呢?头一件需要心地光明。孟子说:"浩然之气,至大至刚。行有不慊于心,则馁矣。"又说:"自反而不缩,虽褐宽博,吾不惴焉;自反而缩,虽千万人,吾往矣。"俗话说得好:"平生不做亏心事,夜半敲门心不惊。"一个人要保持勇气,需要从一切行为可以公开做起。这是第一件。第二件要不为劣等欲望之所牵制。《论语》记:"子曰:'吾未见刚者。'或对曰:'申枨。'子曰:'枨也欲,焉刚?'"一被物质上无聊的嗜欲东拉西扯,那么,百炼钢也会变成绕指柔了。总之,一个人的意志,由刚强变为薄弱极易,由薄弱返到刚强极难。一个人有了意志薄弱的毛病,这个人可就完了,自己做不起自己的主,还有什么事可做?受别人压制,做别人奴隶,自己只要肯奋斗,终须能恢复自由。自己的意志做了自己情欲的奴隶,那么,真是万劫沉沦,永无恢复自由的余地,终身畏首畏尾,成了个可怜人了。孔子说:"和而不流,强哉矫;中立而不倚,强哉矫;国有道,不变塞焉,强哉矫;国无道,至死不变,强哉矫。"我老实告诉诸君说吧,做人不做到如此,绝不会成一个人。但做到如此真是不容易,非时时刻刻做磨炼意志的功夫不可。意志磨炼得到家,自然是看着自己应做的事一点不迟疑,扛起来便做,"虽千万人,吾往矣"。这样才算顶天立地做一世人,绝不会有藏头躲尾、左支右绌的丑态。这便是意育的目的,要教人做到"勇者不惧"。

我们拿这三件事做做人的标准,请诸君想想,我自己现时做到哪一件——哪一件稍微有一点把握。倘若连一件都不能做到,连一点把握都没有,哎哟,那可真危险了!你将来做人恐怕做不成。讲到学校里的教育吗?第二层的情育、第三层的意育可以说完全没有,剩下的只有第一层的知育。就算知育吧,又只有所谓常识和学识,至于我所讲的总体智慧靠来养成根本判断力的,却是一点儿也没有。这种"贩卖智识杂货店"的教育,把它前途想下去,真令人不寒而栗!现在这种教育一时又改革不来,我们可爱的青年,除了它更没有可以受教育的地方。诸君啊,你到底还要做人不要?你要知道危险呀!非你自己抖擞精神想方法自救,没有人救你呀!

诸君啊,你千万不要以为得些断片的智识,就算是有学问呀。我老实不客气告诉你吧,你如果做成一个人,智识自然是越多越好,你如果做不成一个人,智识却是越多越坏。你不信吗?试想想,全国人所唾骂的卖国贼某人某人,是有智识的呀还是没有智识的呢?试想想,全国人所痛恨的官僚政客——专门助军阀作恶鱼肉良民的人,是有智识的呀还是没有智识的呢?诸君须知道啊,这些人当十几年前在学校的时代,意气横厉,天真烂漫,何尝不和诸君一样?为什么就会堕落到这样的田地呀?屈原说:"何昔日之芳草兮,今直为此萧艾也?岂其有他故兮,莫好修之害也!"天下最伤心的事,莫过于看着一群好好的青年,一步一步地往坏路上走。诸君猛醒啊!现在你所厌所恨的人,就是你前车之鉴了。

诸君啊,你现在怀疑吗?沉闷吗?悲哀痛苦吗?觉得外边的压迫你不能抵抗吗?我告诉你,你怀疑和沉闷,便是你因不知才会惑;你悲哀痛苦,便是你因不仁才会忧;你觉得你不能抵抗外界的压迫,便是你因不勇才有惧。这都是你的知、情、意未经过修养磨炼,所以还未成个人,我盼望你有痛切的自觉啊!有了自觉,自然会成功。那么,学校之外,当然有许多学问,读一卷经,翻一部史,到处都可以发现诸君的良师呀!

诸君啊,醒醒吧!养足你的根本智识,体验出你的人格人生观,保护好你的自由意志。你成人不成人,就看这几年哩!

(此文是梁启超先生于1922年12月27日在苏州向大学生演讲的记录。)

人间词话(节选)

王国维

一

词以境界为最上。有境界则自成高格,自有名句。五代、北宋之词所以独绝者在此。

二

有造境,有写境,此理想与写实二派之所由分。然二者颇难分别。因大诗人所造之境,必合乎自然,所写之境,亦必邻于理想故也。

三

有有我之境,有无我之境。"泪眼问花花不语,乱红飞过秋千去","可堪孤馆闭春寒,杜鹃声里斜阳暮",有我之境也;"采菊东篱下,悠然见南山","寒波澹澹起,白鸟悠悠下",无我之境也。有我之境,以我观物,故物皆著我之色彩;无我之境,以物观物,故不知何者为我,何者为物。古人为词,写有我之境者为多。然未始不能写无我之境,此在豪杰之士能自树立耳。

四

无我之境,人惟于静中得之。有我之境,于由动之静时得之。故一优美,一宏壮也。

五

自然中之物,互相关系,互相限制。然其写之于文学及美术中也,必遗其关系、限制之处。故虽写实家,亦理想家也。又虽如何虚构之境,其材料必求之于自然,而其构造,亦必从自然之法律。故虽理想家,亦写实家也。

六

境非独谓景物也,喜怒哀乐,亦人心中之一境界。故能写真景物、真感情者,谓之有境界;否则谓之无境界。

七

"红杏枝头春意闹",著一"闹"字,而境界全出。"云破月来花弄影",著一"弄"字,而境界全出矣。

八

境界有大小,不以是而分优劣。"细雨鱼儿出,微风燕子斜",何遽不若"落日照大旗,马鸣风萧萧"!"宝帘闲挂小银钩",何遽不若"雾失楼台,月迷津渡"也!

文学意境的特征

顾祖钊

意境是我国古典文论独创的一个理论范畴。它是华夏抒情文学审美理想的集中体现。意境作为一种艺术至境形态,它在艺术表现和构成方式等方面显示了与意象大异其趣的种种特征,这里仅介绍几种主要特征。

(一)情景交融。这是意境创造的表现特征。王国维说:"文学中有二元质焉:曰景,曰情。"意境创造就是把二者结合起来的艺术。南宋范晞文在《对床夜语》中说:"情景相融而莫分也。"清人王夫之论述更为精要。他说:"情景虽有在心在物之分,而景生情,情生景,哀乐之触,荣悴之迎,互藏其宅。"又说:"情、景名为二,而实不可离。神于诗者,妙合无垠。巧者则有情中景,景中情。"他们都认为情景交融是意境创造的表现方式,而且好的诗人,还能够"景中生情,情中含景"。这就揭示了情景交融的两种主要形式。如果把居于二者之中的也算作一类,那么,我们就有了三种不同的情景交融类型:

第一是景中藏情式。这一类意境创造中,作家藏情于景,一切都通过逼真的画面来表达,虽不言情,但情藏景中,往往显得情深意浓,如李白的《送孟浩然之广陵》:

故人西辞黄鹤楼,烟花三月下扬州。

孤帆远影碧空尽,惟见长江天际流。

这首诗全是对客观景物的具体描写,字面上一点也没有透露出对友人的态度。但从那烟花三月,黄鹤楼头的美好景色中,已透露出对友人的祝福;诗中也没有直抒对友人依依不舍的眷恋,而是通过孤帆消失,江水悠悠和久伫江边若有所失的诗人形象,表达得情深意挚。表面上这首诗句句都在写景,实际上却句句都在抒情,真是一切景语皆情语。这类作品在现代诗歌和散文中也并不少见。朱自清的《荷塘月色》、鲁迅的《秋夜》等均属这一类。

第二种是情中见景式。这种意境的创造方式,往往是直抒胸臆。有时不用写景,而景物却历历如现。请看唐朝诗人陈子昂的《登幽州台歌》:

前不见古人,后不见来者。

念天地之悠悠,独怆然而涕下!

这首诗中虽不见写景,但当你了解了陈子昂写诗时的险恶处境和痛苦心情之后,你的眼前便会出现一幅闪耀着血泪之光的图画:一幅浩渺无际的天宇,一座兀然耸立的高台,一位独立苍茫的诗人,一曲忠烈凄怆的悲歌。在诗人的悲怆中,你仿佛会看到昔日燕昭王在此招贤纳士的历史画面;会想到唐王朝武氏专权的可怕世态;会体味到诗人报国无门的悲愤和天才末路的痛苦。而这些历史的和现实的、宇宙的和人生的思索,都会随诗人情感的喷发变成感人的色彩和旋律,弥漫了整个空间。这也就是诗人为你开创的那个审美想像的空间，在这个空间中，一切都成了有形的图画，这就叫作"情中见景"。李白的《月下独酌》、《行路难》，陆游的《示儿》等名篇，都是通过这种方式创造的意境。

第三种是情景并茂式。这一类是以上两种方式的综合，抒情与写景在这里达到了浑然一体的程度。如杜甫的《闻官军收河南河北》：

> 剑外忽传收蓟北，初闻涕泪满衣裳。
> 却看妻子愁何在？漫卷诗书喜欲狂。
> 白日放歌须纵酒，青春作伴好还乡。
> 即从巴峡穿巫峡，便下襄阳向洛阳。

这首诗欢畅明快，一气流贯：先是诗人为收复蓟北的消息激动得老泪纵横，接着见老妻都消失了愁容，才觉自己激动过分而失态了。于是漫卷诗书欢喜若狂，实际上又失态了。但诗人于狂欢之中放歌纵酒，手舞足蹈，畅想回家的路线，浑然不知自己已像一个天真烂漫的儿童。诗中处处情态毕现，情景并茂，自然天成。苏轼《念奴娇·赤壁怀古》、毛泽东《贺新郎·赠杨开慧》、《沁园春·长沙》，都属于这一类。

用以上三种情景交融的意境创造方式，都可以写出上乘的作品来，因为方法本身是没有高下之分的，关键是使用得恰到好处。

（二）虚实相生。这是意境创造的结构特征。虚与实本是一对哲学范畴，它在我国古典文论中也有广泛的应用。这在意境结构论中也表现出来。宋人梅尧臣说："必能状难写之景如在目前，含不尽之意，见于言外，然后为至矣。"这句话的含意十分丰富，其中有一层是告诉我们，意境在结构上包括两个部分：一方面是"如在目前"的较实的因素；一方面是"见于言外"的较虚的部分。意境正是二者的结合。所以后人干脆提出了"全局有法，境分虚实"的主张，把意境中较实的部分称为"实境"；把其中较虚的部分称为"虚境"。实境是指逼真描写的景、形、境，又称"真境"、"事境"、"物境"等；而虚境则是指由实境诱发和开拓的审美想象的空间。它一方面是原有画面在联想中的延伸和扩大，另一方面是伴随着这种具象的联想而产生的对情、神、意的体味与感悟，即所谓"不尽之意"，所以又称"神境"、"情境"、"灵境"等。请以南宋诗人叶绍翁《游园不值》为例：

> 应怜屐齿印苍苔，小扣柴扉久不开。
> 春色满园关不住，一枝红杏出墙来。

诗中描写诗人去游一座花园，但园中无人，久扣柴扉而不开，十分扫兴。这样好的园子，门前的台阶上都长满了青苔，说明一向游人甚少，更添了一层遗憾和惋惜。可是诗人却能突然于失望与遗憾中翻出一层新意：写一枝怒放的红杏不甘寂寞，伸出墙外。它那盎然的生机已足以引起诗人对满园春色的联想。园虽未入，可园内的一切均可想而知了。诗人由扫兴变为高兴。此诗具体描写的园外之景，就是实境。而诗人不得进门的遗憾，由一枝红杏引起的怦然心动的愉悦，以及由此引起的对满园春色、百花争妍的推测与联想，则是由实境开拓的第一层审美想象的空间；由于红杏的探头墙外，紧闭的园门与联想中的满园春色，又构成了耐人寻味的矛盾关系，从而把人引入哲理意味的思考，得出美好的东西总是关锁不住的结论，这是由实境开拓的第二层审美想象空间。这两层审美想象的空间，便是虚境。

虚境是实境的升华，它体现着实境创造的意向和目的，体现着整个意境的艺术品位和审美效果，制约着实境的创造和描写，处于意境结构中的灵魂和统帅的地位，因此才有灵境、神境的别名。

我国文论历来十分重视虚境的这种重要作用。唐代诗僧皎然在《诗式》中说："夫诗人之思，初发取境偏高，则一首举体便高；取境偏逸，一首举体便逸。"这里说的"取境"，是指对虚境的提炼和设想。但是，虚境不能凭空而生，在意境创造过程中，一切还必须落实到实境的具体描绘上。清人许印芳对这一重要问题有过很好的阐释。他说：

> 功候深时，精义内含，淡语亦浓；宝光外溢，朴语亦华。既臻斯境，韵外之致，可得而言，而其妙处皆自现前实境得来。

也就是说，再好的虚境，也要由实境得来。虚境与实境看似两个部分，但一到艺术表现时，功夫全要落实到对实境的描写上。那么，怎样通过实境的描写完美地表达出虚境呢？古人也总结了一条艺术规律，叫"真境逼而神境生"。清雍正时期的画家邹一桂说得更清楚："人言绘雪者，不能绘其清；绘月者，不能绘其明；绘花者，不能绘其馨；绘人者，不能绘其情；此数者虚，不可以形求也。不知实者逼肖，虚者自出，故画北风图则生凉，画云汉图则生热，画水于壁，则夜闻水声。谓为不能者，固不知画也。"这里强调的"实者逼肖，虚者自出"，道出了意境创造的奥秘。然而"实者逼肖"，并非是照抄生活，而是要在设想中的虚境指导下对生活物象进行选择提炼和加工。这种选择提炼和加工，都是以更好地表达或开拓虚境为目的，既求形似，又求神似，而且后者更为重要。总之，虚境要通过实境来表现，实境要在虚境的统摄下来加工。这就是"虚实相生"的意境的结构原理。

（三）韵味无穷。这是意境的审美特征。"韵味"是指意境中所蕴含的那种咀嚼不尽的美的因素和效果。它包括情、理、意、韵、趣、味等多种因素，因此有"韵"、"情韵"、"气韵"、"韵致"、"兴趣"、"兴味"等多种别名。南朝文论家刘义庆（宋）、谢赫（齐）、萧子显（梁）等提倡的"气韵"，刘勰、钟嵘提倡的"余味"和"滋味"，晚唐司空图在此基础上创立的"韵味"说，都是对意境的审美特征的概括。明朝陆时雍说：诗"有韵则生，无韵则死。有韵则雅，无韵则俗。有韵则响，无韵则沉。有韵则远，无韵则局。物色在于点染，意态在于转折，情事在于犹夷，风致在于卓约，语气在于吞吐，体势在于游行，此则韵之所由生矣"。看来韵味的确是诗美不可缺少的因素，更是意境的一个突出特征。而所谓"韵味"，就是由物色、意味、情感、事件、风格、语言、体势等因素共同构成的美感效果。请看相传为李白所作的《忆秦娥》：

> 箫声咽，秦娥梦断秦楼月。秦楼月，年年柳色，灞陵伤别。
> 乐游原上清秋节，咸阳古道音尘绝。音尘绝，西风残照，汉家陵阙。

这首词气势博大，意境苍凉沉郁。在历史的与现实的许多同类事物的对比中抒发了世事沧桑、社稷飘摇的慨叹，情韵极其丰富。其中历史的与现实的，神话的与人世的，目睹的与遐想的，清丽的与苍凉的，哀婉的与悲壮的，忧伤的与焦虑的，柔情的与思考的，对比的与烘托的等等美的韵致,再和以箫声柳色,伴以晚霞西风,让人回味无穷。古往今来的读者,谁能道尽其中的情韵! 司空图不仅发现了意境的"韵味"的特征,而且还提出了"韵外之致"、"味外之味"的命题。也就是说,他认为意境的韵味是多层次的,不仅有韵内之韵,味内之味,而且还有"味外味","韵外韵"。所以意境的韵味,还是让人咀嚼不尽的。这几乎成了古典诗词的自觉追求。

总之,意境的情景交融的表现特征,虚实相生的结构特征和韵味无穷的审美特征,集中地体现了华夏民族抒情文学的审美理想,也是具有世界意义的审美范畴。意境作为一种整体性形象,也是文学形象的高级形态之一。

论艺术(节选)

[法国]罗　丹

所谓大师,就是这样的人:他们用自己的眼睛去看别人见过的东西,在别人司空见惯的东西上能够发现出美来。

美是到处都有的。对于我们的眼睛,不是缺少美,而是缺少发现。

艺术是大自然映现在人间的东西,重要的是要好好磨镜子。

雕刻无须独创,它需要的是生命。

任何倏忽的灵感事实上不能代替长期的功夫。

在艺者眼中,一切都是美的,因为他锐利的慧眼,注视到一切众生万物之核心;如能掘发其品性,就是透入外形触及其内在的"真"。此"真",也即是"美"。

艺术就是感情,没有体积、比例、色彩的学问,没有灵敏的手,再强烈的感情也是瘫痪的。

最伟大的诗人,如果他在国外,不通其语言,他能做什么呢? 不幸在新一代的艺术家里,有不少拒绝学习怎样说话的诗人,所以他们只能含糊其词了。要有耐心,不要依靠灵感,灵感是不存在的,艺术家的优良品质,无非是智慧、专心、真挚、意志,像诚实的工人一样完成你们的工作吧。

生命之泉,是由心中飞涌的;生命之花,是自内而外开放的。同样,在美丽的雕刻中,常潜伏着强烈的内心的颤动。这是古代艺术的秘密。

艺者的德性只是智慧,专注,真诚,意志。

艺术之泉,在于内在的真,你的形,你的色,都要传达情感。

最主要的是感受,爱憎,希冀,吟哦,生活。要做艺术家,先要从人做起。

我的读书经验

冯友兰

我今年八十七岁了,从七岁上学起就读书,一直读了八十年,其间基本上没有间断,不能说对于读书没有一点经验。我所读的书,大概都是文、史、哲方面的,特别是哲。我的经验总结起来有四点:(1)精其选。(2)解其言。(3)知其意。(4)明其理。

先说第一点。古今中外,积累起来的书真是多极了,真是浩如烟海,但是,书虽多,有永久价值的还是少数。可以把书分为三类,第一类是要精读的,第二类是可以泛读的,第三类是仅供翻阅的。所谓精读,是说要认真地读,扎扎实实地一个字一个字地读。所谓泛读,是说可以粗枝大叶地读,只要知道它大概说的是什么就行了。所谓翻阅,是说不要一个字一个字地读,不要一句话一句话地读,也不要一页一页地读。就像看报纸一样,随手一翻,看看大字标题,觉得有兴趣的地方就大略看看,没有兴趣的地方就随手翻过。听说在中国初有报纸的时候,有些人捧着报纸,就像念五经四书一样,一字一字地高声朗诵。照这个办法,一天的报纸,念一天也念不完。大多数的书,其实就像报纸上的新闻一样,有些可能轰动一时,但是昙花一现,不久就过去了。所以,书虽多,真正值得精读的并不多。下面所说的就指值得精读的书而言。

怎样知道哪些书是值得精读的呢?对于这个问题不必发愁。自古以来,已经有一位最公正的评选家,有许多推荐者向它推荐好书。这个评选家就是时间,这些推荐者就是群众。历来的群众,把他们认为有价值的书,推荐给时间。时间照着他们的推荐,对于那些没有永久价值的书都刷下去了,把那些有永久价值的书流传下来。现在我们所称谓"经典著作"或"古典著作"的书都是经过时间考验,流传下来的。这一类的书都是应该精读的书。当然随着时间的推移和历史的发展,这些书之中还要有些被刷下去。不过直到现在为止,它们都是榜上有名的,我们只能看现在的榜。

我们心里先有了这个数,就可随着自己的专业选定一些须要精读的书。这就是要一本一本地读,所以在一个时间内只能读一本书,一本书读完了才能读第二本。在读的时候,先要解其言。这就是说,首先要懂得它的文字;它的文字就是它的语言。我所说的解其言,就是要攻破这一道语言文字关。当然要攻这道关的时候,要先作许多准备,用许多工具,如字典和词典等工具书之类。这是当然的事,这里就不多谈了。

中国有句老话说是"书不尽言,言不尽意",意思是说,一部书上所写的总要比写那部书的人话少,他所说的话总比他的意思少。因为语言总离不了概念,概念对于具体事物来说,总不会完全合适,不过是一个大概轮廓而已。比如一个人说,他牙痛。牙是一个概念,痛是一个概念,牙痛又是一个概念。其实他不仅止于牙痛而已。那个痛,有一种特别的痛法,有一定的大小范围,有一定的深度。这都是很复杂的情况,不是仅仅牙痛两个字所能说清楚的,无论怎样啰嗦他也说不出来的,言不尽意的困难就在于此。所以在读书的时候,即使书中的字都认得了,话全懂了,还未必能知道作书的人的意思。从前人说,读书要注意字里行间,又说读诗要得其"弦外音,味外味",这都是说要在文字以外体会它的精神实质。这就是知其意。语言文字是帮助了解书的意思的拐棍。既然知道了那个意思以后,最好扔了拐棍。这就是古人所说的"得意忘言"。在人与人的关系中,过河拆桥是不道德的事。但是,在读书中,就是要过河拆桥。

上面所说的"书不尽言,言不尽意"之下,还可再加一句"意不尽理"。理是客观的道理,意是著书的人的主观的认识和判断,也就是客观的道理在他的主观上的反映。理和意既然有主观客观之分,意和理就不能完全相合。人总是人,不是全知全能。他的主观上的反映、体会和判断,和客观的道理总要有一定的差距,有或大或小的错误。所以读书仅至得其意还不行,还要明其理,才不至于为前人的意所误。如果明其理了,我就有我自己的意。我的意当然也是主观的,也可能不完全合乎客观的理。但我可以把我的意和前人的意互相比较,互相补充,互相纠正。这就可能有一个比较正确的意。这个意是我的,我就可以用它处理事务,解决问题。好像我用我自己的腿走路,只要我心里一想走,腿就自然而然地走了。读书到这个程度就算是能活学活用,把书读活了。会读书的人能把死书读活,不会读书的人能把活书读死。把死书读活,就能把书为我所用;把活书读死,就是把我为书所用。能够用书而不为书所用,读书就算读到家了。

从前有人说过:"六经注我,我注六经。"自己明白了那些客观的道理,自己有了意,把前人的意作为参考,这就是"六经注我"。不明白那些客观的道理,甚而至于没有得古人所有的意,而只在语言文字上推敲,那就是"我注六经"。只有达到"六经注我"的程度,才能真正地"我注六经"。

谈独立思考

茅　盾

有人问:如何而能独立思考?

我想:这个答案可以很多,其中之一也许是洋洋万言,引经据典,而效果等于不着一字。

但是,也还有另一方式的答案:

不读书者不一定就不能独立思考;然而,读死书、死读书、只读一面的书而不读反面的和其他多方面的书,却往往会养成思考时的"扶杖而行",以致最后弄到独立思考能力的萎缩。

眼睛只看上边、不看下边的人,耳朵只喜欢听好话、不喜欢听批评的人,常常只想到自己、不想到别人的人,他们面前的可能的危险是:让"独自"思考顶替了独立思考。

教条主义是独立思考的敌人,它的另一敌人便是个人崇拜。

如果广博的知识是孕育独立思考的,那么,哺养独立思考的便应是民主的精神。

井底之蛙恐怕很难有独立思考的能力。应声虫大概从没有感到有独立思考之必要。而日驰数百里的驿马虽然见多识广,也未必善于独立思考。

人类的头脑,本来是具有独立思考的能力的。如果没有,人类就不能从"蠢如鹿豕"

进化到文明。但是人类的这个天赋,是在生活斗争中不断碰到矛盾而又不断解决矛盾的过程中逐渐发达起来的。前人的经验和独立思考的成果,应当是后人所借以进行独立思考的资本,而不是窒息独立思考的偶像。

儿童的知识初开,常常模仿大人。这时的模仿,就是吸收前一代的经验和知识,为后来的独立思考准备条件。做大人的,看见幼儿模仿自己,便赞一声"聪明",可是到后来看见渐臻成熟的少年不再满足于模仿自己,却又骂他"肖",这真是可笑的矛盾。

从前有些"诗礼之家",有一套教养子女的规矩:自孩提以至成长,必使"非礼勿视,非礼勿听,非礼勿言……"这是把儿童放在抽出了空气的玻璃罩内的办法。这样培养出来的,如果不是书呆子,是犬儒,便是精神上失去平衡的畸形人,是经不起风霜的软体人,当然也不会是具有独立思考能力的人。

"诗礼之家"现在没有了,我盼望这样的教养方法也和它一同地永远消逝。

(原载 1956 年 7 月 3 日《人民日报》,署名玄珠。)

重新创造的艺术天地

谢 冕

从根本上说,文学的欣赏活动,凭借语言这种无所不在的符号来进行,从符号再返回丰富的世界中来,这是一种再创造。诗歌的欣赏活动更是一种确切意义上的再创造。再创造的主要方式是想像活动。想像不仅对于诗人的创作是一种必要,对于读者的欣赏也是一种必要。可以认为,诗人通过想像创造出了诗的形象,读者通过想像正确地把握住诗人的艺术构思,并且丰富地再现诗人创造的形象。譬如艾青的《我爱这土地》,我们了解了这首诗的时代背景,开始进入对诗的本身的理解,这时,在眼前展示的是诗的形象,这是诗人想像的产物。欣赏活动可以认为是对于诗人想像活动的再经历和再体验。

《我爱这土地》的形象的核心,是一只不懈地为土地、河流、风和黎明歌唱,死后连羽毛也奉献给土地的多情鸟。诗人借这只鸟的形象来表达他热爱受苦受难的祖国和人民的情怀。读诗的全过程,想像活动,都是围绕这只鸟的形象而展开的。对于诗中爱国主义激情的把握,是通过对于这只热爱土地的鸟的想像而获得的。离开了这些,将一无所获。

当我第一次读崔颢的一首《长干曲》的时候,由于想像的展开所获得的愉快,至今还记得。这一首诗只有 20 个字:"君家在何处?妾住在横塘。停船暂借问,或恐是同乡。"整首诗不作任何描写叙述,但一个青年女子活泼、爽朗而又令人亲近的形象跃然眼前:长江上两舟相逢,一个船家女,主动打问迎面而来的男子家住何处,是哪里人:她不等对方答话,又立即作了自我介绍。后两句,可以理解为女子的自语,或理解为她因自己的热情主动而显得唐突,想极力掩饰自己的羞窘:"停船相问,别无他因,也许你我是同乡……"长江滔滔,两舟邂逅,一对青年男女的友好相遇所引起的新鲜与亲切之感,通过读者自由的想像,得到了显现。这是想像在欣赏中的作用,因此,我以为欣赏是一种再创造。

为了说明这种再创造，我再举徐志摩短诗《沙扬娜拉一首》以为佐证。

> 最是那一低头的温柔，
> 　　像一朵水莲花不胜凉风的娇羞，
> 道一声珍重，道一声珍重，
> 　　那一声珍重里有蜜甜的忧愁——
> 　　沙扬娜拉！

一朵水莲花在凉风中表现着婀娜的娇羞，诗人借此以形容这位日本女郎的温柔缱绻。我们欣赏这首诗，首先是从诗人提供的形象上开始我们的想像活动。从这一朵水莲花出发，想像那女郎的美丽、多情、柔情似水又充满了离别的轻愁。为什么说这是再创造？因为诗人并没有告诉这位女郎的年龄、容貌以及互道珍重的两人的关系，但这并不妨碍读者在自己的想像中创造出一个动人的画面来。这在诗的欣赏活动中不仅是允许的，而且是受到鼓励的。这种想像活动可以使欣赏者自己，或由此联想起来的其他人物"移入"那张他所再创造的画面中去——他可以把那一位水莲花似的女郎想像成自己的女友或爱人，他可以在一声充满"蜜甜的忧愁"的"沙扬娜拉"中，寄托着自己与心爱的朋友道别的那一份眷恋之情。就是说，他可以把"我"想像为诗中的人。

但是，也不可对诗的欣赏存在着不切实际的奢望，以为读诗可以"创造一切"，因而也可以洞悉一切。这是不可能的。诗不可能把什么都告诉我们，特别是由于它不可能详尽地叙事，由于交代情节、描写人物不是诗的擅长，因此，诗不可能更多地告诉什么，诗的特点在抒情。读诗并试图达到正确欣赏，主要不在于通过诗了解更多的事物。与其说是为了了解，不如说是为了感动。作为读者，希望通过诗的形象产生感情上的共鸣。《长干曲》也好，《沙扬娜拉一首》也好，希望这种欣赏的结果，不单是了解诗人的感情活动，而且寄托自己的情思，或者重温自己曾经有过的情感的经历。这就是诗的欣赏上的再创造。

为了克服欣赏上的困难，要做的一件事，就是要把诗中所提供的东西"泡"出来。就是说，要把诗人由繁复的生活现象加以高度精练的东西，还原到它原先的状态中去。要把浓缩了的东西"泡"开，这是诗歌欣赏中必经的一道"工序"（对于别的文体，这不是必需的，因为它们通过详尽的文字尽可以把内容讲清楚）。上述情况在诗中通常被称为含蓄，即通过高度概括的语言，把众多的内容蕴蓄到最典型而又最精约的形象中来。下面是臧克家的《老马》诗中的句子：

> 总得叫大车装个够，
> 它横竖不说一句话，
> 背上的压力往肉里扣，
> 它把头沉重地垂下！

这里写的是老马，但欣赏时，可以放开来想像它的寓意——诗是鼓励这么做的——我们相信：诗人写出来的是不胜重负的老马，而诗人心中要说的是他对于生活在皮鞭和奴役之下的劳苦人民的同情以及对他们坚韧的毅力的赞美。

一般说来，优秀的诗篇总是避开了直说。因为不直说，因而增加了欣赏的困难。正常的状况，诗人总是不直接向读者进行灌输，他们只是含蓄地点拨你，然后给你以天女散花般的想像的自由。言在此而意在彼，不是说明着什么，而是隐喻着什么。这是诗的一般规律，也是欣赏诗歌所必不可少的一种思想准备，或者叫做训练。当我们读到陶渊明的"采菊东篱下，悠然见南山"时，我们当然知道，它的意思并不限于字面所传达的，它有着更为深远的含意。

　　要善于寻找并最后判断诗人提供的形象背后所孕含的情思，欣赏活动不可停留在表面意思的掌握上。诗是高级的艺术，诗需要咀嚼再三，寻求真味。下面这些诗句，是一位青年诗人写的：

> 我把长城庄严地放上北方的山峦
>
> 像晃动着几千年沉重的锁链
>
> 像高举起刚刚死去的儿子
>
> 他的躯体还在我的手中抽搐
>
> 我的身后，有我的母亲
>
> 民族的骄傲，苦难和抗议

（江河《祖国啊祖国》）

它表述的是一种复杂的感情。长城是我们民族古老文化的象征，要是把它当成了古董，而且一味地陶醉于先人创造的业绩，则长城也可能成为锁链，我们将因而停滞不前。当祖先遗留的旧物成为捆缚前进的脚步的锁链时，敏感的青年便要"诅咒"它，因为它给我们带来了苦难。这种诅咒，诗人把它表现为"刚刚死去的儿子"的形象，这种感情仍然是复杂的。它刚刚死去，但死去的又是母亲的儿子。这些诗句，表现了经历过十年动乱之后，一代青年对于封建主义余毒的憎恨，以及对民族复兴的思考。

　　欣赏诗歌，由于它极精练，我们不仅要努力把握它以少量字词包孕着的丰富的含义，而且要努力去寻求它的诗句之外包含的不尽的韵味。这在中国旧诗词的欣赏中是极为普遍的现象。例如采菊东篱，心境悠然与南山相合，情寄东篱之外。唐代张继的《枫桥夜泊》："月落乌啼霜满天，江枫渔火对愁眠。姑苏城外寒山寺，夜半钟声到客船。"它的繁复的色彩和音响，烘托着江天子夜的秋景。末尾一句，以传到客船的夜半悠悠钟声，给人留下了言语难以表达的离愁别绪。有趣的是，这种由具体的诗句引发的情思，其具体性可以因欣赏者的不同际遇而各不相同。它既有稳定性，又有随意性。例如那悠悠的钟声造成的余韵，大体上总与羁旅客子的愁思有关。至于它在欣赏者心中所唤起的具体的思念，则是难以确定的：有人可因而感慨半生飘零，一事无成；有人可能思念老母娇妻；有人也许为友情的离弃而痛苦；也许为了贫病，也许为了惜逝……但那浮动在落月渔火的微茫中的是一缕轻愁，则是相同的。

　　诗歌欣赏可以认为是读者在诗人所启示的范围内重新创造的艺术世界，这个世界最大的特点就是读者往往走进诗人所创造的境界中去，往往把自己内心的主观世界融进诗的客观世界中去。人们读李后主的词"问君能有几多愁，恰似一江春水向东流"，能够领会作者对于繁华失落的哀伤。他们对这首词的感受一般也被限定在追怀往昔的范围之内,添加进去若干属于自己的东西,使得"问君能有几多愁"的"愁"不再成为亡国之君的哀怨,而变成了属于每个人自己的怅惘、失落的情怀的寄托。

欣赏诗歌的目的,在于领略诗人抒写的情感,但这并非是最后的目的。欣赏诗歌,期望能通过诗人的启迪以引起共鸣式的感情的燃烧。所谓诗的作用和诗教,主要是指此而言。所谓诗的教育,也全在感情的潜移默化中进行。

由于诗歌形象的基本规律是以一代十,以少胜多,它极精约,极概括,因而留给欣赏者的联想空间就极宽阔。因为以极简约表现极丰富,读诗难免有时要"猜"。这种猜,在别的文体可能说明意义的含混;而在诗,离开了猜想的空间却可能意味着贫乏。当然,猜想应当与真正的晦涩加以区别。猜想不是因费解引起,而是由于诗本身有太多的郁积,从而需要欣赏者以自己的经验和思考来加以补充和阐发。例如闻一多有一首《口供》:

> 我不骗你,我不是什么诗人,
> 纵然我爱的是白石的坚贞,
> 青松和大海,鸦背驮着夕阳,
> 黄昏里织满了蝙蝠的翅膀。
> 你知道我爱英雄,也爱高山,
> 我爱一幅国旗在风中招展,
> 自从鹅黄到古铜色的菊花。
> 记着我的粮食是一壶苦茶!

这是全诗的主要段落。诗人的思想是明晰的:他爱祖国的传统文化以及民族的特有气质。青松、大海、凌霜的菊花和一壶苦茶,交织着一个爱国的、英雄的主题。可是,突然却冒出了这样两行:

> 可是还有一个我,你怕不怕? ——
> 苍蝇似的思想,垃圾箱里爬。

对于这样一首诗,要达到正确的欣赏,就要开动脑筋"猜"。经过思索,发现诗人一颗纯真、坦白的心在跳动:他没有把自己复杂的内心隐藏起来,而是勇敢地揭示在读者面前。它只是说明,由古老文明所培育的美好品德中,依然存在着不和谐,尽管这种不和谐是次要的。当然,这里所谓的"猜",其实就是欣赏过程中对诗和诗人的综合性思考。

我们读诗时会感觉到,诗的语言是不连贯的、断断续续的,跳动性很大。为使上述所谓"综合性思考"能够顺利进行,需要对这种不连贯进行"加工"——即把不连贯的地方加以填补,这无论对旧诗新诗都是需要的。例如这样的诗句:

> 被最初的晨光照射
> 投身在光明的行列
> 直到谁也不再看见你
>
> (艾青《启明星》)

这里就省略了许多关联,隐藏了许多阐发和判断。这一切,都给读者留下进行创造性的欣赏活动。这种现象在使用文言的旧体诗中更为普遍。李商隐的《夜雨寄北》:"君问归期未有期,巴山夜雨涨秋池。何当共剪西窗烛,却话巴山夜雨时。"诗人写诗时旅居巴蜀,这是寄怀妻子的诗篇。这首短诗的时间和空间跨度都很大。前一个"巴山夜雨",是思念此时此地的;后一个"巴山夜雨",跳到了想像中的未来,夫妻团聚后的彼时彼地。那时节,西窗闪着烛光,他们一起回想如今这个令人情思绵绵的雨夜。当诗中跳跃的奥妙被我们所理解时,当跳跃之间的关联为我们所连缀时,我们因创造性的艺术欣赏所获得的愉悦是难以形容的。

(原文题目是"漫步在诗的郊野——关于诗歌欣赏的通信"。有删改)

读书的习惯

钱歌川

　　人类的知识大都是从眼睛输入的,用耳朵听来的东西,毕竟有限,所谓耳食者流所得到的知识,不外乎是一些道听途说,学生治学,固然要听,但是更重要的还是在读。英国大学里有些学生终年不去听讲,学校里也让他们如此,而且多认为他们是优秀学生,考试起来果然比每天去听讲的学生成绩还要好,因为勤读胜于勤听,名师讲授,同学共享,只有自修,才是一人独得。

　　古今的大学者没有不勤读的,囊萤凿壁,比我们现在的一灯如豆,还要不方便得多,但学问就是这样得来。苏东坡说"读破万卷自通神",可见学问并不难,只在多读,你如果手不释卷,必然会有成就,甚至偶然翻阅,也会开卷有益。

　　可是现在很少有人手上拿着书本。终日终夜,不离牌桌的人,我曾见到过,废寝忘餐、手不释卷的人,却尚未遇到。一般人买书,大都是拿来做装饰品的,永远陈列在书架上,很少拿到手中来读。这些书要他们去读,条件很多,第一得有明窗净几,其次得有清闲,再次得有心情;地方不好不能读书,时间不长不能读书,心情不定也不能读书。懒学生还有一首解嘲的打油诗:春来不是读书天,夏日炎炎很好眠,秋多蚊虫冬多雪,一心收拾到明年。

　　阔公子有了明窗净几,又有的是清闲,但还是不能读书,因为他没有那种心情;穷小子终日忙于做工糊口,也没有时间读书。军人忙于打仗,商人忙于赚钱,政客忙于酬应,男子忙于做事,女子忙于说话,少年忙于寻乐,老人忙于怀旧,甚至闲人也忙于逛街,或坐茶馆,或凑热闹,似乎谁都不能读书。其实,他们并不是不能读书,而只是不去读书罢了。要读书谁都可以读,决不受任何限制,读书的条件,就在养成读书的习惯,其余皆不足道。

　　一般人为着生活关系,没有充分的时候去读书,这也是实在的情形,除了少数有闲阶级的阔人以外,谁都不免要为名利,或至少为衣食而终日奔走忙碌,如果一定要等到把生活问题解决了,闲居无所事事,然后再来从容读书,这无异待河之清,可说永远无此机会。

因为人的欲望无穷,等到生活问题,在布衣粗食之下可以解决的时候,他又想到美食暖衣,朱门绣户,即令有了丰衣足食,华屋良田,他仍然不肯罢休。所谓水涨船高,生活的标准既然随时有变,这问题也就永远不能解决了。我认为要读书决不可等待那种无尽悠闲的到来才开始,应该随时随地利用空余的时间来读,把那种读书的习惯,织入我们的生活中去,作为我们日常工作的调剂品,那么,事也做了,书也读了,一点光阴也没有虚掷。

你不要以为5分钟做不了什么事,把100个5分钟集起来,就差不多等于一个整天。我尝听见善于治家的人说,爱惜厨房里一粒米,就可以成为一笔家产。我们利用5分钟的余暇去读书,也就可以成为一个学者。

利用余暇去读书是轻而易举的,大家之所以不这样做,仅是因为没有这种习惯而已。英国人在电车上读书的风气很盛,每天都要出外工作,起码有一个钟头在电车上,预备一本书专门在车上读,不过几天也就读完了,日积月累,一年读四五十本书,也不算稀奇。我们对于这种废时不去利用,实在未免可惜。

英国人利用废时读书,不仅在有规律的电车上,即在饭馆菜馆中亦莫不为然。至于在休假日,夫妇约好同出游玩,丈夫至多取一根手杖就可以出门,太太则不免要去戴顶帽子。可是每当那丈夫在楼下等着太太去戴帽子的时候,他照例翻开一本书来读,等他太太把帽子戴好姗姗地走下楼来,他手中的书,也就起码读完两章了。中国的丈夫却不晓得这样做,所以在楼下不仅独自等得心焦,而他太太一再地被他催促,也就老不耐烦,常常把一个快乐的计划,弄成不欢的结果。

如果大家都有了这种读书的习惯,不仅国民的知识可以逐年提高,而且闲事也就不会有人爱管了。枕边有一本书,可以免得翻来覆去睡不着的苦,厕上有一本书,也就可以辟除恶臭。

我常想洋车上是一个很好读书的地方,拉到了车夫自然会停下,不像乘电车一不当心就驶过了目的地。可惜我现在只能走路,没有乘洋车的福分了,每天白白地在街上糟蹋了一两个钟头。哦,如果我能利用这种时间读书的话……

谈读书

［英国］培　根

书能给人乐趣、文雅和能力。人们独居或退隐的时候,最能体会到读书的乐趣;谈话的时候,最能表现出读书的文雅;判断和处理事务的时候,最能发挥由读书而获得的能力。那些有实际经验而没有学识的人,也许能够一一实行或判断某些事物的细枝末节,但对于事业的一般指导、筹划与处理,还是真正有学问的人才能胜任。

耗费过多的时间去读书便是迟滞,过分用学问自炫便是矫揉造作,而全凭学理判断一切,则是书呆子的癖好。学问能美化人性,经验又能充实学问。天生的植物需要人工修剪,人类的本性也需要学问诱导,而学问本身又必须以经验来规范,否则便太迂阔了。

机巧的人轻视学问,浅薄的人惊服学问,聪明的人却能利用学问。因为学问本身并不曾把它的用途交给人，至于如何去应用它，那是在学问之外、超越学问之上、由观察而获得的一种聪明呢！

读书不是为着要辩驳，也不是要盲目信从，更不是去寻谈话的资料，而是要去权衡和思考。有些书只需浅尝，有些书可以狼吞，有些书要细嚼慢咽，慢慢消化。也就是说，有的书只需选读，有的书只需浏览，有的书却必须全部精读。有些书不必去读原本，读读它们的节本就够了，但这仅限于内容不大重要的二流书籍；否则，删节过的书，往往就像蒸馏水一样，淡而无味。

读书使人渊博，辩论使人机敏，写作使人精细。如果一个人很少写作，他就需要有很强的记忆力；如果他很少辩论，就需要有急智；如果他很少读书，就需要很狡猾，对于自己不懂的事情，假装知道。

历史使人聪明，诗歌使人富于想象，数学使人精确，自然科学使人深刻，伦理学使人庄重，逻辑学和修辞学使人善辩。总之读书能陶冶个性。不仅如此，读书并且可以铲除一些心理上的障碍，正如适当的运动能够矫治身体上某些疾病一般。例如：滚球有益于肾脏；射箭有益于胸部；散步有益于肠胃；骑马有益于头部等等。因此，假若一个人心神散乱，最好让他学习数学，因为在演算数学题目的时候，一定得全神贯注，如果注意力稍一分散，就必得再从头做起。假若一个人拙于辨别差异，就让他去请教那些演绎派的大师们，因为他们正是剖析毫发的人。假若一个人的心灵迟钝，不能举一反三，最好让他去研究律师的案件。所以，每一种心理缺陷，都有一种特殊的补救良方。

古诗吟诵：返璞归真的天籁

徐卫东

中国是诗的国度，灿烂辉煌的古典诗歌是中华民族文化的艺术瑰宝，几千年来，一代接一代的吟诵，使这些经典得以绵绵延续，孕育着炎黄子孙的灵魂。中华传统的吟诵，既不是朗诵那样运用自然语调，也不同于歌唱有固定的曲调和节奏，"那是接近于唱，也可以说是无乐谱的自由唱"（郭沫若）。也就是古诗吟诵者根据对诗歌意境的感悟和当时自己的情绪，对节奏、音高、音调等进行即兴自由的发挥，并以哼唱的方式读出来，具有明显的音节曲调。"月下沉吟久不归"（李白），"新诗改罢自长吟"（杜甫），"二句三年得，一吟双泪流"（贾岛），吟诵是古代流行广泛且公认有效的创作、学习、欣赏诗歌的主要途径和方法。朱自清认为："吟诵诗文，从那吟诵的声调或吟诵的音乐得到趣味或快感……这种趣味大概一部分在那字面上的影像上，一部分就在那七言韵律的音乐上。"叶圣陶也说："吟诵的时候，对于讨究所得的不仅理智地了解，而且亲切地体会，不知不觉之间，内容与理法化而为读者自己的东西了，这是最可贵的一种境界。"中华民族文化的、人文的、美学的基因就在这吟诵中不知不觉地获得传承。令人遗憾的是，古诗吟诵这一中华传统的精髓，五四以来因被认为是"摇头摆尾"的封建丑态而招禁绝。今天，我们语文教学工作者有责任将这一非物质文化遗产发扬光大，在古诗教学中返璞归真,回归中华吟诵这一优秀传统,让我们的语文课堂重新响起美妙的天籁。

那么,古诗究竟该如何吟诵?怎样吟诵才算是好?由于古诗种类较多、思想感情复杂,再加之吟诵者的阅读能力、审美情趣、语文修养、音乐基础等也不尽相同,所以每个人的吟诵一定是自由的、个性化的,强求完全一致是无知的。当然,自由不等于瞎搞,古诗吟诵的基本规律和方法是可以供我们参照、遵循的。

一、古诗吟诵的节奏:平长仄短

格律诗词的写作与吟诵,必须符合平仄。何谓平仄?平仄是声调的讲求。古人写诗,依据的是古代汉语的四种声调:平声、上声、去声、入声。平声绵长而没有升降,上、去、入三声则短促而有升降。因此,所谓平仄,就是古人根据汉语四种声调的特点,将其归纳为"平""仄"两大类:"平"即平声,"仄"同"侧",含"不平、倾斜"之意,指的是上、去、入三声。今天,从现代汉语的声调来分,阴平和阳平(第一声和第二声)是平声,上声和去声(第三声和第四声)是仄声,中古的入声已分散到了这四声之中。因此,现代汉语的阴平和阳平,虽为平声,已不全是古人所谓的平声了,在吟诵时需注意辨别。

下面以贺知章的《回乡偶书》为例,说明吟诗节奏的基本规律:

少小离家老大回,

(仄仄—平—平——仄仄—平———)

乡音无改鬓毛衰。

(平—平——仄仄—仄平——平———)

儿童相见不相识,

(平—平——仄仄—平—平——仄—)

笑问客从何处来?

(仄仄—平—平——仄仄—平————)

我们知道,格律诗一般有四种句式:平起、首句入韵,平起、首句不入韵,仄起、首句入韵,仄起、首句不入韵。以两个字为一个节奏单位,第二个字是节奏点,所以古人说不在节奏点上的一、三、五字,平仄可以不拘,节奏点上的二、四、六字,平仄必须严明。每一句的最后一个字单独为一个节奏单位,如果是平声入韵的,就叫韵脚。吟诗时,一般平声较长,仄声较短,但有区别:同为平声,不在节奏点上的略长,在节奏点上的较长,韵脚最长;同为仄声,不在节奏点上的不延长,在节奏点上的略为延长。

贺知章《回乡偶书》是一首仄起式首句入韵的七言律绝,吟诵节奏上要注意"平长仄短"的基本规律。第一句"家"是平声,又是节奏点,应该拉长;"回"是韵脚,更应延长。第二句"音""毛"为平声,又都是节奏点,应延长;"衰"是韵脚,更应特意拉长。第三句"童""相"都是平声,是节奏点,应延长;末尾"识"字,按现代汉语是平声,在古代却是入声字,属仄声,也不是韵脚,所以不宜拉长。第四句"从"是平声,是节奏点,应拉长;"来"

是韵脚，又是全诗的最后一个字，故更宜吟得悠远绵长。

简而言之，古诗吟诵时，一般以两个字为一组，第二个字若是平声就吟得较长，每一句的韵脚就吟得更长；不是这些点上的平、仄声或这些点上的仄声，就吟得短些。当然，我们不能机械地照搬照套，不然就会把"故人具鸡黍，邀我至田家"这类诗句读破。

二、古诗吟诵的音高：平低仄高（或平高仄低）

吟诵音高与所吟诗歌的平仄声调也有着密切的关系。有学者研究认为，平时说话时，南方人较普遍地形成了"平低仄高"的规律，而北方人则是"平高仄低"。因此，我们在吟诵中，可以按照自己平时说话语调的习惯，或将仄声字吟得比平声字高，或将平声字吟得比仄声字高。但若声调为"轻声"时，无论平仄声字都应比较低。除了语调的影响外，吟诵的音高还受到感情处理等因素的影响。吟诵时，我们需要对语法、逻辑、修辞上的重音加以强调，更主要的是需要对感情重音进行强调，明显提高其声调。如果是吟诵格律诗词，在音调的高上，有意地让"平低仄高"或"平高仄低"更为分明，就能使得音调抑扬顿挫、跌宕起伏，营造出"大珠小珠落玉盘"一般的音乐美感。

必须注意的是，这里所谓的"高"或"低"，都只是相对的概念。因为，每个人处理的感情重音是有差异的；虽是"平低仄高"或"平高仄低"，但不同处的"平"和"仄"，其音高或音低也不会完全相同；即使是同一处的"平"和"仄"，其延续中的音高或音低也是会有变化的。

三、古诗吟诵的音调：平直仄曲

上述"平长仄短""平低仄高"（或"平高仄低"）的吟诵方法也适用于古诗诵读，而"平直仄曲"专指吟诵。因为吟诵是"唱"出来的，所以它具有诵读所没有的曲调音律；但又因为吟诵是没有乐谱的即兴的自由的哼唱，所以它的音调犹如天籁，自然朴素，总体上呈现为"平直仄曲"的特点。

先说平直。平声的特点就是比仄声来得平而长，因而吟诵时平声处自然应该悠扬平直，不宜升降曲折，予以修饰。但这个"直"有时也会变化，在吟诵古诗最后一个平声韵脚的时候，通常会在延长的平直音尾部，呈现音高的自然下滑，或者是先行下滑后再在较低的音上作平直延长，使得吟诵在自然平和中结束。尾音下滑的幅度，一般多为小三度，也有大三度或纯四度等。因此，这个"直"，在句中平声字的吟音上，一般是一个较长的音，而在句末平声字的吟音上，往往会由两个甚至两个以上的音构成。

再说仄曲。仄声本就是不平的、倾斜的，所以吟诵时，对仄声可略加修饰音，使其升降曲折，更为好听。句中仄声字的"曲"，主要表现为向上"倾斜"，即音高的上滑；句末仄声字的"曲"，其典型状态是音高的先降后升地滑进，就像现代汉语上声的标调符号ˇ。尾部上翘是这两种情形的共同特征。因此，这个"曲"，在句中仄声字的吟音上，一般是由上行的两个音构成，而在句末仄声字的吟音上，典型的是由三个或三个以上的音构成。

四、古诗吟诵的基本"乐谱"

基于上述"平长仄短"、"平低仄高"（或"平高仄低"）、"平直仄曲"的吟诵规律和方

法,如果将其组合,就形成了古诗吟诵的乐谱。笔者曾按"平低仄高"的音高处理来吟诵张继的《枫桥夜泊》,其乐谱如下:

直　　　　　　　　　　　　下滑

高——低————高——低——,低————高——低————。

仄仄—平—平——仄仄—平——,平—平——仄仄—仄平—平——。

月落 乌 啼 霜满 天,　　江枫　渔火 对愁　 眠。

曲　　　　　　　　　　　　下滑

低————高——低————高—,高——低————高——低————。

平—平——仄仄—平—平——仄—,仄仄—平—平——仄仄—平——。

姑苏　 城外 寒 山 寺,　夜半 钟 声　到客 船。

　　这个乐谱,揭示了平仄声调与吟诵曲调相结合的三条规律:"平长仄短""平低仄高""平直仄曲"。不仅如此,乐谱还使格律诗起承转合的结构原理和错落委婉的美学意义得以彰显。据此,我们可以轻松地写出所有格律诗的吟诵谱式。词虽有平仄格律,但因词调的字数和句数不同,所以不能完全如法炮制,古体诗没有平仄规范,自然更是无法套用了。但"平长仄短""平高仄低""平直仄曲"这些基本规律和方法在词和古体诗的吟诵中还是可以遵循的。因为只有这样,才能通过音调的抑扬、顿挫,快慢、长短,连贯、回环,尽显诗歌的韵律美。

　　古诗教学中,读是赏析的基础,诵是初读的加强,吟是诵读的延伸和鉴赏的促进。诗的吟诵是一种近乎天籁的音乐。真要吟诵得出色,需要诗歌、音乐等多方面的素养,需要从不断的吟诵实践中去探索研究。语文教师要积极传承这一国粹,在古诗教学中,多一些体悟式的吟诵,少一些灌输式的讲解。通过吟诵涵咏来怡养性情,建立起学生对古典诗歌学习的乐趣,使吟诵这一优秀传统绝学,不在我们的语文课堂上绝迹。

（原刊 2015 年 6 月《语文建设》）

论写作

张爱玲

　　在中学读书的时候,先生向我们说:"做文章,开头一定要好,起头起得好,方才能够抓住读者的注意力。结尾一定也要好,收得好,方才有回味。"我们大家点头领会。她继续说道:"中间一定也要好——"还未说出所以然来,我们早已哄堂大笑。

　　然而今天,当我将一篇小说写完了,抄完了,看了又看,终于摇摇头撕毁了的时候,我想到那位教师的话,不由得悲从中来。

　　写作果然是一件苦事么?写作不过是发表意见,说话也同样是发表意见,不见得写文章就比说话难。古时候,纸张笔墨未经发明,名贵的记录与训诲,用漆写在竹简上,手续极其累赘麻烦,人们难得有书面发表意见的机会,所以作风方面力求其简短含蓄,不许有一句废话。后来呢,有了纸,有了笔,可以一摇而就,废话就渐渐多了。到了现在,印刷事业发达,写文章更成了稀松平常的事,不必郑重出之。最近纸张缺乏,上海的情形又略有变化,执笔者不得不三思而后写了。

纸的问题不过是暂时的,基本问题还是:养成写作习惯的人,往往没有话找话说,而没有写作习惯的人,有话没处说。我并不是说有许多天才默默无闻地饿死在阁楼上。比较天才更为要紧的是普通人。一般的说来,活过半辈子的人,大都有一点真切的生活经验,一点独到的见解。他们从来没想到把它写下来,事过境迁,就此湮没了。也许是至理名言,也许仅仅是无足重轻的一句风趣的插诨,然而积少成多,究竟是我们文化遗产的一项损失。举个例子,我认识一位太太,是很平常的一位典型太太,她对于老年人的脱发有极其精微的观察。她说:中国老太太从前往往秃头,现在不秃了。老太爷则反是,从前不秃,现在常有秃的。外国老太太不秃而老太爷秃。为什么呢,研究之下,得到如此的结论:旧时代的中国女人梳着太紧的发髻,将头发痛苦地往后拉着,所以易秃。男子以前没有戴帽的习惯,现在的中国男子与西方人一般的长年离不开帽子,戴帽于头发的健康有碍,所以秃头的渐渐多了。然则外国女人也戴帽子,何以不秃呢?因为外国女人的帽子忽大忽小,忽而压在眉心,忽而钉在脑后,时时改变位置,所以不至于影响到头皮的青春活力。

诸如此类,有许多值得一记的话,若是职业文人所说,我就不敢公然剽窃了,可是像他们不靠这个吃饭的,说过就算了,我就像捡垃圾一般的捡了回来。

职业文人病在"自我表现"表现得过度,以至于无病呻吟,普遍人则表现得不够,闷得慌。年纪轻的时候,倒是敢说话,可是没有人理睬他。到了中年,在社会上有了地位,说出话来有相当分量,谁都乐意听他的,可是正在努力地学做人,一味的唯唯否否,出言吐语,切忌生冷,总拣那烂熟的,人云亦云。等到年纪大了,退休之后,比较不负责任,可以言论自由了,不幸老年人总是唠叨的居多,听得人不耐烦,任是入情入理的话,也当做耳边风。这是人生一大悲剧。

真是缺乏听众的人,可以去教书,在讲堂上海阔天空,由你发挥,谁打呵欠,扣谁的分数——再痛快也没有了。不得已而求其次,惟有请人吃饭,那人家就不能不委屈一点,听你大展鸿论,推断世界大战何时结束,或是追叙你当年可歌可泣的初恋。

《笑林广记》里有一个人,专好替人写扇子。这一天,看见朋友手摇白折扇,立刻夺过来要替他写。那朋友双膝跪下。他搀扶不迭道:"写一把扇子并不费事,何必行此大礼?朋友道:"我不是求你写,我是求你别写。"

听说从前有些文人为人所忌,给他们钱叫他们别写,像我这样缺乏社会意识的,恐怕是享不到这种福了。

李笠翁在《闲情偶寄》里说:"场中作文,有倒骗主司入彀之法。开卷之初,当有奇句夺目,使之一见而惊,不敢弃之,此一法也。终篇之际,当以媚语摄魂,使之执卷流连,若难遮别,此一法也。"又要惊人,眩人,又要哄人,媚人,稳住了人,似乎是近于妾妇之道。由这一点出发,我们可以讨论讨论作者与读者的关系。

西方有这么一句成语:"诗人向他自己说话,被世人偷听了去。"诗人之写诗,纯粹出于自然,脑子里决不能有旁人的存在。可是一方面我们的学校教育却极力地警告我们,作文的时候最忌自说自话,时时刻刻都得顾及读者的反应。这样究竟较为安全,除非我们确实知道自己是例外的旷世奇才。

要迎合读者的心理,办法不外这两条:(一)说人家所要说的,(二)说人家所要听的。

说人家所要说的,是代群众诉冤出气,弄得好,不难一唱百和。可是一般舆论对于左翼文学有一点常表不满,那就是"诊脉不开方"。逼急了,开个方子,不外乎阶级斗争的大屠杀。现在的知识分子之谈意识形态,正如某一时期的士大夫谈禅一般,不一定懂,可是人人会说,说得多而且精彩。女人很少有犯这毛病的,这可以说是"男人病"的一种,我在这里不打算多说了。

退一步想,专门描写生活困难罢。固然,大家都抱怨着这日子不容易过,可是你一味的说怎么苦怎么苦,还有更苦的人说:"这算得了什么?"比较富裕的人也自感到不快,因为你堵住了他的嘴,使他无从诉苦了。

那么,说人家所要听的吧。大家愿意听些什么呢?越软性越好——换言之,越秽亵越好么?这是一个很普遍的错误观念。我们拿《红楼梦》与《金瓶梅》来打比罢。抛开二者的文学价值不讲——大众的取舍并不是完全基于文学价值的——何以《红楼梦》比较通俗得多,只听见有熟读《红楼梦》的,而不大有熟读《金瓶梅》的?但看今日销路广的小说,家传户诵的也不是"香艳热情"的,而是那温婉、感伤,小市民道德的爱情故事。所以秽亵不秽亵这一层倒是不成问题的。

低级趣味不得与色情趣味混作一谈,可是在广大的人群中,低级趣味的存在是不可否认的事实。文章是写给大家看的,单靠一两个知音,你看我的,我看你的,究竟不行。要争取众多的读者,就得注意到群众兴趣范围的限制。

作者们感到曲高和寡的苦闷,有意地去迎合低级趣味。存心迎合低级趣味的人,多半是自处甚高,不把读者看在眼里,这就种下了失败的根。既不相信他们那一套,又要利用他们那一套为号召,结果是有他们的浅薄而没有他们的真挚。读者们不是傻子,很快地就觉得了。

要低级趣味,非得从里面打出来。我们不必把人我之间划上这么清楚的界限。我们自己也喜欢看张恨水的小说,也喜欢听明皇的秘史。将自己归入读者群中去,自然知道他们所要的是什么。要什么,就给他们什么,此外再多给他们一点别的——作者有什么可给的,就拿出来,用不着扭捏地说:"恐怕这不是一般人所能接受的罢?"那不过是推诿。作者可以尽量给他所能给的,读者尽量拿他所能拿的。

像《红楼梦》大多数人于一生之中总看过几遍。就我自己说,八岁的时候第一次读到,只看见一点热闹,以后每隔三四年读一次,逐渐得到人物故事的轮廓、风格、笔触,每次的印象各各不同。现在再看,只看见人与人之间感应的烦恼。——个人的欣赏能力有限,而《红楼梦》永远是"要一奉十"的。

"要一奉十"不过是一种理想,一种标准。我们还是实际化一点,谈谈写小说的甘苦吧。小说，如果想引人哭，非得先把自己引哭了。若能够痛痛快快哭一场，倒又好了，无奈我所写的悲哀往往是属于"如匪浣衣"的一种。（拙作《倾城之恋》的背景即是取材于《柏舟》那首诗上的："……亦有兄弟，不可以据……忧心悄悄，愠于群小。观闵既多，受侮不少……日居月诸，胡迭而微？心之忧矣，如匪浣衣。静言思之，不能奋飞。""如匪浣衣"那一个譬喻，我尤其喜欢。堆在盆边的脏衣服的气味，恐怕不是男性读者们所能领略的吧？那种杂乱不洁的、壅塞的忧伤，江南的人有一句话可以形容："心里很'雾数'。""雾数"二字，国语里似乎没有相等的名词。）

是个故事，就得有点戏剧性。戏剧就是冲突，就是磨难，就是麻烦。就连 P. G. Wodehouse 那样的滑稽小说，也得把主人翁一步一步诱入烦恼丛中，愈陷愈深，然后再把他弄出来。快乐这东西是缺乏兴味的——尤其是他人的快乐。所以没有一出戏能够用快乐为题材。像《浮生六记》，"闺房记乐"与"闲情记趣"是根本不便搬上舞台的，无怪话剧里的拍台拍凳自怨自艾的沈三白有点失了真。

写小说，是为自己制造愁烦。我写小说，每一篇总是写到某一个地方便觉得不能写下去了。尤其使我痛苦的是最近做的《年轻的时候》，刚刚吃力地越过了阻碍，正可以顺流而下，放手写去，故事已经完了。这又是不由得我自己做主的……人生恐怕就是这样的罢？生命即是麻烦，怕麻烦，不如死了好。麻烦刚刚完了，人也完了。

写这篇东西的动机本是发牢骚，中间还是兢兢业业地说了些玩话。一班文人何以甘心情愿守在"文字狱"里面呢？我想归根究底还是因为文字的韵味。譬如说，我们家里有一只旧式的朱漆皮箱，在箱盖里面我发现这样的几行字，印成方块形：

> 高州钟同济铺在粤东省城城隍庙左便旧仓巷开张自造家用皮箱衣包帽盒发客贵客光顾请认招牌为记主固不误光绪十五年

我立在凳子上，手撑着箱子盖看了两遍，因为喜欢的缘故，把它抄了下来。还有麻油店的横额大匾"自造小磨麻油卫生麻酱白花生酱提尖锡糖批发"。虽然是近代的通俗文字，和我们也像是隔了一层，略有点神秘。

然而我最喜欢的还是申曲里的几句套语：

> 五更三点望晓星，文武百官上朝廷。东华龙门文官走，西华龙门武将行。文官执笔安天下，武将上马定乾坤……

照例这是当朝宰相或是兵部尚书所唱，接着他自思自想，提起"老夫"私生活里的种种问题。若是夫人所唱，便接着"老身"的自叙。不论是"老夫"是"老身"，是"孤王"是"哀家"，他们具有同一种的宇宙观——多么天真纯洁的、光整的社会秩序："文官执笔安天下，武将上马定乾坤！"思之令人泪落。

（原刊 1944 年 4 月《杂志》月刊第 13 卷第 1 期）

写作让人活两辈子

鲍尔吉·原野

写作会改变一个人，这是众所周知的道理。这里说的"改变"，不是它使一个人由代课教师变成文联主席这种地位上的变化。我是说心灵，作为一个诚实的劳动者的写作，会发现内心出现一条通向远方的道路。走过去，你会变成另外的人。

写作使人谦逊。世上让人骄狂的事情很多，小时候我记得，有个人穿了双皮鞋就很骄狂。事实上世上每件事都会让某些人骄狂。这就像某种人吃了某种药一定会过敏一样。何止皮鞋？权力、声誉。豪宅、出国、打保龄球，甚至有人当一次右派要在文章中写二百遍，这不也是骄狂吗？我老婆说卖肉和卖西瓜的，一般比较狂妄。可是为什么卖肉或卖西瓜的就易生妄心呢？手里有刀，以及眼前血红？有一些生存方式容易把人变成无赖。但你在一片丰饶的田野上，看不到一个骄狂的农人。农人在劳作与休息的时候都是谦逊的，换言之，创造者易于谦逊。除了上帝之外，女人、工匠与农人，以及作家都是创造者。面对着时间，面对着无尽，人像孩子一样生出敬畏之心。写作让我们感到生活的广阔，感到你在生活中的位置。我常常感到我由于写作而变得像小蚂蚁一样勤勉和认真，像小蚂蚁一样充满欢喜地做每一件事。我感到街坊邻居都喜欢我的朴素、强壮和单纯。他们甚至用这样的话来赞扬我："你根本不像写东西的人。"他们所欣赏的本真与谦逊，恰恰是写作所带来的。

写作使人善良。什么工作常常思考人的命运？法官？算命的人？以及作家？从近来披露的新闻中得知，法官决定人的命运，但并不思考人的命运。算命者不决定人的命运，却天天思虑。两者实际离人的命运很远。而作者面对的是命运的血肉。有时候，我感到天下哪有什么好人坏人，当你看清命运的手之盾，对所谓"坏人"反生可怜之心。一个作家在多年的写作之后仍然不是一个人道主义者，证明他走在了错误的道路上。如果在一种酝酿已久的写作中我们仍然不能了解人的宝贵、人的脆弱、人的向善的天性以及人对恶的诱惑的向往，特别是对人的信心，也证明他走在了错误的道路上。我已经很久不用善良这个词。因为这是一种特定境遇的形容词，不能够也不应该被广泛使用。上帝善良吗？许多事情不是善良与不善良的问题。但写作使人善良，作家比别人更能感受人间的不公平而带来的痛楚。他们是在白天和黑夜始终警醒的社会的神经。如果我们可以要求治国大师应该坚强，教师应该渊博，铁路信号员的视力应该良好的话，作家应善良。对中国下一代的读者而言，比尖锐明敏更需要的是温厚仁慈，这对国人性格是一种救治。下一世纪初，中国更需要泰戈尔、托尔斯泰、川端康成和米斯特拉尔。

写作使人朴素。差不多所有的劳动都使人朴素。农人对着麦子的表情与歌星对着观众的表情肯定不一样，前者更平静实际更美。写作不是开炮，一拉引绳便有震耳效果。它是一点一滴的劳动的积累。在这种积累中，他已经有可能把时代与命运、把遭遇与梦想，把荣耀与付出进行过不止一次的权衡，生活的繁华使写作者感到朴素更适合于自己。朴素的人更容易感受到美。

在将近 50 年的时光中,写作在中国已经不是一条通向高官厚禄的道路,至少已经开始如此了。它作为一项心智活动更接近于纯粹。在写作中,无论苦难或忧伤,所经历的一切在流露笔端之前,在内心再一次经历一遍。所谓谦逊善良朴素都是这种经历的结果之一,它使我感到活了两辈子,原来的悲喜都没有浪费。而且它使我在品格方面比过去更好了一些,这是过去所没想到的。在这种意义上,写作与修道仿佛。对我来说,谨此,仅此。

原　野
2000 年 1 月于沈阳

《白蛇传》与《巴黎圣母院》

王　蒙

可惜我不懂什么比较文学,要不然我一定比较一下《白蛇传》、《白娘子永镇雷峰塔》与《巴黎圣母院》。

《白蛇传》是戏,而且窃以为是最伟大的一出戏,正像《红楼梦》是中国的最伟大的长篇小说。之前有冯梦龙编的话本小说,《警世通言》中的《白娘子永镇雷峰塔》,更早就有了民间传说。《巴黎圣母院》是雨果的著名长篇小说,改编了电影,改编了芭蕾舞剧(不知道是否有歌剧)。《白蛇传》与《巴黎圣母院》二者都有实的背景,中国的是杭州啊,断桥啊,孤山啊,雷峰塔啊什么的。法国的则是实有的巴黎啊,塞纳河啊,大学区直到圣母院啊什么的。实的背景与离奇的(《白》是神奇、魔幻的)故事的反差,造成了极不凡的艺术效果。再一个强烈的反差,就是情意绵绵的爱情故事与腥风血雨的厮杀情节,结合得奇。二者都有个钟情、上当、终于被"镇压"的女子,白娘子与爱斯梅拉达,令读者为之唏嘘不已乃至涕泪滂沱。二者都有个坏事的"妖僧",法海与副主教甘果瓦。本来神甫、主教并不等于"僧",看来《巴黎圣母院》的译者陈敬容也凑趣,把描写副主教甘果瓦杀人的那一章的标题译为《妖僧》。两个作品中都有一个不值得爱的、背叛了爱自己的姑娘的男子,许仙与弗比斯队长。这说明,"痴情女子负心汉"的模式,远远不只在中国才有地盘。最后还有一个人物值得比较,就是说两部作品中都有一个忠于女主人公、保护女主人公,至忠至诚至烈但终于没有成功的悲剧性的忠臣式人物,那就是小青与面貌丑陋的敲钟人伽西莫多。当然,伽西莫多是男人,自己也爱着爱斯梅拉达,而小青,绝大多数版本中是女子,这反映了东西方文化在处理性爱、友谊乃至忠诚的时候的观念差别。但值得注意的是,川剧中,小青本是男子,为侍候白娘子方便而幻化为女,一遇到杀伐武斗,小青又复原为男,这种东方式的灵活性,中国式的又祭灶王又堵灶王的嘴一类的狡黠与伽西莫多比较一下,甚至让人想起"此地无银三百两"的故事来。

把《白蛇传》的戏与《白娘子》的话本比较一下,也很有趣。除了戏里的"许仙"原在话本中称"许宣",戏里增加了饮雄黄酒吓倒许仙(话本中是白蛇打破了雄黄罐),盗仙草救活许仙（死去活来的爱情，太棒了，《牡丹亭》也是如此），最后金山寺大战等戏剧化的情节外，最根本的区别在于，话本中实写了白娘子是妖物，"一阵风""卷出一道腥气"，"青天打一个霹雳"，"吊桶来粗大白蛇，两眼一似灯盏"，"大蛇张开血红大口，露出雪白齿，来咬先生"，"白鳞放出光来"，直到法海禅师痛斥"业蓄"，白娘子"复了原形，变了三尺长一条白蛇"，种种将白娘子当作妖孽写的段落词语，贯穿全篇。话本的倾向和主题其实是鲜明的，是写邪妖与正气、与佛法的斗争，开始是正不压邪，终于是邪不压正。叫作"欲擒还纵"。蛇妖化作美妇人，而且"春心荡漾"，"放出迷人声态，颠鸾倒凤，百媚千娇……"，更是传说的"女人是祸水"的中国阳痿文人心态的观念表现，与把妲己写成狐狸精并无二致。不同的是，话本的题目不是"法海师神威捉妖"，也不是"许宣贪色险丧命"，甚至也不是"白蛇妖现形伏法"，而是"白娘子永镇雷峰塔"，这就有点意思了。"白娘子"三字一下子把她的"人"的性质肯定了，"永镇"云云可以说是带着遗憾的至少是客观的描述。这样，这篇话本就与包括《聊斋志异》中的《画皮》与《西游记》中的"白骨精"在内的众多的描写女妖女祸的文学作品显出了区别，当然，《聊斋》不乏正面描写"女狐"之可爱的作品，但这些作品的妖（或蛇或狐）、人、佛（僧）的冲突，远远没有尖锐到《白娘子》的程度。

　　到了话本变成戏就渐渐把同情心置放于白娘子一边了。蛇也罢，毕竟比和尚可爱。解放以后，爱憎更加分明了，白、青蛇成了正面人物，和尚成了反动派，而许仙是中间人物，合乎我们的政治模式。不知是不是受了阶级斗争理论的影响，解放后的各种剧种的《白蛇传》，无一不是扬白（蛇）贬法（海）嘲许（仙）的。许仙愈来愈像一个动摇分子、右倾机会主义分子的典型了。可以看许仙而思陈独秀了。《巴黎圣母院》的爱憎也是强烈分明的。埃及女郎与敲钟人是那等纯洁美善，妖僧与队长是那等可恶。《白》中，白、许、法是三种色彩，而在《巴》中，只有黑白分明的两种色彩。

　　《白》的三种色彩与处理的写意性留下了极大的空白与弹性。这是它比《巴黎圣母院》空灵和高明的地方。其实对白蛇许仙的故事还可以做不同的多种解释与戏剧处理。首先是象征式的，蛇是情爱特别是女子情爱的象征，柔软、缠绵、怨毒、寸断、执着，简直绝了，比狐更悲伤和绝望，更催人泪下，比西方喜欢比喻的鱼或玫瑰更有深度也更感人肺腑。

　　其次一种解释是怪圈式的。蛇要爱，但这种爱要伤人。人爱蛇，但又要拯救自己的生命与灵魂，人怕蛇，合情合理。（叫作又爱又怕！）佛（僧）要救人，就要与蛇斗争。人的尴尬处境两难处境就在于活活夹在蛇与佛之中，"蛇还是佛"，比哈姆莱特的"活着还是不活着"的问题还要煎熬人。由蛇、人、佛之争出现了生与死，战争与和平，呜呼，《白蛇传》太伟大了！

　　更可以做弗洛依德式的解释。《巴黎圣母院》中，"妖僧"是爱美女的。问题是雨果写得太实太满，太淋漓尽致了，"妖僧"形象不可原谅地丑恶着。电影《巴黎圣母院》就稍好一些，使人感到了"妖僧"生活思想感情的沉重堪怜。其实，把"妖僧"对爱斯梅拉达的爱也完全可以写得更美——一种绝望的孤独的压抑的美，那样写说不定更摄魂夺魄，而法海呢？如果法海也爱白娘子呢？明朝的中国人，可就不敢这么写了，也许连想也不敢、不会这么想!

返身再说,佛、人、蛇,不都是人的心理人的意识的幻化吗?白、许、法的厮杀,不正是反映了人们的内心中的暴风雨吗?外宇宙的各种层次,不正是内宇宙的写照吗?

我们同样不应该排斥道德化的处理:白蛇就是妖,法海就是佛,佛法无边,妖氛终扫。现代化的法海甚至可以指出,路遇便生爱心,闹不好会传染艾滋病的。雄黄酒说不定能防治艾滋病啊!有何不可?《潘金莲》不是屡演不衰,杀嫂祭兄,掌声四起吗?当然为潘金莲翻案鸣不平也可以。老《潘金莲》的戏特别是杀嫂一场潘的做功,是不可不一直演下去的,即使演下去也不会妨碍"五四"号召的反封建的大业的。我就不信看老《潘金莲》的人笃定会反对妇女解放、婚姻自主。看戏不可太钻牛角尖。讨论黄河、长城、龙、八卦之属,也是如此。

最后说两个小闲话。学雷锋时我常常想起"雷峰",这种汉字的谐音可真够叫人分心的。再有就是,一旦有机会,我真想写一部《白蛇传》题材的叙事长诗。至于短诗《断桥》,我已写过了,收在四川文艺出版社为我出的第一部诗集《旋转的秋千》里,欲购就从速吧。

品《三国》(隆中对策)

易中天

刘玄德三顾茅庐,和诸葛亮深入讨论了天下的形势和今后的去向。在这个历史性的会见中,诸葛亮为刘备制定了一个长远的战略规划,这就是著名的《隆中对》。其实,在此之前,早就已经有人为孙权做了类似的规划,即"东吴版"的《隆中对》。那么,这两个战略规划的意义何在,它们的异同又在哪里呢?

这一集我们讲《隆中对》。

这是一次两个人之间的秘密会谈,由刘备和诸葛亮的一问一答构成。关于这次谈话的情况,《三国志·诸葛亮》说得很清楚——"屏人曰",也就是没有别人在场。因此,密谈的内容为什么会传出来,这是一个谜,姑不考。

刘备先发问:"汉室倾颓,奸臣窃命,主上蒙尘。孤不度德量力,欲信大义于天下,而智术浅短,遂用猖獗,至于今日。然志犹未已,君谓计将安出?"这段话字数不多,内容和层次却很丰富。就开头一节,便不简单。这二十个字,表面上看是套话,其实不然。这话刘备必须说,也有意义。因为刘备是所谓"帝室之胄",不能不先表明心忧天下的态度和心系王室的立场。有此"政治正确"的前提,自己要干一番大事业的话,说起来就理直气壮顺理成章;自己遇到困难需要帮助的话,也才能够得到同情。何况刘备对诸葛亮是寄予厚望的。他到隆中来,要找的不是处理具体问题的技术性人才,而是能够为他制定政治路线和总体战略的人,他当然要从天下大势说起。

接下来的话也有作用,那就是说明情况,宣示决心,表达诚意,提出问题。刘备实言相告:我现在情况不好(遂用猖獗),也没办法(智术浅短),但我人还在,心不死(志犹未已），那么请问该怎么办（君谓计将安出）？

这些诸葛亮当然清楚。他理解刘备的心情，知道他的诚意，同时也清楚所谓"君谓计将安出"，不是要问我们皇上蒙尘了"计将安出"，而是他刘备至今一筹莫展"计将安出"。于是，诸葛亮便为刘备分析形势。什么形势呢？就是"自董卓以来，豪杰并起，跨州连郡者不可胜数"。这话的意思再清楚不过，就是说，现在最大的问题，还不是什么"汉室倾颓，奸臣窃命，主上蒙尘"，而是大家都在抢地盘。我们大汉已经进入一个不问皇帝死活、纷纷抢占地盘的时代了。这个时候，说那些"汉贼不两立"的废话没有意义，当务之急是给自己也弄它一块。地盘是最实在的。不管你是不是要"信大义于天下"，也不管你那个"光复汉室"是真是假，没有根据地，都是扯淡！

那么，身无分文，要啥没啥的刘备，也能弄到地盘吗？能。诸葛亮说："曹操比于袁绍，则名微而众寡。然操遂能克绍，以弱为强者，非惟天时，抑亦人谋也。"这意思同样也很清楚，就是强弱有无是会转化的。强者可能变弱，弱者可能变强。当年，曹操和袁绍相比，就像将军您现在和曹操，可谓"名微而众寡"。既然曹操能够战胜袁绍，那么，将军您怎么就不能战胜曹操呢？关键在于一要把握时机（天机），二要善于谋划（人谋）啊！

于是诸葛亮就帮刘备谋划。曹操"拥百万之众，挟天子而令诸侯"，我们不能打他的主意（此诚不可与争锋）。孙权"据有江东，已历三世，国险而民附，贤能为之用"，这个也只能联合，不能图谋（此可以援而不可图也）。可以下手的两个地方，一个荆州，一个益州。荆州，包括南阳、南郡、江夏、零陵、桂阳、长沙、武陵（章陵废置无定）。它的北面是汉水、沔水（北居汉沔），南面是广东、广西（利尽南海），东边连着江苏、浙江（东连吴会），西边通到重庆、四川（西通巴蜀），这可真是"用武之国"。这样一个地方，如果把它拿下，一盘棋也就活了。那么，能不能拿下呢？能。因为它的主人守不住。这简直就是上天赐给将军的（此殆天所以资将军），就看将军想要不想要了（将军岂有意乎）。

这是明知故问，也是实话实说。这个时候的刘备，上无片瓦，下无立锥之地，随便给他一块地方都是好的，何况是荆州，哪有不要的道理？但诸葛亮必须这么问。因为荆州是刘表的地盘，而刘表和刘备同为刘氏宗亲，哪有自家人抢自家人的道理？所以必须说清楚，这是"天所以资将军"，因为"其主不能守"；也必须问一句"将军岂有意乎"，因为你不要还会有别人要。但答案，却是不言而喻，所以并不需要明确回答。

益州的情况也差不多。益州，包括汉中、广汉、巴郡、蜀郡等。这个地方，对外是天险，对内是乐土。汉中平原和成都平原，便可谓"沃野千里，天府之土"，高皇帝（刘邦）就是在那里（具体说是在汉中）成就帝业的。可是，在成都的刘璋也好，在汉中的张鲁也好，都是"民殷国富而不知存恤"，因此"智能之士思得明君"。也就是说，这个地方差不多也是"天所以资将军"，只不过恐怕得自己动手去拿而已。

拿下了荆州和益州又怎么样呢？诸葛亮说，以将军您的身份（帝室之胄）、名望（信义著于四海），再加上"总揽英雄，思贤如渴"的号召力，一旦拥有了荆州和益州，那就可以建立一个根据地了。有了这个根据地，只要实行"西和诸戎，南抚夷越，外结好孙权，内修政理"的政策，事业就能发展，力量就能壮大。将来，一旦形势发生变化（天下有变），就可以派一员大将从荆州出发，取道宛城挺进洛阳；将军您则亲自从益州北上，取道秦川直抵西安。那时候,人民群众还不捧着酒饭来夹道欢迎吗(百姓孰敢不箪食壶浆以迎将军者乎)？于是诸葛亮最后说:"诚如是,则霸业可成,汉室可兴矣。"

这一番话说得刘备是醍醐灌顶,如梦方醒,豁然开朗。原来所谓"霸业"或者"帝业"就是这样实现的。不过,这个最终目标的实现有一个前提,就是"天下有变"。那么,天下无变呢？诸葛亮没说,刘备也没问,因为用不着。诸葛亮是卧龙,刘备则是潜龙,两个都是明白人,话就不必说得那么直白。天下无变怎么办？就在荆州和益州呆着呗！有这么大一块地盘,够吃个七顿八顿的了。也就是说,按照诸葛亮的策划,刘备进可一统中华,退可三分天下,"帝业"不成还有"霸业","霸业"不成也有"事业"。难怪刘备要说"孤之有孔明,犹鱼之有水也"了。刘备这条鲤鱼要跳龙门,得靠诸葛亮告诉他水在哪里！

诸葛亮能帮刘备弄来"水",是因为他务实。他并没有因为刘备表现出一副忧国忧民的样子,就跟着大唱道德高调,而是实实在在地为他策划了一整套可行的方案。事实证明,后来形势的发展,也完全在诸葛亮预料之中。因此史家评论说,诸葛亮是"未出隆中,已知三分"。当然,"汉室可兴"这个目标最后并没有实现,否则刘备就会到洛阳或西安去当皇帝,中国历史上就会冒出一个"后后汉"来。

刘备三顾茅庐请出了诸葛亮,从此他有了一个能够让他从一无所有到三分天下的总设计师。但是,诸葛亮刚刚走出隆中时,还只是刘备的私人顾问,并没有具体的职务,只不过和刘备"情好日密"而已。这并不奇怪。第一,刘备自己此时还是一个"光杆司令",就算给诸葛亮封上个"上校团副"之类的头衔,又有什么意义？第二,此时的诸葛亮还只是"纸上谈兵",并没有表现出自己处理政治事务的实际操作能力,刘备又如何给他任命职务？第三,诸葛亮"三分天下",现在也只是纸上的蓝图,并无实施方案。比方说,取刘表代之,如何取,如何代,并没有具体办法。也不是诸葛亮想不出办法,而是需要机会。刘表毕竟是刘备的同宗,刘备也毕竟是刘表的客人。刘备就是再想鸠占鹊巢,也不能明火执仗地去抢吧！再说他也没有这个能力。

同样,诸葛亮这边也有阻碍。刘表毕竟是诸葛亮太太的姨父,诸葛亮也毕竟是刘表老婆的外甥女婿。他再怎么为刘备出谋划策,也不能教唆刘备去谋杀刘表。也就是说,刘备只能巧取,不能豪夺。诸葛亮也只能教刘备趁火打劫,而且这把火还不是他们自己放的。诸葛亮在隆中说得很清楚:"此用武之国,而其主不能守,此殆天所以资将军,将军岂有意乎？"这话再明白不过:我不是要你去抢别人的地盘,是他自己守不住,老天爷又要送给你,不要白不要,只看你有意无意了。但是,这地方也不是我们想要就能要的,必须等到"其主不能守",自己送上门来的时候。那么送不上门呢？诸葛亮没有说,大约也只能等。这样一来,岂不让人急死？这一点,就连罗贯中都想到了。因此他让司马徽对刘备说,我算过命,民谣也有暗示,刘表将不久于人世,天命所归就在将军身上了。

这当然是鬼话,但刘表将失去荆州倒是事实。这一点,诸葛亮看到了,其他人也看到了。事实上,早在建安五年(公元200年),也就是刘备和诸葛亮相见的七年前,就有人为孙权做了类似的战略规划,其观点和诸葛亮的《隆中对》极为相似。那么,这个人是谁？是鲁肃。

提起鲁肃,我们受《三国演义》的影响,总觉得那是一个忠厚老实到迂腐无用的人。其实不然。历史上的鲁肃豪爽仗义,深得人心。《三国志·鲁肃传》裴松之注引《吴书》说他"体貌魁奇,少有壮节,好为奇计",本传则说他"性好施与"。他们家大约是比较富有的,鲁肃却不趁机发国难财(不治家事),而是"大散财货",接济穷人,资助英雄。周瑜当居巢(今安徽省巢县)县长的时候,曾经向鲁肃借军粮。当时鲁肃家有两囷(音逡 qūn,圆形谷仓)米,各三千石,鲁肃就随便指一囷送给周瑜。这就是著名的"指囷相赠"的故事。从此周瑜与鲁肃成为好朋友。在周瑜的建议和推荐下,鲁肃投奔孙权,和张昭、周瑜一起,成为孙权最信任的人,而且实际上起的作用可能比张昭还大。

鲁肃也是一个有政治头脑的人。鲁肃投奔孙权后,孙权马上接见了他,而且和他有过一次同桌喝酒(合榻对饮)的密谈。这次密谈,堪称"鲁肃版"或"东吴版"的《隆中对》。当时孙权问鲁肃,如今"汉室倾危,四方云扰",孙某既然继承了父兄的余功,便也想建立齐桓公、晋文公那样的霸业(思有桓文之功)。先生既然看得起孙某,不知有什么办法可以教我(君既惠顾,何以佐之)?

这话问得和刘备一样,然而鲁肃却当场就泼了一瓢冷水,说将军怕是当不成齐桓公、晋文公了。想当年,高皇帝(刘邦)也想尊奉义帝成就霸业的,但是不行,因为有项羽为害。今天的曹操,就是当年的项羽。有曹操在,将军怎么成得了齐桓、晋文?

但这决不等于没事可做。做不成齐桓、晋文,做什么呢?做皇帝呀!于是,接下来鲁肃说了两句极其重要的话:"汉室不可复兴,曹操不可卒除。"汉王朝是没有希望的了。曹操呢,只怕一时半会也除他不掉。所以,为将军计,只有"鼎足江东,以观天下之衅"。衅,就是裂痕破绽。那么,天下会不会有破绽呢?会有,因为"北方诚多务也"。多务就是多事,多事就破绽百出。等到北方处于多事之秋时,我们就向西进军,灭黄祖,伐刘表,将整个长江流域都据为己有(因其多务,剿除黄祖,进伐刘表,竟长江之极,据而有之)。那时,将军就可以"建号帝王以图天下"了。这可是高皇帝的功业啊!

这当然是一个宏伟蓝图。但在建安五年(公元 200 年)这个时候,在鲁肃,恐怕只能说说而已。在孙权,同样也只能是听听而已。当时孙权才十八岁,按照男子二十始行冠礼(成人礼)的规矩,还要算未成年人。他刚刚接了哥哥孙策的班,屁股还没坐稳。《三国志·吴主传》的说法,是"深险之地犹未尽从,而天下英豪布在州郡,宾旅寄寓之士以安危去就为意,未有君臣之固"。孙权的两个堂兄,都在下面做小动作。孙辅暗通曹操,孙暠(皓)图谋夺权,孙权自己内部都差一点摆不平,哪里还能打荆州的主意做皇帝的梦?就算他有这个"贼心",也没有"贼胆"和"贼力"。因此,孙权只是淡淡地说了一句:"今尽力一方,冀以辅汉耳,此言非所及也。"这当然是打官腔,却也只能如此。别看这时孙权年纪轻轻,政治上却已经是十分成熟的了。

但是,到建安十三年(公元 208 年),情况就不同了。这个时候,孙权不但有了"贼心",也有了"贼胆"和"贼力"。鲁肃曾经做过的那个规划,又被人旧话重提,而且主张立即实施。这个人就是甘宁。

甘宁,字兴霸,巴郡临江人。《三国志·甘宁传》说他"少有气力,好游侠",经常召集一帮"轻薄少年",自己当领袖,呼朋引类,招摇过市。碰到什么人,对方态度好就交朋友,态度不好就抢东西。《吴书》说他"轻侠杀人,藏舍亡命,闻于郡中",还说他出门的时候"步则陈车骑,水则连轻舟,侍从披文绣,所如光道路"。住下来的时候,就用丝绸锦缎代替绳索系船,走的时候就割断丢弃(住止常以缯锦维舟,去或割弃),看来是个横行霸道又大手大脚的,或者说是一个喜欢漂亮喜欢玩酷的黑社会老大。

后来甘宁忽然改邪归正。他不再打家劫舍,反倒读起书来,而且"颇读诸子"。这时甘宁觉得不能再像年轻时那样胡作非为,该干点正经事了,便去投靠刘表。但是刘表并不把他当回事(不见进用),便又去投靠黄祖。黄祖也不把他当回事(凡人畜之),便又投靠孙权。甘宁投奔孙权的时候,司马光的《资治通鉴考异》说"今无年月可据",我们当然就更加搞不清楚。但我们知道,他见孙权,是周瑜和吕蒙的共同推荐;而孙权对他,则是礼遇有加,而且"同于旧臣"。

于是甘宁便在建安十三年(公元208年)春献策于孙权。据《三国志·甘宁传》,甘宁对孙权说,现在,大汉王朝的国运是一天一天地衰落了(汉祚日微),曹操也一天比一天猖狂了(曹操弥骄),他是终究要成为国贼的(终为篡盗)。荆州这个地方,"山陵形便,江川流通",这是我们东吴西面的屏障啊(诚是国之西势也)!我是在刘表手下干过的。据我观察,刘表这个人,自己既没有什么深谋远虑(虑既不远),接班人也很差(儿子又劣),根本就守不住那地方(非能承基传业者也)。将军一定要先下手为强,不能落在曹操后面(至尊当早规之,不可后操)。具体步骤,是先消灭黄祖。黄祖一灭,就打开了一个口子,也就能趁胜西进。那时,我们的天地就广阔了,就连占领巴郡、蜀郡,囊括益州,也不是什么困难的事(一破祖军,鼓行而西,西据楚关,大势弥广,即可渐规巴蜀)。甘宁这番话,思路和鲁肃相同,但更具备可操作性,不妨看作"鲁肃版"《隆中对》的实施方案。

现在,我们已经有了四个版本的《隆中对》。第一个是"袁绍版"的,即沮授所谓"挟天子而令诸侯,畜士马以讨不庭"。第二个是"曹操版"的,即毛玠所谓"奉天子以令不臣,修耕植以畜军资"。说这两个是《隆中对》,只不过因为它们都是实现"霸王之业"的战略规划。从这个意义上,我们不妨广义地称之为"隆中对",其实和诸葛亮的《隆中对》有很大区别。真正可以并称为《隆中对》的,还是鲁肃的规划。

鲁肃的这个规划,和诸葛亮替刘备所做的规划,真可谓英雄所见略同,有异曲同工之妙。这两个方案,都认为曹操是最强大的敌人(此诚不可争锋),也最不好对付(不可卒除)。同时,鲁肃和诸葛亮也都很清楚己方的力量还很弱小,统一大业不可能一蹴而就,因此都主张先三分后一统。这是两个方案最重要的共同之处,事实上孙权集团和刘备集团也基本上是按照他们两人的规划来实施的。后来,在这两个集团中,鲁肃和诸葛亮的关系最好,很重要的一个原因,就是他们观点相同,主张一致,惺惺相惜。

这两个方案也有很多不同之处。第一,鲁肃的三分,是孙权、刘表、曹操;诸葛亮的三分,是刘备、孙权、曹操。这并不奇怪。诸葛亮是替刘备做规划,而且要为他谋取荆州,当然不会把刘表算一份;而鲁肃替孙权规划时,刘备还在寄人篱下,自然也不会想到和他来三分天下。但到刘表死后,鲁肃就立即调整了战略,变成联合刘备对抗曹操了。

第二,诸葛亮设定目标,是"汉室可兴",而鲁肃则直言"汉室不可复兴"。这也是立场不同所致。其实他们心里都很清楚,刘秀或者刘协的那个"汉",是再也扶不起来了。

但是,鲁肃作为孙权的人,可以公开把话挑明,而且撺掇孙权"建号帝王以图天下"。诸葛亮就不行,只能高举"复兴汉室"的旗帜,等将来有条件的时候再说。不过,这和荀彧给曹操戴的高帽子一样,也成为诸葛亮一个沉重的政治包袱。我们以后还要讲到。

第三,鲁肃的实施方案,是先夺取荆州,占有益州,由三分而两立,也就是把"三国"变成"南北朝";诸葛亮的实施方案,是联合孙权,占领荆、益,等到曹操和孙权两败俱伤时再东进北上,也就是把"三国"变成"东西汉"。鲁肃的"三分"是现在时,诸葛亮的"三分"是将来时。但都要打荆州的主意,则是一样的。甘宁的建议,就是要迈出的第一步。

然而孙权的首席谋臣张昭却表示反对。张昭说,我们的情况并不乐观(吴下业业),只能小心谨慎,兢兢业业。大军一旦出发,灾难恐怕就会来了(若军果行,恐必致乱)。甘宁也马上就顶了回去,说国家把阁下当作萧何,怎么能这样畏首畏尾?那么,张昭和甘宁为什么会这样说话?孙权是怎样表态的?事情的结果又如何呢?

请看下集:江东基业。

衣带渐宽终不悔　为伊消得人憔悴

安意如

> 寒蝉凄切,对长亭晚,骤雨初歇。都门帐饮无绪,留恋处,兰舟催发。执手相看泪眼,竟无语凝噎。念去去,千里烟波,暮霭沉沉楚天阔。
>
> 多情自古伤离别,更哪堪冷落清秋节。今宵酒醒何处?杨柳岸,晓风残月。此去经年,应是良辰美景虚设。便纵有千种风情,更与何人说!
>
> ——柳永《雨霖铃》

都是浪子吧,古龙和柳永,却是我喜欢的那种男人。还是很久以前了,BBS上有人说古龙的不是,顾不得牙还没磨好,爪子还没削尖呢,立马跳出来和人掐。原是看金庸小说起家的人,最后却败倒在这个五短身材头大如斗好色贪杯的男人手里。

也是因为看多了古龙笔下那些个浪人风月,秦楼楚馆,连带着爱上了柳永。

一弹剑,晓行夜宿。一句"念去去,千里烟波,暮霭沉沉楚天阔",读得完、品不尽的潇潇落意尽在里面。古龙好用宋词,犹好用柳永词,酒醒阑珊,红颜薄缘,由浪子而识浪子,命中注定。

那些侠客浪子们醒来常吟的一句"杨柳岸,晓风残月",总叫我想起柳永。这一句点染的江湖色,天涯羁客的漂泊感,教人无可救药地堕入柳词。

柳永是一个很难定断的男人。的确有才,才情上达天阙,下至黎民;所做曲词风传天下,号称"杨柳岸边,凡有井水饮处,即能歌柳词"。那是个没有电话,没有 E-mail,没有电视报纸,没有媒体炒作的年代,一首好词的流行,从此处到彼处,必定口耳相传。一个人的红,要经过经年累月的积累;还应有貌,混迹于红香绿玉之间,深获女心,这柳郎不是潘安、宋玉,起码也不会长得有碍观瞻吧。

他的红，连东坡也羡慕。南宋俞文豹在《吹剑续录》中记载：东坡在玉堂，有幕士善讴，因问："我词比柳词何如？"对曰："柳郎中词，只好十七八女孩儿，执红牙拍板，唱'杨柳岸，晓风残月'；学士词须关西大汉，执铁板唱'大江东去'。"公为之绝倒。

能令才大如海的苏轼起一时雄竞之心，柳永之才可见一斑。可惜，获天下芳心，亦有才名，却获不了圣眷。宋仁宗一句"汝自去浅斟低唱，要功名何用"，御笔四字"且去填词"，断送了他的三十功名。从此后他八千里路云和月，不是天涯羁旅，就是勾栏瓦肆，从心底与那庙堂决裂了。

他也不是没有做过当官的梦。祖父柳崇以儒学名世，父亲柳宣先任南唐监察御史，入宋后为沂州费县令，后为国子博士，官终工部侍郎。两位哥哥柳三复、柳三接也都进士及第。所以仍是清嘉的世族子弟，骨子里有清气仙骨，怎么能像七仙女坠凡尘一样，一下子就抽去那根仙骨，堕落人间呢？

他初名柳三变，因为得罪仁宗，后来改名柳永，参加科举考试，也曾为仕途不顺挣扎折腾过，也曾想过走偏门。据传那首《望海潮》就是为求见孙何而作。柳永与孙何为布衣交，孙何居两浙转运使，驻节杭州，门禁甚严。柳永功名失意，流浪江湖，欲见孙何而无由，乃作《望海潮》词，乞相熟的歌妓在宴会上献唱以达孙何。以柳七之才相求，歌妓当然应允。孙何即日迎柳永饮宴。

> 东南形胜，三吴都会，钱塘自古繁华。烟柳画桥，风帘翠幕，参差十万人家。云树绕堤沙。怒涛卷霜雪，天堑无涯。市列珠玑，户盈罗绮，竞豪奢。
>
> 重湖叠清嘉。有三秋桂子，十里荷花。羌管弄晴，菱歌泛夜，嬉嬉钓叟莲娃。千骑拥高牙。乘醉听箫鼓，吟赏烟霞。异日图将好景，归去凤池夸。

那妓人轻舒云板，慢展歌喉，唱的是杭城民康物阜，胜景如画。词是绝妙好词。据罗大经《鹤林玉露》载，此词流传至江北，金主完颜亮闻歌，"欣然有慕于'三秋桂子，十里荷花'，遂起投鞭渡江之志。"原来金兵南侵，却是由柳永的词而起。若是真的，柳永当是第一个因词改变时事的词人了，也不枉他自封"白衣卿相"。然而这是野老乡谈引出来的遐想，在历史上做不得准的。

我只是不知，当时他在旁听到"千骑拥高牙"，"归去凤池夸"时，会不会觉得心酸？我柳永一身才气，竟要做此谄媚之辞，那香艳的酒喝到嘴里，是涩还是香？

人世真是这样，可以是华丽深邃，亦可以幽苦艰绝。不是你该走的路，怎么挤也挤不进去；勉强挤上独木桥，眼见得许多不如自己的人轻松过河，登堂入室，自己却也走不到头。柳永一直是科场失意，宦游各处。他大约五十岁时进士及第，一生只做过一次小官，在任期间，清廉正直，官声甚好，却也没因此有什么大作为。

有一次，他在《西江月》中说："纵教匹绢字难偿，不屑与人称量。我不求人富贵，人须求我文章。"不曾想又招来祸端。他的放荡疏豪惹来当朝丞相吕夷简的嫉恨，上奏弹劾，宋仁宗因此罢免了他。

多年坎坷,柳永终于灰了心,认清自己的命途,顺应天意。他遂以妓为家,自称"奉旨填词柳三变"。中华大国文明泱泱,敬天恪物,大到时势变换,星月轮转,小到一家一人的生情死意,都要候上天的安排;虽有个天意无常在,但上至天子,下至黎民都可以是安然平顺的。这种承受也是一种力量。既然登天无路,不如谨守天意,"且将浮名,换了浅斟低唱"。人生若能一路欢歌,到底也不枉桐花万里。

他便真流连于这烟花地不去了,与伶人妓女相来相往。不是他自绝与上,甘于"下流"。事实上,我也从不觉得柳永的词是下流的俚俗,相反自有一种才子的放荡不羁,豁达明艳的境界。严有翼《艺苑雌黄》评柳词曰:"大概非羁旅穷愁之词,则闺门淫媟之语。"这话太难听。叵耐严有翼自假清高,我倒不见他有片言只句被人传诵。

无论道学家们怎么诋毁,也无法改变柳永是北宋一大词家的事实。他的地位是超然的。他承李煜余绪,注重抒发个人真切细微的感受,而境界更广大;他大量创作慢词,彻底改变了以往小令一统天下的局面。

柳永以前,慢词总共不过十余首,而他一人就创作了一百三十二首。他将赋法移植入词,故其抒情词往往具有一定的叙事色彩。《雨霖铃》就像一曲长亭送别的独幕剧,事中有人,情由事生,后来的秦观、周邦彦亦多用此法而变化之。他对后世词坛有深邃悠远的影响。纪昀于《四库全书总目提要》中倍加推崇:"诗当学杜诗,词当学柳词。"真是令人快意的赞誉。

我觉得柳词愈是风花雪月,愈见得情谊深长,也不用刻意去追求境界辽阔高远,因为柳永的胸襟比之寻常男人已是霁光月明了,词自然是堂庑特大。

那些酸腐文人平日泡秦楼楚馆的不少,多半是闻香下马,摸黑上床。下了床不要说是有真情意,在别的地界见到,能装做不认识,不语带讥讽就不错了。妓女只是男人的玩物,是一些下贱的女人,甚至连人也不是,只是物品,和骡马同列。

最恨,是古时的男子不懂得尊重女人。《诗经》里一篇又一篇的弃妇诗叫人不忍卒读。寻常女子,颜老色衰,尚被负心的夫君休下堂去;至于妓女,更是低贱。戏文里,薄幸男子功成名就后背弃曾经捐助他们妓女的故事更是屡见不鲜,而为妓女舍弃功名的却只有柳七。

"不愿君王召,愿得柳七叫;不愿千黄金,愿得柳七心;不愿神仙见,愿识柳七面。"柳永对妓女的爱,换来了妓女的真情与崇拜。在妓女的心中,能见上柳永一面,自己的名字能被他叫一声,使柳永为自己填词一首,即便立即死去,也心甘情愿。

平时,谁肯真心地为她们写下一字半句?女子无才便是德,她们才是真正的过客,一腔的苦无法倾诉,生命结束就结束了。所以若有一个人,天生敏感,绝顶聪明,博学多才,妙解音律,肯低下心来,听她们的哀曲,是几世求得的福分?这个人,老天派来了,他就是柳永。

"惟本色英雄方能到此,是飘零儿女莫问人家。"这一联赠柳七正好。他是真性情的好男儿。他的词大多是为妓女作的,他用词来歌颂她们,把她们比作梅花、芙蓉、海棠。

女子都是娇媚的,都需要有人怜惜与疼爱。不是柳郎才高,而是柳郎心低,他肯低下身来俯就这些女子,他肯看她们心上的伤痕,对她们的爱是发自内心的,纯洁而不染烟尘的;他肯用一阕清词、一句温言博红颜一笑,甚至于将妓女从倡与文人出仕相提并论。他对女子的感情稀贵而真诚,即使隔了千年看去,仍是脉脉动人。

他字里行间流露出的真性情,直直戳中封建伪道学的痛处。所以柳永一生为人所忌,皇帝不喜欢他,朝臣抑压他,士人排挤他。即便他词中滴落出的情感如金似玉,也依然为礼教所不容。

晚年的柳永落魄潦倒,身无分文,但他的死却是轰轰烈烈,荡气回肠。相传柳永死时,"葬资竟无所出",妓女们集资安葬了他。此后,每逢清明,都有歌妓舞妓载酒于柳永墓前,祭奠他,时人谓之"吊柳会",也叫"上风流冢"。渐渐形成一种风俗,没有入"吊柳会"、上"风流冢"者,甚至不敢到乐游原上踏青。这种风俗一直持续到宋室南渡。后人有诗题柳永墓云:乐游原上妓如云,尽上风流柳七坟。可笑纷纷缙绅辈,怜才不及众红裙。

"衣带渐宽终不悔,为伊消得人憔悴"是柳永笔下流传千古的名句,深情宛然可绘。千红一哭,万艳同悲。获得尊重是每个人的情感渴求。草色烟光残照里,我若遇上柳七,也会备下清酒佳肴,共他浅斟低吟,不会让他一人把栏杆拍遍,感叹无言谁会凭阑意。

附录一　党政机关公文处理工作条例

（2012 年 4 月 16 日由中共中央办公厅和国务院办公厅联合发布）

第一章　总　则

第一条　为了适应中国共产党机关和国家行政机关（以下简称党政机关）工作需要，推进党政机关公文处理工作科学化、制度化、规范化，制定本条例。

第二条　本条例适用于各级党政机关公文处理工作。

第三条　党政机关公文是党政机关实施领导、履行职能、处理公务的具有特定效力和规范体式的文书，是传达贯彻党和国家的方针政策，公布法规和规章，指导、布置和商洽工作，请示和答复问题，报告、通报和交流情况等的重要工具。

第四条　公文处理工作是指公文拟制、办理、管理等一系列相互关联、衔接有序的工作。

第五条　公文处理工作应当坚持实事求是、准确规范、精简高效、安全保密的原则。

第六条　各级党政机关应当高度重视公文处理工作，加强组织领导，强化队伍建设，设立文秘部门或者由专人负责公文处理工作。

第七条　各级党政机关办公厅（室）主管本机关的公文处理工作，并对下级机关的公文处理工作进行业务指导和督促检查。

第二章　公文种类

第八条　公文种类主要有：

（一）决议。适用于会议讨论通过的重大决策事项。

（二）决定。适用于对重要事项作出决策和部署、奖惩有关单位和人员、变更或者撤销下级机关不适当的决定事项。

（三）命令（令）。适用于公布行政法规和规章、宣布施行重大强制性措施、批准授予和晋升衔级、嘉奖有关单位和人员。

（四）公报。适用于公布重要决定或者重大事项。

（五）公告。适用于向国内外宣布重要事项或者法定事项。

（六）通告。适用于在一定范围内公布应当遵守或者周知的事项。

（七）意见。适用于对重要问题提出见解和处理办法。

（八）通知。适用于发布、传达要求下级机关执行和有关单位周知或者执行的事项，批转、转发公文。

（九）通报。适用于表彰先进、批评错误、传达重要精神和告知重要情况。

（十）报告。适用于向上级机关汇报工作、反映情况，回复上级机关的询问。

（十一）请示。适用于向上级机关请求指示、批准。

（十二）批复。适用于答复下级机关请示事项。

（十三）议案。适用于各级人民政府按照法律程序向同级人民代表大会或者人民代表大会常务委员会提请审议事项。

（十四）函。适用于不相隶属机关之间商洽工作、询问和答复问题、请求批准和答复审批事项。

（十五）纪要。适用于记载会议主要情况和议定事项。

第三章　公文格式

第九条　公文一般由份号、密级和保密期限、紧急程度、发文机关标志、发文字号、签发人、标题、主送机关、正文、附件说明、发文机关署名、成文日期、印章、附注、附件、抄送机关、印发机关和印发日期、页码等组成。

（一）份号。公文印制份数的顺序号。涉密公文应当标注份号。

（二）密级和保密期限。公文的秘密等级和保密的期限。涉密公文应当根据涉密程度分别标注"绝密""机密""秘密"和保密期限。

（三）紧急程度。公文送达和办理的时限要求。根据紧急程度，紧急公文应当分别标注"特急""加急"，电报应当分别标注"特提""特急""加急""平急"。

（四）发文机关标志。由发文机关全称或者规范化简称加"文件"二字组成，也可以使用发文机关全称或者规范化简称。联合行文时，发文机关标志可以并用联合发文机关名称，也可以单独用主办机关名称。

（五）发文字号。由发文机关代字、年份、发文顺序号组成。联合行文时，使用主办机关的发文字号。

（六）签发人。上行文应当标注签发人姓名。

（七）标题。由发文机关名称、事由和文种组成。

（八）主送机关。公文的主要受理机关，应当使用机关全称、规范化简称或者同类型机关统称。

（九）正文。公文的主体，用来表述公文的内容。

（十）附件说明。公文附件的顺序号和名称。

（十一）发文机关署名。署发文机关全称或者规范化简称。

（十二）成文日期。署会议通过或者发文机关负责人签发的日期。联合行文时，署最后签发机关负责人签发的日期。

（十三）印章。公文中有发文机关署名的，应当加盖发文机关印章，并与署名机关相符。有特定发文机关标志的普发性公文和电报可以不加盖印章。

（十四）附注。公文印发传达范围等需要说明的事项。

（十五）附件。公文正文的说明、补充或者参考资料。

（十六）抄送机关。除主送机关外需要执行或者知晓公文内容的其他机关，应当使用机关全称、规范化简称或者同类型机关统称。

（十七）印发机关和印发日期。公文的送印机关和送印日期。

（十八）页码。公文页数顺序号。

第十条　公文的版式按照《党政机关公文格式》国家标准执行。

第十一条　公文使用的汉字、数字、外文字符、计量单位和标点符号等，按照有关国家标准和规定执行。民族自治地方的公文，可以并用汉字和当地通用的少数民族文字。

第十二条　公文用纸幅面采用国际标准 A4 型。特殊形式的公文用纸幅面，根据实际需要确定。

第四章　行文规则

第十三条　行文应当确有必要，讲求实效，注重针对性和可操作性。

第十四条　行文关系根据隶属关系和职权范围确定。一般不得越级行文，特殊情况需要越级行文的，应当同时抄送被越过的机关。

第十五条　向上级机关行文，应当遵循以下规则：

（一）原则上主送一个上级机关，根据需要同时抄送相关上级机关和同级机关，不抄送下级机关。

（二）党委、政府的部门向上级主管部门请示、报告重大事项，应当经本级党委、政府同意或者授权；属于部门职权范围内的事项应当直接报送上级主管部门。

（三）下级机关的请示事项，如需以本机关名义向上级机关请示，应当提出倾向性意见后上报，不得原文转报上级机关。

（四）请示应当一文一事。不得在报告等非请示性公文中夹带请示事项。

（五）除上级机关负责人直接交办事项外，不得以本机关名义向上级机关负责人报送公文，不得以本机关负责人名义向上级机关报送公文。

（六）受双重领导的机关向一个上级机关行文，必要时抄送另一个上级机关。

第十六条　向下级机关行文，应当遵循以下规则：

（一）主送受理机关，根据需要抄送相关机关。重要行文应当同时抄送发文机关的直接上级机关。

（二）党委、政府的办公厅（室）根据本级党委、政府授权，可以向下级党委、政府行文，其他部门和单位不得向下级党委、政府发布指令性公文或者在公文中向下级党委、政府提出指令性要求。需经政府审批的具体事项，经政府同意后可以由政府职能部门行文，文中须注明已经政府同意。

（三）党委、政府的部门在各自职权范围内可以向下级党委、政府的相关部门行文。

（四）涉及多个部门职权范围内的事务，部门之间未协商一致的，不得向下行文；擅自行文的，上级机关应当责令其纠正或者撤销。

（五）上级机关向受双重领导的下级机关行文，必要时抄送该下级机关的另一个上级机关。

第十七条　同级党政机关、党政机关与其他同级机关必要时可以联合行文。属于党委、政府各自职权范围内的工作，不得联合行文。

党委、政府的部门依据职权可以相互行文。

部门内设机构除办公厅（室）外不得对外正式行文。

第五章　公文拟制

第十八条　公文拟制包括公文的起草、审核、签发等程序。

第十九条　公文起草应当做到：

（一）符合党的理论路线方针政策和国家法律法规，完整准确体现发文机关意图，并同现行有关公文相衔接。

（二）一切从实际出发，分析问题实事求是，所提政策措施和办法切实可行。

（三）内容简洁，主题突出，观点鲜明，结构严谨，表述准确，文字精练。

（四）文种正确，格式规范。

（五）深入调查研究，充分进行论证，广泛听取意见。

（六）公文涉及其他地区或者部门职权范围内的事项，起草单位必须征求相关地区或者部门意见，力求达成一致。

（七）机关负责人应当主持、指导重要公文起草工作。

第二十条　公文文稿签发前，应当由发文机关办公厅（室）进行审核。审核的重点是：

（一）行文理由是否充分，行文依据是否准确。

（二）内容是否符合党的理论路线方针政策和国家法律法规；是否完整准确体现发文机关意图；是否同现行有关公文相衔接；所提政策措施和办法是否切实可行。

（三）涉及有关地区或者部门职权范围内的事项是否经过充分协商并达成一致意见。

（四）文种是否正确，格式是否规范；人名、地名、时间、数字、段落顺序、引文等是否准确；文字、数字、计量单位和标点符号等用法是否规范。

（五）其他内容是否符合公文起草的有关要求。

需要发文机关审议的重要公文文稿，审议前由发文机关办公厅（室）进行初核。

第二十一条　经审核不宜发文的公文文稿，应当退回起草单位并说明理由；符合发文条件但内容需作进一步研究和修改的，由起草单位修改后重新报送。

第二十二条　公文应当经本机关负责人审批签发。重要公文和上行文由机关主要负责人签发。党委、政府的办公厅（室）根据党委、政府授权制发的公文，由受权机关主要负责人签发或者按照有关规定签发。签发人签发公文，应当签署意见、姓名和完整日期；圈阅或者签名的，视为同意。联合发文由所有联署机关的负责人会签。

第六章　公文办理

第二十三条　公文办理包括收文办理、发文办理和整理归档。

第二十四条　收文办理主要程序是：

（一）签收。对收到的公文应当逐件清点，核对无误后签字或者盖章，并注明签收时间。

（二）登记。对公文的主要信息和办理情况应当详细记载。

（三）初审。对收到的公文应当进行初审。初审的重点是：是否应当由本机关办理，是否符合行文规则，文种、格式是否符合要求，涉及其他地区或者部门职权范围内的事项是否已经协商、会签，是否符合公文起草的其他要求。经初审不符合规定的公文，应当及时退回来文单位并说明理由。

（四）承办。阅知性公文应当根据公文内容、要求和工作需要确定范围后分送。批办性公文应当提出拟办意见报本机关负责人批示或者转有关部门办理；需要两个以上部门办理的，应当明确主办部门。紧急公文应当明确办理时限。承办部门对交办的公文应当及时办理，有明确办理时限要求的应当在规定时限内办理完毕。

（五）传阅。根据领导批示和工作需要将公文及时送传阅对象阅知或者批示。办理公文传阅应当随时掌握公文去向，不得漏传、误传、延误。

（六）催办。及时了解掌握公文的办理进展情况，督促承办部门按期办结。紧急公文或者重要公文应当由专人负责催办。

（七）答复。公文的办理结果应当及时答复来文单位，并根据需要告知相关单位。

第二十五条　发文办理主要程序是：

（一）复核。已经发文机关负责人签批的公文，印发前应当对公文的审批手续、内容、文种、格式等进行复核；需作实质性修改的，应当报原签批人复审。

（二）登记。对复核后的公文，应当确定发文字号、分送范围和印制份数并详细记载。

（三）印制。公文印制必须确保质量和时效。涉密公文应当在符合保密要求的场所印制。

（四）核发。公文印制完毕，应当对公文的文字、格式和印刷质量进行检查后分发。

第二十六条　涉密公文应当通过机要交通、邮政机要通信、城市机要文件交换站或者收发件机关机要收发人员进行传递，通过密码电报或者符合国家保密规定的计算机信息系统进行传输。

第二十七条　需要归档的公文及有关材料，应当根据有关档案法律法规以及机关档案管理规定，及时收集齐全、整理归档。两个以上机关联合办理的公文，原件由主办机关归档，相关机关保存复制件。机关负责人兼任其他机关职务的，在履行所兼职务过程中形成的公文，由其兼职机关归档。

第七章　公文管理

第二十八条　各级党政机关应当建立健全本机关公文管理制度，确保管理严格规范，充分发挥公文效用。

第二十九条　党政机关公文由文秘部门或者专人统一管理。设立党委（党组）的县级以上单位应当建立机要保密室和机要阅文室，并按照有关保密规定配备工作人员和必要的安全保密设施设备。

第三十条　公文确定密级前，应当按照拟定的密级先行采取保密措施。确定密级后，应当按照所定密级严格管理。绝密级公文应当由专人管理。

公文的密级需要变更或者解除的，由原确定密级的机关或者其上级机关决定。

第三十一条　公文的印发传达范围应当按照发文机关的要求执行；需要变更的，应当经发文机关批准。

涉密公文公开发布前应当履行解密程序。公开发布的时间、形式和渠道,由发文机关确定。

经批准公开发布的公文,同发文机关正式印发的公文具有同等效力。

第三十二条　复制、汇编机密级、秘密级公文,应当符合有关规定并经本机关负责人批准。绝密级公文一般不得复制、汇编,确有工作需要的,应当经发文机关或者其上级机关批准。复制、汇编的公文视同原件管理。

复制件应当加盖复制机关戳记。翻印件应当注明翻印的机关名称、日期。汇编本的密级按照编入公文的最高密级标注。

第三十三条　公文的撤销和废止,由发文机关、上级机关或者权力机关根据职权范围和有关法律法规决定。公文被撤销的,视为自始无效;公文被废止的,视为自废止之日起失效。

第三十四条　涉密公文应当按照发文机关的要求和有关规定进行清退或者销毁。

第三十五条　不具备归档和保存价值的公文,经批准后可以销毁。销毁涉密公文必须严格按照有关规定履行审批登记手续,确保不丢失、不漏销。个人不得私自销毁、留存涉密公文。

第三十六条　机关合并时,全部公文应当随之合并管理;机关撤销时,需要归档的公文经整理后按照有关规定移交档案管理部门。

工作人员离岗离职时,所在机关应当督促其将暂存、借用的公文按照有关规定移交、清退。

第三十七条　新设立的机关应当向本级党委、政府的办公厅(室)提出发文立户申请。经审查符合条件的,列为发文单位,机关合并或者撤销时,相应进行调整。

第八章　附　则

第三十八条　党政机关公文含电子公文。电子公文处理工作的具体办法另行制定。

第三十九条　法规、规章方面的公文,依照有关规定处理。外事方面的公文,依照外事主管部门的有关规定处理。

第四十条　其他机关和单位的公文处理工作,可以参照本条例执行。

第四十一条　本条例由中共中央办公厅、国务院办公厅负责解释。

第四十二条　本条例自 2012 年 7 月 1 日起施行。1996 年 5 月 3 日中共中央办公厅发布的《中国共产党机关公文处理条例》和 2000 年 8 月 24 日国务院发布的《国家行政机关公文处理办法》停止执行。

附录二　党政机关公文格式

（中华人民共和国国家标准）

（国家质量监督检验检疫总局和国家标准化管理委员会

2012 年 6 月 29 日发布，2012 年 7 月 1 日起实施）

1　范围

本标准规定了党政机关公文通用的纸张要求、排版和印制装订要求、公文格式各要素的编排规则，并给出了公文的式样。

本标准适用于各级党政机关制发的公文。其他机关和单位的公文可以参照执行。

使用少数民族文字印制的公文，其用纸、幅面尺寸及版面、印制等要求按照本标准执行，其余可以参照本标准并按照有关规定执行。

2　规范性引用文件

下列文件对于本标准的应用是必不可少的。凡是注日期的引用文件，仅所注日期的版本适用于本标准。凡是不注日期的引用文件，其最新版本（包括所有的修改单）适用于本标准。

GB/T 148　印刷、书写和绘图纸幅面尺寸

GB 3100　国际单位制及其应用

GB 3101　有关量、单位和符号的一般原则

GB 3102　（所有部分）量和单位

GB/T 15834　标点符号用法

GB/T 15835　出版物上数字用法

3　术语和定义

下列术语和定义适用于本标准。

3.1

字　word

标示公文中横向距离的长度单位。在本标准中，一字指一个汉字宽度的距离。

3.2

行　line

标示公文中纵向距离的长度单位。在本标准中，一行指一个汉字的高度加 3 号汉字高度的 7/8 的距离。

4　公文用纸主要技术指标

公文用纸一般使用纸张定量为 $60g/m^2 \sim 80g/m^2$ 的胶版印刷纸或复印纸。纸张白度 $80\% \sim 90\%$，横向耐折度 $\geqslant 15$ 次，不透明度 $\geqslant 85\%$，pH 值为 $7.5 \sim 9.5$。

5 公文用纸幅面尺寸及版面要求

5.1 幅面尺寸

公文用纸采用 GB/T 148 中规定的 A4 型纸,其成品幅面尺寸为:210mm×297mm。

5.2 版面

5.2.1 页边与版心尺寸

公文用纸天头(上白边)为 37mm±1mm,公文用纸订口(左白边)为 28mm±1mm,版心尺寸为 156mm×225mm。

5.2.2 字体和字号

如无特殊说明,公文格式各要素一般用 3 号仿宋体字。特定情况可以作适当调整。

5.2.3 行数和字数

一般每面排 22 行,每行排 28 个字,并撑满版心。特定情况可以作适当调整。

5.2.4 文字的颜色

如无特殊说明,公文中文字的颜色均为黑色。

6 印制装订要求

6.1 制版要求

版面干净无底灰,字迹清楚无断划,尺寸标准,版心不斜,误差不超过 1mm。

6.2 印刷要求

双面印刷;页码套正,两面误差不超过 2mm。黑色油墨应当达到色谱所标 BL100%,红色油墨应当达到色谱所标 Y80%、M80%。印品着墨实、均匀;字面不花、不白、无断划。

6.3 装订要求

公文应当左侧装订,不掉页,两页页码之间误差不超过 4mm,裁切后的成品尺寸允许误差±2mm,四角成 90°,无毛茬或缺损。

骑马订或平订的公文应当:

a)订位为两钉外订眼距版面上下边缘各 70mm 处,允许误差±4mm;

b)无坏钉、漏钉、重钉,钉脚平伏牢固;

c)骑马订钉锯均订在折缝线上,平订钉锯与书脊间的距离为 3mm~5mm。

包本装订公文的封皮(封面、书脊、封底)与书芯应吻合、包紧、包平、不脱落。

7 公文格式各要素编排规则

7.1 公文格式各要素的划分

本标准将版心内的公文格式各要素划分为版头、主体、版记三部分。公文首页红色分隔线以上的部分称为版头;公文首页红色分隔线(不含)以下、公文末页首条分隔线(不含)以上的部分称为主体;公文末页首条分隔线以下、末条分隔线以上的部分称为版记。

页码位于版心外。

7.2 版头

7.2.1 份号

如需标注份号,一般用 6 位 3 号阿拉伯数字,顶格编排在版心左上角第一行。

7.2.2 密级和保密期限

如需标注密级和保密期限,一般用 3 号黑体字,顶格编排在版心左上角第二行;保密期限中的数字用阿拉伯数字标注。

7.2.3 紧急程度

如需标注紧急程度,一般用 3 号黑体字,顶格编排在版心左上角;如需同时标注份号、密级和保密期限、紧急程度,按照份号、密级和保密期限、紧急程度的顺序自上而下分行排列。

7.2.4 发文机关标志

由发文机关全称或者规范化简称加"文件"二字组成,也可以使用发文机关全称或者规范化简称。

发文机关标志居中排布,上边缘至版心上边缘为 35mm,推荐使用小标宋体字,颜色为红色,以醒目、美观、庄重为原则。

联合行文时,如需同时标注联署发文机关名称,一般应当将主办机关名称排列在前;如有"文件"二字,应当置于发文机关名称右侧,以联署发文机关名称为准上下居中排布。

7.2.5 发文字号

编排在发文机关标志下空二行位置,居中排布。年份、发文顺序号用阿拉伯数字标注;年份应标全称,用六角括号"〔〕"括入;发文顺序号不加"第"字,不编虚位(即 1 不编为 01),在阿拉伯数字后加"号"字。

上行文的发文字号居左空一字编排,与最后一个签发人姓名处在同一行。

7.2.6 签发人

由"签发人"三字加全角冒号和签发人姓名组成,居右空一字,编排在发文机关标志下空二行位置。"签发人"三字用 3 号仿宋体字,签发人姓名用 3 号楷体字。

如有多个签发人,签发人姓名按照发文机关的排列顺序从左到右、自上而下依次均匀编排,一般每行排两个姓名,回行时与上一行第一个签发人姓名对齐。

7.2.7 版头中的分隔线

发文字号之下 4mm 处居中印一条与版心等宽的红色分隔线。

7.3 主体

7.3.1 标题

一般用 2 号小标宋体字,编排于红色分隔线下空二行位置,分一行或多行居中排布;回行时,要做到词意完整,排列对称,长短适宜,间距恰当,标题排列应当使用梯形或菱形。

7.3.2 主送机关

编排于标题下空一行位置,居左顶格,回行时仍顶格,最后一个机关名称后标全角冒号。如主送机关名称过多导致公文首页不能显示正文时,应当将主送机关名称移至版记,标注方法见 7.4.2。

7.3.3 正文

公文首页必须显示正文。一般用 3 号仿宋体字,编排于主送机关名称下一行,每个自然段左空二字,回行顶格。文中结构层次序数依次可以用"一、""(一)""1.""(1)"标注;一般第一层用黑体字、第二层用楷体字、第三层和第四层用仿宋体字标注。

7.3.4 附件说明

如有附件,在正文下空一行左空二字编排"附件"二字,后标全角冒号和附件名称。如有多个附件,使用阿拉伯数字标注附件顺序号(如"附件:1.××××");附件名称后不加标点符号。附件名称较长需回行时,应当与上一行附件名称的首字对齐。

7.3.5 发文机关署名、成文日期和印章

7.3.5.1 加盖印章的公文

成文日期一般右空四字编排,印章用红色,不得出现空白印章。

单一机关行文时,一般在成文日期之上、以成文日期为准居中编排发文机关署名,印章端正、居中下压发文机关署名和成文日期,使发文机关署名和成文日期居印章中心偏下位置,印章顶端应当上距正文(或附件说明)一行之内。

联合行文时,一般将各发文机关署名按照发文机关顺序整齐排列在相应位置,并将印章一一对应、端正、居中下压发文机关署名,最后一个印章端正、居中下压发文机关署名和成文日期,印章之间排列整齐、互不相交或相切,每排印章两端不得超出版心,首排印章顶端应当上距正文(或附件说明)一行之内。

7.3.5.2 不加盖印章的公文

单一机关行文时,在正文(或附件说明)下空一行右空二字编排发文机关署名,在发文机关署名下一行编排成文日期,首字比发文机关署名首字右移二字,如成文日期长于发文机关署名,应当使成文日期右空二字编排,并相应增加发文机关署名右空字数。

联合行文时,应当先编排主办机关署名,其余发文机关署名依次向下编排。

7.3.5.3 加盖签发人签名章的公文

单一机关制发的公文加盖签发人签名章时,在正文(或附件说明)下空二行右空四字加盖签发人签名章,签名章左空二字标注签发人职务,以签名章为准上下居中排布。在签发人签名章下空一行右空四字编排成文日期。

联合行文时,应当先编排主办机关签发人职务、签名章,其余机关签发人职务、签名章依次向下编排,与主办机关签发人职务、签名章上下对齐;每行只编排一个机关的签发人职务、签名章;签发人职务应当标注全称。

签名章一般用红色。

7.3.5.4 成文日期中的数字

用阿拉伯数字将年、月、日标全,年份应标全称,月、日不编虚位(即 1 不编为 01)。

7.3.5.5 特殊情况说明

当公文排版后所剩空白处不能容下印章或签发人签名章、成文日期时,可以采取调整行距、字距的措施解决。

7.3.6 附注

如有附注,居左空二字加圆括号编排在成文日期下一行。

7.3.7　附件

附件应当另面编排,并在版记之前,与公文正文一起装订。"附件"二字及附件顺序号用 3 号黑体字顶格编排在版心左上角第一行。附件标题居中编排在版心第三行。附件顺序号和附件标题应当与附件说明的表述一致。附件格式要求同正文。

如附件与正文不能一起装订,应当在附件左上角第一行顶格编排公文的发文字号并在其后标注"附件"二字及附件顺序号。

7.4　版记

7.4.1　版记中的分隔线

版记中的分隔线与版心等宽,首条分隔线和末条分隔线用粗线(推荐高度为 0.35mm),中间的分隔线用细线(推荐高度为 0.25mm)。首条分隔线位于版记中第一个要素之上,末条分隔线与公文最后一面的版心下边缘重合。

7.4.2　抄送机关

如有抄送机关,一般用 4 号仿宋体字,在印发机关和印发日期之上一行、左右各空一字编排。"抄送"二字后加全角冒号和抄送机关名称,回行时与冒号后的首字对齐,最后一个抄送机关名称后标句号。

如需把主送机关移至版记,除将"抄送"二字改为"主送"外,编排方法同抄送机关。既有主送机关又有抄送机关时,应当将主送机关置于抄送机关之上一行,之间不加分隔线。

7.4.3　印发机关和印发日期

印发机关和印发日期一般用 4 号仿宋体字,编排在末条分隔线之上,印发机关左空一字,印发日期右空一字,用阿拉伯数字将年、月、日标全,年份应标全称,月、日不编虚位(即 1 不编为 01),后加"印发"二字。

版记中如有其他要素,应当将其与印发机关和印发日期用一条细分隔线隔开。

7.5　页码

一般用 4 号半角宋体阿拉伯数字,编排在公文版心下边缘之下,数字左右各放一条一字线;一字线上距版心下边缘 7mm。单页码居右空一字,双页码居左空一字。公文的版记页前有空白页的,空白页和版记页均不编排页码。公文的附件与正文一起装订时,页码应当连续编排。

8　公文中的横排表格

A4 纸型的表格横排时,页码位置与公文其他页码保持一致,单页码表头在订口一边,双页码表头在切口一边。

9　公文中计量单位、标点符号和数字的用法

公文中计量单位的用法应当符合 GB3100、GB3101 和 GB3102(所有部分),标点符号的用法应当符合 GB/T15834,数字用法应当符合 GB/T15835。

10　公文的特定格式

10.1　信函格式

发文机关标志使用发文机关全称或者规范化简称，居中排布，上边缘至上页边为30mm，推荐使用红色小标宋体字。联合行文时，使用主办机关标志。

发文机关标志下 4mm 处印一条红色双线（上粗下细），距下页边 20mm 处印一条红色双线（上细下粗），线长均为 170mm，居中排布。

如需标注份号、密级和保密期限、紧急程度，应当顶格居版心左边缘编排在第一条红色双线下，按照份号、密级和保密期限、紧急程度的顺序自上而下分行排列，第一个要素与该线的距离为 3 号汉字高度的 7/8。

发文字号顶格居版心右边缘编排在第一条红色双线下，与该线的距离为 3 号汉字高度的 7/8。

标题居中编排，与其上最后一个要素相距二行。

第二条红色双线上一行如有文字，与该线的距离为 3 号汉字高度的 7/8。

首页不显示页码。

版记不加印发机关和印发日期、分隔线，位于公文最后一面版心内最下方。

10.2　命令（令）格式

发文机关标志由发文机关全称加"命令"或"令"字组成，居中排布，上边缘至版心上边缘为 20mm，推荐使用红色小标宋体字。

发文机关标志下空二行居中编排令号，令号下空二行编排正文。

签发人职务、签名章和成文日期的编排见 7.3.5.3。

10.3　纪要格式

纪要标志由"×××××纪要"组成，居中排布，上边缘至版心上边缘为 35mm，推荐使用红色小标宋体字。

标注出席人员名单，一般用 3 号黑体字，在正文或附件说明下空一行左空二字编排"出席"二字，后标全角冒号，冒号后用 3 号仿宋体字标注出席人单位、姓名，回行时与冒号后的首字对齐。

标注请假和列席人员名单，除依次另起一行并将"出席"二字改为"请假"或"列席"外，编排方法同出席人员名单。

纪要格式可以根据实际制定。

11　式样

（略）

附录三 浙江省专升本《大学语文》考试大纲

一、考核总目标

普通高校"专升本"统考科目《大学语文》主要考查考生识记理解、分析综合、鉴赏评价、写作应用等能力,具体分为基础知识(语言知识、文学及实用文知识)和基本能力(阅读能力、写作能力)两大方面。

二、考核内容

(一)基础知识

1.语言知识

(1)能够识记、理解常用的文言词语,掌握文言文作品中词类活用、一词多义、通假字、古今字等语言现象及常见的特殊句式,能够进行简单的文言今译。

(2)能够准确地使用汉字,识记和解释现代作品中的疑难词语(不含科技语),了解汉语语法规范,掌握准确、得体、简明、生动的语言表达方法。

(3)掌握常见的修辞手法。

2.文学知识

(1)掌握古今中外重要作家、代表作品的基本情况。如作家的时代、国别、字号、代表作、诗文集名称、文学主张、艺术成就等;代表作品的出处、编著年代、基本内容、主要特色和在文学史上的地位等。

(2)了解文学史中出现的重要文学流派和文学现象。

(3)默写常见的名句名篇。(详见背诵篇目)

3.实用文知识

掌握基本的实用文体的语言要求及写作规范,包括《党政机关公文处理工作条例》(2012)规定的十五种公务文书及声明、启事、证明、求职信、演讲稿(含欢迎词、欢送词、答谢词)、简报、计划(策划书)、总结、调查报告等事务文书。

(二)基础能力

1.阅读能力

(1)能正确分析文章的逻辑层次,理解并概括段落大意及作品的主旨。

(2)能准确地分析一篇文章(文学及实用文)的材料、表现手法和表达技巧,能联系文章说明常见辞格的修辞作用。

(3)能结合不同文体的特点,分析作品语言的特色,体味富有表现力的语言的含义和表情达意的作用。

2.写作能力

（1）文学写作

基本要求：思想内容正确、中心明确，条理清楚、结构完整，文字通顺、标点正确、书写工整、字体行款合乎规范。除诗歌外文体不限，字数不少于 600 字。

（2）实用文写作

基本要求：能根据提供的材料或情境选择恰当的文种写作，主题鲜明集中、材料准确翔实、结构完整恰当、表达通顺得体、格式正确规范。

主要文种：公务文书中的通知、通报、报告、请示、函，事务文书中的声明、启事、证明、求职信、演讲稿（含欢迎词、欢送词、答谢词）、计划（含策划书）、总结等。

三、考试方式与试卷结构

1.考试方式：闭卷、笔试。

2.试卷分数：满分 150 分。

3.考试时间：150 分钟。

4.试卷内容比例：语言知识约 20 分，文学知识约 10 分，实用文知识约 1013 分，阅读约 40 分，写作约 70 分（其中实用文写作约 20 分，文学写作约 50 分）。

5.题型比例：选择题 20 分，填空题 20 分，阅读分析题 40 分，写作题 70 分。

四、背诵篇目

1.《季氏将伐颛臾》《论语》

2.《上善若水》《老子》第八章

3.《郑伯克段于鄢》《左传》

4.《谏逐客书》李斯

5.《种树郭橐驼传》柳宗元

6.《前赤壁赋》苏轼

7.《氓》《诗经》

8.《橘颂》《楚辞》

9.《陌上桑》汉乐府

10.《短歌行》（对酒当歌）曹操

11.《饮酒》（结庐在人境）陶渊明

12.《山居秋暝》王维

13.《行路难》（金樽清酒斗十千）李白

14.《蜀相》杜甫

15.《关山月》（和戎诏下十五年）陆游

16.《雨巷》戴望舒

17.《我爱这土地》艾青

18.《虞美人》（春花秋月何时了）李煜

19.《水调歌头》（明月几时有）苏轼

20.《水龙吟》（登建康赏心亭）辛弃疾

21.《天净沙·秋思》马致远

主要参考书目

［1］陈建飞.大学语文.成都:西南交通大学出版社,2010.

［2］胡淳艳.中国戏曲十五讲.北京:北京师范大学出版社,2012.

［3］王首程.文学欣赏.广州:华南理工大学出版社,2003.

［4］徐中玉.应用文写作.北京:高等教育出版社,2004.

［5］许建平,周掌胜,朱大星,秦明.古文观止译注.杭州:浙江古籍出版社,2001.

［6］禹明华,周妮.大学语文.天津:南开大学出版社,2012.

［7］张江艳.应用写作案例与训练.北京:北京师范大学出版社,2008.

［8］赵兵,王群.朗诵艺术.北京:中国戏剧出版社,1988.

后 记

　　伴随着大学语文教学改革的不断推进，这本《大学语文新教程》也已走过了七年的教学历程。这次的修订版本，在反映近年来大学语文教育理念、大学语文教学改革成果的基础上，对编写体例和内容作了全面拓新：按照文体归类，冠以主旨标题，体例更为鲜目；增补红色经典，修改"思考练习"，课程思政更加凸显；替换部分篇目，兼顾专升本考试，选篇更切实际；升级"云端课堂"，以二维码链接，自学更是便捷；修订实用写作，更新相关例文，内容更具时效。但由于各个学校的教育对象、教学课时等存在一定的差异，所以教师在使用本教材时还需因地制宜、因材施教，灵活处理，以求达到最佳的教学效果。

　　《大学语文新教程》是一本适合作为普通高等院校公共基础课的教材，也可供公众阅读欣赏。各篇目的注释、例文的选用，有借用其他作品的地方，难以一一注明，特向各位专家、学者致谢！对关心和支持《大学语文新教程》的专家、同仁、编辑，深致谢意！

编　者

2022 年 9 月

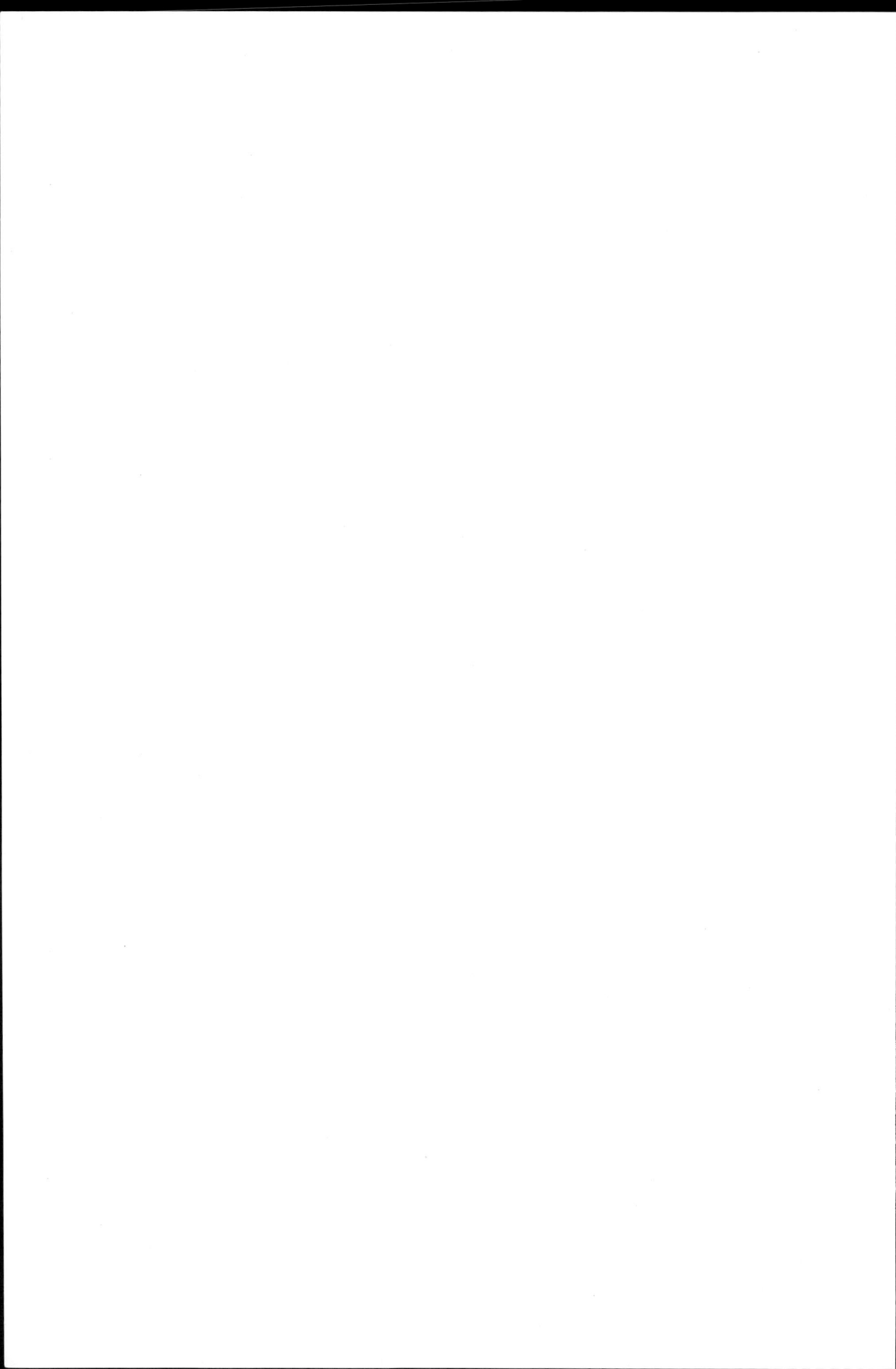